普通高等教育精品规划教材

高等学校档案学专业系列教材

电子文件管理概论

周耀林　王艳明　主编

本书编委会（按姓氏笔画排序）

王　平　　王玉珏　　王艳明　　孙连峰

纪明燕　　刘　婧　　李文媛　　李姗姗

肖秋会　　周耀林　　赵　芳　　赵　跃

聂云霞　　常大伟　　程齐凯　　戴　旸

武汉大学出版社

图书在版编目（CIP）数据

电子文件管理概论/周耀林，王艳明主编 . —武汉：武汉大学出版社，
2016.8（2021.1 重印）
高等学校档案学专业系列教材
ISBN 978-7-307-18495-4

Ⅰ.电…　Ⅱ.①周…　②王…　Ⅲ.电子档案—档案管理—高等学
校—教材　Ⅳ.G275.7

中国版本图书馆 CIP 数据核字（2016）第 188099 号

责任编辑：詹　蜜　　责任校对：李孟潇　　版式设计：马　佳

出版发行：**武汉大学出版社**　（430072　武昌　珞珈山）
　　　　　（电子邮箱：cbs22@ whu.edu.cn　网址：www.wdp.whu.edu.cn）
印刷：湖北金海印务有限公司
开本：720×1000　1/16　　印张：24.25　　字数：424 千字　　插页：1
版次：2016 年 8 月第 1 版　　2021 年 1 月第 2 次印刷
ISBN 978-7-307-18495-4　　定价：48.00 元

前　言

　　电子文件管理经历了从自发管理到自觉管理、从经验管理到科学管理、从单机管理到网络化管理、从分散管理到集中管理、从线性业务流程管理到文档一体化管理的过程。这一过程不仅反映了电子文件管理实践性的持续提升，而且揭示了电子文件管理科学性的不断增强。现阶段，全面系统地总结电子文件管理的成果，有助于进一步推动电子文件管理的发展。

　　本书在借鉴前人研究成果的基础上，系统地分析了电子文件管理的理论、方法、法律法规、标准和技术实现。全书共分 12 章，各章主要内容简介如下：第 1 章界定了电子文件，解读了电子文件的边界，辨析了与之相关的常用概念。第 2 章阐释了电子文件管理理论的发展历程，系统地梳理了电子文件管理理论。第 3 章~第 6 章从流程管理的视角，分别从电子文件流转控制流程、电子文件移交归档流程、电子文件资源开发利用流程、电子文件备份与安全保管流程剖析了电子文件从产生到利用的主要方面。第 7 章分析了电子文件管理相关法律法规的发展历程，概述了国内外代表性电子文件管理法律法规的内容。第 8 章梳理了国内外电子文件管理的典型标准，并进行了简要评析。第 9 章介绍了电子文件管理系统及其开发的原则、模式与流程。第 10 章从数据库基础知识入手，重点分析了关系数据库、NoSQL 数据库。第 11 章介绍了元数据设计、标准及其在电子文件管理领域的应用。第 12 章分析了电子文件中心、数字档案馆以及两者的关系。全书内容从系统总结已有成果入手，集中反映了电子文件管理的最新进展，体现了电子文件管理的理论性、系统性、前沿性和可操作性。

　　本书由周耀林、王艳明主编。各章节内容分工如下：第 1 章 1.1 节、1.2 节、1.4 节，第 5 章 5.1 节、5.2 节、5.3 节由周耀林执笔；第 1 章 1.3 节，第 6 章 6.4 节，第 10 章由程齐凯执笔；第 2 章，第 4 章 4.1 节、4.4 节由王艳明执笔；第 3 章由赵芳执笔；第 4 章 4.2 节由李文媛执笔，4.3 节由刘婧执笔；第 5 章 5.4 节、5.5 节由聂云霞执笔；第 6 章 6.1 节、6.2 节、6.3 节、6.5 节，第 12 章由肖秋会执笔；第 7 章 7.1 节由李姗姗执笔，7.2

节由王玉珤执笔；第 8 章由戴旸执笔；第 9 章由赵跃执笔；第 11 章由王平执笔。常大伟、纪明燕参与相关资料的搜集与整理。本书的出版得到了安徽宝葫芦信息科技集团股份有限公司董事长孙连峰的大力支持。写作过程参考了大量的国内外研究成果。武汉大学出版社编辑詹蜜给予了热忱的帮助。在此一并向上述个人、单位和参考文献著作者表示感谢！

由于水平有限，加之电子文件管理理论与实践发展很快，书中错误和疏漏之处在所难免，敬请读者批评指正。

本书是高等院校相关本科专业电子文件管理课程教材，可作为高等院校电子政务方向硕士研究生课程教材，也可作为实践部门人员自学参考用书。

目　录

1　电子文件

电子文件是信息化环境下档案工作的必然产物，自 20 世纪下半叶以来逐渐引起全球的重视，不仅成为档案工作必须面对的重要方面，也构成了档案学研究的热点之一。在我国，电子文件研究始于对国外情况的介绍①，此后成果迭出，既总结实践工作，也引导着实践工作不断发展。尤其是 1996 年第十三届国际档案大会在北京的成功召开，进一步推动了国家层面对电子文件管理的重视，由此带动了国内电子文件管理研究的不断升温，形成了"电子文件"内涵与属性的不同认识，因此，如何系统地总结与分析这些认识及其差异，准确地概括电子文件的内涵，科学地分析电子文件的特征，是研究电子文件管理的基本出发点。

1.1　中外电子文件界定概述

"电子文件"（Electronic Record）概念始于"机读文件"（Machine-readable Record）。此后发展过程中，"虚拟文件"（Virtual Document）、"数字文件"（Digital Record）等相关概念时有出现，但"电子文件"概念一直是被沿用至今的高频词汇。随着业界和学界的不断深化探讨，电子文件的内涵逐渐明晰。

1.1.1　国外电子文件的界定

关于电子文件内涵的科学揭示始自 20 世纪 80 年代。1984 年，国际档案理事会编辑出版的《档案术语词典》将电子文件定义为："通过代码形式记录于载体，如磁盘、磁带或穿孔卡带，它的内容只能通过机器来利用，并根

---

① 罗伯特·F.威廉斯，许士平.电子文件管理——即将来临的文件管理革命[J].
档案学通讯，1988(1)：102.

1

据来源原则来进行整理。"①这个界定源自"机读文件"概念，且受到该概念的影响，代表了早期对电子文件的认识。

进入 20 世纪 90 年代后，电子文件的认识进入了一个新的发展阶段，代表性观点如下②：

1992 年《美国联邦管理法规》提出："电子文件包括数字的、图形的及文本的信息，它可以记录在计算机能够阅读的任何一种介质上，并且符合文件的规定。"

1993 年《美国联邦文件管理术语手册》（第 2 版）规定：电子文件"其存储形式是只能由计算机处理的文件"。

1997 年《澳大利亚文件管理标准》规定："电子文件是由计算机交流与维护的文件。"

1997 年，国际档案理事会电子文件委员会在《电子文件管理指南》中将电子文件定义为："能够为数字电脑操作、传输和处理的文件。"

可见，"电子文件"属于"文件"的一个分支或部分，这代表着当时电子文件的主流思想和观点，引导着当今学界和业界对电子文件本质的探索。

1.1.2 国内电子文件的界定

我国早期的研究成果以介绍为主，往往带有文件研究、档案研究的痕迹。例如，黄菊盛等认为："电子文件是数据媒体和记录在媒体上的信息的集合体。"③"集合体"或多或少地与档案是"集合体"的观点有些渊源④。

进入 20 世纪 90 年代后，早期的成果介绍转型进入了研究阶段，并产生了具有影响力的成果。例如，刘家真提出，电子文件是由比特构成的，能够为计算机操作、传输和处理的文件，因而它就有了与以模拟方式形成的传统文件截然不同的许多特点；电子文件具有三要素，即数据、数据处理以及硬件、软件⑤。

进入 21 世纪后，电子文件的讨论更加深入，形成了不同的认识。冯惠

---

① 转引自丁海斌，赵淑梅．电子文件管理基础［M］．北京：中国档案出版社，2007：42-43.
② 转引自冯惠玲．电子文件管理教程［M］．北京：中国人民大学出版社，2001：1.
③ 黄菊盛，杨素敏，单敏．电子档案：福音、困惑、对策［J］．档案，1998(4)：25.
④ 王荣声，王玉声．"档案不是文件"论——再论档案定义的困境与出路，兼与韩宝华、刘智勇同志商榷［J］．山西档案，1996(2)：8.
⑤ 刘家真．电子文件管理导论［M］．武汉：武汉大学出版社，1999：119.

玲提出，电子文件是在数字设备及环境中生成，以数码形式存储于磁带、磁盘、光盘等载体，依赖计算机等数字设备阅读、处理，并可在通信网络上传送的文件，是国家机构、社会组织和个人在履行其法定职责或处理事务中形成的各种形式的信息记录①。此后，她将其简化为"是通过数字电脑进行操作、传输和处理的文件"②，"是指在数字环境中生成（创建或接收）并存储的文件"。③ 项文新④、丁海斌和卞昭玲⑤、张健⑥、黄志文⑦等也将电子文件界定在"文件"属概念之下。

也有学者将电子文件的本质归属于"记录"，包括信息记录、数字形态记录等。例如，傅荣校将电子文件界定为"是机关、团体、企事业单位以及其他组织或个人在履行其法定职责或处理事务过程中，利用计算机等电子设备形成、办理、存储和利用，并可通过通信网络进行交换和传输的各种形式的信息记录"。⑧ 蔡学美提出："电子文件是信息系统或电子设备在归档前形成办理阶段产生的信息记录，是电子档案的来源和前身。"⑨梁绍红则将电子文件界定为"是单位和个人在公务活动中形成的各种数字形态记录，它由文件的内容、结构和背景信息构成，并借助元数据进行描述、使用和信息交换"。⑩

此外，学界也出现了将电子文件的本质归属于"信息的组合"⑪、"文字材料"⑫⑬⑭、"聚合体"⑮等，反映了学界对于电子文件认识的差异。

在学界探讨展开电子文件及其管理的同时，业界也开始关注这个领域并

① 冯惠玲，电子文件管理教程[M]．北京：中国人民大学出版社，2001：1．
② 冯惠玲．拥有新记忆——电子文件管理研究[J]．档案学通讯，2003(1)：57．
③ 冯惠玲．电子文件管理：信息化社会的基石[J]．电子政务，2010(6)：3．
④ 项文新．关于电子文件定义之我见[J]．档案学研究，2001(2)：39．
⑤ 丁海斌，卞昭玲．电子文档管理教程．沈阳：辽宁大学出版社，2014：21．
⑥ 张健．电子文件信息安全管理[M]．上海：世界图书出版公司，2012：28．
⑦ 黄志文．电子文件与纸质文件归档之比较[J]．数字与缩微影像，2013，(1)：8．
⑧ 傅荣校．关于电子文件管理的几个核心概念探讨[J]．档案管理 2013(3)：15．
⑨ 蔡学美．档案管理视角下的电子文件元数据[J]．中国档案，2014(4)：63．
⑩ 梁绍红．电子文件应如何归档？[J]．浙江档案，2008(11)：56．
⑪ 马建国．电子文件的种类名称和属性[J]．北京档案，1999，(1)：24．
⑫ 王炜，刘军．电子文件对档案工作的影响及对策[J]．北京档案，1999(4)：30．
⑬ 黄凯．关于电子文件归档问题的思考[J]．兰台世界，2013(S6)：49．
⑭ 王梅红．电子文件——档案工作新的研究课题[J]．兰台世界，2014(S1)：77．
⑮ 朝乐门．电子文件管理系统的技术特征[J]．现代图书情报技术，2013(4)：31．

不断地推动该领域的研究。1996 年，国家档案局开始进行相关的立项研究，此后发布了一系列具有指导性意义的文件，其中涉及电子文件的界定。

1997 年，国家档案局在《电子文件归档与电子档案管理办法》(征求意见稿)中将电子文件定义为："能被计算机识别、处理、存储在磁带、磁盘或光盘等介质上，并可在网络上传递的代码序列。"①

l999 年，国家档案局出版的《电子文件归档与电子档案管理概论》一书中将电子文件定义为："电子文件是电子文件的内容、电子文件内容的存储载体和对电子文件内容的显示、修改的电子计算机软硬件平台的组合"。②

1999 年，国家标准《CAD 电子文件光盘存储、归档与档案管理要求》规定："电子文件是能被计算机系统识别、处理，按一定格式存储在磁带、磁盘或光盘等介质上，并可在网络上传送的数字代码系列。"③

2000 年，档案行业标准《档案工作基本术语》规定："电子文件是以代码形式记录于磁带、磁盘、光盘等载体，依赖计算机系统存取并可在通信网络上传输的文件。"④

2002 年，档案国家标准《电子文件归档与管理规范》定义电子文件为："在数字设备及环境中生成，以数码形式存储于磁带、磁盘、光盘等载体，依赖计算机等数字设备阅读、处理，并可在通信网络上传送的文件。"⑤该定义对后来国内的研究工作产生了很大影响，有些教科书也采用了这个定义。⑥

2003 年 5 月 1 日实施的国家标准《电子文件归档与管理规范》(修改稿)规定：电子文件是"在计算机及网络中生成的社会活动记录，即以数码形式记录于磁带、磁盘、光盘的载体，依赖计算机系统阅读、处理，并可在通信网络上传送的文件。"⑦

2008 年，国家档案局《电子文件元数据基本集》(征求意见稿)指出，电子文件是指机关、团体、企事业单位以及其他组织或个人，通过计算机等电

---

① 国家档案局发布，《电子文件归档与电子档案管理办法》(征求意见稿)[Z].
② 国家档案局. 电子文件归档与电子档案管理概论[M]. 第 2 版. 北京：中国档案出版社，1999：73.
③ CAD 电子文件光盘存储、归档与档案管理要求(GB/T 17678.1-1999)[S].
④ 档案工作基本术语(DA/T 1-20003)[S].
⑤ 电子文件归档与管理规范(GB/T 18894-2002)[S].
⑥ 金波，丁华东. 电子文件管理学[M]. 上海：上海大学出版社，2007：17.
⑦ 电子文件归档与管理规范(GB/T 18894-2002)[S].

子设备形成、办理、传输和存储的文字、图表、图像、音频、视频等不同形式的信息记录①。

2009 年，中办、国办制发的《电子文件管理暂行办法》规定："电子文件是指机关、团体、企事业单位和其他组织在处理公务过程中，通过计算机等电子设备形成、办理、传输和存储的文字、图表、图像、音频、视频等不同形式的信息记录。"②

2012 年，国家档案局《电子档案管理基本术语》（征求意见稿）提出，"电子文件是国家机构、社会组织或个人在履行其法定职责或处理事务过程中，通过计算机等电子设备形成、办理、传输和存储的各种形式的信息记录。"③

2013 年，国电联办函《电子文件管理术语规范简本》（〔2013〕2 号）认为，电子文件是机关、团体、企事业单位以及其他组织或个人在履行其法定职责或处理事务过程中，利用计算机等电子设备形成、办理、存储和利用，并可通过通信网络进行交换和传输的各种形式的信息记录④。

此外，中国台湾地区"电子签章法"的术语部分对电子文件进行了解释，将其定义为"指文字、声音、图片、影像、符号或其他资料，以电子或其他以人之知觉无法直接认识之方式，所制成足以表示其用意之纪录，而供电子处理之用者。"⑤香港《电子交易条例》也使用了"Electronic Record"即"电子记录"术语，是指资讯系统所产生的数码形式的记录，而该记录能在资讯系统内传送或应一个资讯系统传送至另一个资讯系统，并且能储存在资讯系统或其他媒介内⑥。

国家和地区层面上出台的上述标准和政策对电子文件管理起到了引导作用，对各级地方的电子文件管理工作起到了推动作用，各地档案行政管理部门也出台了相关的规定。有的地方直接采用国家档案局相关文件的规定，例

---

① 国家档案局 . 电子文件元数据基本集（征求意见稿）［Z］.

② 电子文件管理暂行办法（中办国办厅字〔2009〕39 号）［Z］.

③ 国家档案局 . 电子档案管理基本术语（征求意见稿）［Z］.

④ 章建方等 . 电子文件及相关概念研究［J］. 信息技术与标准化，2015(9)：44.

⑤ "台湾电子签章法"［EB/OL］.［2015-12-20］. http：//www. chinalawedu. com/ falvfagui/fg23155/160315. shtml.

⑥ 香港电子交易条例［EB/OL］.［2015-12-20］. http：//wenku. baidu. com/view/ ca5fb0efaeaad1f346933f88. html.

如辽宁①；也有的地方重新对电子文件进行了界定，例如，北京市档案局联合北京市密码管理局印发的京档发《北京市电子文件归档与电子档案管理办法》(〔2014〕3 号)规定："在本市档案管理领域，电子文件特指可以经过归档成为电子档案的文件，计算机系统中的系统文件、其他没有归档价值的文件则不可再称为电子文件。"②

不难看到，自电子文件产生以来，各国学者以及文件与档案管理机构都在探讨电子文件的内涵，旨在揭示电子文件的本质。目前看来，关于电子文件内涵的认识存在一定的差异：基于法规的视角，电子文件的法律效应得到了强调；基于学术的视角，电子文件的理论色彩更浓厚；基于公文的视角，电子文件则侧重于电子公文；基于属概念的视角，电子文件的属概念存在"文件""信息记录""数字代码系列"等多种。当然，多数机构、学者将电子文件界定在"文件"这个属概念之下，且离不开计算机设备或系统的支持，这反映了各种认识的一致性倾向。

1.2 电子文件的定义与特征

1.2.1 电子文件的定义

基于国内外关于电子文件定义的探讨，电子文件是法定组织机构和个人在履行职责、完成事务的过程中运用电子化设备制作、维护和使用的文件。这个界定包含如下内容：

(1)电子文件的属概念是文件

电子文件总体看来是文件的一个类型，是一种特殊类型的文件。因此，文件是电子文件必须符合的首要特征。

文件有广义和狭义之分，这导致了电子文件可以从广义和狭义的角度进行理解，这既是符合逻辑规范的一种推理，也是国内外已有研究成果的解读。

美国档案工作者协会认为："电子文件包含模拟和数字信息格式，尽管该词主要意指存储于数字电脑系统的信息。""电子文件常指以电子形式创建

① 辽宁省档案局. 辽宁省电子文件归档与管理暂行规定(辽档发[2005]1号)[Z].
② 田雷.《北京市电子文件归档与电子档案管理办法》解读[J]. 北京档案，2014(12)：11.

的(数字形式生成)记录，但有时也惯于描述用其他形式(数字形式或模拟形式生成)的记录的扫描。"①澳大利亚提出："电子文件是用电子设备创建或维护的文件，包括模拟格式的文件。"②这些认识是从广义上对"电子文件"概念的阐释。

狭义的电子文件是"使用数字代码记录信息，用计算机生成和读取。某些模拟信号文件(视频文件)不是电子文件。过去称'机读文件'中包含部分模拟信号的文件，它们不是电子文件。电子文件必须是数字文件。只要是以数字方式形成，无论是以何种设备产生，只要能为计算机处理的文件均应为电子文件"。③电子文件也可称为"数字文件"④。狭义的理解，电子文件以数字形式进行记录，并可为电子计算机所处理的数字文件。

(2)电子文件是法定组织机构和个人在履行职责、完成事务的过程中形成的

这是基于电子文件形成的主体的认识，源于文件属性的阐释。

《美利坚合众国联邦文件管理法》中第2901条规定，"文件是指美国政府各机关根据联邦法律或在开展公务活动中产生或接收的，或者由机关(或其合法的继承者)作为政府的组织、职能、方针、决议程序、工作或其他活动等证据，或者其本身有情报价值而进行保存或适于保存的，包括各种形式和特点的簿册、证件、地图、照片、机读材料和其他公文材料。"⑤这表明，文件来自公务活动，是法定的组织机构权威性的体现。这种规定与我国"公文"的界定比较类似⑥。谢伦伯格认为，"文件是任何公私机构，在履行其法定职责的过程中，或者在其本职业务过程有关的情况下所制作或收到，并且作为其职能、政策、决定、程序、行动或者其他活动之证据，或者由于其

---

①　Society of American Archivists. Electronic Record[EB/OB]. [2013-01-08]. http://www. archivists. org/glossary/terms/e/electronic-record.

②　ARMS. University Recordkeeping Manual [EB/OL]. [2012-02-05]. http://sydney. edu. au/arms/records_mgmt/URKMPart1. pdf.

③　丁海斌. 电子文件管理基础[M]. 北京：中国档案出版社，2007：43.

④　梁绍红. 电子文件管理[EB/OL]. [2013-01-08]. http://daj. yiwu. gov. cn/zxfw/xzfw/201103/P020110325372115864772. ppt.

⑤　美利坚合众国联邦文件管理法(1976-10-21)[EB/OL]. [2012-12-24]. http://dag. ruc. edu. cn/103655/103669/103677/28665. html.

⑥　周耀林，张煜明，任汉中. 文书学教程[M]. 武汉：武汉大学出版社，2009：13-14.

所含内容具有情报价值，而被该机构或该机构之合法继承者所保存或指定加以保存的一切簿册、证件、地图、照片和其他记录材料，而不论其物质形式和特征如何。"①因此，文件的主体包括法定的组织机构，公立、私立机构都是文件产生的合法机构。凡是公立、私立机构在办理公务、管理政务过程中形成的，具有一定规范形式和执行性、时效性的电子文件，就是电子公文。

电子文件的形成者也包括个人。个人形成的电子文件，则是指个人在处理事务过程中形成的文件，是基于广义的文件的界定，范围很广泛，包括一切电子化的文件，如个人邮件、电子证件等。

（3）电子化设备

这是基于电子文件形成手段的认识，揭示了电子文件与传统文件的不同。

传统文件主要以纸质为载体，形成的文件是看得见、摸得着的，是一种固化的实体。电子文件则不然，是看不见、摸不着的，依靠电子化设备制作、传递、存储、保管、管理和利用。进一步研究发现，这种电子化设备也是有差别的，可以划分为数字环境和模拟环境的设备两个方面，分别对应于狭义、广义的电子文件生成环境，导致了电子文件广义、狭义的理解。

广义的电子文件是指党政机关、企事业单位、法定团体等公立、私立机构以及个人在处理公私事务过程中依靠电子化设备（无论是数字化设备与否）形成的各种文件。狭义的电子文件的形成设备限于数字化设备，即依靠0、1等形成的代码，通过数字电脑进行处理形成的电子文件。

事实上，学界关于电子文件的广义和狭义之分早已存在。例如，"狭义上说，计算机上生产的具有特定'文件'（国家红头文件）属性的信息才能称为电子文件。计算机或网络上不具备特定'文件'属性的信息不能够称为电子文件。"②"广义上，计算机上生成的具有参考、凭据和指导意义的信息都是电子文件，如视窗系统中的'文件'。狭义上。计算机上生成的具有特定'文件'属性的信息才能称为电子文件。计算机中或网络上不具备特定'文件'属性的信息不能够称为电子文件。"③广义的电子文件，从模拟信息到数字信息都包括在内；狭义的电子文件，或者基于电子公文的推论，或者基于

---

① ［美］T·R.谢伦伯格.现代档案——原则与技术［M］.北京：档案出版社，1983：21-22

② 丁海斌.电子文件管理基础［M］.北京：中国档案出版社，2007：43.

③ 李英.电子文件管理［EB/OL］.［2013-01-08］.http：//wenku. baidu. com/view/7d2b2f681eb91a37f1115c68. html.

计算机环境的认识。本书关于电子文件的广义和狭义的理解，是基于电子文件产生的主体宽泛性、客体复杂性、设备多样性的一种解读。目前环境下，电子文件主要是基于计算机形成、处理的数字文件。

1.2.2 电子文件的特征

电子文件产生以来，不同的学者对其特征进行了描述。Jim 认为，电子文件具有耐久性生命周期；易于编辑、复制、消除、具有可操作性，易于处理；需要辅助性文件描述其内容、分布、代码和技术特性，需要专业人员进行处理和维护等①。刘家真将电子文件的特点总结为"虚拟性""数字信息的流变性""数字信息难以维持永久的存取""数字信息的不稳定性"②，冯惠玲将其概括为"信息的非人工识读性""系统的依赖性""信息与特定载体之间的可分离性""信息的易变性""信息存储的高密度性""多种信息媒体的集成性""信息的可操作性"③，以及"原始记录性""固化性"④。这些描述都符合电子文件的特征，从不同侧面揭示了电子文件的特征。简言之，电子文件具有如下典型特征：

（1）非直读性

电子文件的非直读性是指通过人的肉眼无法直接获取电子文件的内容信息，这是电子文件与传统的纸质文件在外显特征上的主要差异。

电子文件的非直读性特点是由电子文件的基本特征决定的，体现了电子文件的"信息的非人工识读性"。电子文件是在电子化设备上形成的信号（广义的电子文件）或计算机设备上生成的数字代码（狭义的电子文件），这种机器化的处理过程无法用肉眼进行观察，且在处理过程中可能被压缩、被加密，这就导致了电子文件的非直读性。这种非直读性决定了在电子文件管理、利用过程中，必须要有一个理解这种处理、"读懂"信号或数字代码的设备、工具或平台，也决定了电子文件管理必需的设备化特征。

（2）可变性

---

① Jim Suderman. Context，Structure and Content：New Criteria for Appraising Electronic Records[EB/OL].[2012-02-13].http：//www.rbarry.com/suderman-wholepaper7_postscript 011102.htm.

② 刘家真.电子文件管理导论[M].武汉：武汉大学出版社，1999：129.

③ 冯惠玲.电子文件管理教程[M].北京：中国人民大学出版社，2001：7

④ 冯惠玲.电子文件管理：信息化社会的基石[J].电子政务，2010（6）：3.

电子文件的可变性是指电子文件一旦生成，并不像纸质文件那样得以固化、不再变化，相反地，它的形式、内容、结构等很容易发生变化，这也是电子文件与传统的纸质文件在内在特征上的重要差异。

第一，电子文件的可变性特点取决于电子文件从产生、管理到利用的全过程中的不稳定性。例如，在系统不稳定、载体性能不稳定、工作条件与保存环境变化、人为的毁坏或误操作、黑客与木马的入侵等条件下导致的电子文件被修改、被丢失、被毁坏。

第二，同纸质文件相比，电子文件对原生的载体不再"从一而终"。电子文件对环境有着很高的依赖性，包括计算机系统和软件的升级、压缩与加密技术的应用，以及环境温湿度变化等。尤其是，在网络环境下，电子文件的传递过程，会导致其结构与内容的变化。某些情况下，为了管理的方便，某种特定形式的电子文件的格式需要转换，例如将 .doc 或 .docx 文档转换为 .pdf 或 .xml 格式，这种转化也可以在脱离原生载体的情形下发生。

第三，电子文件，尤其是多媒体文件，在电子化设备形成、保管、转化过程中，容易导致信号衰减，导致影像模糊甚至无法读取。同时，其存储载体的高密度性也是导致其变化的一个重要方面。例如，存储在光盘、U盘、数据磁带或其他磁性、激光记录载体上的电子文件，其密度越来越大。一旦载体遭受损坏，哪怕是局部的损坏，也容易导致整个载体信息的无法获取。

第四，电子文件的物理结构与逻辑结构的离散性也决定了电子文件的可变性。电子文件信息在载体上的物理分布具有不确定性，它并不限于某一特定的物理载体和位置，由此产生了电子文件逻辑结构的分离，电子文件信息的展示、输出与电子文件储的物理空间之间不具备一一对应关系。

电子文件内在特征表明，不仅需要革新电子文件管理的理念和方法，注重从传统纸质文件以"物流"为核心的管理转变为以电子文件"信息流"为重点的管理，区分逻辑归档与物理归档形式下电子文件收集、整理、归档、存储以及利用，倡导当前多种载体与技术形式下的标准化、制度化管理等，这对于批量电子文件管理具有重要意义。

1.3　电子文件的表示

1.3.1　电子文件的物理表示

为了了解电子文件在计算机中的表示方式，首先要给出"数据结构"的概念。

数据结构是计算机储存、组织数据的方式，指具有相互联系的数据以一定形式组成的集合结构。它允许用户通过抽象的数据结构访问数据，从而实现数据的封装和对数据底层细节的收藏。同时，数据结构不同于内存数据组织。在内存中，数据以二进制的形式表示，由于图灵机模型的影响，内存一旦操作不当很容易造成整个系统的崩溃，因此，直接操作内存对于大多数人而言危险性和困难性均较大。

数据结构是数据组织形式的抽象逻辑结构，合理选择有效的数据结构会大大增强系统的工作效率和安全性。例如，纯文本可以组织成数组的形式，用户可以查看数组中的字符，但绝对没有人愿意去读用做底层实现的二进制码，尽管确实有人能读懂这些 0、1 序列。

常见的数据结构包括数组、堆、栈、链表、树、图等，每种结构又有多种子类型。这里以同构数组为例讨论数据结构的实现方式。

同构数组指数组内的所有元素均为同样的数据类型，如 int（整数）、float（浮点数）等。如果需要存储 8 个电子文件的密级，则可以对应地表示为长度为 10 的数组，数组的每一位都是一个 int 类型，int 型在内存中占用 32 位①。

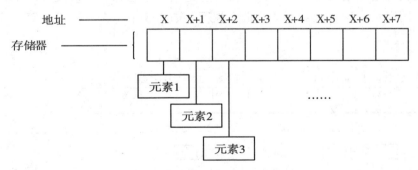

图 1-1　同构数组的内存存储方式

图 1-1 给出了数组的一种存储方式，在这种存储方式中，数组被放置在一块固定大小的空间内，从空间的初始位置开始，每个固定长度的空间中存

---

① 在不同的计算机系统和编程语言中，int 类型占用的位数是不一样的，如 java 语言中 int 占用 32 位，而在 ANSI C 中，int 类型占 16 位。

储着一个数字。

那么如何存储一个表格？在表 1-1 中，文件 ID 是 int 类型（整数类型），文件标题和发文机关属于文本，可以表示为文本类型，而签发日期则属于日期类型或者数字类型。

表 1-1　　　　　　　　　　　　文件信息表格示例

文件 ID	文 件 标 题	发 文 机 关	签 发 日 期
0	教育部公报	机关 A	2014/02/02
1	中国的能源政策	机关 B	2014/02/01
2	税务总局公报	机关 C	2014/02/03

有很多数据结构都可以很好地存储例子中的表格数据，这里主要介绍两种基本的实现方式。

第一种方式是采用数组存储，但是要做一些调整。由于文件标题、发文机关都是不定长度的，因此，需要规定文件标题和发文机关这两个存储相的固定长度，也就是所谓的最大长度，如 255 个字符。数组存储方式见图 1-2。

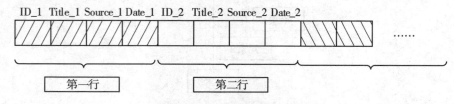

图 1-2　二维表格的数组存储

另一种方式是采用链表存储，通过指针来链接数据。在链表实现过程中，每一行数据依旧可以存储在不同的位置，不同在于每一行设置一个指针，指针本身是一个数字，存储着该行数据存储的起始位置。图 1-3 中，表格第一行的指针存储在 x 处，该指针记录了第一行数据的起始位置，在 x+1 处可以找到第二个指针，这个指针记录了第二行数据存储的起始位置。

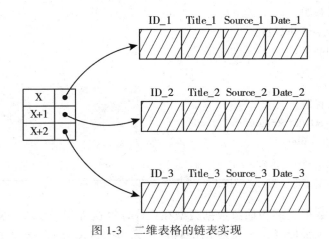

图 1-3　二维表格的链表实现

　　整数类型、字符类型等构成了基本数据类型，而数组、栈、树等构成了基本数据结构。在程序设计中，程序设计人员常常需要利用基本数据类型构建用户自定义数据类型，这些数据类型本质上是基本数据类型的组合。自定义基础类型定义了数据的结构，如果在此基础上添加附加的操作，则构成抽象数据类型。

　　以电子文件的表示为例。通常，电子文件包含编号、标题、内容、签发机构、签发时间等几个内容，可以定义数据类型如下：

```
public class Document{
    Long ID;              //编号
    String title;         //标题
    String content;       //内容
    String source;        //签发机关
    String publishDate;   //签发日期
}
```

　　上述代码片段中包含操作定义，但已经构成了一个用户自定义数据类型，为其添加操作定义，如标题的读写，显示如下：

```
//返回文件标题
public String getTitle( ) {
    return title;
}

//设定文件标题
public void setTitle(String title) {
    this. title = title;
}
```

　　自定义数据类型和抽象数据类型在现代计算机程序开发中，常常使用面向对象的理论来概括，上文给出的代码片段使用 Java 语言给出了一个类的定义，类是对现实事物的抽象，对象是类的示例化。例如，上述代码片段给出了一个类，将实例化得到的具体文件则构成了类的实例。下一节将会对面向对象设计做简单介绍。

1.3.2　电子文件的逻辑表示

　　为了表示电子文件，首先需要知道文件是什么，电子文件是什么。

　　文件是"启动、执行或完成一项机构或个人活动中所产生或收到的记录信息，它由内容、背景和结构组成，足以提供活动证据。"文件可以按其功能、背景分为法庭文件、政府公文、信函、网页等，也可以按照其类型和表现形式划分为纯文本、超文本、数据库、图像、电子表格、语音和视频等多种类型。文件必须能够提供活动证据，具备真实性、可靠性、完整性和可用性。文件的三个核心要件是内容结构和背景：内容是文件的核心，是社会活动的反映；结构反映了内容的组织和呈现方式，包括符号的使用、布局、格式、载体形式等；背景包括文件的背景信息，文件与其他文件的关系，以及文件产生和流转的信息。这三个方面对于文件的表示起到了重要的作用。

　　电子文件同一般意义的文件仅表现在存在方式的不同，电子文件是文件的子集，所有表现为数字形式的文件都可以归入电子文件，因此电子文件都包含内容、结构和背景三项核心内容。同时，电子文件形式多样，在表示电子文件时，需要考虑到特定电子文件的自身属性。

　　在电子文件管理系统中，一个好的电子文件表示思路是：首先构建基本的文件实体，然后在此基础上通过继承或者接口的方式扩展出电子文件表示。对于不同类型和不同功能的电子文件，可以使用继承和接口的方式扩展基础的电子文件，从而得到不同的电子文件子类。

以一个简单的实现为例，说明如何构造电子文件。

```
文件{
    标识
    背景信息{
        发文机构
        签发时间
        作者
        文种
    }
    版本
    内容信息{
        标题
        副标题
        主题词
        语种
        内容
    }
    结构信息
    期限和条件信息{
        权限
        安全控制
    }
    日志信息{
        保管事件
        使用事件
    }
    附件{
        附件链接
        附件说明
    }
}
```

在上面的片段中，所有的简单数据，如标题、副标题、主题词等都可以表示为基本数据类型，而实体信息，如机构、作者等则可以使用实体的方式实现，也就是说，这些信息在计算机内部更应该单独构成一个实体，然后通过 ID 的方式记录在文件实体中。

现在我们考虑电子文件的表示，电子文件可以通过扩展文件的定义得到。首先，电子文件的定义需要同文件的定义兼容，它可以是文件定义的扩展，也可以通过其他方式同文件定义实现桥接。给定一个电子文件对象，它同时也能作为文件对象使用，反之则不然。

在电子文件管理系统中，元数据是实现文件对象包装的直接信息载体。元数据是平面化的数据，在电子文件管理系统内部，需要实现元数据的两种表示：平面化表示和对象化表示，前者是将元数据当做数据记录看待，后者则将元数据还原到元数据的产生环境，通过各类对象表示，元数据应该同其产生环境相关联，并通过元数据标注方案加以聚合。

1.3.3 电子文件表示的发展趋势

（1）从文本到实体

尽管信息可以以数字、文本的形式进行存储，但需要注意的是，为了更好地管理和使用数据，能够独立构成实体的信息应该尽可能地表示为实体。例如作者这一项，固然可以记录为文本形式，但更好地实现是为每个作者独立构建实体对象，例如作者可以表示为{数字标记、作者名、作者姓、机构、出生日期…}。

从文本到实体是信息处理技术的发展趋势。实体指有区别性且可以独立存在的事物，如特定的作者、特定的文件、某个事件、时间等。在电子文件管理中，能够表示为实体的数据要尽可能地以实体形式表现。绝大多数的电子文件管理系统都是以数据的形式存储和处理电子文件及其相关信息的，在这些系统中，所有的信息都是以简单记录的形式存在，"2012 年"和"教育部"无非是文字的差别，这种做法对于电子文件的智能化管理和深入分析是不利的。一个好的做法是尽可能在电子文件管理系统中还原文件、事件及相关事务的现实原貌，而不是将系统中的记录当做符号处理。

采用实体作为记录单位的好处是：在信息处理时，用户的着眼点是实体而不是符号，文件是对现实的记录，当看到一份文件时，用户的实际关注点是作者、参与者、时间、事件等实体，而不是记录的符号。

对于应有的文件和文件记录，可以通过自然语言分析和实体关联实现文本到实体的链接，在电子文件规划时，应尽可能地在早期就设计好实体关联的方案。

在电子文件实体化表示时，存在着三个层次的表示方案，第一层次是单纯的实体关联；在实体关联的基础上，可以构建第二层次的局部实体关系表示；最后，构架第三层次的全局实体关系表示以及语义化表示。以下举例说明。

给定文件内容为：

**国务院关于同意建立不动产登记工作
部际联席会议制度的批复**

国函〔2014〕28号

国土资源部：

你部《关于建立不动产登记工作部际联席会议制度有关问题的请示》（国土资发〔2014〕15号）收悉。现批复如下：

同意建立由国土资源部牵头的不动产登记工作部际联席会议制度。联席会议不刻制印章，不正式行文，请按照国务院有关文件精神认真组织开展工作。

附件：不动产登记工作部际联席会议制度

国务院
2014年2月24日

（此件公开发布）

标记实体如下：

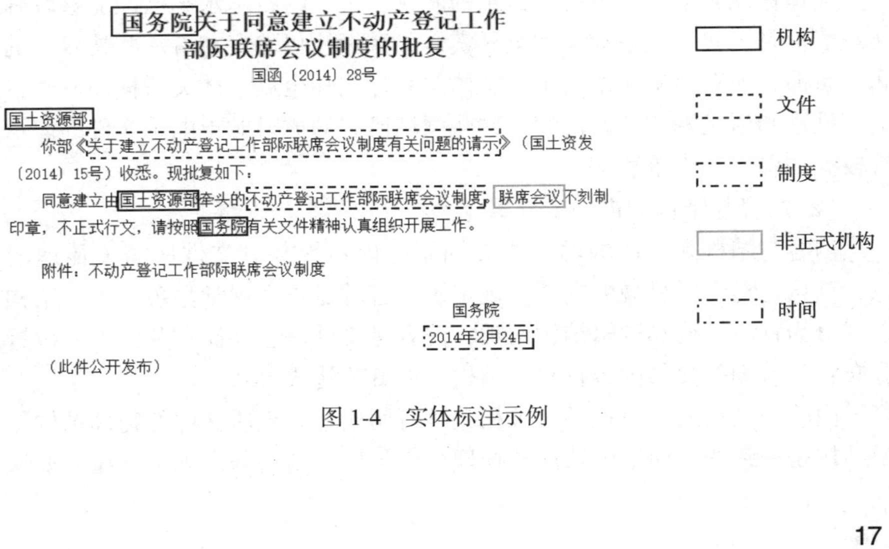

图 1-4　实体标注示例

图 1-4 中，文件中的实体包括机构实体，如国务院、国土资源部，文件实体，如"《关于建立不动产登记工作部际联席会议制度有关问题的请示》"中，时间实体"2014 年 2 月 24 日"、制度"不动产登记工作部际联席会议制度"、非正式机构"不动产登记工作部际联席会议""联席会议"等。

进一步添加实体关系得到：

表 1-2   实体关系抽取示例

主体	关系	客体
国务院	收到	建立不动产登记工作部际联席会议制度的请示
国务院	批复	国土资源部
国务院	同意	建立不同产登记工作部际联席会议制度
联席会议	不能	刻制印章
联席会议	不能	正式行文
联席会议	参照	国务院有关文件
联席会议	实施	组织开展工作

上例中，实体之间已经存在了关系，每个实体关系对之间依然是独立的，为了从全局视角表示文件内容，进一步的在上例的基础上构建全局实体关系(见图 1-5)。

实体标注并不是一个特别困难的问题，现在的技术水平已经能够较好地实现。但是，实体关系标注和全局实体关系标注仍然存在着一些技术上的难题，目前只能对简单文本实施。实体关系标注和全局实体关系标注属于自然语言处理和语义网的技术范畴，这些领域已有的成果对于电子文件的表示具有较大的参考和借鉴意义。

(2)内容与结构的进一步分离

内容与结构是文件的两个重要因素，内容承载着文件所需要传递的信息，结构是对内容呈现的支持，规定了内容的逻辑和视觉呈现效果。结构可以区分为物理结构和逻辑结构两类，前者是文件信息存储在载体上的位置及分布；后者则是文件内容自身的结构，如章节构成等。

内容与结构的分离很早就被相关学者所注意，纸质文件的物理结构与逻辑结构是一致的，而电子文件的物理结构与逻辑结构却出现了分离，如果不

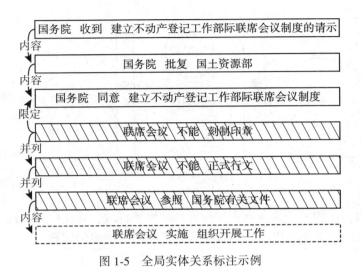

图 1-5　全局实体关系标注示例

加以特别限定，电子文件的物理结构在不同环境下是不一致的，例如同样的电子文件可能会以不同 html 形式输出，同一个 html 形式表现的电子文件在不同浏览器上的呈现也会有所不同。在物理结构并不确定的情形下，电子文件的逻辑结构则不应发生改变，如果发生改变了，电子文件的内容呈现也就发生了变化。

　　将结构区分为物理结构和逻辑结构是非常必要的。例如，一个被普遍接受的观念——"电子文件原始性的鉴定应该以内容为唯一标准，即以文件所包含的信息的真实性为鉴定依据"——并不准确，电子文件在归档时的鉴定依据应该以文件的内容和逻辑结构的真实性与完整性为鉴定依据，而不是仅仅考察内容的原始性。

　　不仅是物理结构同内容发生了分离，逻辑结构同内容也在发生分离。分布式存储的文件可能存储在不同的地方；一个完整的文件内部，逻辑结构同内容也开始分离。以企业中常见的内部讨论组为例，一个页面中，提问/追问和回答构成了一个问答事务，在计算机系统内部，提问和回答可能存储在不同的条目中，正是这些提问和回答之间的逻辑关系将这些条目关联起来，形成有序的文件内容。

　　图 1-6 显示了电子文件中内容与结构分离的过程。

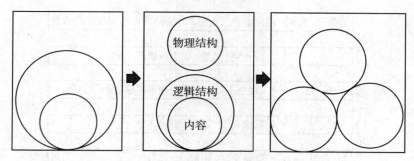

图 1-6 结构与内容的分离过程示意图

内容与结构的分离为电子文件管理带来了挑战，在文件真实性、完整性和可用性的挑战下，电子文件管理人员需要应对更多的问题。

1.4 电子文件的解读

1.4.1 电子文件的属概念解读

（1）文件

国际档案理事会电子文件委员会的定义十分简明："电子文件是一种通过数字电脑进行操作、传输或处理的文件。"在我国，相关的档案工作标准也将电子文件的属概念定义为"文件"。例如："电子文件是以代码形式记录于磁带、磁盘、光盘等载体，依赖计算机系统存取并可在通信网络上传输的文件。"①"在数字设备及环境中生成，以数码形式存储于磁带、磁盘、光盘等载体，依赖计算机等数字设备阅读、处理，并可在通信网络上传送的文件。"②这些定义不仅为地方相关电子文件管理制度的制定提供了参考和依据，对相关研究工作也产生了很大影响。

有些学者们倾向于将"文件"作为电子文件的属概念，例如，刘家真认为："电子文件首先是文件，它应满足文件的所有要求。"③丁海斌提出，电

① 档案工作基本术语（DA/T1-2003）［S］.
② 电子文件归档与管理规范（GB/T18894-2002）［S］.
③ 刘家真. 电子文件管理导论［M］. 武汉：武汉大学出版社，1999：119.

子文件要"符合'文件'的要求，要符合'文件'要求的特定的来源和用途"。①将电子文件归属于"文件"范畴，便于理解，有助于指导实际工作。

（2）代码序列、代码形式

国家档案局1999年《电子文件归档与电子档案管理办法》（征求意见稿）中将电子文件定义为："能被计算机识别、处理、存储在磁带、磁盘或光盘等介质上，并可在网络上传递的代码序列。"国家《办公自动化电子文件归档与电子档案管理方法》草稿中将"电子文件"定义为："能被计算机识别、处理，存储在磁带、磁盘或光盘等介质上，并可在网络上传递的代码序列。"冯惠玲早期出版的著作也出现过"代码形式"的提法。"电子文件是以代码形式记录于磁带、磁盘、光盘等载体上，并要依赖计算机系统和通信网络来存取和传输。"②

《电子文件归档与电子档案管理规范》（GB/T 19984-2002）将"电子文件"界定为"能被计算机系统识别、处理，按一定格式存储在磁带、磁盘或光盘等介质上，并可在网上传送的数字代码序列。"事实上，以"代码系列""代码形式""数字代码系列"为属概念界定电子文件，是基于信息技术角度的理解。

（3）信息记录、信息组合、信息的集合体

国家档案局2008年《电子文件元数据基本集（征求意见稿）》指出："电子文件是指机关、团体、企事业单位以及其他组织或个人，通过计算机等电子设备形成、办理、传输和存储的文字、图表、图像、音频、视频等不同形式的信息记录。"③2009年，中办、国办制发的《电子文件管理暂行办法》规定："电子文件是指机关、团体、企事业单位和其他组织在处理公务过程中，通过计算机等电子设备形成、办理、传输和存储的文字、图表、图像、音频、视频等不同形式的信息记录。"④及至2012年，国家档案局《电子档案管理基本术语》（征求意见稿）提出，"电子文件是国家机构、社会组织或个人在履行其法定职责或处理事务过程中，通过计算机等电子设备形成、办理、传输和存储的各种形式的信息记录。"⑤这些文件都以"信息记录"作为属概念。

---

① 丁海斌.电子文件管理基础[M].北京：中国档案出版社，2007：42.
② 冯惠玲.电子文件管理教程[M].北京：中国人民大学出版社，2001：1.
③ 国家档案局.电子文件元数据基本集（征求意见稿）[Z].
④ 电子文件管理暂行办法（中办国办厅字〔2009〕39号）[Z].
⑤ 国家档案局.电子档案管理基本术语（征求意见稿）[Z].

　　美国档案工作者协会将电子文件界定为"在自动化系统中已被捕获和固定以实现存储和操作的数据或信息，要求使用这个系统呈现这些数据或信息能被人们所理解。"①这个定义采取的属概念是数据或信息。

　　也有学者提出："电子文件是数据媒体和记录在媒体上的信息的集合体。"②"电子文件是人们为了某一目的，在计算机上，用一定的格式和处理方式生成的信息的组合。"③这些界定和"信息记录"尽管存在着差异，但其核心思想都突出了电子文件内容的"信息"本质。

　　以上是关于电子文件属概念的典型提法，也是基于信息技术背景下电子文件与纸质文件差异性的探讨，有助于认识电子文件的本质属性。

1.4.2　电子文件的政策法规解读

　　"电子文件"在相关的政策中有了明确的解释。早期相关文件，例如，国家档案局 1999 年《电子文件归档与电子档案管理办法》曾将电子文件属概念界定为"代码序列"；21 世纪初，相关文件及标准将电子文件界定在"文件"属概念之下；近年来，国家档案局以及中办、国办制发的《电子文件管理暂行办法》都以电子文件为"信息记录"。这些变化既体现了档案行政管理部门对于电子文件认识不断深化的过程，也是与国际、学界不断融合的结果。

1.4.3　电子文件的类别解读

　　电子文件的类别，不仅符合文件的分类要求，而且也有自身的分类方法，由此构成了电子文件的分类，见表 1-3。

表 1-3　　　　　　　　　　　　　电子文件的类别

分　类　依　据	电子文件类别
格式	文本文件、数据文件、图形文件、图像文件、影像文件等
组成方式	简单文件、复合文件、复杂文件

①　Society of American Archivists. Electronic-record［EB/OL］.［2013-01-08］. http：//www. archivists. org/glossary/terms/e/electronic-record.

②　黄菊盛，杨素敏，单敏. 电子档案：福音、困惑、对策［J］. 档案，1998（4）：25.

③　马建国. 电子文件的种类名称和属性[J]. 北京档案，1999(1)：24.

续表

分 类 依 据	电子文件类别
生 成 方 式	原生电子文件、转化电子文件
属 性	只读文件、隐含文件、加密文件、压缩文件等
功 能	主文件、支持性文件、辅助性文件
涉密程度	绝密电子文件、机密电子文件、秘密电子文件、普通电子文件
范 围	通用电子文件、专用电子文件

（1）文本文件、数据文件、图形文件、图像文件、影像文件等

文本文件（Text）是使用文字处理软件生成的，由字、词、数字或符号表达的文件，其存储内容由 ASCII 标准代码和标准汉字代码构成。对于文本文件而言，不同的文字处理软件生成的文本文件一般不能交换使用，纯文本文件不含格式代码，其使用不受计算机软硬件类型的限制。目前，文本文件格式包括 .TXT、.RTF、.DOC、.PDF、.XML、.HTML 等。

数据（数据库）文件（Data）即储存数据的文件，是以数据库形式存在的具有文件属性的记录。一个数据库有若干记录组成，后者则有若干字段（数据项）组成。数据库的生成一般有两种方式，一是人工输入数据，利用相应的数据库应用程序形成数据库；二是利用传感设备（如条形码扫描器、ADC 变换器等）自动采集数据。目前，常见数据文件格式包括：CSV、DAT、Paradox 7 表以及 DBC Microsoft Visual FoxPro 数据库文件等。

图形文件（Graphic）是根据一定算法绘制的图表、曲线图等。它既可以用特殊的代码格式存储，也可以转换为纯文本的代码格式存储，如 CAD 文件等。

图像文件（Image）是使用数字设备（扫描仪、数码相机等）采集或制作的画面，例如，纸质文件、光学照片及缩微胶片经扫描所转换的数字图像文件。不同格式的图像文件不能任意交换使用，不同格式的图像文件可以转换。目前，图像文件格式包括 .JPG、.JPEG、.TGA、.BMP、.GIF、.TIFF 等。

影像文件（Video）是用视频捕获设备录入数字影像或用动画软件生成的二维、三维动画等动态画面，如动画片、电影等。由于视频捕获设备可以分为模拟设备和数字设备，由此形成的电子文件便是广义的电子文件和狭义的电子文件。当然，模拟影像文件可以转换为数字影像，播放时需要根据其不

同的格式，选择合适的设备与程序。目前，影像文件的格式包括 MPEG1（VCD）、MPEG2（DVD）、MPEG4（流媒体视频）以及音频视频交互格式（.AVI）等。

音频（声音）文件（Audio）是用音频设备录入或用编曲软件生成的文件。根据设备的不同，同样区分为模拟音频文件和数字文件，由此形成的音频文件符合广义电子文件和狭义电子文件的界定。目前，音频文件的格式包括.MP3、.WAV、.WMA、.RA（RAM）等。

程序（或命令）文件（Program）是为处理某种事务编写的计算机程序，是一种计算机软件（系统软件、应用软件或游戏软件）。形成过程是由程序员编写"源程序"输入计算机，通过相应的编译程序编译后执行。"源程序"是纯文本文件，由计算机指令序列构成，不受计算机类型限制，具有可移植性，而编译后的软件则不能在不同的计算机类型上兼容。"源程序"表明版权的归属，有重要的保存价值。

多媒体文件（Multimedia）是由上述两种或两种以上文件形式构成的文件。使用多媒体技术制作，结构复杂，只能用多媒体计算机才能复现。现在在计算机上运行的许多文件均是多媒体文件。

超文本文件（Hypertext）是具有对其他文件链接功能的文件。其特点是多链接和非线性。用超文本技术制作，是一种全局性的信息结构形式，将不同文档中的信息内容通过关键字建立链接，实现信息的交互式搜索。Web 文件就是典型的超文本文件。

超媒体文件（Hypermedia）是应用于交互环境中的多媒体组合文件。跨越不同的媒体（网页、计算机、数据库、网络）把多种文件结合在一起，可在超媒体的节点上漫游。

（2）简单文件、复合文件、复杂文件

简单文件是只包含一种信息格式或数据类型的文件，如文本文件、表格文件、图形文件等。

复合文件是含有两种或两种以上的信息格式或数据类型，并能独立显示的文件。例如，公文上加盖图形、不具备链接功能的多媒体文件一般属于复合文件。

复杂文件是含有多种信息格式与数据类型，并具有对象链接与嵌入功能的文件。例如，超文本文件、超媒体文件属于复杂文件。

（3）原生电子文件、转化电子文件

原生电子文件是计算机系统中直接生成的文件，例如，通过 WPS 或

Microsoft Office 生成的文件，便是原始文件。转化电子文件是将纸质或其他模拟文件转换而成的数字文件，例如，通过扫描纸质文件获得的电子文件。

（4）只读文件、隐藏文件、加密文件、压缩文件

只读文件（Read-only file）表示这个文档只能打开来观看，不能修改也不能储存。

隐藏文件是在 Windows 系统下为保护文件不受别人更改或看到，将文件属性设置为"隐藏"的一种文件存储方式。

加密文件（Encrypted file）是通过系统如 Windows 自带的文件加密功能，或者是采用加密算法实现的加密软件进行加密的软件，目的是保护文档信息不被泄露。

压缩文件（Compressed file）是经过压缩软件（如 ZIP、RAR 等）压缩处理的文件，是将文件的二进制代码压缩，把相邻的 0、1 代码减少从而实现对文件的空间的压缩。

（5）主文件、支持性文件、辅助性文件

主文件是体现行为主体意图、行使职能或对象过程与结果的电子文件。主文件如 WPS 或 Word 生产的文档，类似传统的纸质文件，是管理和保存的对象。由于这些主文件的生成、运行依赖于特定的软硬件环境，因此，必须有支持性、辅助性或工具性文件作为运行与处理的条件。

支持性文件是生成和运行主文件的软件，如文字处理、表格处理、图形软件、多媒体软件等。在任何一台没有安装支持性文件的计算机平台上，主文件都无法打开与运行，更谈不上文件处理。

辅助性或工具性文件是在生产、运行、管理与利用主文件过程中起辅助、工具作用的文件，如软件自带的图形库、字库、索引及备注等。

（6）绝密、机密、秘密、普通电子文件

秘密等级是标识公文保密程度的一种标志。涉及国家秘密的文件按照国家秘密及其密集范围的规定分别标明"绝密""机密"和"秘密"。电子文件也是如此。

绝密电子文件是含有重要国家秘密的电子文件，泄露会使国家的安全和利益遭受特别严重的损害；机密电子文件是含有重要国家秘密的电子文件，泄露会使国家的安全和利益遭受严重的损害；秘密电子文件是含有一般国家秘密的电子文件，泄露会使国家的安全和利益遭受损害。普通电子文件即非秘电子文件，其内容不涉及国家秘密，可以在一定范围内进行直接公布。

（7）通用与专用电子文件

通用与专用电子文件的概念源于通用公文和专用公文①。通用电子文件又可以再分为党政机关电子文件和事务电子文件。党政机关电子文件，参照《党政机关公文处理工作条例》，包括决议、决定、命令(令)、公报、公告、通告、意见、通知、通报、报告、请示、批复、议案、函、纪要十五种。事务文件则需要针对不同的情况进行区分：计划类文件、文书，如规划、纲要、计划、方案等；报告类文件，如总结、调查报告、述职报告等；规章类文件，如章程、条例、办法、制度等；简报类文件，如简报、大事记等；会议类文书，如会议安排、会议记录、发言稿等。专用电子文件是指某个业务部门、某一行业根据专门工作的特殊需要而使用的，具有该业务部门或该行业特定内容和规定格式的电子文件，如外交电子文件、科技电子文件、司法电子文件、会计电子文件夹、人事电子文件等。

此外，从制发机关看，电子文件可以分为一个法定机构单独制发的电子文件、两个或两个以上机构联合制发的电子文件；从规范程度上看，可以划分为规范性电子文件、非规范性电子文件；从载体类型看，可以分为存于磁盘、磁带、光盘、服务器等不同载体上的电子文件；从生效时间看，可以划分为草稿类和定稿类电子文件；从内容存在形式，将电子文件分为电子文书、电子信件、电子报表、电子图纸等。这些划分方法有助于从不同角度认识电子文件。

1.4.4　电子文件的要素解读

国际档案理事会电子文件委员会 1997 年制定的《电子文件管理指南》重释了文件的三个基本要素，即内容、背景、结构②。

（1）内容（Content）

内容是电子文件所表达的行为主体的思想、意图及对象(客体)的过程、结果等方面的信息。内容信息是电子文件的核心要素，电子文件所传达的对象、表达的意图以及日后作为参考和凭证的作用，都需要通过文件的内容进行获知。

（2）背景（Context）

证明文件形成与办理过程和文件之间相互关系的信息，包括文件来源与传递目的地信息以及与内容信息相关的信息，如发文者、签署者、日期、收

---

① 周耀林，叶鹏，黄川川等 . 公文管理教程[M]. 沈阳：辽宁大学出版社，2013：60.
② 国际档案理事会电子文件委员会 . 电子文件管理指南[R]，1997.

件者等。电子文件的背景信息不只是提供了文件的来龙去脉和与其他文件的关联，而且还可能含有发文与收文机构的沿革和职能描述、文件保管系统的功能要求和系统环境信息等。

（3）结构（Structure）

结构指文件内容信息的组织表达形式，如文字段落安排、文件使用的代码、格式以及载体、附件等。结构是文件内容所依托的载体和所呈现的形式。对于电子文件而言，构成文件的只有计算机才能理解的数字代码，文件的载体是磁或光的介质；电子文件的物理结构和逻辑结构往往是不一致的，只有计算机通过读取专门的描述信息才能判断其存放的特定位置。

1.4.5　电子文件的边界解读

"电子文件"在国内外使用非常广泛，与之相关的概念也很多。从早期的机读文件开始，有机读文件、电子数据、电子公文、数字文件、电子档案、数字档案、数据电文等。了解电子文件，有必要对上述主要概念进行简要的分析与解读。

（1）机读文件

机读文件（Machine-readable records）在美国档案工作者协会（SAA）网页专业词汇解释中，是与"电子文件"关系密切的专业词汇。这一概念产生于19世纪末，指配合一些简单的电子机械设备使用的穿孔卡片。20世纪40年代，随着机读文件数量的增多，机读文件演变为计算机处理的文件，常用于编制目录、打印目录和辅助检索，并不是计算机生成的原始文件。20世纪90年代，电子文件概念逐渐盛行，与机读文件几乎是作为同义词使用。及至当前，电子文件概念占据主要地位，机读文件一词渐成历史。

从机读文件到电子文件，既有技术变革影响，也是社会环境、工作环境的变化，反映了人们对于事物本质认识的渐进过程。"以'电子文件'取代'机读文件'更为明确和专指，同时，国外有学者认为'机读'一词和人有距离感，不太合适。也有学者认为'机读'二字无法描述电子文件的本质特征，以文件存在形态来描述电子文件更为准确。"[1]

（2）电子数据

电子数据（Electronic data）是指基于计算机应用、通信和现代管理技术等电子化技术手段形成的，包括文字、图形符号、数字、字母等客观资料。

---

[1]　于丽娟. 机读档案与电子文件辨析[J]. 档案与建设，1998（5）：15.

电子数据概念的外延比电子文件更广泛，形成环境更多样，既包括公务活动中形成的电子文件数据，也包括非公务活动中形成的个人信息和系统环境信息等(如临时数据、系统环境、应用软件环境等)①。

电子数据被纳入了法律的概念体系中。《中华人民共和国刑事诉讼法》(2012年修订版)提出的八大案件事实的材料中，电子数据是其中之一。

(3)电子公文

电子公文(Electronic official file)指符合公文特征的电子文件，一般指电子形式的各类红头文件，有特定的版式和形成、办理流程要求，需以签章等形式加以确认。电子公文属于狭义的电子文件范畴，是电子文件的一种类型。

(4)数字文件

数字文件(Digital record)是指已被捕获并经自动化系统存储、处理的数据或信息，且需要使用该系统得以理解②。电子文件是在电子环境中直接生成的文件，而数字文件指所有以数字形态存在的文件③。也有学者指出，电子文件是由电流驱动的机器设备所产生、传输和处理的文件，数字文件专指数字计算机所产生、传输和处理的文件，二者是两个完全不同的概念。其中，数字文件是电子文件，电子文件不一定是数字文件；电子文件包含数字文件，数字文件是电子文件的一个子集④。而国际文件管理基金会(IRMT)《电子文件管理导论》将电子文件定义为："用计算机操作、传输和处理的数字文件。"⑤从这个角度看，两者表述的是同一含义。

(5)电子档案

《电子档案移交与接收办法》将电子档案定义为"指机关、团体、企事业单位和其他组织在处理公务过程中形成的对国家和社会具有保存价值并归档保存的电子文件。"《电子文件归档与电子档案管理方法》中提出"电子文件归档后按有关规定移交至档案保管部门，作为电子档案进行保管。"电子档案是指"具有保存价值的已归档的电子文件及相应的支持软件产品和软、硬

① 刘家真. 电子文件管理导论[M]. 武汉：武汉大学出版社，1999.
② Society of American Archivists. Electronic Record[EB/OB]. [2013-01-08]. http://www.archivists.org/glossary/terms/e/electronic-record.
③ 王秀峰. 数字化的纸质文件不是电子文件[J]. 北京档案，2003(1)：29-31.
④ 邵成林. 电子文件与数字文件之辨析[J]. 四川档案，2006(3)：6.
⑤ 转引自冯惠玲. 电子文件管理教程[M]. 北京：中国人民大学出版社，2001.

件说明。"①基于这种理解，电子档案的实质是电子文件转换为档案的过程，即电子文件经过归档保存与管理所形成的符合档案定义的电子化文件。虽然电子文件转化为电子档案的过程并不如传统载体文件转化为传统载体档案那么明显，但基于档案工作尤其是归档整理实践工作的考虑，可以将电子文件划分为现行电子文件和归档电子文件两个相互衔接的部分，不仅便于理解文件和档案的关系，也便于实践操作。在国外，直接将电子档案称为电子文件，或者"具有档案性质的电子文件"；即使是具有档案性质接收的电子文件，仍称为"电子文件"，而非"电子档案"。

（6）数字档案

数字档案是"数字档案馆概念的产物，是数字档案馆馆藏数字资源的总称，包括电子档案、传统载体转换生成的数字化档案和有价值的数字信息资料，数字档案强调其数字特征，其中的数字化档案、数字信息资料并不具备原生的档案特性。"②"数字档案"概念强调了两方面的内容：一方面，强调了档案以数字形式存储和利用；另一方面，强调了它存储的信息是用电磁介质，按 0 和 1 二进制编码的方法加以存储和处理，把原来用纸质存储的信息转变为用计算机和多媒体技术存储和处理的信息③。结合实践工作，数字档案包括归档的电子文件和经过数字化后的传统档案④。

———————————

①　CAD 电子文件光盘存储、归档与档案管理要求 第一部分：电子文件归档与档案管理（GB/T 17678.1-1999）［S］.

②　蔡学美．档案工作中使用"电子档案"概念的基础和作用［J］．档案学研究，2011（1）：5.

③　中国人民大学信息资源管理学院．电子文件管理百科［EB/OL］.［2015-01-25］. http://erecord.irm.cn/doc-view-203.

④　李国庆．数字档案馆概论［M］．北京：中国档案出版社，2003：113.

2 电子文件管理

电子文件实质上是文件或档案的一种技术类型，或者一种新的表现形式。电子文件是基于一般文件及档案的属性予以定义的，因此本书所讨论与界定的电子文件管理自然是指符合档案管理的原则与诉求的管理理论、管理模式与管理方法。

电子文件的出现可谓是记录技术进步和材料科学发展的历史性突破，也由此引发了包含文件、档案、图书管理在内的信息管理的革命性突破。电子文件不仅颠覆了人们上千年来对文件的性质、结构、要素、关联的基本认知，而且导致了文件控制模式、处置方法、传输手段和保管环境的重构。"与传统的文件、档案管理相比，电子文件、档案的管理具有相关因素增多，各因素之间的相关度增高，变量增多，目标复杂化，技术含量更高、更新、更快等新的特点"[1]，因此对管理提出了更高的要求，需要在科学的管理理论指导下，从体制、立法、政策、制度、理念、模式、技术方法等多个层面共同采取新的举措。

但是，由于具有档案性质的电子文件在技术特性上与其他类型的数字文献(如数字图书)基本一致，因而电子文件管理理论与方法同其他数字文献的管理理论与方法是可以相互借鉴的。从电子文件管理理论研究与实践发展的历史来看，的确借鉴与应用了相关学科的管理理论与方法，例如，数字档案馆与数字图书馆建设的理论与技术模式密切相关。此外，从社会发展对资源需求的趋势看，数字信息资源共享成为必然，因此二者在管理模式上彼此兼容与集成，在技术标准上共同遵守与互换也已达成共识，譬如在元数据都柏林核心集的研究合作上已现端倪。

---

① 冯惠玲. 电子文件管理教程[M]. 北京：中国人民大学出版社，2009：12.

30

2.1　电子文件管理发展历程

随着计算机的普及和网络技术的发展与普及，随着人们的生活、办公、设计、管理等事务日益数字化、系统化与网络化，电子文件已经成为当今社会的主流文件形式、成为社会记忆及思想交流的主要载体。电子文件一经生成，从逻辑上说怎样管理它就成为必须直面的问题。随着电子文件的大量生成，且逐渐取代纸质文件成为当今社会主流文件形式，电子文件管理也因此而成为政府、机构及个人必须共同面对的社会问题。

从电子文件产生的时刻起，人们就开始探索如何管理电子文件。时至今日，电子文件管理大致经历了如下的发展历程。

(1)历经了机构层面的自行研究到政府层面有组织有规划的研究过程

从技术角度讲，电子计算机的问世就产生了电子文件，其管理活动也就开始了。因循这个逻辑，电子文件的生命史、电子文件管理史同计算机的发展史大致是同步的，电子文件管理的历史就是在最初使用电子计算机的机构中拉开序幕的。

在以微软公司 Windows 系统为代表的视窗操作系统问世以前，电子计算机的应用范围其实是很狭窄的，大约仅限于高能物理、武器研制、工程设计、地震预测、气象预报、航天技术等军事、科研少数领域，只是起到纯粹的模拟与计算作用。在微型机和 PC 机问世的初期，也只拓展至少数的过程检测与控制领域。总之，在 20 世纪 90 年代以前，操作和使用计算机还是极少数人和少数机构的事。但是就在这些少数应用电子计算机的机构，由于其形成的电子文件都是极其重要的文件和关键性数据，在保存过程中均出现了磁盘、磁带信息的丢失、损坏、无法恢复等一系列的问题。而这些机构处于自身工作和系统正常运行的需要，为了确保这些电子文件的有效性，很早就在探索怎样管理与维护这些电子文件。因此，早期的电子文件管理仅发生在少数应用电子计算机的机构中，即机构层面的自行研究。

微电子技术的进步及以微软公司 Windows 系统为代表的视窗操作系统的问世开创了电子计算机问世以来的新局面，不仅使得计算机的应用领域扩展到信息管理(数据处理)和计算机辅助系统，而且使得计算机由实验室进入办公室和家庭，让普通的民众分享到了计算机的巨大便利。

信息管理是目前计算机应用最广泛的一个领域。计算机可以用来加工、管理与操作任何形式的数据资料，如政府办公、企业管理、物资管理、报表统计、账目计算、信息情报检索等。20世纪90年代以来，国内外许多机构纷纷建设自己的管理信息系统(MIS)；政府部门建立起集经济管理、市场监管、社会管理和公共服务四大职能为一体的电子政务平台(e-Government affair)；生产企业建立起企业资源计划系统(ERP)及电子商务平台，商业流通和通信领域则成功开发电子信息交换系统(EDI)。这类系统的发展使得我们过去见到的报表数据和资料图书全都以电子文件的形式实现海量与高效的处置与传递。

计算机辅助系统是指代替或者辅助人来实现或完成过去纯粹由人来完成的诸如文件处置、工业设计与技术加工、手工流程等业务工作的计算机系统。如OA办公化系统、CAD计算机辅助设计系统、CAM计算机辅助制造系统、CAT计算机辅助测试系统、CAI计算机辅助教学系统等。由于计算机取代了人的劳动，这类系统在处理业务工作中生成的文件也不再是传统的纸质文件，而是计算机才能识别与处理的电子文件。由于效率的大幅提升，电子文件生成速度与数量也迅速提升。各类计算机辅助系统的开发与普及导致电子文件成为人们各项生活与工作中的主要文件形式。

因此，当计算机系统走进千家万户和每一间办公室，全面应用到信息管理并成为人们管理、设计、操作等工作平台之后，电子文件的形成与管理就不再是极少数机构才有的个案性问题，而成为一种广泛的、共同关注的社会现象和问题，尤其是电子政府的发展与普及在更大程度上刺激了各国政府迅速关注电子文件管理。自20世纪90年代起，国际档案理事会和各国政府就开始全面介入电子文件管理，电子文件管理从此步入了由政府主导的有组织、有规划的管理时期。

当前，许多国家甚至已将电子文件管理上升到国家战略的高度。冯惠玲2006年5月首次提出了"全面制定和实施我国电子文件管理国家战略"，我国的电子文件管理自此走上了顶层设计、全面规划和集中控制的科学之路。

(2)历经了自经验业余式管理到理论指导下的专业管理的实践过程

自机构电子文件管理伊始，发展至今，电子文件管理的历史已有半个世纪之久。但是电子文件管理依据其管理水平和性质大致可以划分为如下两个阶段。

第一个阶段：经验性电子文件管理阶段。

这个阶段大致是在20世纪90年代中期以前，具有以下特点：

① 电子文件基本由业务技术部门管理；

② 电子文件未进入机构文件归档范围；

③ 档案管理部门基本没有介入电子文件的控制与管理工作；

④ 电子文件管理没有理论基础，没有任何可资借鉴的管理手段与方法；

⑤ 电子文件在管理中逐渐显露出丢失、损毁、无法恢复与还原等一系列问题；

⑥ 电子文件纳入档案管理范畴及实现科学化管理的诉求日益强烈。

这个阶段电子文件管理主体基本上是业务技术部门，他们的主要任务不是管理电子文件，电子文件管理对于他们而言只是一种附属或者说是业余的工作，他们将电子文件视同为一般的技术资料，对其基本上是照搬一般技术资料的管理经验来实施管理，至多会考虑其技术特点而采用一些特殊的手段。例如，在技术上对计算机磁带（盘）采用一些防磁的保护措施。今天来看，这一阶段电子文件管理基本上是业余经验式的，不够成熟，导致了许多珍贵的电子文件永远不可恢复。

第二个阶段：理论指导下的专业管理阶段。

这个阶段大致是 20 世纪 90 年代中期至今，呈现出以下特点：

① 电子文件管理逐渐由档案部门主导并最终纳入到档案管理范畴。

② 电子文件确立了在档案分类体系中的地位，进入机构档案部门的归档范围和综合档案馆的进馆范围。

③ 国际档案理事会、各国政府及档案馆、相关国际组织愈加关注电子文件管理，一系列的研究课题及相关技术标准渐次出台。

④ 理论研究不断取得突破，电子文件管理理论渐成体系，对电子文件管理的指导作用日益增强。

⑤ 电子文件管理科学化水平不断提高，成为一项有理论为依据、有标准为指导的规范化、标准的专业技术工作。

这个阶段对电子文件的性质与特点的认知日渐深刻，电子文件管理的理论研究相继取得突破，为电子文件管理提供了理论上的指导。实践中，业务技术部门与档案管理部门在电子文件管理上逐渐形成共识，电子文件作为机构重要的电子证据已成为当代机构文件管理战略①的重要部分，纳入了机构档案管理的范畴，使其得到永久真实的管理。同时诸多国际组织和各国立法与政府机构、国家档案馆不仅成立了电子文件管理的对策机构，而且研究编制了一系列的关于电子文件管理的法律、法规、标准、行动指南等，指引和

---

① ［美］戴维·毕尔曼著. 电子证据——当代机构文件管理战略［M］. 王健，等译.
北京：中国人民大学出版社，2000：1.

规范着国际范围内电子文件管理，使得电子文件管理步入了在科学理论指导下的专业管理阶段。

譬如，联合国教科文组织（UNESCO）早在 20 世纪 80 年代就开始关注与协调电子文件管理问题，并于 21 世纪初发布了包括电子文件管理在内的《数字遗产保护宪章》（Charter on the Preservation of the Digital Heritage）及《数字遗产保护指导方针》（Guidelines for the Preservation of Digital Heritage），并制定了分步与分专题实施的战略步骤。国际档案理事会于 1992 年专门成立了电子文件委员会，并编制了《电子文件管理指南》（Guideline on Electronic Records Management）。其他如国际标准化组织（ISO）、美国保护与存取委员会（CPA）、欧洲保护与存取委员会（ECPA）、美国国家档案与文件管理署（NARA）等均编制了大量的关于电子文件管理中相关问题的标准及实施规则。最大的跨国际合作研究项目《电子文件真实性的永久保管国际研究项目》（InterPARES, International Research on Permanent Authentic Records in Electronic Systems）也分阶段发布了相关研究成果。

在我国，一方面以冯惠玲为代表的理论研究者创新了电子文件管理理论，为我国电子文件管理水平的不断提升提供了丰富理论源泉。另一方面国家档案局也及时介入组织电子文件管理的标准研制与制度的制定，相继推出了《CAD 电子文件光盘存储、归档与档案管理要求》（GB/T 17678.2-1999）、《电子文件归档与管理规范》（GB/T18894-2002）等一系列电子文件管理标准，使得我国的电子文件管理逐步走上了科学发展之路。

（3）历经了自单机平台到网络化管理的演化过程

由于计算机软硬件技术的发展、电子文件形成的规模与特点的变化、电子文件管理理念及理论的发展以及对电子文件管理预期目标的不断提升，电子文件管理也从早期的单机平台发展到网络化管理阶段。

在网络技术问世与成熟之前，电子文件管理基本上是单机平台模式。这种模式下，机构（包括档案馆）仅能使用单机平台来管理电子文件。美国制造了世界上第一台电子计算机，也是计算机发展水平及应用水平最高的国家，美国国家档案与文件管理署（NARA）是最早接收电子文件进馆的国家档案馆。此时，由于技术的限制，只能使用计算机单机系统来管理电子文件，凭借计算机操作系统的文件管理功能或者早期开发的单机版计算机辅助档案管理系统来实现对电子文件的初步管理。

以 Internet 为代表的网络技术早在 20 世纪 60 年代末面世，但是真正高速发展则是在 80 年代中后期。由于网络技术在文件数据传输、远程控制及资源共享上的巨大优势，很快就应用在电子文件管理上，电子文件网络化管理模式应运而生。各国由于在计算机及其网络技术发展水平的差异，在电子文件管理的技术模式上，从单机平台到网络化管理的大致年代难以准确划分，大体上以美国、西欧诸国、日本等为代表的发达国家稍早，在 20 世纪 90 年代基本上实现了网络化；中国等发展中国家稍晚，电子文件实现网络化管理则是 90 年代的中期；不发达国家至今也很难说他们的电子文件管理水平已经完全进入了网络时代。

对于电子文件管理而言，从单机平台到网络化管理是一个巨大的技术飞跃。电子文件管理不同于管理、业务、技术部门的业务文件的管理，它是将管理、业务、技术部门中计算机平台上生成的电子文件移交到档案部门，由档案部门来实施永久性管理的过程。如果是单机系统，文件在积累、收集、鉴定、利用等环节就必须依靠载体来实现文件信息的传输。从管理和利用的角度来看，这与传统的文件档案管理并无太大差别，计算机巨大的信息处理优势无法得到发挥。因此，在单机时代，电子文件管理基本上属于计算机辅助档案管理的模式，计算机大致上只能应用于文件的著录标引、机读目录的建设和计算机辅助检索等。

严格地讲，只有网络技术的应用才从根本上让电子文件管理彻底摆脱传统文件档案的管理模式，使得电子文件的信息内容能够利用网络来实现跨越空间的传输，从而突破在文件、档案空间的障碍，实现电子文件从生成空间到管理空间再到各个不同的利用空间的漫游，并最终构建一个不受时间与空间限制的电子文件管理模式。

网络化管理让电子文件管理从计算机辅助管理的技术阶段发展为电子文件管理系统建设的技术阶段，我们当下所讨论的电子文件管理也基本上是基于网络环境的。网络技术的应用让电子文件管理在展现其精彩纷呈的局面的同时，也给我们带来了新的困惑和难题。各种理念、理论、模式纷至沓来，各种技术、方法与手段竞相绽放。但是，怎样维护长期保存的电子文件的真实性、可读性尚处于探索中，如何实现电子文件法律凭证的保障及其证据效力提升也依然困扰着我们。

(4)历经了以满足计算机数据处理为主要功能的技术管理到以保存历史记忆为主要目标的社会管理的转变过程

早期的电子文件管理主要是在机构层面上由技术部门主导的。由于计算机系统所产生的文件与数据在管理中出现了损坏、丢失、误码漏码及信噪比严重下降等问题，因此，技术部门电子文件管理的诉求仅仅为了满足于技术系统的正常运行及业务工作的数据处理的需要。换言之，早期的电子文件管理基本功能是基于计算机数据处理为主要诉求的，主要考虑的问题是怎样维护电子文件的真实性、长期保存的可读性、文件载体的保存性等技术层面的问题。因此，从管理诉求及管理理念和内容看，早期的电子文件管理主要体现为一种技术性管理。

然而，对于电子文件管理的技术性问题的深入研究推动电子文件管理进入了一个更高的层面。随着电子文件管理从由技术部门主导的机构层面过渡至由档案馆主导的政府层面，电子文件管理的诉求就是以满足保存真实的历史记忆和保障文件的法律作用为主要目标，电子文件管理也因此而超越了诸多一般性技术问题上升为基本的社会问题和法律问题来开展理论研究与实施组织管理。今天，电子文件管理不再是一个单纯的以满足计算机数据处理为主要功能的技术性管理，而是一个以保存社会历史记忆和机构法律证据为主要目标的社会化管理。

在档案社会化管理阶段，机构将电子文件管理作为维护其核心利益、政府将电子文件管理作为保存真实的历史记忆来进行顶层设计，电子文件管理成为社会管理的一个组成部分。从保障国家信息安全的角度，政府甚至将电子文件管理作为国家战略来进行组织与实施，电子文件管理将档案管理带入了一个过去不曾达到的新的历史高度。

(5)历经了线性业务流程的档案管理到集成文件控制、事务处理与归档管理的文档一体化管理的创新过程

20世纪90年代中期以前，电子文件管理缺乏必要的理论指导，电子文件管理基本上是采用计算机辅助档案管理的技术理念在档案管理软件系统上完成的。系统的流程设计以电子文件移交归档为起点，参照传统档案管理的归档、收集、整理、鉴定、保管等业务流程来线性布局。由于相关理论缺失、理念陈旧、方法失当，这一时期电子文件管理水平较低，归档管理的电子文件在后期大多出现真实性无法保障和验证，文件大量无法读出与恢复等一系列技术问题，在许多机构都造成了诸多无法弥补的损失。

20世纪90年代中期以后，由于国家层面对电子文件管理的高度重视，电子文件管理论研究不断结出丰硕的果实，文件生命周期理论、前端控制理论、全程管理理论、文件连续体理论、文档一体化理论、电子文件管理流程重组理论、后保管模式、元数据管理理论、电子文件管理顶层设计思想给电子文件管理提供了丰富的营养。在这些理论的浸润下，一种真正意义上的文档一体化管理理念及管理模式诞生了，电子文件管理的界限向前端延伸至文

件系统的设计阶段，对电子文件的生成状况实施控制，并依据各类机构业务系统(如 OA、CAD、ERP、CAM 等)事务处理的工作流，将电子文件及其元数据实时归档至档案管理部门或系统。这种文档一体化管理系统实现了文件控制、事务处理与归档管理的集成，相对于传统的文档管理模式而言无论在理论上还是在实践上都是一种革命性创新。

以前端控制为源点、以全程管理为导向、以事务处理为依据的文档一体化管理模式尊重了文件的形成规律及来源原则，充分考虑和满足了电子文件管理后期真实性、可读性维护的技术需要及法律凭证性的保障，有效地利用了系统资源，极大地提高了归档电子文件的真实性、完整性、系统性，确保了电子文件的元数据能够及时、准确、完整的捕获与科学保存。

集成文件控制、事务处理与归档管理的开放式电子文档一体化管理模式已经基本上得到了世界范围内的高度认同，已经作为电子文件管理的基本管理理念得到实施，基于这种理念的电子文件管理平台已经在各种技术系统上实现了成功开发和顺利运行，为电子文件的科学化管理指明了方向和道路。

上述对电子文件管理历程的爬梳是基于一根根具体的经纬线，或曰不同的角度来分析的，而电子文件管理历程的发展是很复杂的，前期电子文件管理虽然是单机的、机构层面的、经验业余式的、单一技术管理及线性流程的低水平阶段，但是这是任何一项管理工作发展的必由之路，只有经过这个阶段的不断尝试、努力探索、积累经验才能为后期的发展奠定基础。经过约半个世纪的不断耕耘和求索，几代人的总结与反思，电子文件管理才有了今天这样的光明前景。

2.2 电子文件管理理论与思想

电子文件管理的理论研究是从分析对象的性质、特征、价值、范畴及与其他相关对象的关系入手，结合档案管理的体制、原则、目标及档案工作的性质与任务，综合分析电子文件生成的环境要素、系统特性展开并逐步深入的。在此研究过程中，参考借鉴相关学科的理论研究成果，比较、分析与评估国际范围内电子文件管理实践中的得失，最终形成关于电子文件管理的各种理论。

受益于国内外对电子文件管理的高度重视及实践中日益彰显的紧迫性，电子文件管理理论研究成果丰硕，见诸如文献介绍的、探索及应用于机构实践中的电子文件管理理论有多种，其中体系缜密、思辨完善且以一定的方式在实践中得到检验，在国内外反响较大、认同度较高的理论主要有下列几种①。

2.2.1 电子文件生命周期理论

电子文件的生命周期理论历经了文件生命周期、文件生命周期理论、电子文件生命周期理论的发展过程。传入我国后，又实现了电子文件生命周期的中国化，形成了本土化的电子文件生命周期理论。

2.2.1.1 文件生命周期

1940年，美国菲利普·布鲁克斯(Philip Brooks)最早提出了"文件生命周期"(Stages in the life of papers)概念，意为"一份文件创建或接收、分发、处理、保管、利用到销毁的整个产生、进行、发展与消失的过程"②，亦为"文件从产生直至因丧失价值而被销毁或者因具有长久价值而被送到档案馆永久保存的整体运动过程"。③ 总的来说，创造"文件生命周期"概念的目的就是强调文件运动的一种时间跨度，将其生命过程抽象为一个生命流程，从而便于对不同阶段的功能与目标的界定。

2.2.1.2 文件生命周期理论

20世纪50年代，美国建立了文件中心，对文件中心的理论阐释成为文件生命周期理论的研究起点。1950年，英国的罗吉尔·艾利斯(Roger Ellis)在第一届国际档案大会上基于文件生命周期的概念提出了文件运动的"三阶段论"(现行阶段、暂时保存阶段和永久保存阶段文件)，从而开启了文件生命周期理论的研究。其后，英国公共档案馆馆长马勃斯(A. W. Mabbs)、阿根廷档案学者曼努埃尔·巴斯克斯(Manuel Vazquez)、美国档案学者谢伦伯格(Theodore Roosevelt Schellenberg)等不断对其进行系统和完善，从而使文件生命周期理论成为档案管理的重要基础理论之一。

在我国，曾三、陈兆祦、何嘉荪、潘连根等人也对文件生命周期理论进行了系统研究，使文件生命周期理论完成了中国化的过程，丰富和发展了我国档案学理论体系。

中外档案学者对文件运动过程及其特点变化所作的论述尽管纷繁复杂，

---

① 国内学者对各种电子文件管理理论的内容及思想争议与驳难颇多，本书仅对每种理论的基本思想予以介绍，对诸学者的相关置评不予评价。

② 张正强. 电子文件管理[M]. 北京：解放军出版社，2004.

③ 陈淑媛. 兰台学术[M]. 北京：新华出版社，2005：17.

但从中提炼出来的核心思想却是基本相同的。文件生命周期理论的基本思想可以概括为以下三点。

第一，文件从其形成到销毁或永久保存，是一个完整的运动过程。

第二，这一完整过程依据文件价值形态的变化可划分为若干阶段，并呈现规律性变化。

第三，文件在每一阶段因其特定的价值形态而与服务对象、保管场所、管理形式之间存在一种内在对应关系。

上述三个方面体现了文件生命周期理论的核心思想，其理论意义在于以下三个方面。

第一，准确地揭示了文件运动的整体性和内在联系，为文件、档案一体化管理奠定了理论基础。

第二，准确地揭示了文件运动的阶段变化，为文件的阶段式管理奠定了理论基础。

第三，准确地揭示了文件运动过程的前后衔接和各阶段的相互影响，为档案部门对文件进行前端控制提供了理论基础。

上述理论意义应用于电子文件管理上就表现为电子文件生命周期理论。

2.2.1.3 电子文件生命周期理论

电子文件管理问题受到重视之后，部分学者认为文件生命周期理论应该可以指导电子文件管理的实践，但必须进行完善。法国档案学家 C. 诺加雷在谈及电子时代信息技术对档案和档案工作的影响时指出："档案工作者要重新考虑他们在生命周期进行干预的时机，甚至重新考虑这种生命周期本身。"[①]

由于在认识、实践和管理模式上的差异性，电子文件生命周期理论在我国主要流行三个版本。

(1)国际版电子文件生命周期理论

从国际影响及其在档案事业上的权威性看，国际档案理事会官方文件对电子文件生命周期理论的表述自然最具代表性，它的结论本身也是业内专家的研究成果。

国际档案理事会电子文件委员会《电子文件管理指南》中把电子文件的生命周期划分为概念阶段(Conception Stage)、形成阶段(Creation Stage)和维

---

① ［澳大利亚］弗兰克·阿普沃德. 文件连续体的结构化，后保管时代的原则与性质[J]. 档案与手稿，1996，24.

护阶段(Maintenance Stage)三个阶段。概念阶段是指电子文件管理信息系统的设计、开发和安装阶段；形成阶段是指具体的电子文件在这种可靠的电子环境中产生出来的阶段；维护阶段是指电子文件产生之后直至它被销毁或永久保存的整个过程。① 这一划分方法借鉴的是计算机技术中"软件生命周期"的分法，划分的着眼点是电子文件管理信息系统本身，划分的依据不再是文件内在价值形态的变化，而是电子文件管理活动的工作流程。

虽然国内外许多学者对这一划分方法与传统文件生命周期的异同进行了深入的研究，提出了多种修正的方法，但是这一划分的理念与方法对于实现电子文件管理的科学性，对于电子文件管理流程的设计，对于实现电子文件、电子档案的一体化管理无疑发挥了极大的促进作用。尤其是其所倡导的模糊电子文件与电子档案的界限、对电子文件的生成实施超前控制、对电子文件实施全程管理的思想、对于全新理念的电子文件管理模式的建构起到了核心作用。

(2)英国模型板电子文件生命周期理论

2007年12月，英国国际数字保管中心(Digital Curation Centre)根据档案电子文件的自身特点，基于国际标准——《ISO 14721：2003 开放档案信息系统—参考模型》(简称OAIS)的总体框架，在《国际数字保管期刊》上以图形方式提出了一个英国模型板的电子文件生命周期理论②。

英国版电子文件生命周期模型见图2-1。

图2-1所示模型将电子文件生命周期流程分为电子文件核心流程层和特定流程层两个层次。

核心流程层是指贯穿电子文件整个生命周期的流程，即每一份电子文件的整个生命周期都必须进行的流程活动。核心流程层采用封闭圆圈表示，围绕着电子文件这个中心，从外至内的核心流程依次为：

① 外圈是"长期保存计划"；

② 中圈是"电子文件管理元数据"；

③ 里圈是"电子文件保管和长期保存"。

特定流程层也可以理解为机会流程层，是指在电子文件生命周期中的某

---

① Committee on Electronic Records of ICA. Guide for Managing Electronic Records From an Archival Perspective[R]. Paris：International Council on Archives，1997：36-37.

② 程妍妍. 电子文件管理理论的最新研究成果之——国际电子文件生命周期模型[J]. 档案学研究，2008(2)：46-47.

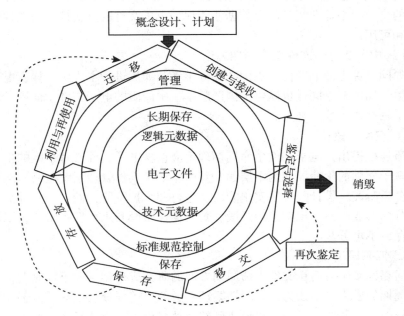

图 2-1　电子文件生命周期模型

个阶段可能涉及的业务流程，这些业务在整个电子文件生命周期中是有先后顺序的，所以也被称为顺序流程（Sequential Actions）。特定流程层采用模型最外层的箭头片段围绕而成，如文件的"创建与接收""现行利用""鉴定与选择""移交""长期保存""存储或销毁""利用""技术迁移"等。特定流程是依据文件价值与性质进行机会选择的过程，因此可能随着不同类型的电子文件生命周期的特殊性而有所变化。

英国模型板的电子文件生命周期理论有三个显著特点。

一是采用比较直观的双层架构，既能反映电子文件生命周期的共性，又能反映电子文件生命周期的个性；既能兼顾电子文件生命周期核心流程，又能兼顾电子文件生命周期特定流程，从而很好地体现了电子文件生命周期的稳定性与灵活性特点，因而对电子文件生命周期而言，其具有很大的包容性，由此，又可以确保电子文件生命周期模型具有广泛的适用性。

二是通过强调电子文件"概念设计阶段"的"创建"来表达模型的前端控制的特点。

三是凸显元数据对于电子文件管理的重要作用及必要性。该模型特别将

"电子文件管理元数据"捕获纳入核心流程，强调必须在整个电子文件生命周期的全流程中捕获相应的元数据才能保证电子文件的真实性、完整性、可靠性和可用性。

（3）中国版电子文件生命周期理论

如同文件生命周期传入中国经部分学者演绎后进行本土化一样，电子文件的生命周期理论同样也诞生了国产版本，中国版的电子文件生命周期理论有三个具有代表性的观点。

① 双层四段论。

潘连根提出，电子文件生命周期理论应包含电子文件管理系统的生命周期和电子文件的生命周期两个层面。其中，电子文件管理系统生命周期包括系统分析阶段、设计阶段、实施阶段、运行和维护阶段，而电子文件的生命周期分为形成阶段、现实使用阶段、暂时保存阶段和永久保存阶段，二者互为依存，不可分割①。

② 四阶段论。

何嘉荪基于自己在文件生命周期方面的研究成果，形成了针对电子文件生命周期的成果。他认为，国际档案理事会的上述划分只表现了电子文件管理系统的生命周期，对于正式形成后的运动过程并未充分反映与体现，电子文件的生命周期应划分为文件的孕育形成阶段、文件的现实使用阶段、文件的暂时保存阶段和文件的永久保存阶段，谓之"四阶段论"。②

③ 五阶段论。

李福君等在综合多种观点之后提出了一个"五阶段论"，即电子文件管理信息系统的设计、安装、调试阶段，电子文件孕育、形成阶段，电子文件现实使用阶段，电子文件的暂时保管阶段和电子文件永久保存阶段。③

2.2.1.4 电子文件生命周期理论的基本思想

尽管电子文件生命周期理论在国内外有多种版本，但冯惠玲认为其基本思想是一致的，主要包括如下几个方面④：

---

① 潘连根．电子文件生命周期新探[J]．浙江档案，2002(7)：9．

② 何嘉荪．论电子文件的生命周期[J]．浙江大学学报(人文社会科学版)，2001(4)：98-106．

③ 李福君，冯湘君．电子文件生命周期划分浅探[C]//浙江大学信息资源管理研究所，杭州意能电力技术公司，杭州市档案局．"OA系统与电子档案管理——理论与实践"国际学术研讨会交流论文，2001：11．

④ 冯惠玲．电子文件管理教程[M]．北京：中国人民大学出版社，2009：6．

① 电子从其形成到销毁或永久保存是一个完整的运动过程，这个过程可以纳入电子文件管理系统之中。

② 这一过程依据电子文件的功能和价值形态的变化可以划分为若干阶段，不同阶段之间没有明确的界限，处于后阶段的电子文件有向前阶段转化的可能。

③ 电子文件在每一个阶段因其特定的功能和价值形态而具有不同的服务对象和服务方式，但电子文件的阶段性与其物理位置、保存场所没有固定的对应关系。

④ 对电子文件生命全程的管理和监控措施应该向前延伸到电子文件管理系统之中。

电子文件生命周期理论是电子文件管理的最基本理论形式，它与其他电子文件管理理论有密切的联系，甚至理解为母理论亦不为过。它为全程管理理论、文件连续体理论、前端控制理论、文档一体化管理理论、流程重组理论等的诞生奠定了基础和依据。

2.2.2 前端控制理论

前端控制理论是以冯惠玲、刘家真等为代表的国内学者，基于我国 20 世纪 30 年代民国政府文书档案改革运动中的文书连锁法，结合卡利法诺、C. 诺加雷等国外学者的档案管理思想，吸收电子文件生命周期理论提炼出来的。

前端控制理论是"把文件从形成到永久保存或销毁的不同阶段看做一个完整的过程。在这个过程中，文件的形成是前端，处理、鉴定、整理、编目等具体管理活动是中端，永久保存或销毁是末端。前端控制是对整个管理过程的目标、要求和规则进行系统分析、科学整合，把需要和可能在文件形成阶段实现或部分实现的管理功能尽量在这一阶段实现"。[①] 其核心理念是"整体规划、业务环节提前、全过程监控"，实质是从系统的观点认识文件与档案、文件工作与档案工作的关系，即"将档案职能的'干预时机'确定在电子文件管理系统的设计阶段，把原来纸质文件管理系统中的许多'后控制'手段提到最前端，主张'在文件形成前采取行动'"[②]，如将电子文件的

---

① 冯惠玲. 电子文件管理教程[M]. 北京：中国人民大学出版社，2009：14.

② 徐维，管志宇. 电子文件"前端控制"的来源及其他[J]. 档案与建设，2001（3）：13.

版本控制、备份措施、鉴定复审、利用权限等管理环节都预先设计到管理系统中，由系统自动实施，并在文件形成和维护阶段进行监督。① 简言之，"所谓'前端控制'，是指针对电子文件管理，要从文件形成之时甚至形成之前(即电子文件管理系统设计阶段)就对文件形成一直到归档整个过程给予通盘规划，把可能预先设定的管理功能纳入系统之中，并在文件形成和维护阶段进行监督。"②

2.2.3 文件连续体理论

虽然文件"连续体"意识的萌芽较早，但真正对"文件连续体"进行严格定义的是 1996 年出版的澳大利亚国家档案标准(AS4390：第 4.22 条)，该标准认为"文件连续体"(the Records Continuum) 是"从文件形成(包括形成前，文件管理系统的设计)到文件作为档案保存和利用的管理全过程中连贯一致的管理方式。"③而文件连续体理论的形成则是 20 世纪 90 年代澳大利亚档案学者弗兰克·阿普奥德(Frank Upward)结合里奥塔德(Lyorard)的后现代主义和安东尼·吉登斯的结构化理论提出并逐步完善定型的。

文件连续体理论的核心贡献在于将文件的运动过程视为一个连续统一体，既包含文件自身的连续性和整体性，也涵盖了文件管理过程的连续性和整体性，进而体现了文件运动在时间和空间上的多维性、连续性和整体性。该理论以全新的研究角度和方法，揭示了电子文件的连续运动过程，并展现了各阶段相互关联、相互影响和相互转化的可能性④。

文件连续体模式在电子文件管理方面具有生命周期模式不可比拟的优势，为文件和档案提供了一体化管理的思想，即通过一体化方法、一体化组织和一体化控制实现最优化，从而构成电子文件最优化管理的框架⑤。

文件连续体理论具有很大的进步意义，一方面突破了传统文件线性运动的观念，构建包括保管轴、证据轴、事务处理轴和来源轴在内的多维坐标体

① 冯惠玲. 电子文件管理教程[M]. 北京：中国人民大学出版社，2009：15.

② 刘越男. 从一个新的视角审视"前端控制"思维[J]. 浙江档案，2001(7)：22.

③ 安小米. 文件连续体模式对电子文件最优化管理的启示[J]. 档案学通讯，2002(3)：52.

④ 黄霄羽. 文件生命周期理论在电子文件时代的修正与发展[J]. 档案学研究，2003(1)：8.

⑤ 安小米. 文件连续体模式对电子文件最优化管理的启示[J]. 档案学通讯，2002(3)：53-54.

系来描述文件的运动过程。另一方面，因淡化文件管理的阶段性而保持了管理的连续性。同时，在管理上也不再要求相关因素的机械对应，更加适合实践的需要①。

从研究过程及对研究成果的分析发现，对文件连续体理论的阐述离不开与文件生命周期理论的对比，学界普遍认为文件连续体理论是文件生命周期理论在电子文件时代的发展，是文件生命周期理论运用于电子文件管理实践的新的理论总结。

2.2.4　后保管模式

"后保管"思想的孕育及其术语的提出，是美国档案学家杰拉尔德·汉姆(Gerald Ham)分别在其1971年《档案边缘》②、1981年《后保管时代的档案战略》中完成的。加拿大档案学者特里·库克(TerryCook)进一步发展了汉姆的"后保管时代"思想，提出"档案工作者由实体保管员向知识提供者的过渡，正是档案界为应答电子时代的挑战、由保管时代向后保管时代过渡的要求"③。在第13届国际档案大会上，特里·库克比较系统地阐述了他的档案后保管范式思想，"传统的工作重点——档案实体保管，将被新重点——关注档案的来源、形成过程、制作目的、档案之间及立档单位之间的联系、立档单位职能关系、档案形成者职权范围等——所取代或(至少是)加强。所有这些远远超出了简单的实体保管，而这就是档案的后保管。"④

后保管模式是针对档案工作长期以来以实体管理为中心的理论的发展改革。"它是将传统理论对实体保管对象，实态文件的关注，转变为对文件、文件形成者及其形成过程的有机联系、目的、意图、相互关系、职能和可靠性的关注"。⑤ 冯惠玲认为它是一种"以来源为中心、以知识为中心

---

① 资蕙.正确认识两大理论在电子文件管理中的指导作用[J].兰台世界，2005(14)：14-15.

② [美]杰拉尔德·汉姆.档案边缘[J].刘越男，译.山西档案，1999(1)：14.

③ [加]特里·库克.电子文件与纸质文件观念后保管及后现代主义社会里信息与档案管理中面临的一场革命[J].山西档案，1997(2)：8.

④ [加]特里·库克.电子文件与纸质文件观念后保管及后现代主义社会里信息与档案管理中面临的一场革命[J].山西档案，1997(2)：9.

⑤ [加]特里·库克.1898年荷兰手册出版以来档案理论与实践的相互影响[A].第十三届国际档案大会报告集，北京：第十三届国际档案大会组委会学术规划部编印，1996：89.

的管理"。

如何理解后保管模式中的"后"非常重要，也是理解和接收这一理论的基础。"正如现代哲学家里欧塔所言，'之后'并不是通常意义上说的那种'之后'，也就是说'落后'于某事物，而是在以'后'达到超越某事物。因此后现代所说的'后'是要永远保持对于现有事物和现有秩序的超越状态，这样，后现代主义以其'后'的优越地位，永远居'前'。从这个意义上说，后保管模式远远超越了对文件进行传统的档案保管。"①

概括地说，后保管理论由新来源观、宏观鉴定和知识服务三部分组成。新来源观系指除文件形成机关外，为保证电子文件的真实性完整性，其来源还应包括文件形成目的、形成过程、处理程序、职能范围等因素；宏观鉴定强调对电子文件管理职能、业务和风险的分析，宏观把握档案形成过程及其现实效用间的内在联系；知识服务实质上也是这一理论的最终目的，标志着档案工作人员职能定位从保管员到知识提供者的改变。冯惠玲评价这一模式是"一种以来源为中心，以知识为中心的管理"。

后保管模式对于我国档案工作由传统的档案管理向更高层次的知识化管理过渡具有积极推动作用。

2.2.5　文档一体化管理理论

基于文件中心的建立，美国最早提出了文档一体化管理理论并在实践中不管完善。电子文件生命周期理论、前端控制理论、文件连续体理论及后保管模式的铺垫，电子文件实行文档一体化管理就成为一种必然的趋势。

文档一体化管理是从文件工作和档案工作的全局出发，实现从文件生成制发到归档管理的全过程控制。它包括如下内容：

① 文档生成控制的一体化。即对公文、档案从生成、流转、归档形成档案，直至档案被销毁为止的整个生命周期进行全面管理。

② 文档管理一体化。是从管理体系、组织机构、人员配备等方面保证一体化的实现保证。

③ 文档信息利用一体化。利用时不必考虑信息是文件还是档案信息，用一条检索命令即可查翻所需的全部文档信息。

④ 文档规范一体化。在一个文档一体化系统实现时，需要进行协调处

---

① 迪莉娅. 从后现代主义看文件连续体理论与后保管模式——电子环境下西方档案学理论发展的新思维观[J]. 山西档案，2003(2)：13.

理，制定出符合实际情况的文档一体化规范。

在我国，传统文件档案工作实现文档一体化的最大障碍在于文件、档案工作属于不同的机构，且这些机构的工作重点、工作程序和工作要求基本不一致。但是技术的进步消除了这些鸿沟，电子文件从"设计""形成""维护"管理到提供利用，不同的机构既有共同的技术诉求，又可在共享的计算机网络平台上处理各自的业务，这就为电子文档管理一体化提供了技术保证。目前，基于 OA、CAD 及电子政务系统的电子文档一体化管理系统的开发已成为我国电子文件管理的共识。

2.2.6　业务流程重组理论

业务流程重组的思想起源物流行业，最早由美国的迈克尔·哈默（Michael Hammer）和詹姆斯·钱皮（James Champy）提出，在 20 世纪 90 年代得到迅速的传播及应用，成为一种全新全盛的管理思想。它强调以业务流程为改造对象和中心、以关心客户的需求和满意度为目标、对现有的业务流程进行根本的再思考和彻底的再设计，利用先进的制造技术、信息技术以及现代的管理手段最大限度地实现技术上的功能集成和管理上的职能集成，以打破传统的职能型组织结构，建立全新的过程型组织结构，从而实现企业经营在成本、质量、服务和速度等方面的巨大改善①。

业务流程重组的思想与电子文件管理中的一些新理念非常契合，对于体现前端控制、全程管理的思想，改造传统的文档管理流程，在不影响各种业务工作即尊重业务流的前提下，使电子文件管理流程既有利于实现电子文件的科学管理，又能提高工作效率。

刘越男阐释了业务流程重组理论在电子文件管理流程设计上的应用。她认为，"电子环境中文件管理流程的变化主要表现为文件管理活动在内容上的增加、简化、复杂化；在时间上的提前、延长；在管理职责上的集中化、分散化；在相互关系的并行化、集成化、非线性化等。其中，文件管理系统的设计、使用和维护，文件著录，文件维护是电子文件管理流程中的三大主线，将电子文件管理活动组合成集成度远远高于纸质文件管理流程的新流

---

① 林竹盛. 业务流程重组的理论方法与内涵[J]. 中国物流与采购，2004(15)：38-40.

程。"①她将电子文件管理流程变化的趋势总结为"由自下而上向自上而下；由非结构化、半结构化向结构化；由实体控制向智能控制；专业化和集成化并行。"②。

2.2.7 全程管理思想

电子文件全程管理思想是电子文件管理领域中的文件生命周期理论、文件连续体理论、文档一体化管理理论与前端控制理论的组合应用，其基本思想就是对电子文件从产生到永久保存或销毁的整个生命周期进行全过程管理。

全程管理思想有三个主要特征。"首先，从纵向上看，基于电子文件本身生命运动特征的连续的、无间断的过程管理以代替职能管理，将文书、档案工作看成一个无缝的连续过程，一切工作环节都围绕电子文件的顺畅流通、事务的顺利处理进行；其次，从横向上看，在留存文件信息内容的同时留存文件形成与使用的背景信息等元数据，并保持两者间的有机关联；再次，以事前管理代替事后监督，管理的切入点提前至电子文件形成之时甚至在形成之前。"③

全程管理与文档一体化管理有着最为紧密的联系。电子文件全程管理是传统文档一体化管理的扬弃。电子文件的全程管理在理论基础、管理目标、管理体系框架、管理方法、管理体制、管理规范等方面继承了纸质文档一体化管理的一些做法，同时也有许多新的突破和发展，具体体现在理论基础、管理目标、管理范围、管理流程等方面的创新④。

2.2.8 集成管理思想

集成管理的思想被广泛应用于科学管理的各个领域。在国际电子文件管理理论与实践的不断探索过程中，档案界与各方面专家在电子文件管理理念上已达成这样一种共识：信息时代电子文件的最优化管理就是集成管理。在

---

① 刘越男．建立新秩序——电子文件管理流程研究[M]．北京：中国人民大学出版社，2005.

② 刘越男．建立新秩序——电子文件管理流程研究[M]．北京：中国人民大学出版社，2005.

③ 叶晓林．电子文件全程管理之思考[J]．档案学研究，2005(1)：46-47.

④ 刘越男．电子文件全程管理——对纸质文档一体化管理的继承和发展[J]．浙江档案，2006(3)：20.

ISO 档案文件管理分技术委员会(ISO/TC46/SC11)2006 年 5 月召开的第十六次年会中，来自 15 个国家的 40 多位代表在研究文件管理标准(ISO 15489)的修订草案时，特别提及了文件管理要贯穿文件整个生命周期、嵌入机构职能及业务流程之中的集成管理思想。

安小米等提出了基于集成模式的电子文件管理最佳实践规范的理念，即以集成的理念和整体优化的原则为指导，通过管理思想、保障体系、实施途径达到最优化特征，借助电子文件管理各环节的协调、规范，使其整体优化，进而构建电子文件集成管理与集成服务的框架。在此基础上，通过制定电子文件管理规范和管理结果、管理过程以及用户服务的评估原则建设集成管理与集成服务模式功能实现的评估体系①②。

在现代电子文件管理的实践中，基于管理诉求的不同，出现了电子文件管理系统与事务管理系统(如 OA)的集成、电子文件管理系统与传统档案管理系统的集成、电子文件管理系统与其他数字信息管理系统或其他信息管理系统的集成等模式。这些新的集成模式的出现，对于提升电子文件管理水平、服务水平具有重要的意义。

上述八个理论是当前在我国具有较大影响的电子文件管理论，且在实践中或多或少得到了全面或者部分的应用，有的已经非常成熟，有的可能还具有一定的探索性，有待继续研究深入。当然，除此之外，还有学者提出了一些其他的理论，或仅一家之言、认同度较低，或争议较大，尚待进一步验证，故不予详述。此外，许多研究者同时也发现，上述理论中部分理论具有相当大的相似性和可替代性，是否可以予以整合。要回答这个问题，同样也有待研究的逐步深化与完善，最终让时间、让电子文件管理的实践来进行验证。

2.3　电子文件管理原则

计算机技术的飞速发展，数字网络的无缝覆盖，以 OA、CAD 为代表的各种技术系统的发展与完善，以电子政务平台、电子商务平台为代表的政商

---

① 安小米，郑向阳.基于集成模式的电子文件管理最佳实践规范(一)[J].办公自动化，2006(11)：6.

② 陈慧.集成视角下的电子文件管理规范评估研究——中英两国电子文件管理规范案例分析[J].兰台世界，2005(11)：4.

办公系统的大力推进，以新媒体为代表个人移动及家庭数字平台的普及，给每一个政府机关、每一个组织与机构，甚至每一位公民构建了一个电子化的工作及生活环境，这个环境形成和处理的文件主体不再是纸质文件，而是电子文件。生成、处理、管理、存储、维护电子文件已经成为政府机关、机构及个人不可回避的日常工作。

作为电子计算机的伴生物，电子文件的出现无论是对人类工作模式的重构、对社会生活方式的变革，还是对信息管理的冲击都是史诗般的。对于我们档案工作者来说，这种挑战是史无前例的。对电子文件管理的探索已经有了半个世纪的历史，在经历了诸多的失败的教训之后，档案工作者逐步建立了电子文件管理理论，也积累和验证了许多可资借鉴的工作模式。在今天，电子文件管理必须在正确的理论指导下，从体制、立法、政策、制度、理念、模式、技术方法等多个层面采取新的举措，确保电子文件管理走科学发展及可持续发展的道路。

做好电子文件管理工作需要有理论的指导。前文比较系统介绍了电子文件管理的理论，但是，理论可以多元化，不具备强制性，在实践中人们具有选择的自由。为了保证电子文件管理的科学性，必须制定相应的工作原则让大家来共同遵守。原则由理论转化而来，但是带有强制性和规范性，是工作中需要共同遵守的准则。

电子文件的性质及生成环境迥异于传统纸质文件，电子文件管理的相关度高、集成度高、技术含量高、环境更新快、控制变量多、后期维护难、目标复杂而多元，为提高电子文件管理水平，为了保障电子文件的真实、安全、有效，电子文件管理必须坚持以下原则。

2.3.1　全程管理原则

永久保护真实的电子文件国际研究项目主持人、加拿大哥伦比亚大学露西安娜·杜兰蒂（Luciana Duranti）女士论及电子文件管理时说："随着 Inter PARES 研究的深入，该项目将继续证明这样一种观点：不采取全程管理的眼光，就不可能保管电子文件。"[①]

电子文件管理是一个系统工程，无论是档案馆还是其他机构，对于电子文件管理必须建立起一套完整而严格的系统，对电子文件从系统设计到产生

---

① ［加］露西娅娜·杜兰蒂，［美］肯尼斯·迪波多 . Inter PARES 国际研究项目 [J]. 焦红艳，译 . 山西档案，2001（3）：12.

形成、再到永久保存或者销毁的整个生命周期进行全过程的管理。

理论研究及实践证明，全程管理是电子文件管理实现科学化的必由之路。

2.3.1.1 全程管理原则的理论基础

全程管理原则不仅是基于全程管理理论而确立的，本质上它是电子文件生命周期理论、文档一体化管理理论、文件连续体理论、全程管理理论、后保管模式及文件流程重组理论在实践中的综合应用和具体体现。

2.3.1.2 全程管理原则的内涵

全程管理原则可以概括为以下三个方面的内容。

（1）全面的管理

电子文件的全程管理首先表现为一种全面的管理。它包括电子文件管理组织与机制、管理系统与技术、管理规则与方法、管理的目标与质量等全部管理活动，具体涵盖电子文件管理活动的目标体系、系统结构、程序体系和技术方法体系。

（2）系统的管理

电子文件的全程管理表现为一种系统的管理。运用系统论的思想，建立"大业务"（机构职能性业务活动与档案管理业务活动的整合）与"大文件"（概念性文件、现行文件与归档文件构成的文件链）意识，注重电子文件生命周期内各种管理活动与要素的系统整合与统筹兼顾，各项管理目标、流程、内容、标准、要求实现无缝对接，达到或实现系统资源整合、操作控制流畅、反馈及时准确、保障维护高效。

（3）过程的管理

电子文件的全程管理表现为一种过程的管理。过程的管理就是电子文件生命周期内全过程的不间断物理监控，通过过程控制实现结果控制。由于电子文件管理及其系统涉及众多的部门与人员，承载各种技术环境要素的变化，经受各种显性隐性突发事件的冲击，每一个环节的流程、操作与结果都有可能发生与预期设想不一致的征兆或者结局，因此必须对每一个过程进行不间断的物理监控，及时发现、阻止、纠正失误，并进一步调整管理策略。在过程管理的过程中，所有的监控信息必须记录在案，既起到验证和审查电子文件管理及其系统的运行状况，又能对电子文件的安全保障提供条件与基础。

2.3.1.3 全程管理原则的实现方法

从全程管理的内涵看，它涉及的要素非常广泛。对于档案馆而言，它涉及进馆范围内所有机构的电子文件；对于机构档案部门而言，它涉及机构内各部门、各系统所生成的电子文件。因此，全程管理原则不仅是一个技术性原则，还是一个体制性或制度性原则。从理论研究及其实践探索发现，全程管理原则实现方法可以总结为十六个字："顶层设计、前端控制、过程监督、科学保障。"

（1）顶层设计

顶层设计的概念来自于系统工程学，字面上的意义就是自高端开始的总体构想，或者是自上而下的总体设计。顶层设计是指理念与实践之间的"蓝图"。总的特点是具有"整体的明确性、过程的可操作性、结果的可控制性"。它追求系统内"理念一致、功能协调、结构统一、资源共享、部件标准化"。二战后，顶层设计在社会发展和管理科学中得到了广泛的应用，已经演变为政府或者机构的"战略管理"，具体包括战略目标的规划与设计、战略过程的组织与控制、战略战术的执行与实施。

顶层设计作为一种卓有成效的管理理念也被应用于电子文件管理之中。电子文件管理的顶层设计是一种在特定范围内自上而下的战略性设计。从设计范围而言，最高是国家层面，也可以是地区或者行业层面的，起点是机构层面的。机构层面的电子文件管理，构建涵盖全国范围的。从实现路径而言，以构建全方位电子文件管理网络体系为起点，指导、带动具体对策问题的研究和实施，设计全过程的电子文件管理实施的技术路线。从总体上说，顶层设计是一种战略设计，旨在确定国家或机构内电子文件管理的发展方向、基本格局和推进步骤。同时，顶层设计又是一种全面设计，涵盖管理体制、网络系统、技术流程、业务功能等诸多方面，可以提供电子文件管理的基本指针和发展蓝图。

顶层设计必须体现全程管理的原则，可以从全程管理的要求出发，提供完备的系统功能需求规范、优化的系统实现方式、合理的管理流程模版、统一的技术政策以及专业的技术指导。顶层设计中的电子文件管理流程的构建要"从全程着眼，规范电子文件从生成、流转到保存的技术、方法和规则，将确保电子文件长久真实、完整、可读、可用的措施贯穿于始终。电子文件管理是全流程各项活动按照一定联系共同构成的，在顶层设计中加强对捕获、鉴定、著录、检索、利用等主要流程及其联系的规范控制，有利于引导、深化电子文件流程管理，有利于电子文件管理系统的构建，有利于维护电子文件及其管理活动的完整性。"①

---

① 冯惠玲，钱毅．关于电子文件管理顶层设计的若干设想［J］．中国档案，2007（4）：9.

只要在电子文件管理的顶层设计中体现全程管理的理念与原则，在相关内容的设计中落实全程管理的内容与方法，全程管理就具备实现的前提和基础。

（2）前端控制

① 前端控制释义。

在电子文件的生命周期中，电子文件从系统设计到生成、流转再到归档是前端，接收、整理、鉴定、编目、建库等档案管理业务过程为中端，（永久）保存、利用、销毁、技术保障是后端。前端是文件流程与事务流程的组合体，是职能管理部门和技术部门职责范畴。中后段是档案管理及资源开发的过程，是档案管理部门的职责范畴，同时也是用户服务的平台。

传统的文件及档案管理是分阶段完成的，文件管理和档案管理在两个相对独立的环节中分别运行，文件及档案质量的控制基本上只能局限于各自的系统中。虽然二者在管理上有前后的物理衔接，但是前者没有考虑后者在管理上的诉求，后者也只能被动接收前者移交归档而来的文件，质量的控制只能依靠自己的业务加工，无法从根本上、从源头上把握档案的质量，进而对后期的管理及其利用开发造成极大的困难。

前端控制也被称为超前控制。前端控制就是在对电子文件管理的目标、要求和规范进行系统分析与评估，把必须和可能提前到文件设计阶段或形成阶段实现或部分实现的文控或管理功能尽量在文件生命周期的前端实现。譬如将文件的归档格式规定为系统相应类型文件的拟制模板；在各文件办理节点分别捕获相应的元数据；在文件定稿或者分发时同时完成逻辑归档；在文件归档时同时实现归档文件属性及其价值的鉴别；文件归档或移交时实现类别自动匹配及安全划控。

② 前端控制的实现方法。

前端控制实现的方法一是在各种事务系统（如 OA、CAD、电子政务系统、电子商务系统等）的研发与升级时档案管理部门进行介入，系统地提出电子文件管理的功能需求，并要求在不影响事务工作流及文件流转的前提下全部实现电子文件管理的各种诉求，同时科学预留相应的技术接口，从而实现电子文件的前端控制。二是开发电子文件管理系统时，要基于相应的事务系统进行嵌入式或联合式开发，将管理的前端延伸到事务系统中去，通过各种技术接口与事务系统实现对接，并将已实现前控的文件导入到电子文件管理系统中来。

③ 前端控制的作用与意义。

冯惠玲认为："前端控制是实现电子文件全程管理的重要保障，是全面、系统、优化思想的集中体现。"①前端控制原则不仅是全程管理原则的基础，没有前端控制就不可能实现全程管理，同时前端控制原则也是电子文件管理的一个独立原则，因为从某种意义上说，没有前端控制，就很难实现电子文件的科学管理与安全保障。前端控制的作用与意义主要体现在如下三个方面。

第一，前端控制是保障电子文件真实有效、长期可读、完整安全的最佳手段。

电子文件的不稳定性、对系统的依赖性、信息与载体的可分离性、逻辑结构与物理结构的离散性直接导致其真实性认证难、保障难；可读性障碍多、维护难；安全环境严峻、控制举步维艰。属性的缺陷、系统的漏洞、环境的恶化、技术的进步、人为的失误与故意的破坏等常常让我们顾此失彼。前端控制的理念是把事后的保障转化为提前的预防，将保障电子文件真实、可读、完整、安全的措施提前植入系统设计及文件生成的过程中，从而既有效地防范后期其他环节及环境因素对电子文件的损伤和破坏，又能为后续的保障措施打下良好的基础。譬如在系统设计时，确定文件科学的格式，可有利于文件真实性和可读性维护；在文件生成时添加归档标识，从而防止修改、删除等行为。因此，前端控制是保障电子文件真实有效、长期可读、完整安全的最佳手段及有效策略。

第二，前端控制是捕获电子文件元数据最可靠的技术路线。

元数据是电子文件的身份证，它对于电子文件管理的重要性已经得到实践的确认及档案工作者的认同。电子文件的大部分元数据甚至全部的核心元数据基本上是在系统设计时就已经固定并且在文件生成与流转时渐次产生，因此，只有实施前端控制，才能保证元数据能完整、及时、准确得到捕获与保存，从而为电子文件的科学管理及资源开发打下良好的基础和条件。

第三，前端控制是集成管理功能、优化系统结构、提高管理效益的管理创新。

前端控制对文件、档案管理流程进行了重构，对事务工作流和文档工作流进行了集成，从而优化了系统的结构，减少了许多重复环节及数据操作，

---

① 冯惠玲. 电子文件管理教程[M]. 北京：中国人民大学出版社，2009：14.

不仅提高了工作效率，而且极大地利用系统的硬软件资源，共享了数据资源，提高了机构的管理效益。从管理的角度看，前端控制不能不说是一种管理创新。

（3）过程监督

全程管理是一个过程的管理。无论顶层设计多么完善，前端控制多么周详，都有可能在实施的过程中或者系统的运行中出现偏差或者失误，因此必须对文件从生成到归档的每一个环节和操作都要依据事前的设计和构想进行监督，发现问题，及时纠正、及时处理。同时，过程的监督还能发现在前期顶层设计及前端控制中的不足之处，从而实时反馈，逐步完善电子文件管理制度及其系统，不断提高电子文件管理水平和安全保障水平。

（4）科学保障

电子文件归档后，就进入了机构档案管理部门或者档案馆，从而开始了作为档案的长期保存过程。在此期间，电子文件管理的主要任务有三个方面：

一是为电子文件的利用及资源开发提供保障；

二是保障电子文件的真实性、可读性与完整性；

三是保障电子文件的安全性。

科学保障是一个漫长的过程，将会表现为档案管理部门对电子文件管理与利用的日常工作，机构档案管理部门或者档案馆必须制定相关制度及技术方案，确保电子文件既完整、真实、可读与安全，又能实现有效利用。

2.3.1.4　全程管理原则的示范模式

在 1994—1997 年，加拿大不列颠哥伦比亚大学和美国国防部就电子文件真实性保障问题开展了联合研究，提出了一个电子文件全程管理的框架模式。这个模式的核心就是依据全程管理及前端控制的原则构建电子文件管理链条：

① 根据预先确定的标准格式和模板收集文件；

② 根据文件的类型和用途，使用预先确定的方法认证文件；

③ 根据一个人的资格及其权限，确定他接触电子文件的权力；

④ 在系统中嵌入"工作流程"，只向有关人员呈现有关文件；

⑤ 使用磁卡、密码和指纹识别等方式限制对某些技术的接触；

⑥ 在系统内涉及审计跟踪功能，记录对系统的任何接触及其结果（如文件被修改、删减和增添等）。

这一全程前控模式在北美地区的电子文件管理实践中迅速得到了应用，并在实践中不断得到完善，并对世界各国电子文件管理起到了示范作用。

2.3.2 真实性保障原则

自从数字技术和电子计算机问世以来，人们就面临着一个过去不曾那么苦恼的问题：无论哪一种数字信息，包括计算机数据、数字文献、数字图书、电子文件等都面临着一个共同的问题——真实性的认证与维护。所有的数字信息既不稳定（易修改、易丢失、易毁坏），又依赖于软硬件，导致这些信息在管理与保存的过程中易变、多变。因此，怎样去认证这些数字信息的真实、怎样去保障这些数字信息的真实就成为数字时代的一个涉及法律、制度、技术、管理、标准等方面的重要社会问题之一。

电子文件的真实性与其他数字信息的真实性一脉相承，是电子文件管理的核心问题之一。电子文件管理中追求顶层设计也好，国家战略也罢；电子文件管理中探索诸如全程管理、前端控制等先进的理论也好，元数据管理也罢，其中最主要的目之一就是直接或者间接地为了保障电子文件的真实性。电子文件的真实性决定了其价值存在，影响到电子文件管理工作的方方面面，而且进一步关系到电子文件的证据价值和法律凭证性。

2.3.2.1 何谓电子文件的真实性

以纸质档案为代表的传统档案，其真实性元素一般凝固在载体上，因此我们往往通过确认档案材料的原始性特征来判别档案的真实性。但是，由于电子文件上本质上是人的任何感觉器官都无法感知与识读的二进制代码，其信息可以与载体分离并可在载体之间流转，还可以通过网络跨越时空传输，因此，我们无法借助载体特征来判别电子文件的真实性。在电子文件时代，不仅档案的真实性含义发生了变化，而且确认档案的真实性的机制与鉴别框架都被推翻，必须重新构建确认电子文件真实性的机制与框架。

中外关于电子文件真实性问题的研究一直是一个热点。在对电子文件真实性概念的研究上中外学界都有着明显的差别。有的学者及机构直接对真实性进行定义，而有的则认为电子文件过于复杂，直接定义非常困难，转而去规范和描述真实性的技术要素，甚至还有的学者认为当电子文件不依赖于实体载体后，其真实性的含义直接与真实性确认的方法及技术框架相关。

作为历史学家和档案学家的查尔斯（Charles T. Cullen）在对电子文件的属性及其真实性鉴别问题进行深入研究后提出，电子文件的"真实性"概念与"真实性确认"的概念是一致的，而真实性的确认受不同类型、领域、功用的电子文件差异而具有不同的手段与特点①②。查尔斯的观点具有较大的影响力，以至于许多机构与学者将电子文件的真实性及其确认框架的构建作为同一个问题来进行研究。

关于电子文件真实性的概念目前主要有如下表述：

（1）际标准化组织定义

《ISO15489-1：2001 信息与文献文件管理：通则》（即 GB/T 26162.1-2010）中将真实性列为文件的首要特点，认为"一份真实的文件应符合下列条件：① 文件与其制文目的相符；② 文件的形成和发送与其既定的形成者和发送者相吻合；③ 文件的形成或发送与其既定的时间一致。""真实的文件能：① 证明文件中的内容是真实的；② 确认文件的生成者或发送者；③ 确认文件生成或发送的时间。"

（2）《电子文件真实性的永久保管国际研究项目》（InterPARES）定义

在 InterPARES 项目的术语字典中对电子文件真实性给出的解释是"真实性是指记录（record）作为文件（record）的可信赖性，也就是文件与它所声称的一样，没有被篡改或误用过的一种品质③。

（3）国家标准的定义

《电子文件归档与管理规范》（GB/T 18894-2002）中指出："真实性指对电子文件的内容、结构和背景信息进行鉴定后，确认其与形成时的原始状况一致。"

在国家档案局颁布的行业标准《电子文件管理条例（征求意见稿）》中将真实性定义为"电子文件由当事人或当值设备第一时间形成，符合形成者的意图，所反映的形成者、发送者身份属实，形成和发送时间符合实际"。

（4）学界的定义

学界关于电子文件真实性的探讨很多。"电子文件的真实性是指文件内容、结构和背景信息经过传输、迁移等处理后依然保持不变，与形成时的原始状态一致。"④这一观点具有较高的权威性和认同度。

---

① Charles T. Cullen. Authentication of Digital Objects：Lessons from a Historian's Research，in Authenticity in a Digital Environment［R］.

② 王霞，张敏. 从概念角度论述保持电子文件真实性的要求［J］. 图书情报知识，2006（3）：50.

③ InterPARES Project. The InterPARES 2 Glossary［R/OL］.［2012-07-09］. http：//www. interpares. org/ip2/ip2_termi-nology_db. cfm.

④ 冯惠玲. 电子文件管理教程［M］. 北京：中国人民大学出版社，2001：15.

分析对电子文件真实性的不同定义可以发现，尽管表述方法各异，但其基本分歧主要表现在一个核心问题上，那就是仅仅是内容的真实还是内容与表现形式共同体的不变性。

追求内容真实的机构与学者认为，基于技术的不断进步及对电子文件可读性或者可恢复性问题的考量，有些专家认为由于计算机软硬件系统不断升级，为了保证电子文件的始终可读，电子文件可能会经过的无数次的格式转换或者技术迁移，而这个技术过程很难保证其显示形态始终不变，而对真实性的要求其实也仅仅需要内容不变即可。

强调内容与表现形式的不变性多半是体现国家意志和追求法律凭证性的国际与国家标准。从维系政府文件的权威性、严肃性、法律凭证性的角度，政府管理部门对电子文件不仅仅满足于内容的真实性，还同时要求文件的表现形态始终与生成时完全一致。如同我们今天看见的政府红头文件一样，无论再过多少年，我们的后代所看到依然和我们今天看到的从内容到红头格式形态完全一致。至于可读性问题，那需要通过技术的不断完善或者其他的办法来实现，例如双套制。

2.3.2.2 电子文件真实性的保障框架与方法

对于认证和保障电子文件的真实性是世界范围内电子文件管理的核心问题，极为复杂和困难。围绕这个问题，目前许多机构和学者都提出了许多框架和方法。

(1)《电子文件真实性的永久保管国际研究项目》(InterPARES)简介及研究成果

1999年年初，露西安娜·杜兰蒂(Luciana Duranti)组织有关专家学者开展的一项跨国的"电子文件真实性的永久保管国际研究项目"(InterPARES，The International Research on Permanent Authentic Records in Electronic Systems)①，包括加拿大、美国、英国、爱尔兰、瑞典、荷兰、意大利、澳大利亚、芬兰、德国、法国、中国内地及香港等三十余个国家(地区)的档案馆和一些大学和研究机构共同参与研究，目的是为永久保护电子文件及其真实性建立一套基本的理论和方法，为制订有关长期保管电子文件真实方面的方针和标准规范提供指南。

InterPARES采用文件解构定义法来确认和定义电子文件的基本组成要素，以便能够在数字信息系统中识别和捕捉它们。根据这些定义，一份电子

---

① 详细内容请参见 http://www.interpares.com.

文件的基本要素与传统文件的相同,尽管其表现形式不一样。这些要素包括:① 介质,即信息的物理载体;② 内容,即文件想要传达的信息;③ 物理和智能(构成)形式,即允许信息交流的表示规则;④ 行为,即生成文件的活动;⑤ 人,即以文行事的实体;⑥ 档案链,即连接每份文件与其前后文件的关系;⑦ 背景,即文件产生的司法、行政、程序以及记录框架。定义和规范电子文件的基本要素是整个项目研究的研究基础。

InterPARES 分设四个领域。第一领域的目的是确认保护电子文件真实性的要求;第二个研究领域的目的是,根据第一领域确认的真实性要求,确定目前的电子文件的鉴定标准和方法是否需要修改或重新制定;第三个研究领域的目的是根据第一领域确认的要求来制定保护电子文件的方法、程序和规则,并确定执行它们的责任;第四个研究领域的目的是建立一个制定策略、方针和标准的框架。

InterPARES 项目已经对永久保护电子文件的发展战略、策略设计出了总体框架,推出了《关于永久保护电子文件的真实性的概念要求》《电子文件真实性鉴定模式及主要研究成果》《电子文件保护策略:InterPARES 研究的若干重点》《关于如何制订长期保护真实电子文件政策的理论框架》等重要成果。作为一个专门以研究电子文件真实性及其保障为己任的跨国合作项目,其研究成果具有极大的国际影响,为国际范围内电子文件真实性维护及其电子文件管理的其他问题做出了较大的贡献。

对于电子文件真实性的维护与保障方法,InterPARES 总结了以下四条措施。

第一,为前文采用解构定义的方法所规范的电子文件基本要素建立了一个"文件分析模板",通过在不同国家的案例分析和测试,最终确定出能够长期保障电子文件真实性的基本要素。通过这些要素的定义使我们能够确认哪些要素可使我们验证并长期证明文件长期的真实性,并对这些要素在管理中进行记录和保护。同时,确定长久保管电子文件真实性的具体要求,以及能否在保证电子文件凭证性的前提下对这些要素进行迁移等,最终能够为电子文件的真实性、完整性提供保障。

第二,充分利用电子文件的元数据,将电子文件中不可视的元数据变成可视的内容,并通过与文件的智能连接,使这种可视性得到固定,从而为电子文件的真实性验证及维护提供条件及技术支持。

第三,在"文件分析模板"及元数据可视法依然不能奏效时,考虑是否将该电子文件转换为非数字形式的文件。

第四，在需要对电子文件进行迁移时，通过采取自我认证和自我记录的办法和不间断的物理管理来实现迁移前后的真实性保障。

除上述四条措施外，为了保障电子文件真实性，该项目的研究成果还提出了其他非常重要的措施。这些阶段性成果包括：事前控制、跟踪记录和事后审查等阶段性措施；基于政策、方针、程序、制度、标准的管理框架和基于系统软硬件环境、加密、签署、认证的技术框架；针对现行文件、半现行文件和非现行文件的对象性措施；提出了电子文件真实性的概念要求。

总之，InterPARES项目在电子文件真实性保障领域是最为全面、最为权威、最为系统的，基本勾勒了电子文件真实性保障的基本理论和方法的知识体系。

（2）国际标准中的简约措施

《ISO15489-1：2001信息与文献文件管理：通则》规定："为了确保文件的真实性，机构宜执行并记录文件管理方针和程序，便于控制文件的形成、接收、传输、保管和处置，从而确保文件形成者是经过授权和确认的，同时文件受到保护能够防止未经授权进行的增、删、改、利用和隐藏。"

（3）国家标准中的简约措施

我国制定的国家标准《电子文件归档与管理规范》（GB/T 18894-2002）为了保障电子文件真实性提出了四条技术措施：

第一，建立对电子文件的操作者可靠的身份识别与权限控制。

第二，设置符合安全要求的操作日志，随时自动记录实施操作的人员、时间、设备、项目、内容等。

第三，对电子文件采用防错漏和防调换的标记。

第四，对电子印章、数字签署等采取防止非法使用的措施。

（4）国家社科基金项目《电子文件和电子档案真实性、完整性保证及其法律地位的认定》课题提出的方法

国家社会科学基金重点项目《电子文件和电子档案真实性、完整性保证及其法律地位的认定》提出了一套保证电子文件真实性的措施，该措施经过鉴定认为比较适合我国的电子文件管理中维护真实性的实践需要。该措施包括以下主要内容。

① 保证电子文件的原始性。电子文件信息的原始性是确定其真实性的基础，必须从电子文件生成时就开始对其严密监管，建立对各项操作的跟踪记录。具体措施可以是制定文件生成和办理的流程控制程序；建立环环相扣的责任者链接，分别对起草、审改、定稿、签发、接收、承办、归档等过程

进行把关和上下交接。

②保证在原始性的基础上，建立真实性的认定方法和手续。明确判定电子文件真实性的检验要素，包括：电子文件生成过程的不同版本、各位责任者的签署手续、操作处理的权限核对、交接程序审核等。这些必要的检验要素，总体上就构成了电子文件的真实性的充分条件。

③建立符合法律要求的电子文件真实性鉴定规则和程序。根据电子文件的运作范围及司法要求，分别制定相应的鉴定规则和程序，来规范鉴定工作。

④明确电子文件真实性鉴定的执行部门和责任者。具体操作鉴定的人或部门，且应有合法的权限①。

（5）地方维护电子文件真实性方案

我国许多地方档案局（馆）在维护电子文件的真实性实践中进行了许多有益的探索，浙江省档案局（馆）所创新的"档案登记备份制度下的电子文件真实性保障机制"②具有很好的代表性。这个基于电子政务环境下实施电子文件有效管理的创新模式——档案登记备份制度对于实现电子文件的真实性保障既有理论上的贡献，在实践上还具有很强的可操作性。

"档案登记备份制度"通过管理制度与技术手段相结合的方式，采取电子文件时点"固化"和第三方存管的方法，来保障电子文件的原始性、真实性，从而实现电子文件的证据保全，发挥电子文件的证据价值。该制度框架主要包括以下核心内容。

①安全行政监管。

档案登记备份是档案行政管理部门根据政府授权、依法实施行政管理职能的具体行政行为。根据浙江省"两办"《关于开展电子文件和数字档案登记备份工作的通知》精神，档案局要建立档案登记备份中心，对辖区内各单位的电子业务数据、电子公文和档案数字化成果实行登记备份，确保档案信息安全，保障电子文件和数字档案的法律凭证价值。

②电子文件时点"固化"。

根据电子文件的不同类型和特点，按日、周、月、年等时点开展电子文

---

①　邱晓威，郝晨辉，白民兴. 电子文件真实性、完整性保证及法律地位的认定[J]. 中国档案，2004（4）：47.

②　吴新宇. 电子文件真实性保障探析——论档案登记备份制度下的电子文件真实性保障机制[J]. 浙江档案，2010（8）：7.

件的采集、打包备份，"固化"电子文件的时点状态，即固定电子文件某时点的"原始记录"状况。

③ 第三方存管认证。

已"固化"的电子文件备份包由电子文件形成单位向档案登记备份中心进行备份申报，经审核后，数据备份包将由档案登记备份中心进行接收、确认和管理。档案局作为档案行政管理部门和非利益相关的第三方，行使档案安全行政监管职能和备份数据的保管职能，为电子文件提供原始性、真实性的技术认证，确保电子文件备份包的基本属性在整个管理过程中没有发生改变，与时点"固化"时保持一致。当需要时，数据备份包可以在社会监督下进行恢复还原、提取证据。

同时，为了保障电子文件的原始性、真实性，还要求在开展档案登记备份工作时严格规范工作程序和要求，在管理制度的设计和技术手段的保障上做到科学、合理、严密、明晰。

关于维护与保障电子文件真实性，除上述介绍的有代表性的方法与措施外，国内外还有许多机构、研究项目及学者都提出了大量的方案及思路，有的甚至已经应用于实践，取得了良好的效果。分析此类研究成果和实践经验，大致可以总结出一个基本的保障模式，一般包括观念认知(指对电子文件真实性问题的充分认识)、流程控制(包括前端控制)、技术控制、过程跟踪与记录、制度(包括立法)保证、人员控制、权限控制等。

对于怎样维护电子文件的真实性，有学者指出，不论我们提出的技术方案是怎样的架构，其实本质上都是对电子文件元数据的捕获、保存、管理及应用；电子文件的元数据，尤其是管理元数据对于电子文件真实性的维护具有标准化的作用与意义。① 因此，只要我们在电子文件管理中注意完整、准确、及时采集并保存、利用好元数据，电子文件的真实性保障与维护就具有良好的技术基础。

2.3.3 可读性保障原则

在电子文件管理的历史上，电子文件不可读或者不可恢复是最先发现的技术问题。从现实和技术发展看，可读性与真实性一样，也是电子文件管理中的重大难题。

---

① 张正强. 论文件管理元数据结构对保证电子文件真实性的标准化作用与意义[J]. 档案与建设，2011(11)：4.

2.3.3.1 电子文件的可读性及技术成因

（1）电子文件的可读性

电子文件的可读性是指电子文件经过传输、存储、压缩、加密、系统与媒体转换、格式迁移等处理后能以真实的、人可以识读与理解的方式输出。

电子文件的可读性也称为可恢复性、可还原性、可存取性，不同专业的技术人员与管理者可能对此称谓不一致，但是含义是一样的，均指电子文件或者数字文献能够顺利的、真实的在任何一个数字设备上显示并被人读出与理解。如果文件不能读出，再有价值的信息都是"死信息"。因此，确保电子文件能够顺利读出是电子文件管理最起码的技术要求，电子文件不具备可读性，其他任何做为都是毫无意义的。

（2）电子文件不可读的现象与成因

露西安娜·杜兰蒂在论及电子文件的可读性时忧虑地说："过去十年产生的信息远远超过人类历史上任何一个时代。但具有讽刺意味的是，信息时代产生的绝大部分信息比任何时代都难以提供利用。"虽说此言不一定十分正确，但是它揭示了诸如电子文件等数字信息难以提供利用的根本原因是"可能已经无法读出了"。

在现实社会中，许多机构甚至个人的电子文件丢失、损坏等不可读的现象比比皆是，下面仅介绍国内外两项统计调查数据。

CBL 数据修复公司国际服务中心在其承接的数据修复业务中，对数据丢失的原因统计如下：硬盘或系统故障 44%、人为因素 32%、软件故障 14%、病毒 7%、自然损坏 3%[①]。

上海盘夫数据恢复中心基于历年来的业务，对数据丢失原因的统计结果：物理故障 44%、误操作 26%、软件问题 18%、病毒感染 10%、自然灾害及其他 2%[②]。

造成电子文件不可能读的原因很复杂，基于统计及技术分析大致可以归结为以下几类。

① 计算机系统不兼容；

② 软硬件系统的升级与更新换代；

---

① 刘家真等 . 拯救数字信息——数据安全存储与读取策略研究［M］. 北京：科学出版社，2004：5.

② 刘家真等 . 拯救数字信息——数据安全存储与读取策略研究［M］. 北京：科学出版社，2004：5.

③ 加密密匙丢失、专用软件没有留存；

④ 人为破坏或误操作；

⑤ 病毒破坏；

⑥ 载体过时或损伤、记录信号衰减；

⑦ 环境危害及自然灾害。

2.3.3.2 维护可读性的措施及技术方法

前文所述七种原因都可能造成电子文件不可读或者无法恢复，但是每一种不可读的成因及其恢复方法都是不同的，从电子文件生成的那一刻起到电子文件永远保存的过程中，每一个环节、每一个操作、每一个因素都可能导致出现电子文件不可读的情况。当出现电子文件不可读时，要具体分析原因、寻找对策，确保电子文件的及时恢复。而在管理中更是要未雨绸缪，制定电子文件长期保存的可读性维护方案，确保电子文件始终真实可读。

电子文件不可读的情况既可能出现在当前同一个时空范围内，也可能跨越很长的历史时空而成为一个长期必须面对的问题。这两种情况都是电子文件管理中必须认真面对的难题。

在当前同一个时空电子文件不可读的情况是指在电子文件归档或者向档案馆移交的过程中电子文件不可读的情况。在机构接收电子文件时，在档案馆接收机构电子文件移交时，在检查验收的过程中就常常发现电子文件已经不可读与恢复。即使是同一类型的电子文件，由于生成平台硬软件系统的差异，移交到档案部门时由于与档案部门的硬软件系统的不兼容也无法读出与还原。

电子文件跨越历史时空不可读是指由于时间的推移，电子计算机软硬件系统不断升级换代，今天生成的电子文件在未来的计算机系统无法读出与还原的情况。这个情况也就是通常所说的电子文件长期保存的可读性维护问题，也是可读性维护中最困难的而且必然会出现的问题。

从技术探索及其实践研究来看，维护电子文件的可读性的基本措施主要包括以下内容。

① 保存完整的电子文件的元数据，尤其是电子文件的结构及背景信息元数据，这是维护可读性的技术基础。

② 通用软件产生的电子文件要注意保存其软件型号、名称、版本号及相关说明、参数等；专用软件产生的电子文件要转换成通用型电子文件，无法转换则将文件与软件一同打包保存。

③ 制定电子文件的存档格式标准，保证归档或进馆电子文件都统一在

同一个技术平台下。

④ 加密文件要解密保存。须加密保存的应将密码同时归档。

⑤ 由于计算机系统升级或换代，可分析电子文件的技术状态，选择采取下列恰当的技术手段保证电子文件的可读性。

a）保存旧技术。保存所有产生过电子文件的计算机系统（包括硬软件），需要读取某电子文件时即在其生成平台上予以读取或恢复。这种方法美国早期曾经使用过，但随着时间的不断流逝，这种方法难以为继。一是这样操作会使得档案部门同时成为计算机博物馆，二是长期保存的计算机系统不可能正常运行，且很难找到所需的过时电子元器件。因此这种方法只在短期内对部分电子文件的恢复有效，对长期保存的电子文件的恢复很难实现。

b）仿真（emulation）。仿真即仿真器，是一种软件，它能模拟与电子文件生成时相兼容的软硬件环境，从而恢复和读取电子文件。

c）打包。将电子文件与相关的支持性、辅助性或工具性软件一起打包保存。

d）迁移（migration）。将源系统中的电子文件向目的系统进行转移存储的方法和过程。包括支持软硬件存储环境的改变和应用技术的更新。

e）转换（或再生技术）。它包括格式转换、转换成中间状态、转换为硬拷贝三种形式。

格式转换就是利用格式转换软件（格式转换器）将一种格式的电子文件转换为另一种格式的电子文件。同一类型甚至不同类型的电子文件都可以进行格式转换，但是处于维护电子文件的可读性考虑，这种转换是有条件和规范的。一是要将不可读的格式转换为升级后的计算机系统兼容的可恢复格式，二是这种转换必须保证电子文件的真实性，即转换前后电子文件的内容及显示形态不能发生改变。

对于长期保存的电子文件而言，为了保证其可读性，进行格式转换可能是一件经常性的技术工作，但是必须意识到格式转换是有风险的。如果出现技术失误，要么仍然无法恢复，要么可以读出了但是不真实了。因此，格式转换必须慎重，要制定严格科学的技术方案，要进行技术论证，在大规模转换前必须进行试验性转换，确保转换后的文件既能正常恢复，又是真实可信的。

转换成中间状态本质上也是一种格式转换，只不过转换后的格式不受计算机软硬件平台的限制，无论计算机系统怎样升级换代，都不影响这类格式的电子文件正常读出与恢复。这类文件目前仅限于文本文件和部分图形文件，它们可以转换成 . XML、. TXT 或 . RTF 格式文本文件。这三种格式，从目前的技术来看，几乎所有的计算机系统都能兼容读出。

转换为硬拷贝实质上就是双套制，就是将电子文件转换为纸质文件、模拟型的音视频文件、缩微胶片等非数字形式的文件。这样，即便是电子文件彻底无法读出了，还可以用这些硬拷贝数字化转换后进行恢复，而这种硬拷贝几乎没有可读性和真实性维护的风险。因此，双套制保管也是电子文件管理的一个基本原则，是保障电子文件真实性、维护电子文件可读性的最后一道屏障。

2.3.4 完整性保障原则

2.3.4.1 完整性的基本含义

对于电子文件的完整性的基本含义有许多的解释。英属哥伦比亚大学(UBC)《电子文件的完整性保存》(Preservation of the Integrity of Electronic Records)项目是第一个专门研究电子文件完整性维护科研课题，在研究电子文件的完整性方面做出了比较权威的贡献，它是由加拿大不列颠哥伦比亚大学图书档案与信息学院联合美国国防部文件管理业务流程再造工作组联合研究完成的项目①。UBC 项目认为电子文件的完整性是指文件的物理形态(Physical Form)和信息形态(Intellectual Form)具备所有机关和法律规定的必要元素②。

露西安娜·杜兰蒂(Luciana Duranti)领衔研究 InterPARES 时也将电子文件的完整性纳入了研究视野，认为电子文件的完整性也构成对真实性的影响。她认为"完整性是指文件的知识形态具备其发挥效力、达成意图所必需的所有元素，包括日期、相关人员、相关事件、档案链(Archival Bond)等"③。

此外，国外还有学者认为电子文件完整性必须④：① 保留原有的结构

---

① 黄玉明. 关于匹兹堡模式与哥伦比亚模式重新思考[J]. 档案学通讯，2007(3)：4.

② UBC Project Glossary [EB/OL]. [2012-12-11]. http：//www. interpares. org/UBCProject/ gloss. htm#C.

③ Duranti L. The Reliability and Authenticity of Electronic Records Luciana Duranti：Preservation of the Integrity of Electronic Records[M]. Kluwer Academic Publishers，2002：26.

④ Hirtle P. B. Archival Authenticity in a Digital Age：Authenticity in a Digital Environment[Z]. Council on Library and Information Resources，2000.

与背景；② 保留文件本身内在的创造获得的所有信息；③ 文件群（Series）也必须完整。这种对电子文件的完整性描述非常深刻，也与上述完整性的诠释在含义上大体一致。

在我国，对于电子文件的完整性的认识比较统一。电子文件的完整性包含两个层面的内容：第一，具有有机联系的电子文件和其他形式的相关文件（包括非电子文件）数量齐全；第二，每一份电子文件的内容、结构与背景信息无缺损，或曰电子文件与其所有的元数据无缺损。

电子文件的完整性既影响到电子文件本身的价值，又影响到其真实性的认证。残缺不全的文件不仅会造成历史记忆的缺失、降低文件的价值，而且也让人们对文件的真实性构成怀疑，因为缺少相应的依存文件、断裂某种文件关联自然对其文件的真实性及其认证带来负面的影响。因此，无论是从维护历史记忆，还是从保障文件价值及维护电子文件的真实性来看，维护电子文件的完整性都是电子文件管理中必须坚持的原则。

2.3.4.2   维护完整性的措施与要求

基于电子文件完整性的含义，维护电子文件的完整性需从两个方面入手。首先，对于每一份电子文件，都需确保其完整性。其次，对于具有某种有机联系（如内容、来源等）的电子文件和非电子文件，保持相互之间的关系的存续。

对于确保每份电子文件的完整性，可依据 InterPARES 项目所建立的电子文件要素模型（见前文电子文件真实性的保障框架与方法）或曰电子文件元数据模型所确立的要素，将其列入电子文件的归档范围即可确保每一份电子文件的完整性。

必须强调的是，过去我们仅仅归档文件本身的做法不能适用于电子文件归档的，电子文件的归档不仅主文件本身要归档，同时要将其全部元数据列入归档范围之内。只有同时归档主文件及其全部元数据的电子文件，才具备真实性、可读性、完整性维护或曰科学管理的基础。

对于维护电子文件之间或者电子文件与非电子文件之间的关系，其基本方法依然是通过开列归档范围的文件清单，然后依据文件清单进行归档，从而通过维系文件之间的相互关系的存续来保证电子文件的完整性。

维系和还原文件之间的关系需要注意电子文件生成环境的特殊性和复杂性。目前许多机构的各项活动，既有传统的工作模式，也有计算机系统的自动实现。一项活动中，许多电子文件来源于不同的计算机系统，还有的是人工或者外业形成的非电子文件，因此要保持这些彼此内容关联的文件之间的完整、维持其相互关系就必须认真分析和研究每项活动电子文件、非电子文件的形成规律、分布特点，以系统自动积累和人工监控的方式双管齐下才能达到目标。

保持文件之间的关系非常重要，它既是完整性的要求，也是真实性维护的内容。文件之间如果没有关联，就是孤立的个体，彼此不能形成记录链，从而深层次的影响到文件的凭证价值。

科学构建电子文件的归档范围是维护电子文件完整性行之有效的方法，一定要将电子文件、电子文件的元数据、电子文件的文件链（彼此关联的电子文件及非电子文件）明确的列入归档范围的文件清单中，并在归档时认真核对和验收，从而确保电子文件的完整性。

上述电子文件管理原则是基于电子文件的基本属性，结合电子文件管理的基本理论提出的。当然它并没有涵盖电子文件管理的全部原则，在其他一些教材和论著中，还有学者提出有安全管理原则、双套制管理原则等，这些原则应该说也是电子文件管理的基本要求，但其基本内涵与本书提出的原则是相互重叠的。例如安全管理原则，对于电子文件管理而言，只要保障了电子文件的真实、可读与完整，就维护了电子文件的安全。保密从本质上说不是电子文件管理的主要职责，因为依据国家相关的保密法规，归档的电子文件应该是解密或公开的。而备份原则又进一步为电子文件的真实性、可读性、完整性维护提供了最可靠的屏障。而对于双套制，其实它本质上是一种异质备份，备份的原则比双套制原则更加完善和丰富。

关于电子文件管理的原则，不同的教科书及学术论著均有不同的观点。有的是基于档案管理的基本原则出发，赋予传统的档案管理原则以新的要求和内容，从而适应对电子文件管理的指导。有的则是基于电子文件的本质属性，结合电子文件管理理论，参照档案管理的基本原则推演出新的原则要求。后一种做法应该说是与时俱进，针对性更强，也更加明确具体，更加适用于对电子文件管理的指导。只有在电子文件管理的实践中认真坚持和遵循了上述原则要求，才能确保电子文件的科学管理无虞。

2.4　我国电子文件管理模式

电子文件的出现是一场记录技术的革命，相对于纸质文件而言实现了一个巨大的技术跨越，电子文件除具有传统文件的基本功能外，其基本属性与纸质文件迥然不同。电子文件管理是一项非常复杂和困难的工作，虽然它也属于档案工作的范畴，但是过去的工作经验与管理模式很难应用于电子文件管理中，工作的界限渗透到了其他专业工作和管理工作的范畴，和其他工作的关系也变得比过去更加深刻和紧密。虽然电子文件的出现已逾半个世纪有余，但电子文件管理迄今依然处于探索的过程中。

由于国情及政治、行政体制上的差异，国外电子文件管理模式与其档案管理模式一样，相对比较简单，主要表现为集中式保管模式和分布式保管模式两种，学界所称的哥伦比亚模式（UBC 模式）和匹兹堡模式（Pitt 模式），本书不作详论。我国电子文件管理模式在一定程度上受到了国外模式的影响，但由于我国在电子文件管理理论研究上多有创新，加之我国政治、行政及经济体制上的特殊性，使得我国电子文件管理模式也呈现出多元化的态势，且具有鲜明的中国特色。

从对理论研究的成果及实践探索的轨迹分析总结看，我国电子文件管理模式依据控制主体及业务内容上的差异，结合现有档案管理体制与模式，大体上可以划分为国家宏观管理模式、区域管理模式、电子文件中心模式、数字档案馆模式、档案馆管理模式及机构模式六大类型。

2.4.1　国家宏观管理模式

电子文件数量的急剧增加并逐步取代纸质文件成为现行文件的主体，档案管理已经全面进入电子文件管理时代。无论是基于历史记忆管理的需要，还是基于国家及机构利益维护的需要，或者基于资源储备及开发的需要，电子文件管理都已经上升为国家战略进行规划和实施。因此，超越电子文件管理的具体业务内容，实现对国家层面电子文件管理的宏观控制与管理就成为一种必然。

国家电子文件管理模式是一种宏观管理模式，它并不承担电子文件的具体管理，而是从国家层面对电子文件管理全局性、基本性、长期性问题所进行的目标定位、统筹规划和基本制度安排，它体现了一个国家对电子文件管理的基本理念和总体规划。在我国，国家电子文件管理模式实质上就是电子文件管理国家战略的基本内容。国家层面的电子文件管理战略，旨在建立全国范围电子文件安全管理、长久保存和有效利用的网络体系，具体包括①：

第一，高度重视电子文件管理，逐步构建我国电子文件管理的政策框架和法律框架。

---

① 冯惠玲. 我国电子文件管理国家战略的特点［J］. 档案学通讯，2009（5）：9-12.

第二，制定并发布电子文件管理系统功能需求规范。

第三，启动"国家数字档案馆计划"，建设国家电子文件管理体系。

第四，由国家档案局牵头，建立馆际互联共享体系。

第五，将电子文件管理评估纳入政府信息化评估体系。

第六，整合全国力量，推进电子文件管理基础理论研究。

电子文件管理国家战略是自国家层面对电子文件管理进行顶层设计、统一规划、战略部署与方法指导，保证当代社会电子文件的科学管理、完整保存和有效利用，实现信息资源战略共享与利用，避免资源重复配置与浪费。此外，电子文件管理国家战略的实施可有效地避免我国各级党政机关、地区及机构电子文件管理工作的分散性、盲目性、随意性和封闭性。

当前，在电子文件国家战略的指导下，国家档案局、国务院电子文件管理部际联席会议对全国范围内的电子文件管理进行宏观规划、组织协调、政策制定，具体内容包括五项："一是负责统筹规划和组织协调全国电子文件管理工作，二是研究制定电子文件管理方针政策；三是审定电子文件管理规章制度、重要规划、重大项目方案；四是组织起草相关标准；五是研究解决全国电子文件管理中的其他重大问题。"①

2.4.2 区域管理模式

区域电子文件管理模式是依据我国档案管理体制，在一定的行政区划范围内或者特定的专业系统内所建立的覆盖本行政区划或者专业系统的电子文件管理系统。这种模式在我国已经具有一定的实践基础，当下正处于不断的探索之中。

区域性电子文件管理模式是在地方政府或行业主管部门主导下所构建的电子文件管理系统。它的发展是随着办公自动化、电子政务平台的建设、数字档案馆的建设而不断演变进步的。以时间为坐标进行追溯，其发展大体经历了办公自动化背景下的电子文件归档与保管模式、电子政务背景下的电子文件(档案)管理模式、兼顾数字化档案和电子文件管理的数字档案馆(集群)模式②。

区域性电子文件管理模式在我国有许多实践探索，例如基于办公自动化

---

① 王良城. 我国电子文件管理基本制度述略[J]. 中国档案，2012(3)：65.

② 于英香，韩震. 区域性电子文件管理模式演变与整合探析[J]. 档案学研究，2011(1)：67.

背景下的电子文件归档与保管的吉林白城模式①，电子政务背景下的电子文件管理的"长宁模式"与"静安模式"②，基于网络及办公自动化背景下行业电子文件管理系统，电子政务背景下行政区划内的兼顾数字化档案和电子文件管理的数字档案馆(集群)(如青岛数字档案馆、深圳数字档案馆、规划建设中的以湖北省数字档案馆及武汉市数字档案馆为正副中心的湖北数字档案馆集群)。

此外，近年来国家为了更进一步推进地方经济的发展，批准建设了许多经济改革试验区，在这些经济改革试验区的范畴内，为了实现电子文件资源共享，推进区域经济的发展，也基于电子政务网络及互联网开发的一种突破传统行政区划的区域性电子文件管理系统。例如，已获立项建设的"武汉城市圈(1+8)数字档案集成与共享系统"就是一种典型的跨行政区域的区域性电子文件管理模式。

区域性电子文件管理模式应该说是一种处于探索和争论中的模式，很难说会向怎样的方向发展，但有的学者认为区域性电子文件管理模式应该是一种中间性或者过渡性模式，未来理应向电子文件中心及数字档案馆模式演进。

2.4.3 电子文件中心模式

自20世纪90年代开始，我国就开始了电子政务建设。到21世纪初政府上网工程和政务公开政策进一步加剧了电子文件形成数量及社会对电子文件利用的期许，一种新的电子文件管理模式——基于政务网的电子文件中心开始在我国兴起。2004年12月28日，江苏省常州市电子文件中心正式运行，首开国内电子文件中心建设之先河③。此后，国家档案局在常州和合肥召开全国电子文件中心建设经验交流会，开启了电子文件中心的建设和研究新局面。

电子文件中心是在借鉴国外电子文件中心建设的基础上，基于电子政务建设和政府公开的诉求，顺应电子文件管理的需要而建立起来的电子文件保管和利用中心，是实现在线接收、保管和存取的电子文件管理机构。

---

① 吉林省白城市档案局. 档案局超前指导 档案馆提前接收——电子文件管理的实践[J]. 中国档案，1999(4)：30.

② 王玮. 上海推进区域性电子文件管理工作[J]. 中国档案，2007(6)：9.

③ 张照余. 开展电子文件中心研究势在必行[J]. 浙江档案，2005(8)：4.

尽管电子文件中心的概念并不统一，但是集中保管、共享利用和长久保存的主要功能应该没有争议。我国的数字档案馆和电子文件中心不是同时而是先后出现的，虽然一些档案部门声称他们的数字档案馆系统包含电子文件的归档管理、利用与长期保存，但电子文件的在线接收、归档、保存、利用的一体化管理运行仍然以电子文件中心模式为主。有些学者认为，电子文件中心是数字档案馆的组成部分①。

当前，一方面由于理论和认识的差异，另一方面由于在电子政务建设及档案管理上政府管理上的交叉，使得实践过程中各地的数字档案馆和电子文件中心项目在横向和纵向上均有交叉或者重复建设，这在一定程度上影响到未来两种模式的发展与分工。

2.4.4　数字档案馆模式

20世纪90年代初，随着网络信息技术突飞猛进的发展，以美英为代表的发达国家就开始了数字档案馆（Digital archives）的研究，并随之进入实质性建设阶段。稍后，我国档案学者也开始关注数字档案馆的建设，研究活动异常活跃。同时，从国家档案局到各地档案事业主管机关也表现出极大的建设热情。2002年，国家档案局制订的《全国档案信息化建设实施纲要》中首次提到要建设"示范性数字档案馆"，自此我国具有示范和探索意义的数字档案馆建设开始进入实质性建设进程。到目前为止，我国省级以上档案部门几乎都编制有本地数字档案馆建设规划，且许多已经进入分阶段建设进程。

虽然中外数字档案馆建设如火如荼，但是到底什么是数字档案馆至今依然众说纷纭。归纳起来，大体可分为两种观点。

一种是狭义的数字档案馆。认为数字档案馆仍然具有一个物理实体，是一个机构概念，是随着计算机网络技术，数据库技术以及多媒体技术的发展而产生的一种新型档案馆，是信息社会环境下档案馆行使存史管理及服务职能的机构，是档案馆发展的高级形式。② 它以存量档案的数字化和进馆电子文件为资源主体，借助政务平台或各种网络为本地及远程用户提供信息服务的新型档案馆。

另一种是广义的数字档案馆。认为数字档案馆是数字化信息系统，是一

---

① 于英香，韩震. 区域性电子文件管理模式演变与整合探析[J]. 档案学研究，2011（1）：69.

② 薛匡勇. 档案馆论[M]. 上海：第二军医大学出版社，2002：206.

种技术模式，是以电子文件和数字化档案信息为特定对象的有序信息空间和开放的网络环境，是一个由众多档案资源库群、档案信息资源处理中心、档案用户群构成的数字档案馆群体。[1]

对于这两种观点，冯惠玲有精辟的分析："鉴于文件、档案的形成、流转的特殊规律，这两种认识具有互补性。以'有序的信息空间和开放的信息环境'为特征的完整意义上的数字档案馆，很可能起步于、依托于现有实体档案馆的馆藏数字化以及不同数字化馆藏节点的连接。即以机构化的数字档案馆为基础，逐步突破各种界限，发展为由分布式文件、档案数字资源构成的具有强大服务功能的跨机构、跨地域的信息系统。"[2]

因此，从这种分析看，数字档案馆的这两种观点，与其说是对数字档案馆两种不同的解释，不如说是数字档案馆建设发展的两个阶段。从我国现在数字档案馆的建设发展的实践看，正是沿着这个思路及规划在逐步推进。

由于资金、技术、管理体制、建设主体、协作方式与程度上的巨大差异，中外数字档案馆在建设特点上存在较大的差异[3]。分析发现，我国数字档案馆的建设呈现出依托实体、相对独立、模式多样、地区差异、分步有序等特点[4]。

2.4.5　档案馆电子文件管理模式

在我国，对于已经逻辑归档的电子文件或者失去现行效用的电子文件的保管模式似乎并没有太多的争论，在现阶段的必然趋势就是进入档案馆保存。因此，目前在我国由档案馆来保存电子文件基本上是一个不二的选择。甚至有的专家认为，我国目前根本没有真正意义上的数字档案馆，电子文件管理还是传统档案馆的基本职责，只是要对传统档案馆进行技术升级，使之满足数字时代电子文件管理的需要。从技术理念及其管理理论的分歧来看，档案馆电子文件管理模式有两种选择。

2.4.5.1　集中式保管模式

这种保管模式与传统的纸质档案的管理模式一脉相承，认为文件生命周

---

① 李国庆. 深圳数字档案馆建设的理论架构及阶段性成果[J]. 中国档案，2003（3）：11.

② 冯惠玲. 电子文件管理教程[M]. 北京：中国人民大学出版社，2009.

③ 朱健，林彦，谢清. 中外数字档案馆比较研究[J]. 兰台世界，2006(3)：34.

④ 肖秋惠. 我国数字档案馆与电子文件中心建设述评[J]. 档案学通讯，2008(6)：12-13.

期理论在数字环境中仍具有生命力，伴随文件由现行阶段进入非现行阶段，管理文件的职责也应随之转移。现行效用阶段，机构凭借程序和技术手段去保证电子文件的真实性。当电子文件的现行效用完成后，机构可能出于技术、资金及职责的原因，不再对电子文件提供技术维护，或者失去相应的动力，此时档案馆出于社会责任应该接过电子文件长期保管的职责，为电子文件管理提供全面的保障，并通过整理、著录及后期技术保障等环节来维护电子文件的真实性和可读性。这种模式明确了电子文件管理的职责分工，即生成机构与档案馆各司其职，这样才能对文件实施完整的职能控制，保证文件的可靠性和真实性。

集中管理模式能够利用档案馆的各种设备、技术、人员、资源的优势，既能对电子文件提供优质高效的管理手段，又能利用和开拓现有利用手段，多途径提供电子文件即传统数字化资源为社会服务。

2.4.5.2　分布式保管模式

后保管模式及文件连续体的思想为档案馆电子文件保管模式提供了新的选择，也引发了分散保管模式的提出。澳大利亚学者弗兰克·厄普沃德（Frank Upward）、苏·迈克米什（Sue Mckemmish）是分布式保管模式的倡导者，他们认为电子文件具有系统依赖性，一旦脱离了生成它们的原始环境，由档案馆负责保管这些电子文件，存在着很多实际困难。主要是技术支持的问题，档案馆不可能也没有能力接收大批的电子文件入馆，无法保证电子文件的长期的可利用性和凭证的完整性，因此电子文件应该分散保管在原有机构的技术系统之中①。

分布式保管模式的主要特点是，电子文件保存在形成机构的信息系统管理部门而不是集中保管到档案馆，档案工作者应当放弃实体保管而转向行政管理和内容（知识）控制。② 在分布式保管模式下，档案馆通过监控文件和文件保管者来实现其保管的法律职责。分散管理的优点有两个方面，一是由文件形成机构进行保管，有利于保证电子文件的可读性、真实性和完整性，二是有利于缓解档案馆在资金和技术方面的困难。

分布式保管模式也面临着许多的困难，一是技术系统本身在不断升级，

---

① 张宁. 电子文件保管模式之争[J]. 浙江档案，2000(8)：41.
② 章燕华. 电子文件保管模式研究：历史、机理与路径[J]. 浙江档案，2008(11)：38.

电子文件的数量也在不断增加，机构对电子文件保管的库房、技术系统及其资金的压力会越来越大，重视和投入会越来越不足，这对电子文件管理也许是灾难性的。二是电子文件都分散保管在生成机构，对电子文件资源的共享就会面临更多的技术瓶颈，这在很大程度上制约着电子文件的利用及其资源开发。

鉴于集中式保管和分布式保管各自的特点及利弊，一种结合上述两种方案的新方案也被提出。即如果将来技术上可以实现档案馆对机构电子环境的复制问题，解决电子文件对系统的依赖性问题，并提供一些保证电子文件真实性的技术和法律手段，那么档案馆就可以相应地制定一种计划（或指南），让机构在其指导下结合自身的需要，对电子文件实施"自由进馆原则"。①

有的专家直言不讳地指出，分布式保管不适合我国的国情，也不利于电子文件的保管、利用、资源控制与安全。事实上，我国国家标准是支持集中式保管的。《电子文件归档与管理规范》（GB/T18894-2002）明确规定，"对归档电子文件，应按有关规定进行认真检验。在检验合格后将其如期移交至档案馆等档案保管部门，进行集中保管。"

2.4.6　机构电子文件管理模式

电子文件的产生及其管理发端于机构，一个机关或者企事业单位的组成、地域和业务活动的内容相对于整个国家或者地区的社会活动而言要简单、狭小和单纯得多，机构电子文件管理历史相对于档案馆电子文件管理的历史更长，因此，机构电子文件管理模式的探索与发展相对比较成熟。从目前来看，机构电子文件管理模式主要有下列两种形式：

2.4.6.1　双套制统一管理

理论研究、技术探索及实践证明，尽管对于电子文件真实性、可读性维护有种种的方法及措施，但是没有哪一种方法与措施是万无一失的。因此，电子文件管理的风险是绝对的，为了确保电子文件的真实与可读，避免在其遭受损坏及不可恢复时依然有一种方法可以避免灾害的发生，必须要保存一套经由电子文件转换而成的非电子文件，这是电子文件双套制的技术成因。此外，由于电子文件的法律效率及其凭证作用没有得到全面的认可，作为法律上的证据保存，出于维护国家及机构自身的利益的需要，电子文件也必须

---

①　张宁. 电子文件保管模式之争[J]. 浙江档案，2000(8)：42-43.

转换成具有现有法律认可的文件形式，而纸质文件及模拟记录的文件已经完全具备完全的法律效力，这就是电子文件双套制的法律成因。

在一个机构内部电子文件实行统一管理的必要性已经无需再做阐释了，已经出台的《CAD电子文件光盘存储、归档与档案管理要求》（GB/T17678.1-1999）和《电子文件归档与管理规范》（GB/T18894-2002）都明确规定机构内部电子文件由文件档案管理部门归口管理。机构内部通过制订相关的电子文件管理制度及其实施细则，对电子文件实现统一管理、统一开发利用。

对于双套制的实施，同样要制定双套制保管的具体要求，哪些电子文件做双套、怎样做双套、谁来做双套、何时做双套等要具体明确、便于实施及操作，并要做好电子文件及其硬拷贝之间的对应关联。从国际发展趋势看，双套制模式最终会转向以电子文件管理为主的"单轨化"。实现这个转变，需要基础积累以及顶层设计，以及推动管理理念、政策引导、法规标准体系等方面的革新和完善①。

2.4.6.2 文档一体化管理模式

正如前文介绍的，"文档一体化管理就是将文件和档案纳入一个统一的管理系统内，由统一的文档管理机构从文件和档案工作的全局出发，统筹规划，科学管理，实现文件管理部门由文件设计、形成、收发、登记、编号、存储、检索、利用到档案部门的收集、整理、鉴定、著录、保管、统计、利用等管理的全过程控制。传统档案理论把文件的归档作为文件与档案的分界线，对其进行分别管理，而电子文件的产生与控制，使这种分界线越来越模糊了。正是电子文件的大量出现及其长久保存的需要促使多年来提倡的文档一体化管理进入实质性阶段。实施档案一体化管理，档案工作者必须参与文件的形成管理中来，将'前端控制'和'全程管理'理论融入文档一体化管理模式中，文件形成者及管理人员也要了解档案管理的内涵、过程及开发利用的基本规律，统一制度、统一格式、统一管理。建立文档一体化的计算机网络系统，开发一体化管理软件，确定综合管理标准，贯彻实施标准化工作。"②

---

① 杨茜茜. 我国文件档案"双轨制"管理模式转型——澳大利亚政府数字转型政策的启示[J]. 档案学研究，2014(3)：13.

② 孔晓蕾. 电子文件管理模式研究[J]. 黑龙江档案，2011(3)：8.

　　文档一体化管理及双套制统一管理并非是机构电子文件二选一的管理模式，其实是二者双管齐下、同步实施的模式。对电子文件是在文档一体化的条件下实行统一管理，而归档后要将重要的、凭证依据作用比较大的电子文件制作一套或多套硬拷贝同步保存，从而确保电子文件的安全及其法律效力。

3 电子文件流转控制流程

电子文件的流转控制包括对电子文件从形成、流转到积累的全过程的控制。电子文件具有依赖生成环境、信息与载体可分离、信息的可操作与变化等特点，因此，为了保证电子文件的真实性、完整性和长期可读性，需要从前端控制入手，关注并把握电子文件在各个管理流程的各个环节的控制。

3.1 电子文件的前端控制

国际档案理事会电子文件委员会将电子文件的生命周期划分为三个基本阶段：概念（设计）阶段、创建阶段和维护阶段。其中，概念阶段是指电子信息系统的设计、开发和安装阶段；创建阶段是指具体的电子文件在这种可靠的电子环境中产生出来的阶段；维护阶段是指文件产生之后直至被销毁或长期保持前的整个过程。这种电子文件生命周期划分方法的目的是希望将档案管理的要求体现在文件生成之初，即在电子文件生命周期的概念阶段就将电子文件管理中的收集、鉴定、保存等功能需求融合在系统的设计开发中。

国际档案理事会关于电子文件生命周期划分成为前端控制思想的基础。

前端控制思想是将原来纸质文件管理系统中的许多后期阶段的控制手段提前到了最前端，将传统理论上对文件实体保管对象的控制转变为对文件自身及其相关问题的关注。如特里·库克（Terry Cook）所言：前端控制是对整个管理过程的目标、要求和规则进行系统分析、科学整合，把需要和可能在文件生成阶段实现或部分实现的管理功能尽量在这一阶段实现①。在已经建立了电子文件管理系统的地区和机构，电子文件是在系统中生成和运转的，电子文件管理过程的前端就延伸到了系统设计阶段，前端控制的形式也部分转移到系统功能的设计之中。这样，电子文件的前端控制主要表现为对电子

---

① [加]特里·库克，刘越男．电子文件与纸质文件观念：后保管及后现代主义社会里信息与档案管理中面临的一场革命[J]．山西档案，1997(2)：7.

文件管理系统的设计阶段实施有效控制，尽可能把电子文件全程管理的所有要求设计在系统之中。档案部门和人员只有在系统设计阶段就对电子文件采取控制措施，实行前端控制，才能真正确保电子文件的生成和管理质量，有效保证电子文件的真实性、完整性和长期可用。

电子文件的前端控制管理始于相应的电子文件管理系统的设计阶段。在电子文件管理系统设计阶段，从分析机构业务流程开始，即分析电子文件的流程、分析哪些电子文件需要捕获、确定元数据体系、确定电子文件及其信息的捕获方式、确定电子文件应有的分类体系、确定检索工具，然后建立电子文件保管期限表，即划分电子文件不同的处置类别和相应于不同处置类别的保管期限①。在电子文件的前端控制阶段要做好电子文件模板的制定、电子文件格式的选择和电子文件元数据的设置。

3.1.1　电子文件的模板制作

电子文件的制作是指通过计算机系统根据一定的规则与要求生成电子文件的过程。在此过程中，遵守电子文件的版面格式与模板制作要求、了解文件的命名规则与方法十分必要。

模板文件只需制作一次，以后直接调用模板来制作公文，因此，可以在电子文件管理系统中设计一个模板文件。鉴于公文特定的权威和效用，国家采取了一系列措施予以维护和保障，其中一项措施是制定格式规范、颁布并实施关于公文格式的国家标准。了解并遵循格式标准的相关规定，据此设计公文格式模板，这是保证电子文件自制作之时便合乎规范、消除我国目前公文格式的混乱局面、防范作伪公文、保障电子文件真实有效的重要环节之一。我国最新发布的公文格式标准是《党政机关公文格式》(GB/T 9704-2012)，自2012年7月1日起正式实施的。这是一个普适性的标准，对于电子文件(电子公文)管理工作具有一定的参考②。由于该标准被赋予法定执行效用，具有强制性与约束力，成为我国党政机关和其他企事业单位共同遵循的公文格式的统一规范，也是制作电子公文格式模板的重要依据。另外，在制定电子公文模板时还应参考电子公文格式规范③。该标准规定，电子公

---

① 赵屹，陈晓晖.电子文件管理的终极解决之道——网络电子文件管理系统[J].档案学通讯，2002(2)：47.
② 党政机关公文处理工作条例(中办发[2012]14号)[Z].
③ 基于XML的电子公文格式规范 第3部分[S].

文应遵循以下显示原则：电子公文的版面显示效果应该与纸质公文基本相同。电子公文的打印版本应该遵循纸质公文的相关规范。电子公文可以在显示介质上放大或缩小，但公文版面元素之间的位置关系应该保持不变。

电子公文的模板要根据标准，对公文幅面尺寸及版面尺寸、公文中图文的颜色、排版规格进行设置，尤其要遵守公文中各要素的标识规则。

《党政机关公文格式》(GB/T 9704-2012)将组成公文的各要素划分为版头、主体、版记三部分。其中，置于公文首页红色分隔线(宽度同版心)以上的各要素统称版头；置于红色分隔线(不含)以下至公文末页首条分隔线(不含)以上的各要素统称主体；置于公文末页首条分隔线以下、末条分隔线以上的各要素统称版记。三个部分具有一定的独立性，也各具特点。

版头的特点是位置相对固定，掌握了《党政机关公文格式》(GB/T 9704-2012)对版头所含各要素位置的规定，就可以设计文件的版头部分。一般地，版头由公文份数序号(简称"份号")、秘密等级(即"密级")和保密期限、紧急程度、发文机关标识、发文字号、签发人等部分组成，位于公文首页上端。这一部分用红色分隔线(红色粗实横线)与主体部分隔开，可使公文页面美观、醒目。

主体即行文部分，是反映公文主要内容的部分。主体一般由公文标题、主送机关、公文正文、附件、成文日期、公文生效标识、附注、附件等要素组成。

版记即文末部分，居公文最后一页，需要将最后的一个要素置于最后一行。文末部分一般由文末部分分割线、抄送机关、印发机关、印发时间等要素组成。

电子文件在产生后需要命名以便将其固定并区别于其他文件。为了便于对文件的检索和管理，在对单份电子文件命名时要考虑以下原则：

唯一性。文件名在整个系统中都具有唯一性。

概括性。文件名能高度概括文件的主要内容。

关联性。通过文件名能辨析不同文件版本间的联系。

规范性。文件名要遵守相关规定，遵循通用原则。

对文件夹进行命名时也要考虑唯一性和揭示主体性的要求。

3.1.2　电子文件的格式选择

文件格式是指数据(在计算机或网络中)存储的一种组织形式，与文件的应用环境、所包含的信息类型、适用的操作系统、产生它的程序语言以及压缩与否等有关。"文件格式决定了文件的类型，文件类型也标志文件格式，可以说，文件格式和文件类型是含义相同的两个概念。"①电子文件在不同的硬件设备、不同的运行环境、不同的信息类型、不同的操作系统、不同的应用软件中产生，因此会产生各种不同类型的电子文件。

电子文件常见格式有以下几种：记载文字、符号和插图的文本文件；用扫描仪和数码相机获得的图像文件；用计算机辅助设计等生成的图形文件；用多媒体制作的多媒体文件；存放结构化或非结构化数据的各种数据库文件；电子文件生成所依赖的操作系统文件和命令文件。

一般来说，选择通用的电子文件格式有利于电子文件的顺利流转。在实际工作中，文件生成和收文机构使用的平台与软件多种多样。如果发送方与接收方的软件不兼容，那么即使文件传送成功，接收方也未必能读取信息，为此，需要选择一种通用的文件格式，使电子文件能实现无障碍流通。

电子文件格式的选择对保证数字信息的可读性也起到关键作用。电子文件生成部门处于不同的领域、有不同的事务处理需求，在工作中会产生各种各样格式的文件。为了使各种数字文件信息能够在将来继续被利用，必须在繁多的文件格式中进行选择，选取有利于长期保存的电子文件格式②。

我国《电子文件管理暂行办法》第十二条规定，电子文件应当采用符合国家标准的文件存储格式，确保能够长期有效读取。鉴于电子文件的特点，为保障其长期可读性，在电子文件生成的时候就应尽量选择能够长期保存的格式。

我国《电子文件管理细则 第2部分：电子文件长期保存格式需求》中提出了电子文件长期保存格式应具有以下特征③：

支持真实性。支持数字水印、数字签名、循环冗余校验或纠错码。

格式透明。格式开放，有公开发表的相应标准和技术规范；有与产品无关的技术专家组和标准化组支持该格式。

不绑定软硬件。被多种操作系统和应用软件支持；支持多种存储技术，或与存储技术无关；当用户不能使用指定产品软件时，可使用已有的插件读取；使用与设备无关的颜色规范实现准确打印和再现，不必考虑软硬件平台。

---

① 陈勇.试析电子文件格式[J].办公室业务,2008(6):51.

② 崔鹏,赵国俊.开源软件对电子文件格式选用的影响[J].档案学通讯,2007 (5):58.

③ 电子文件管理细则 第2部分:电子文件长期保存格式需求(征求意见稿)[Z].

格式自包含。不包含指定版本的格式之外的内嵌对象；不包含外部对象的链接。

格式自描述。用标准格式(通常是 XML)设置元数据，描述对象的属性特征，满足管理、保存、描述的需求。

固定显示。维持固定的文件页面、章节、段落的逻辑组织结构，不因软硬件平台和阅读器变化而变化；以自然阅读顺序提供文本，以便文件能用基本文本编辑工具阅读。

持续可解释。不包含加密协议，也不包含加密选项。

持续可用。支持无损压缩；在压缩协议中不使用分辨率的缩减取样。

可转换。支持其他格式转换为长期保存格式；支持过时的长期保存格式转换为新的长期保存格式。

易存储。格式紧凑，数据结构合理，数据占用字节数少；支持在一个文件中容纳大量数据，不必把数据拆分成块；具有聚合能力，可以把几个相关的数字对象聚合到一个文件中。

根据该原则，《细则》还规定了电子文件长期保存格式的选择原则，具体内容为：

满足需求。电子文件长期保存格式应具有本标准所列的长期保存格式的特性(即上文提到的电子文件长期保存格式应具有的特征)。满足电子文件长期保存的要求。

通用。符合相关的国际标准、国家标准或技术规范。被广泛应用和支持，采用的技术成熟、稳定，具有较强的生命力。

信息安全。符合国家信息安全政策，规避技术壁垒，维护信息安全。

代价最小。选定的长期保存格式尽可能使电子文件的管护成本最小化，这些成本包括使用、维护该格式软件费用、相关格式转换费用及人员培训费用等。

限量。电子文件格式的数量可能是无限增长的，但特定电子文件保存处所接收的电子文件长期保存格式的数量应是有限的。

可扩展。当某类电子文件没有合适的长期保存格式时，可采用工业标准格式作为长期保存格式。

评估。认定电子文件长期保存格式，需要经过本标准一致性评估。

出于交换、发布、存档的目的，当前已经有越来越多的电子文件被制作或转换为版式文件。版式文件是一种用页面化的形式固定呈现文本、图形、图像等信息的文件。版式文件电子文件指内容信息被排版在预定页面中，具有显示一致性的版面固定的电子文件。为保证电子文件的长期可读、可解析、可理解，国家档案局发布了《版式电子文件长期保存格式需求》(DA/T 47-2009)，为制订版式电子文件格式标准，开发相应的制作、阅读、打印等软件提供依据。根据该标准，版式电子文件长期保存格式应满足的要求有：格式开放、不绑定软硬件、文件自包含、格式自描述、显示一致性、持续可解释、稳健、可转换、利于存储、支持技术认证机制、易于利用。

常见的版式文件格式有 PDF/A、CEB 和 SEP。PDF/A 格式因其支持数字签名、格式开放、不绑定软硬件、格式自包含、格式自描述、固定显示、不包含加密、可向其他文本格式转换等特点而比其他版式格式更适于长期保存。2005 年 12 月，国际标准化组织正式颁布了《ISO19005-1 文件管理——电子文件长期保存格式 第 1 部分 PDF 的使用(PDF/A-1)》(以下简称《PDF/A-1》国际标准)，作为电子文件管理中电子文件长期保存格式最新标准在国际上全面实施。2009 年 3 月，该标准被我国国家标准局采用，于同年 12 月 31 日起正式实施。

跨国公司 SUN 的"开放式办公组织"(OpenOffice.org)发布的开放式电子文件格式标准也采用 XML 语言进行描述。该标准最大特点是完全公开并充分记录的、可扩展和标准化的 XML 文件格式。该文件格式可以持久保存数据，用户不用担心无法访问年代久远的文件或是需要为此付出高昂的代价。与我国公文格式规范相比，该标准在可通用性、可适用性方面占有一定优势。[1]

《电子文件归档与管理规范》列出了几种常见电子文件的通用格式[2]，详见表 3-1。

表 3-1　　　　　　　　　　　电子文件通用格式

文件类型	通用格式	格 式 特 征
文本文件	XML	遵循 XML 技术规范，格式开放、不绑定软硬件、格式自描述、不包含加密、易于转换等
	RTF	格式开放、不绑定软硬件、不包含加密、易于转换等
	TXT	格式简单透明、不含结构信息和加密、不绑定软硬件、能用基本文本编辑工具阅读、数据占用字节数少等

① 濮永革.电子公文格式规范比较研究[J].浙江档案，2006(5)：37.
② 电子文件归档与管理规范(GB/T 18894-2002)[S].

续表

文件类型	通用格式	格 式 特 征
图像文件	JPEG	遵循相关标准规范、格式透明、不绑定软硬件、易于转换等
	TIFF	支持无损压缩、不绑定软硬件、易于转换、聚合能力强等
声音文件	WAV	内置版权保护技术、格式紧凑、数据占用字节少、易于转换等
	MP3	遵循 GB/T 17191-1997《信息技术具有 1.5Mbit/s 数据传输率的数字存储媒体运动图像及其伴音的编码》，压缩算法公开、格式紧凑、数据占用字节数少、易于转换等
影像文件	MPEG	遵循 GB/T 17191-1997《信息技术 具有 1.5Mbit/s 数据传输率的数字存储媒体运动图像及其伴音的编码》或 GB/T 17975-2000《信息技术 运动图像及其伴音信息的通用编码》或 ISO/IEC 14496《信息技术音视频对象编码》，压缩算法公开、不绑定软硬件、易于转换等
	AVI	支持数字水印技术、支持无损或其他公开的压缩算法、易于转换等

3.1.3 电子文件的元数据设置

在文件管理背景下，元数据被定义为描述文件背景、内容、结构及其整个管理过程的数据。① 电子文件元数据动态地描述了电子文件各方面的特征，它以结构化的规范语言如实地记录了电子文件的内容、背景和结构及其变化情况，反映文件与其他文件的区别与联系，便于对馆藏文件的智力控制与结构化存取，也有利于用户在脱离原件的情况下对文件的存储状态与外部特征有充分的认识。

电子文件的元数据随着文件形成和管理过程而不断产生、累积，而这样的产生、累积是要通过系统实现的。电子文件管理系统的功能完善与否，关键在于该系统中电子文件的元数据设计是否齐全、有效以及系统对这些元数据的调用管理能力。在电子文件管理中，元数据首先是描述电子文件和保障

---

① 信息与文献：文件管理第 2 部分 . 2001(ISO/ /TR 15489-2：2001) [S].

电子文件真实性的工具，同时，它也是对电子文件信息的基本组织方法。所以，元数据可以为电子文件管理系统各层次内容提供规范的定义、描述、交换与解析机制；为分布式异构系统提供互操作和无缝集成的纽带；为计算机及其网络系统自动辨析、分解、提取和分析归纳电子文件提供有力的工具。元数据可以记录电子文件在设计、形成、传递、维护等运转流程中的全部情况，因此，对电子文件的有效及安全控制必须建立在对元数据掌握的基础上。

在电子文件管理系统的设计过程中，元数据模型的设计是重要的内容。电子文件元数据要尽量详细地描述电子文件内容、背景和结构特征及文件的变化过程。因此，传统上把电子元数据划分为五种类型：内容元数据(描述电子文件的内容特征)、背景元数据(记录电子文件的背景信息)、结构元数据(描述电子文件的结构信息)、保存元数据(文件保存要求并跟踪记录电子文件的维护过程)、利用元数据(文件利用条件并跟踪记录电子文件的利用过程)。

2009 年 12 月，我国国家档案局颁布了《文书类电子文件元数据方案》，自 2010 年 6 月 1 日正式实施。该标准规定了以文件和案卷形式的档案为对象的文书类电子文件形成、交换、归档、移交、保管、利用等全过程元数据设计、捕获、著录的一般要求。该标准参考国际标准 ISO23081，并结合目前我国电子文件管理实际，将文书类电子文件元数据从概念层次上区分为文件实体元数据、机构人员实体元数据、业务实体元数据、实体关系元数据四个域，每个域包含一定元数据元素。

文件实体元数据包括来源、档号、内容描述、形式特征、电子属性、数字化属性、电子签名、存储位置、权限管理等元数据。

机构人员实体元数据包括机构人员类型、机构人员名称、组织机构代码和个人职位元数据。

业务实体元数据包括业务状态、业务行为、行为时间、行为依据、行为描述元数据。

实体关系元数据包括实体标识符、关系类型、关系、关系描述元数据。

电子文件元数据既可以描述单份电子文件，也可以描述电子文件集合。电子文件的元数据集将伴随着文件的始终，从文件创建之时便自动携带一个元数据表，随着文件的形成和运行，元数据得到不断补充和修改，同时，电子文件管理系统也会生成系统管理元数据，记录系统操作日志。电子文件的元数据大部分是由电子文件管理系统自动收集，而对系统无法胜任的工作，则由人工进行填补，这里的人工包括文件制作者、利用者、文件管理人员和系统管理员。

电子文件元数据的设置需要由档案工作人员和计算机技术人员共同完成，档案工作人员的任务是对元数据的内容、属性、功能和工作模式提出专业要求，而技术人员负责其技术实现需要。根据"文档一体化"管理要求，档案工作人员一方面要对电子文件管理系统中各模块、各工作环节的管理功能等问题进行思考，提出必要的功能需求，另一方面，要配合系统开发人员做好元数据的编制工作。元数据设置的越全面、越详细，系统的功能越完善。

对电子文件的前端控制需要从模板制定、格式选择和元数据设置等方面考虑，而要实现电子文件的前端控制，还需要多方面共同努力。首先是档案工作者要树立电子文件前端控制的观念，充分认识到电子文件前端控制的重要性和必要性。其次，要加强对电子文件前端控制的管理，制定相应的法律法规及标准，设计合理的电子文件管理系统。最后，要提高档案工作人员的综合素质与知识水平，以掌握电子文件在形成和使用过程中涉及所需的技术和设备①。

3.2 电子文件的形成

为从源头保证电子文件原始性、真实性，避免电子文件失真、失控、失踪现象的发生，需要在前端控制思想指导下，把许多原有的属于档案管理阶段的管理环节前移到电子文件的形成阶段，以便按需要捕获、控制相关文件和信息，保证转化成档案的电子文件具有必要的背景信息，达到电子文件归档和作为档案保存的要求。

我国《电子文件管理暂行办法》对电子文件的形成有明确规定：

第十条，电子文件形成单位在建立和完善信息系统时，应当组织文秘、业务、档案、信息化、保密等部门提出电子文件管理的功能需求。

第十一条，电子文件在形成和办理过程中，应当具备国家法律法规规定的原件形式，并符合下列要求：

（一）能够有效表现所载内容并可供调取查用；

（二）能够保证电子文件及其元数据自形成起完整无缺、来源可靠，未

---

① 王玲. 电子文件环境下的前端控制[J]. 档案与建设，2012(7)：25.

被非法更改；

（三）在信息交换、存储和显示过程中发生的形式变化不影响电子文件内容真实、完整。

在前端控制思想指导之下，电子文件的形成过程包含了特定的档案管理功能。根据这些功能，电子文件形成过程可以分解为以下六个环节：创建、捕获、分类、固化、登记、审计跟踪。①

3.2.1　创建

创建（Create）是指一般意义上的计算机文件的创建与制作。在创建阶段，电子文件就是计算机文件，其含义是"建立在外部介质上的记录的集合"，例如，办公系统中由微软文字编辑软件 Word 生成的 .DOC 文件，或是由数据库管理系统生成的 .DBF 文件。刚创建的文件确切地说还不是"电子文件"而是"电子文档"，但这已经是电子文件生命周期的开始。电子文档只有经捕获后才能成为电子文件。在电子文档阶段，可以充分体现数字信息的可操作性特点。文件制作者可以根据需要自行增、删、修改内容信息，重新组织结构信息；可以改变信息的原有位置，可以剪切、复制信息；可以多次撤销或恢复对信息的操作；可以调用存在于不同位置的信息组成文件；可以在文件的任何地方插入表格和图片；可以把文件制作成活动的声音和视频；可以组织动态文件，在适当的时候自动更新某些信息。

3.2.2　捕获

捕获（Capture）是指捕捉、获取和收集管理范围内的电子文档及其内容信息、结构信息、背景信息，并将其存储于电子文件管理系统的过程。捕获包括两个方面：首先是对管理范围内的电子文档进行获取；其次是对获取的电子文档实施具有档案管理职能的各种管理，在管理的过程中捕捉、获取和收集各类内容、结构、背景信息，来说明电子文件内容是什么、是由谁生成的、什么时候生成的、自生成后是否被改动过、自生成之后的处理过程等，以保证电子文件的真实性和完整性，从而使电子文件归档后能够实现档案的凭证价值。

在捕获电子文件的同时，要按照既定的元数据体系来捕获相应的内容、结构、背景信息。这些信息表明电子文件参与的业务活动和生成的直接环

---

① 赵屹. 基于前端控制思想的电子文件形成过程研究[J]. 档案学研究，2012(3)：16.

境，对于电子文件的可理解性和所能达到的档案价值至关重要。此时捕获的信息可能包括：文件的生成者、文件生成机构、文件责任者、收文者、文件主题、计算机文件格式、与该文件相关的各种日期（如文件生成日期、捕获日期等）、文件重要程度标识等。这些信息类似于传统的档案著录信息，它们要与电子文件本身进行关联而后伴随终生。

3.2.3 分类

分类（Classification）是按照分类表中的逻辑组织规定、方法和程序规则，把业务活动及文件系统地分门别类①。类别（Class）是整个分类表中的一部分，是电子文件分类表的细分，一个类别可细分成一个或多个更低层级的类别。文件夹（可分成不同部分）是管理文件的最原始单位，一个文件夹内可以包含一个或多个文件（或标记）。文件夹都被安排在类别下，类别和文件夹不能同时出现在同一层级，一个类别不能直接包含文件。一个文件夹总包含至少一个部分，第一部分（除非生成了第二部分）和整个文件夹共存。

类别、文件夹和文件之间的关系如下：
① 文件不能作为类别的子项存在，只能放在文件夹里；
② 文件夹不能是文件夹的子项，只能是类别的子对象；
③ 文件夹不能放在和类别相同层级的集合中。

电子文档被捕获后，分门别类地添加到相应类别的电子文件夹内，使电子文件管理更加条理化以便提高检索效率，并支持对类目的查询以及对类目间文件的调整等。电子文件管理系统可以自动对文件分类，也可以进行手工分类。若需要电子文件管理系统实现对电子文件的自动分类，必须事先定义好电子文件分类标准，并嵌入到电子文件管理系统中。类别的划分原则可以参考业务分类方案，基于功能、活动、主题或主旨及分主题进行。在电子文件管理系统中，只有授权用户才能建立文件夹。电子文件夹一旦建立，电子文件管理系统生成的元数据及用户定义的元数据会适时填入。

3.2.4 固化

固化（Fix）是指为了避免电子文件的内容、结构、背景信息等存在的动态因素造成信息缺损，而将其转化为不可逆的只读方式的过程。它是将电子文件及其信息固定下来的操作过程，其作用是从信息管理角度解决电子文件

---

① 信息与文献：文件管理第2部分.2001（ISO/ /TR 15489-2：2001）［S］.

信息的动态性与文档管理要求的可信性之间的矛盾。一份电子文件一旦正式形成(经最终签发或确认),即可采用逻辑的(软件)或物理的方式使之成为不可逆的只读方式,即将其内容信息、结构信息、背景信息等固化下来。固化后的电子文件是不可更改的。随之对该电子文件进行的归档、管理、利用等过程可以复制电子文件信息内容以作他用,但不可以更改电子文件本身。

当前固化的主要手段是进行电子文件格式转换或封装。固化是电子文件形成阶段的一个特定环节,但不仅限于形成阶段。固化有可能是在形成过程中一次性完成的,也有可能是在全程管理过程中分几次完成的。在未来的电子文件全程管理中,根据电子文件形成规律,固化应该是在形成阶段开始。如果需要层层封装,固化工作会不仅限于形成阶段,有可能一直延伸到归档后及档案管理阶段。通过固化,保证电子文件在文档一体化的全程管理过程中实现真实性、完整性、可靠性和可用性。

3.2.5 登记

登记(Register)是指在电子文件及其相关信息被捕获并按照既定的存储方案分类、存储之后,对电子文件赋予唯一标识符以标明其身份的过程。这个唯一标识符是电子文件在统一的电子文件管理系统中的"身份证",将伴随电子文件全程管理的整个过程,使其能够在各个组织机构流转、管理而不发生冲突。同时,通过该标识符将信息和参与同一个行动、活动或事件的有关文件进行集成,成为一个相互关联的整体,将电子文件与其相关的其他文件链接起来并区分开来。

登记的作用是为了证明电子文件在电子文件管理系统中的存在,通过登记确定电子文件在整个电子文件管理系统中的位置及其相互关系。登记标志着一份电子文件正式纳入到电子文件管理系统中,进入规范化控制的范围之内,自此可以开始各种文档质量控制的实施。对于电子文件来说,在形成过程中进行登记,可以说是在发文阶段就将其纳入文件、档案管理范围之中。通过登记保证电子文件在整个生命周期内都受到档案工作的监管和控制。

3.2.6 审计跟踪

审计跟踪(Audit trail)是指允许再现以前活动的数据,或者使所发生的某次变化的属性特征(如日期时间、操作者等)被保存下来的数据,以便一系列事件可按时间顺序再现。审计跟踪活动包括系统活动和用户活动。系统活动包括操作系统和应用程序进程的活动。用户活动包括用户在操作系统中和应用程序中进行的操作活动。电子文件的审计跟踪就是依赖相应的系统实时记录对电子文件操作的主体、客体和环境，跟踪电子文件的运动轨迹，以便实时了解电子文件的运动状态，防止非法人员或程序窃取用户权限对文件实施越权操作，提供有力证据追究电子文件管理事件中的责任人。

电子文件应当是在电子文件管理系统的审计跟踪之下，依据其自身的流程进行运动。在电子文件形成阶段，审计跟踪系统根据需要记录文件的增、删、改以及有关被捕获、分类、固化、登记的情况。在电子文件形成完毕，将其通过网络送达有关人员。有关人员根据系统功能打开并办理不同的文件。在电子文件被固化之后，有关人员对文件的操作只是对著录信息的添加和修改，不能直接改动文件内容。当电子文件送达有关人员时，审计跟踪功能自动记录下文件出发地的地址、文件的传输路径、目的地及相关的身份验证信息。当文件停留在某处并被处理时，审计跟踪功能记录下有关人员对文件的操作，此时也可能需要人员对文件输入手工著录信息，例如，填写文件办理的意见等。这些信息有可能需要被捕获、集成、固化。对于允许对内容进行修改的特殊电子文件(例如CAD类设计文件，在整个处理过程中都有可能进行修改)，有关人员在通过身份验证以后可以对文件进行改动，审计跟踪功能跟踪整个操作过程，记录有关操作信息。完成这些操作后，文件将在工作流转系统的控制下被送到下一个指定人员，直至办理完毕，进入档案管理阶段。在档案管理阶段，审计跟踪同样有可能需要对电子文件的存入、导出、利用、迁移等过程做记录。在电子文件的运动过程中，是在不断地形成和补充相关背景信息，审计跟踪贯穿整个运动过程，不仅报告文件状态和处理操作，还有可能将一些审计跟踪记录作为背景信息进行捕获。可见，审计跟踪是针对整个电子文件运动阶段而言的，由于电子文件管理过程中需要添加各种著录信息，而整个运动阶段也是各类著录信息形成的阶段，因而也可纳入形成过程进行研究。

在电子文件的形成阶段，也是风险高发阶段，突出表现在电子文件的真实性与完整性的维护方面。文件的真实性与完整性是衡量一份电子文件是否具备原始性和凭证性的根本依据。这方面的风险主要源于两个方面：一是由于电子文件的易改性，在没有一定控制措施下，可以很方便地改变其存在状态和内容信息；二是由于电子文件对软硬件系统的依赖性，软硬件平台的升级更换直接影响到电子文件的可读性。防止电子文件"信息失真"，可以借鉴《电子文件归档和管理规范》中的四项防范措施：一是建立对电子文件的操作者可靠的身份识别与权限控制；二是设置符合安全要求的操作日志，随时自动记录实施操作的人员、时间、设备、项目、内容等；三是对电子文件采用防错漏和防调换的标记；四是对电子印章、数字签署等采取防止非法使用的措施。

3.3 电子文件的流转

基于全程管理的思想，要管理好电子文件，必须实现对电子文件流程的有效管理。电子公文的流转为电子文件的流转提供了参考。

《党政机关公文处理工作条例》第六章"公文办理"规定了公文处理的主要程序，为电子文件的流程提供了范例。该程序包括收文办理、发文办理和整理归档。① 这是一套完整的公文处理程序，对于电子公文具有一定的指导作用。书生公司对电子公文流转系统的定义是这样的："利用计算机网络技术、版面处理与控制技术、安全技术等，实现了单位与单位之间红头文件的起草、制作、分发、接收、阅读、打印、转发和归档等功能，以现代的电子公文传输模式取代了传统的纸质公文传输模式"②，该定义率先介绍了电子公文流转系统使用的技术、涵盖的功能。此后，一些学者进行了研究，提出了自己的看法。例如，2004 年，周永军认为，电子公文流转系统是"利用电脑网络功能，实现从公文的起草、审核、批示、分发及来文登记、归档、承办、传阅等一系列综合性的公文流转全程管理。"③2005 年，张南平、李环也提出了类似的观点，并高度评价了电子公文流转系统的重要价值："电子公文流转系统就是利用网络传送文件，将工作流转化为电子信息流，实现发文、收文、签发、批阅等行政事务无纸化。"④2007 年，赵屹提出，电子文件的流转指电子文件在机构业务活动中从起草到归档，并按照标准的、统一的文件交换与共享机制和定义好的规则，在各部门之间逐级审批、传递，从而完成办理目标的流转过程⑤。综上所述，电子公文流转系统需要被置于计

---

① 党政机关公文处理工作条例(中办发〔2012〕14 号)〔Z〕.

② 公文传输系统标准解决方案〔EB/OL〕.〔2012-01-03〕. http://www.sursen.com/？p=48.

③ 周永军.电子公文管理初探〔J〕.农业图书情报学刊，2004(8)：32.

④ 张南平，李环.电子政务中公文流转系统开发状况概述〔J〕.福建电脑，2005(8)：53.

⑤ 赵屹.电子政务环境中电子公文的流程与控制〔J〕.档案学通讯，2007(1)：48.

算机网络环境，都需要各类相关联的技术支撑，都是为了满足公文运转的一系列流程。因此可以将电子公文流转系统理解为，利用计算机网络技术、版面处理与控制技术、安全技术等信息技术，实现公文从发文的复核、登记、印制、核发，到收文的签收、登记、初审、承办、传阅、催办、答复，再到归档、查询、统计等一系列流程的全过程管理的一种办公自动化系统。

电子文件的流转可以利用网络中的不同途径来实现，除了通过电子邮件系统进行公文运转，还可以通过 FTP 文件传输、网页公告、电子公告板等方式进行传送。

3.3.1　电子文件流转系统设计要求

2003 年国家档案局颁布的《电子公文归档管理暂行办法》对电子公文流转系统的设计要求。例如：

"电子公文形成单位应在运行电子公文处理系统的硬件环境中设置足够容量、安全的暂存存储器，存放处理完毕应归档保存的电子公文，以保证归档电子公文的完整、安全。"

"电子公文形成单位应在电子公文处理系统中设置符合安全要求的操作日志，随时自动记录对电子公文实时操作的人员、时间、设备、项目、内容等，以保证归档电子公文的真实性。"

"归档电子公文的移交形式可以是交接双方之间进行存储载体传递或通过电子公文传输系统从网上交接。"

"档案部门应加强对归档电子公文的管理，提供利用有密级要求的归档电子公文，应严格遵守国家有关保密的规定，采用联网的方式提供利用的，应采取稳妥的身份认定、权限控制及在存有电子公文的设备上加装防火墙等安全保密措施。"

3.3.2　电子文件设计功能模块

公文流转系统作为一类非标准性的软件产品，具有很强的随意性和扩展性。这因为如此，不同机构和学者对电子公文流转系统的设计和诠释也存在差异，见表 3-2[①]。

---

① 周耀林，叶鹏，黄川川等. 公文管理教程[M]. 沈阳：辽宁大学出版社，2013：163-164.

表 3-2　　　　　　　公文流转系统设计的系统功能模块

著　者	文　章　名	系统功能模块
甘强	电子公文流转系统的设计与实现	系统管理、发文管理、收文管理、督办管理、公文查询
陈帆	公文流转系统的设计与实现	系统管理、发文管理、收文管理、督办管理、公文查询
徐红广、谢玉基	电子公文办理软件系统的设计与实现	来文登记、待办收文、已办收文、在办收文、未读知会、已读知会、催办信息、回执、我的委托、我的移交、收文查询、收文统计、归档、废文桶
卢小兵、许志文	基于办公流程的公文管理系统的总体设计	公文模板管理、电子印章管理、文档管理、公文传输管理、用户安全证书管理
曹阳	电子公文传输系统	文件收发模块、在线编辑附加上传功能模块、公文办理模块、公文归档模块
陈勇	基于电子政务的公文系统功能模块分析与设计	公文归档、整理、鉴定、保管、利用系统功能
冯泽涛、张勇	基于 PKI 的安全电子系统，科技信息	系统设置、公文设置、公文流转
冯艳宜	基于 B/S 架构的办公自动化系统的设计和实现	登录模块、企业普通职工子模块、企业部门管理人员子模块、管理员子模块、信息录入模块
田祎敏	基于 J2EE 的办公自动化系统的设计与实现	登录模块、信息录入模块、人力资源管理模块和系统管理模块
李磊	电子公文交换系统的研究与设计	访问控制、电子公文加密、电子公文安全传输

　　通过上表发现，用户管理、发文管理、收文管理、归档管理、安全管理等是这些系统共有的模块，即模块主干，并形成了电子公文流转系统模块的

主要结构，见图 3-1①。

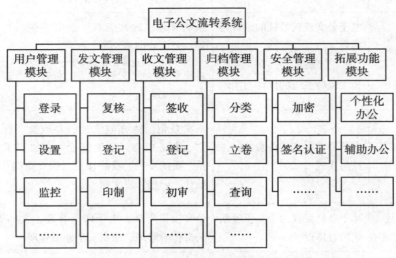

图 3-1　电子公文流转系统模块图

（1）用户管理模块

用户管理模块由系统管理员来操作，系统管理员根据系统的权限进行部门、用户、用户组以及公文流转模块的增加、修改、删除、查询等各项操作，并设置不同级别的用户权限。用户管理模块主要是实现用户登录、系统设置、系统监控的统一管理，并为用户的安全证书和权限管理提供服务。

（2）发文管理模块

发文管理模块要求电子公文流转系统根据公文的种类，自动完成公文起草、审批和存取过程，满足各种格式公文的需要；根据公文的类别，按照预先定义好的文号生成方式自动添加文号；根据发文管理程序，灵活控制公文的传递流向；根据发文的拟稿、审批、签发、文号、打印的不同域，自动进行不同操作类型的不同操作权限控制。同时，系统能够支持拟稿人起草拟稿、部门领导审批人审稿、单位领导会签、签发文件、批阅流转和自动生成发文号的全过程，并在此过程中自动进行所有修改记录的登记和痕迹保留，

① 周耀林，叶鹏，黄川川等．公文管理教程［M］．沈阳：辽宁大学出版社，2013：164-166.

能够根据权限不同定制拟稿者或某一管理者全程查看公文状态、记录。

（3）收文管理模块

收文管理模块要求电子公文流转系统实现收文登录、收文拟办、收文的查询、批阅流转以及办毕文件的处理。即要求系统根据公文的密级，自动完成存取登记；根据公文的签收、登记、初审、承办、传阅、催办、答复的不同域自动进行操作权限的读取控制；根据公文不同处理的收文程序，灵活控制和定制公文传递流向和流转时限；实现收文签收、登记、初审、承办、传阅、催办、答复一系列操作中的自动流转时间控制，到期可以自动按预先定义好的提醒方式提示催办等。

（4）归档管理模块

归档管理模块要求电子公文流转系统严格按照国家关于公文归档管理方面的相关规定，自动或人工进行归档处理。即通过系统对鉴定后确需存档的公文进行管理、分类、立卷、封卷、归档、查询、借阅、归还、销毁等操作。同时系统提供公文检索工具，以备领导和工作人员的查考。

（5）安全管理模块

安全管理模块要求电子公文流转系统根据收发文过程中的安全性、完整性、真实性等特点，实现了电子公文流转系统的收发文时加密、解密、签名认证等功能。其中，用户管理模块是安全管理模块实现的重要基础。

（6）拓展功能模块

拓展功能模块和拓展需求是相对应的。电子公文流转系统除必备的主干模块，还需有灵活的扩展模块。这些模块是针对用户机构的具体实情而制作。

目前，电子公文流转系统拓展功能包括个性化办公服务或辅助办公服务。其中，个性化办公服务包括个人信息修改、个人日程、个人工作日志、便笺、个人首页定制等功能；辅助办公服务包括会议管理、会议室管理、车务管理、领导日程管理、部门工作日志管理等。此外，电子公文流转系统的拓展功能还包括公文扫描、网络照相、证照管理、归档流程等其他功能。

3.3.3 电子文件的流转

以电子公文流转系统为例，公文流转特指包括电子公文（包括原生电子公文和数字化产生的电子公文）的收文处理和发文处理两个主要流程。广义的电子公文流转还可以包括电子公文的归档、存储、打印、查询、统计等。

（1）电子公文收文的流转（见图3-2）

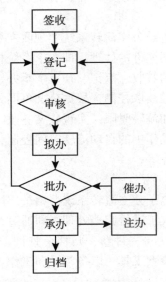

图 3-2　电子文件收文流程简图

收文登记。通过网络传送的电子公文可由电子公文办理人员打开收文信箱进行网上接收，并对收文的著录项逐项接收登记，电子公文的性质、保密程度、权限的不同，电子公文办理人员可进行相应的解密处理，按不同的级别和部门给予限定，通过其他方式传送的电子公文或纸质公文可通过键盘、语音、手写笔等多种形式进行著录项的登记，并将电子公文存入收文数据库，纸质公文可通过扫描设备转换为电子文件后存入收文数据库。电子公文登记后，由公文办理部门将接收的电子公文通过内部网络发送给拟办负责人。

拟办。拟办负责人通过网络直接调阅待拟办的电子公文，并在计算机上签署处置意见或选择拟办模板，拟办完成后，电子公文自动转去批办或返回公文办理部门。

批办。批办负责人通过网络直接调阅待批办的电子公文，并在计算机上签署处置意见或选择批办模板(批办模板是指预先编制好的拟办意见，有多种可选)，批办完成后，电子公文自动转去承办或返回公文办理部门。

承办。将待办理的电子公文通过网络传送给承办部门或承办人，如果承办部门或承办人不止一个，可以成批发送，并附上公文承办单和公文办理期限的说明。

跟踪。对发出的电子公文，现在何处、办理的进度以及借出文件的利用情况等综合信息，可在网上进行自动跟踪，以便公文办理部门和有关领导了解当前电子公文的办理状况。

传阅。按规定的权限要求，将电子公文分为主办、拟办、必阅、可阅、限阅等多种方式，通过网络分送到传阅者处，阅后在计算机上填写公文传阅单，传阅完毕系统确定后自动返回公文办理部门。

注办。当电子公文办理完毕后，由承办部门或承办人在计算机"收文办理单"的"办理结果"栏内填写公文的办理结果，之后将电子公文返回公文办理部门，由公文办理部门注办并作归档处理。

电子文件的收文流程由相应的收文管理模块控制。收文管理模块必须能对电子文件收文工作流程进行跟踪，自动记录各程序操作者、运转时间及办理情况；自动提示相关工作人员的待办事项。另外，还要能够自动采集并填写《电子文件登记表》中的相关内容。

（2）电子公文发文的流转（见图3-3）

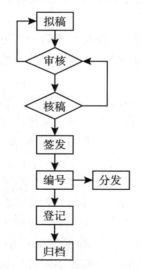

图3-3　电子公文发文流程简图

电子文件生成。利用计算机文字处理、表处理、图形处理、数据库等软件进行文件的撰写，生成包含文字、图形、表格等形式在内的混合文档。电

97

子公文的生成可选择按公文类型预先设计好的公文标准格式模板，进行公文的撰写。公文输入可采用语音、手写、键盘等多种方式，也可以使用扫描仪等辅助工具自动生成。

审核。电子文件生成后可经计算机网络传送给审核负责人进行审核，审核负责人在审核意见栏中签署审核意见后，将初稿再传回撰稿人进行修改。

修改。撰稿人对审核人返回的初稿按照审核意见进行修改，修改完毕，将修改稿经公文管理部门或直接转给核稿人。

内、外部会签。对于需要有关部门会签的电子公文，可由公文管理部门按会签要求，将公文通过网络发往有关部门签署意见。内部会签可在网上进行，外部会签可根据具体情况选择适合的方式进行。会签后的电子公文返回电子公文管理部门。

核稿。电子公文管理人员将公文修改稿发送给核稿校对部门，由核稿人对公文再次进行全面细致的审核、校对，核稿完成后，签上姓名和日期，并将修改稿和原稿一起返回公文管理部门或直接转去校对、签发。

签发。电子公文发送到签发负责人处。由签发负责人在签署意见栏中签署意见，并签名，同时确定或修改主送、抄送单位。处理完毕发送到公文办理部门。

编号。电子公文办理部门对签发完毕的公文进行办理，确定发文号、发文机关、发文日期、密级等，编号后将电子公文放入发文信箱，或直接打印输出。

分发。由电子公文办理部门打开发文信箱，选择待分发的电子公文，分别确定主送、抄送单位信息后，进行网上发送或选择其他方式发送。

登记。发文办理完成后，公文办理部门应及时对电子公文进行鉴定工作，包括确定保管期限、密级等，并要对电子公文的著录项(如：文件序号、文件类型、文件标题、文号等)及电子公文的元数据(如文件产生的软、硬件环境、文件格式、文件载体等)进行登记。还要根据系统提供的信息加密、认证技术将电子公文打包后存入发文数据库中，以备归档。

电子公文发布的形式很多，在确保安全的前提下，可以通过内网、外网、局域网和互联网实现发布。当然在不同的网络上发布什么样的文件则是要考虑文件的密级、公开范围和安全级别的。

与收文管理类似，电子文件的发文管理通过发文管理模块实现。发文模块应能够自动记录电子文件形成、流转的时间和过程，能够打印记录内容，并自动提示单位工作人员的待办事情；发文模块应能记录并显示电子文件的历次修改痕迹，并做到工作流程不可逆。系统应自动采集并填写《电子文件登记表》中的相关内容。此外，电子签章和电子签名应该有保障措施。档案部门应该具有对电子文件的流转、归档等过程进行监控的权力。

　　总而言之，公文流转的工作流十分复杂，因此，公文流转系统的设计者必须要掌握公文流转相关的知识储备，包括公文流转的基本环节、先后次序和分类标准等。只有掌握了公文流转的基本规律，才能设计出用户体验良好的工作流，进而设计出与实际需求和实践流程相适应、相匹配的公文流转系统。

3.3.4　工作流技术在电子文件流转中的应用

　　工作流技术是计算机支持的协同工作的一部分，它通过将业务流程分解成良好定义的活动、角色和过程规则，并结合计算机和网络技术来实现流程管理、流程分析和流程再造。工作流技术是提高业务过程效率的关键技术，它的很多功能都可以应用于电子文件流程管理[①]。

　　工作流本身即是模型。基于工作流对电子文件流程进行管理，可以将电子文件的流转过程分成诸多更小的、可管理的任务计算单元，对每一任务具体内容进行描述，研究其所涉及的数据信息的内容和流向，对管理中的各种权力人的操作需求和处理权限进行说明，从而规范了电子文件管理。

　　工作流具有分隔过程逻辑与应用逻辑的功能。基于工作流进行电子文件流程管理，可以将电子文件的过程管理和应用管理分离，把电子文件管理的业务过程从传统文件管理系统的应用程序中抽取出来，利用工作流管理系统单独管理，从而实现动态地管理电子文件的业务流程。这样，大大提高了电子文件业务系统实现的效率。

　　工作流具有实现软件的原子性和自组织性的功能。当机构的组织结构发生变化时，其电子文件管理过程也需要调整。传统情况下，流程的调整可能意味着整个电子文件管理系统的重新设计。而基于工作流进行电子文件流程管理在其业务流程发生变化时只需修改过程模型就能实现系统的功能改变和添加。这使得电子文件管理软件具有了较强的生命力和较长的生命周期，提高了电子文件管理软件的适用性。

　　工作流具有跟踪与监控功能。工作流管理系统的监控管理工具能够对工

---

　　① 赵屹. 工作流技术及其在电子公文流程管理中的应用[J]. 档案学通讯，2008（6）：41.

作流的整个流动状况进行监视，并提供一系列的管理功能，实现安全性、过程控制和授权操作等方面的管理。这项功能有利于对电子文件流程中的活动执行情况进行调度、管理和控制，实现电子文件流程的跟踪与监控。

工作流能够在信息技术的支持下实现基于活动组成的业务过程的自动化。所以基于工作流实际上就是对电子文件操作管理过程的自动化，包括整个任务的调度、资源的分配、管理的规则等，实现电子文件处理的自动流转，使电子文件的工作流程变得清晰、透明、易于操作。

总之，工作流在电子文件流程管理中能够控制电子文件的流转，根据定义好的过程模型，建立实际的电子文件流程，确定路由、角色、状态、条件。同时，支持对电子文件流程的动态修改，实现对电子公文流程的自动化控制，从而提高电子文件管理的效率。

3.3.5　电子文件流转过程的风险管理

安全问题在电子文件流转过程中尤为重要。特别是考虑到可能存在的恶意截获和安全漏洞，人们对于保密信息一致持谨慎态度，尽量避免通过网络传送，这极大地阻碍了信息交流和利用。

电子文件流转阶段的风险主要来自于两个方面：一是电子文件背景信息丢失的风险，电子文件经常处于流动状态，背景信息伴随着处理过程在不断累加，如不及时捕获很容易丢失，从而造成电子文件来龙去脉不清，直接影响到电子文件的完整性和凭证性；二是网络传输过程中的风险，如数据泄露、信息丢失、冒名偷窃等，电子文件传输系统一旦受外部攻击造成系统中断或信息泄露、丢失，将会对整个电子文件系统及企业业务活动的开展造成重大损失。为此，要加强电子文件流转阶段的风险管理措施①。

信息的安全与保密涉及面很广，必须同时从法规政策、管理、技术这三个层面综合着手，采取有效措施，方可获得较为理想的解决。从法规政策看，目前国际和行业部门的相应法律、法规正逐步出台，文件管理部门要善于利用法律规范自身行为，维护自身利益。从管理看，各机构应建立相应的网络安全管理办法，加强内部管理。先进的技术是信息安全与保密的保障措施之一，文件管理人员、网络管理人员需要对本机构信息传送系统面临的威胁进行风险评估，决定自身需要的安全服务种类，选择相应的安全机制，然后集成先进的安全技术，建立合适的网络安全管理系统。

---

①　张桂珍.电子文件管理流程存在的风险与防范策略[J].四川档案，2009(3)：38.

对于电子文件背景信息丢失风险的防范可采取加密技术、签署技术、消息认证、身份验证等措施，另外还要加强内控体系建设，严格执行电子文件管理系统及安全管理的各项制度。对于传输过程中的风险可以采取网络数据加密、数字签名与身份认证、设置防火墙等措施来防范。

3.3.6 电子文件流转过程的控制措施

与传统的文件流转方式相比，电子文件的流转过程发生了明显的变化，办公自动化条件下的文件流转具有共享性强、查询方便、归档及时等优点。但由于办公自动化完全依赖计算机设备和系统软件，在计算机网络上，文件信息存在着被修改、窃取甚至销毁的危险，严重威胁着文件的安全，因此，需要对文件流转进行更严格地控制。①

首先，严格核准程序，控制授权范围。电子文件通过计算机网络向多用户提供使用，对此应该实行有效的控制。对用户要有严格的核准审查程序，其他用户未经许可不得使用。要遵循使用授权最小化、授权分散化和授权规范化的原则，使用电子文件管理系统的人员只能授予能够完成指定任务的最小权限。对已经授权的使用人员要进行定期审核，视具体情况进行重新授权或撤销授权。

其次，规范操作程序，确保文件安全。要定期组织系统操作培训班，提高使用人员的综合素质。同时，要加强系统管理，建立相应的规章制度，有权限的使用人员要在自己的授权范围内严格按照操作程序进行文件的办理，减少误操作。要限制用户在系统内对系统信息进行与本职工作无关的访问，非授权用户对系统的访问操作应建立跟踪记录并严肃处理，维护系统安全，确保文件的完整与安全。

最后，完善技术控制，增强保密功能。针对办公自动化系统在保密安全上存在的隐患，系统必须及时更新和完善，以确保用户标识的唯一性，提供维护所有用户标识的技术措施，增强保密功能。

3.4 电子文件的积累

电子文件在从形成到归档期间有被更改的可能，而且修改不留痕迹。因

---

① 万彩娟. 办公自动化条件下文件的流转及其控制[J]. 办公自动化，2004(4)：45-46.

此，为保证归档的电子文件的真实性，电子文件的收集与积累工作①必须从电子文件形成阶段就开始，贯穿于文件管理的整个过程，而且还必须了解和掌握电子文件的形成规律和形成过程。因此，电子文件的收集应当由文件形成(制作)者或承办者按照归档要求进行，因为只有他们最清楚电子文件的内容、价值及与其他文件之间的关系，由他们来收集才能保证电子文件归档的质量。电子文件的收集与积累是一项经常性的按有关规定和标准进行的工作。电子文件的收集与积累不仅能保证电子文件的真实性，还维护了它的系统性、完整性。同时，也防止了存有信息内容的载体在个人手中发生丢失、损坏，从而保护电子文件的安全，为电子文件的归档打下基础。

3.4.1　电子文件积累范围

电子文件的积累范围应遵照相关规范进行。记录了重要文件的主要修改过程和办理情况，有查考价值的电子文件及其电子版本的定稿均应被保留②。正式文件是纸质的，如果保管部门已开始进行向计算机全文的转换工作，则与正式文件定稿内容相同的电子文件应当保留，否则可根据实际条件或需要，确定是否保留。当公务或其他事务处理过程只产生电子文件时，应采取严格的安全措施，保证电子文件不被非正常改动。同时应随时对电子文件进行备份，存储于能够脱机保存的载体上。对在网络系统中处于流转状态，暂时无法确定其保管责任的电子文件，应采取捕获措施，集中存储在符合安全要求的电子文件暂存存储器中，以防散失。

《电子文件归档与管理规范》还对不同类型电子文件的收集与积累提出了明确要求，包括用文字处理技术形成的文本电子文件、用扫描仪等设备获得的采用非通用文件格式的图像电子文件、用计算机辅助设计或绘图等设备获得的图形电子文件、用视频或多媒体设备获得的文件以及用超媒体链接技术制作的文件、用音频设备获得的声音文件、用通用软件产生的电子文件、用统一模板的电子文件。最后强调要定期制作电子文件的备份以确保电子文

---

① 相关文献中有三个词语都用于表达"聚集"电子文件之意，"收集""采集"和"积累"。根据中华汉语词典，"收集"意指"使聚集在一起"，"采集"意指"收集材料或实物"，"积累"动词意指"逐渐聚集"，因此，三者为近义词。在电子文件管理系统中更多使用"采集"一词，强调活动的"主动"及"自动"含义。本章根据上下文表述的需要选择使用不同的词语，含义均为"聚集"。

② 电子文件归档与管理规范(GB/T 18894-2002)[S].

件的安全。

除了参考国家相关规范,电子文件的积累还要根据各部门文件形成情况以及电子文件的特点确定。电子文件收集积累范围可划分为数据类文件和程序类文件两类。各类反映本部门职能活动的数据类文件是电子文件的主体,它反映文件的内容,是收集积累的主要对象。程序类文件包括操作系统、语言处理系统、用户应用程序等。它是对程序所做之事的文字描述,对程序如何做这些事的逻辑描述以及如何修改程序、使用程序的说明。

根据电子文件的来源,电子文件收集范围可分为:① 网上流转的电子文件,包括上级下发的文件,同级的平行文件,下级上报的文件和本单位形成的文件。② 非网上流转的纸质文件,包括会议记录、统计报表、会议文件等不经文书处理的文件采取相应技术手段转换成的电子文件。③ 其他门类的电子文件,包括数码照片、CAD 图纸、视频文件、音频文件和其他多媒体电子文件等。

3.4.2 电子文件的收集原则

为防止信息的损失和变动,电子文件在形成后要及时收集。电子文件的收集要坚持以下原则:

第一,完整性。完整性是文件收集的基本要求,相对于传统文件,电子文件的完整性要求增加了新的内容。

① 在收集时除了考虑文件的自身价值外,还要考虑电子文件的构成、文件管理的要求等因素。电子文件多样的数据类型增加了完整收集电子文件的难度。因此,要将分散的电子文件完整地组织起来。电子文件在形成过程中,由于文件信息类型的差异,计算机系统有可能将一份文件分散保管。如文件的正文和附件经常是以两个文件的形式存在,存储在什么地方一般由计算机系统随机确定。为保证电子文件的完整性,收集时应将同一文件的不同部分标注出其存储位置,将电子文件完整地组织起来,以便以后的查找利用。另外,根据文件管理要求,收集的电子文件必须具有内容信息、背景信息和结构信息。内容信息用来准确反映在特定时间内,在行使职责、参加活动与处理事务中发生的事实;与文件有关的背景信息和结构信息能使电子文件被人理解,甚至以电子方式恢复或重建。虽然电子文件的背景信息与其内容信息相分离,但仍应与内容信息一样作为电子文件不可或缺的一部分被一并保存。一般来说,电子文件形成部门应采集的背景信息至少如下:文件形

成机构、与文件有关或曾经有关的其他机构；文件履行职责的目的；文件的年代；与文件有关的时期；与机构职能有关的文件价值与重要性；曾与文件有过关系的文件保存系统；该文件与其他文件或资料的关系；对该文件有影响的法律、协议、实践、程序、计划和条件等。

②要将电子文件的软件环境、元数据一同收集。在收集电子文件时除了做到内容完整，还要采集相应的技术信息、电子文件的支持软件、表达电子文件内容的基本格式及相关的元数据等。电子文件离开其特定的软件环境和体现其属性及运行过程的元数据，将无法准确再现。因而只有将它们一同收集起来，才能保证文件的完整性。这是电子文件完整性的特殊体现。电子文件收集还包括对相应元数据的采集。元数据是描述电子文件数据属性的数据，包括文件的格式、编排结构、硬件和软件环境、文件处理软件、字处理和图形工具软件、字符集等数据。在电子文件环境下，由于文件内容极易被删改、破坏而不留任何痕迹，为了保证电子文件信息的原始和真实，人们不得不借助元数据。元数据可以记录电子文件在设计、形成、传递、维护这一运转流程中的全部情况，合理采集、维护并利用元数据是确保电子文件信息完整、真实、可靠和长期可读的有效措施。因此在电子文件收集之初就要进行元数据的采集和添加工作，将电子文件的背景信息、结构信息植入到元数据中，最大限度地保障电子文件的证据力。

③要将电子文件同相应的纸质文件等硬拷贝一同收集积累。由于电子文件易改性的特点，收集时必须将电子文件的硬拷贝与相应的纸质文件一并归档。在相当长的一段时间里，电子文件和纸质文件将并存，发挥着不同的作用。在收集时应同时收集，并确保二者信息内容的完全一致。

第二，准确性。电子文件收集要注重准确性。准确性是电子文件真实性保障的另一基本要求。收集电子文件时应准确地区分稿本，确保收集起来的电子文件是准确的。电子文件在形成过程中会产生不同的稿本，有正本、定稿、草稿，还有历次修改稿。这些稿本分别承担着的不同职责，充当不同的角色。收集时应准确地区分稿本，收集文件的正本。电子文件和相应的纸质是文件依存的两种载体，也是文件的两种版本。为保证电子文件的真实性，在电子文件收集时要与其相应的纸质文件保持一致。对于重要的电子文件，还应保存历次修改稿。修改应在拷贝件上进行，加版本号积累，并将草稿、修改稿、定稿一并归档。

第三，及时性。电子文件的收集要强调及时性。电子文件所独具的特性决定了电子文件只有及时收集积累才能保证电子文件的齐全、准确、完整、有效。如不及时收集、积累，极可能造成电子文件的散失，影响电子文件的完整性。在电子文件形成初期，各个部分分开存放，没有特定的存储位置和存储载体。此时如果疏于管理将必然造成文件的散失。特别在大多数尚处于半办公自动化阶段的单位，文书处理以纸质文件为主体，电子文件只是纸质文件的副产品，纸质文件形成后，电子文件就完成了历史使命，很可能处于自生自灭状态。如果电子文件由文本、图像、图形等多种形态构成，那就更容易散失了。另外，电子文件的非直观性，决定了电子文件如果不及时收集积累，极可能造成失误。随着时间的推移，电子文件的存放位置和属性、版本等信息被遗忘，过后收集时易混淆，张冠李戴。另外，应归档保存的电子文件如果没有及时归档，很容易被改动，破坏了电子文件的真实性。[1]

3.4.3　电子文件采集与积累的方法

在机构 OA 系统或专业平台上(CAD、GIS)形成的电子文件可以由系统设计时的采集模块自动进行采集，并将电子文件导入数据库积累存储。在基于事务系统(OA、CAD)开发的，或者与事务系统集成的电子文件管理(软件)系统上，事务系统生成的电子文件经由逻辑归档模块自动将电子文件导入至事务系统的数据库及电子文件管理系统的数据库中实现积累。单机平台、电子邮件、纸质文件(需作数字化转换)及外单位移交来的电子文件大多需要人工(辅助)采集，并将电子文件保存至相关载体上的文件夹中实现积累。

电子文件的积累分为两种类型：一种是在电子计算机网络系统上，系统设计自动记录功能，可以记载电子文件的产生、修改、删除、责任者、进入数据库时间等。在进入数据库之前通过对记有档案标识的内容进行鉴定归档。另一种是用存储载体传递的电子文件，按规定进行登记、签署，对需要更改处理的，填写更改单，按更改审批手续进行，并存有备份件，防止出现差错。

3.4.4　电子文件积累归档的控制

积累是电子文件管理的"前端"，对于控制电子文件的质量，确保其安

---

① 张苏，管延俊. 浅谈电子文件收集归档工作[J]. 山东档案，2006(5)：26.

全和日后利用具有重要的意义。要做好电子文件的积累归档工作，以下方面非常重要①：

（1）明确电子文件的归档范围

电子文件的收集积累范围也就是它的归档范围。归档是将具有档案价值的电子文件由形成部门向档案部门移交的过程。电子文件的归档范围的制定，应参照纸质文件归档范围，同时应结合本单位信息化实际，将计算机系统已经覆盖的各类业务文件尽量纳入归档范围，并将反映电子文件背景、结构信息的公文处理单、日志文件或目录信息都列入归档范围，使其与主文件一并归档。鉴于目前电子文件和纸质文件之间存在优缺点互补的状况，两者谁也无法完全替代对方，为此，须采用"双套制"管理原则，即将同一内容的两种载体文件同时保存，同时又使两者之间建立逻辑联系，使利用时可以相互参照。又由于"双套制"管理比较繁琐，成本也高，从实际出发，可以将一部分利用频率低，须发挥其凭证价值的文件只保存纸质文件；将另一部分利用频率高，只需发挥其参考价值的文件只保存电子文件，由此将双套保存的范围最大限度地缩小。

（2）明确电子文件的积累要求

① 确定电子文件是通过签发或审批的"最终版本"，并对电子文件进行规范命名。

② 对电子文件进行收集积累，将非通用格式的电子文件转换为通用格式，即进行"迁移"。

③ 编制电子文件的目录，并将电子文件连接到相应的目录条目中去。

④ 对应归档的电子文件按其内容上的自然联系进行组合，即进行"预立卷"。

⑤ 按规范要求，做好电子文件的查找和提供利用工作。

⑥ 对电子文件采取定期备份、自动杀毒、权限控制等措施进行安全保护。

在电子文件积累过程中必须明确规定文书、档案部门及电子文件生成流转部门的职责及权限，尤其是要赋予档案部门浏览系统中电子文件运转及归档各环节的权限，并对收文、发文、文件归档各个程序、各个工作环节的责

① 如何做好归档电子文件的积累工作？［EB/OL］．［2013-02-27］．http：//www.dyda.gov.cn/NewsView_188.html.

任人及权限进行设置。只有明确电子文件形成、管理各方的责任、权限，并由相关责任部门在电子文件形成阶段就做好积累工作，采取严密的管理措施，才能保证电子文件的真实、完整、有效并安全归档①。

---

①　刘立.办公自动化中电子文件的积累[J].北京档案，2012(6)：40.

4 电子文件移交归档流程

无论怎样设计电子文件管理的流程，电子文件从事务系统最终进入一个作为档案的长期保存与维护过程必须赋予其新的内涵与管理要素，也就是移交归档。虽然归档的方式、归档的时间、归档前的鉴别方法与过去大相径庭，但是归档的内容依然与过去有许多相似之处。

归档是基于归档整理工作业务工作的需要，依据文档一体化的管理理念，将与电子文件归档前后紧密衔接的工作环节整合为一个完整的流程模块，因此，归档流程实际上包括归档前的鉴定、归档、验收、归档后的整理等环节。这样的整合，是因为这些工作在文档一体化管理系统上由于流程设计上的差异及操作理念上的差别，已经很难分出先后或者将其割裂为不同的流程。在归档流程中，各个环节的界限已渐模糊，由此可以将其整合为一个统一的流程进行阐释。

流程虽然整合了，但是业务内容必不可少。从现有的实践看，归档流程的各个业务环节不再有绝对的先后顺序，也可能依然具有某种线性的关系，或部分流程在系统上是并发完成的，因此，本章关于归档流程在业务环节上的先后交代并不代表在一个文档一体化的系统上这些业务工作的发生就是完全遵循这个先后顺序。换言之，本章描述的业务环节有先后，实际工作中先后的秩序存在一定的随机现象，这种归档流程各个业务环节的先后或并发关系取决于机构电子文件管理系统或者文档一体化管理系统流程及工作内容设计的技术路线。

4.1 电子文件的鉴定

鉴定（Appraisal）是档案管理的重要业务工作，它决定着文件或档案的存留，关系到历史记忆的真实及其传承，并影响到档案效用的发挥。几百年来的档案工作实践形成比较完善的鉴定理论，对档案的鉴定也产生了一些比较经典的认识。重新解读传统档案鉴定的内涵，认识档案鉴定内容的变迁，对界定电子文件的鉴定具有决定性意义。

国际档案理事会编辑出版的《档案术语词典》，为"鉴定"下的定义为："根据文件的档案价值来决定如何对其进行最后处置的档案工作的基本职能，也称为评价（Evaluation）、审查（Review）、选择（Selection）、选留（Selective retention）。"①鉴定的同义语是划定保管期限。该词典对档案鉴定的解释则重于对价值的鉴定。

在国内，学者们关于"鉴定"也发表了一些观点，例如：

"档案的鉴定包括真伪的鉴别和档案价值的鉴定，对档案进行'去粗取精''去伪存真'，根据档案价值的大小确定档案保管期限，剔除无价值或保管期满的档案予以销毁。"②

"档案鉴定一般是指区别与判定档案真伪和档案价值的鉴定，通常所说的档案业务工作是指后者（即档案价值鉴定）。这里所说的价值是指因档案具有凭证作用与情报作用，表现出对机关和社会的有用性和有用程度"③

档案价值鉴定工作是"档案馆（室）按照一定的原则、标准和方法，判定档案的价值，确定档案的保管期限，剔除失去保存价值的档案予以销毁的一项档案业务工作。"④

从上述释义中可以发现，档案的鉴定就是对档案价值的甄别，并依据价值差别进行相应的处置。

但是，当电子文件出现后，随着人们对电子文件属性的认识逐步深入，发现对于电子文件的鉴定仅仅评估其价值是远远不够的，因为仅仅评价其价值不能保证长久保存的电子文件的价值能够得到体现。因此，法国档案学者罗尔德·瑙格勒（Harold Naugler）在深入分析电子文件鉴定与传统纸质档案鉴定的差异后提出："机读文件的鉴定包括文件所含信息的鉴定（即内容鉴定）和文件技术状况的鉴定（即技术鉴定）。"⑤作者明确提出电子文件双重鉴定的思想，在这种思想的启示下，中外档案学者对电子文件鉴定的研究不断丰富与充实。

---

① 国家档案局外事办. 档案术语词典（第三次修订版）[M]. 1984.

② 朱玉媛. 档案学基础[M]. 武汉：武汉大学出版社，2008：71.

③ 陈智为，邓绍兴，刘越男. 档案管理学[M]. 北京：中国人民大学出版社，2008：32.

④ 王云庆，苗壮. 现代档案管理学[M]. 青岛：青岛出版社，2002：119.

⑤ Naugler H. The Archival Appraisal of Machine-Readable Records：A RAMP Study with Guidelines[J]. Archives，1984：171.

特里·伊斯特伍德(Terry Eastwood)认为，电子文件鉴定与数字环境的特性密不可分，电子文件具有不固定、易变且动态的特点，应集合所有评估文件价值和维护其真实性、完整性所需的信息进行综合判断①。

冯惠玲指出："电子文件的鉴定要从内容和技术状况两个方面同时展开，并最终将两个方面的鉴定结果联系起来，综合判定电子文件的保存价值。"②

刘家真认为，鉴定电子文件除了考虑文件的档案价值：即文件有资格长期保留的价值外，如文件在管理、财务、法律、证据或信息等方面的价值，还必须考虑电子文件的可存取性、可处理性和是否在文件保存系统中形成。"电子文件鉴定既有对文件所含信息的鉴定，又有对文件技术状况的鉴定。"③作者后来进一步进行了补充："电子文件的鉴定内容主要是对文件价值的鉴定，也包括对文件真实性、完整性进行判断，以及对技术状况的全面性鉴定。"④

张秀敏在对技术鉴定及内容鉴定深入分析后甚至认为："技术鉴定比对文件所含信息的鉴定更重要。"⑤黄新苏等人也同意上述观点，认为电子文件鉴定不同于纸质文件鉴定注重内容价值，由于信息的易变性、信息与载体之间的易分离性使得真伪鉴定(技术鉴定)在电子文件鉴定中占据了更重要的地位⑥。

从理论探索的历程看，档案的鉴定历经了从单纯价值鉴定发展到价值鉴定(或内容鉴定)与技术鉴定并举的认知过程。双重鉴定思想的提出与认同是档案鉴定理论与方法的重大创新，为电子文件的鉴定指明了方向。有些学者基于双重鉴定思想，开始从工作流的角度探讨电子文件鉴定的含义。例如，"电子文件鉴定工作的内容具体包括鉴别、内容与技术状况的鉴定、处

① 特里·伊斯特伍德. 电子文件鉴定的新方法[N]. 中国档案报, 2010(5)：2.

② 冯惠玲. 电子文件的双重鉴定——《拥有新记忆——电子文件管理研究》摘要之三[J]. 档案学通讯, 1998(3)：33.

③ 刘家真. 电子文件管理导论[M]. 武汉：武汉大学出版社, 1999：80.

④ 刘家真. 电子文件管理——电子文件与证据保留[M]. 北京：科学出版社, 2009：58.

⑤ 张秀敏. 电子文件与传统文件鉴定之比较研究[J]. 浙江档案, 2003(9)：6.

⑥ 黄新苏, 李和邕, 李晓玲, 翟素萍. 论电子文件鉴定与纸质文件鉴定的区别[J]. 档案学研究, 2002(6)：49.

置、记录等环节"。①

　　综合上述观点，我们认为，所谓电子文件的鉴定就是鉴别电子文件的保存价值，并对电子文件真实性、可读性及其存储特性实施判断的过程。电子文件的鉴定依据鉴定的目的和内容的不同，分为价值鉴定和技术鉴定。

4.1.1　电子文件鉴定的内容及其特点

　　电子文件鉴定工作的内容与其特点和管理方式都有密切关联，电子文件的形成是一个以多种方式处理多种来源信息的动态过程，它的易逝性、信息非人工识读性等特点决定了电子文件鉴定工作的内容不同于传统纸质档案的鉴定。电子文件前端控制、全程管理等原则及模式使得电子文件鉴定的工作内容比传统纸质档案鉴定更为丰富和繁琐，并具有与纸质文件鉴定迥然相异的特点。

4.1.1.1　电子文件鉴定工作的内容

　　电子文件鉴定工作的内容因管理机构不同而有所差异。作为电子文件生成的源头，机构电子文件鉴定工作的内容会比档案馆电子文件鉴定工作的内容复杂，但总体上包含以下四部分内容。

　　(1) 文件属性的鉴别工作

　　文件属性的鉴别工作主要表现在机构电子文件鉴定中。它的目的就是确定鉴定工作的对象，或者说是确定鉴定工作的范围。由于机构一般存在若干个事务信息系统，这些系统产生并保存有大量的数据信息，这些数据信息的主体是反映机构各项管理及业务工作的文件，但也包含有系统运行维护数据、硬软件支持文件及相关技术协议等，甚至还包含属于非机构的私人信息，如互通短信、个人邮件、通话记录等。文件属性的鉴别工作就是要甄别这些信息的属性，将反映机构各项管理及业务工作的文件区分出来，进而判断其价值。

　　文件属性的鉴别方法有两种选择，一是在正式归档前进行鉴定，对系统文件进行系统梳理甄别。但是，因为系统的数据量往往是海量的，这种做法效率低、任务重、难度大，实际操作很困难，因此一般不提倡运用这种方法。另一种方法是运用前端控制的手段，在事务信息系统的开发或者升级中植入相应的工作模块，将文件属性的鉴别工作融入文件的拟制流转之中。具体操作步骤如下：

---

① 陈次白. 政府电子文档管理[M]. 北京：北京大学出版社，2007：35.

① 深入调查分析机构的职能结构和业务活动，明确各机构和各项活动中可能形成哪些电子文件，从而确定电子文件在管理系统中的生成节点。

② 根据调查分析的结果，设计电子文件管理系统中的文件登记模块，在生成时自动赋予每一份电子文件唯一的文件号，登记有文件号的信息即为电子文件。

凡是经过登记并具有文件号的电子文件都是需要鉴定的对象，都应进入价值鉴定及技术鉴定的实施阶段。将每一份电子文件给予文件号并逐件登记标志着文件属性鉴别工作的结束。

(2)内容鉴定和技术鉴定

内容鉴定和技术鉴定在电子文件鉴定工作中相辅相成，缺一不可。它们实际上联手规定了电子文件能否保存下来的条件，即满足特定技术状况且具有保存利用价值的电子文件才能得以保存。内容和技术状况已成为判定电子文件保存价值的两个支点①。

① 内容鉴定。

内容鉴定就是文件的价值鉴定，它分为归档前的价值鉴定和到期鉴定。

归档前的鉴定就是依据相关的原则与标准，评价电子文件的价值，进而确定其保管期限。鉴定的时间总体上在归档之前。但是依据机构信息系统设计的实际情况，归档前的鉴定又有两种实现方式：一种是文件形成之前或者文件形成的概念阶段由系统自动实施，另一种是文件形成之后由人工或者人工辅助完成。

到期鉴定也称为期满鉴定，一般是在电子文件管理系统或者档案管理系统的提示下，由人工或者人工辅助完成。其内容主要包括保管期限的调整及无价值文件的销毁等工作。

内容鉴定的方法将在后面具体予以介绍。

② 技术鉴定。

技术鉴定就是对电子文件的技术状况进行判断并采取相应措施进行补救的业务工作。技术鉴定没有固定的时间节点，一般认为只要需要就要鉴定。通常只要电子文件的保管环境发生了变换或者变化就要实施。第一次至少是在归档之前，以后还可能多次实施，而且是事关电子文件的数据处理(如格式转换与技术迁移)行为，事前事后都要进行技术鉴定(具体内容和措施见

---

① 冯惠玲.电子文件的双重鉴定——《拥有新记忆——电子文件管理研究》摘要之三[J].档案学通讯，1998(3)：33.

后文介绍）。

（3）电子文件的处置

鉴定处置在电子文件鉴定程序结束之后进行，是对电子文件鉴定的结果所作的处理工作。鉴定处置主要依据电子文件保管期限表和经鉴定单位负责人签字审核的鉴定报告。美国国家档案与文件署（NARA）为了规范电子文件的处置，颁布了两个“通用电子文件保管期限表”，明确规定了哪一种文件在什么情况下可以删除，“近几年，为了更有效地管理电子文件，NARA 又制定了通用文件期限表 GRS20”。① 将鉴定后的电子文件作相应的处置代表着电子文件鉴定工作即将结束。鉴定处置的内容主要包括：销毁电子文件、调整电子文件保管期限、脱机保存电子文件、原地保存电子文件或迁移更新文件信息。

① 销毁。

电子文件的销毁一般在计算机中进行，要严格履行电子文件销毁的批准制度和监销制度，销毁前应登记造册，批准后销毁，在销毁过程中实行严格的监督。对于需销毁的非保密电子文件，为了防止误操作造成不可挽回的损失，在执行删除操作前应先进行备份，待审查确定无误后，再将备份和原件一并删除，具体方法为：在计算机硬盘内的文件直接执行“删除”指令，存储在移动介质上的文件则执行“格式化”指令。对于涉密的需销毁的电子文件，应由相关工作人员操作，以防止泄密。除了将文件删除或格式化外，必要时还应注意连同载体一起销毁，在计算机和网络中彻底清除。

② 调整保管期限。

调整电子文件保管期限实质上是将已保存的文件延长保存时间或缩短现有保存年限，一般发生在保管期限表调整后，对应保管期限表，将保存年限调整的电子文件延期销毁或提前销毁。在保管期限表没有发生更改的情况下，期满鉴定的结果显示电子文件还应再保留一段时间，也应调整相应的保管期限。

③ 原地保存。

原地保存是将电子文件保存于形成处。文件管理系统或信息系统中形成大量电子文件，经过鉴定后，可将系统中形成的电子文件保存到系统的归档文件存储数据库中。对照保管期限表和鉴定报告，归档电子文件一般分为永久保存和定期保存，相应地，归档文件存储数据库一般将电子文件分别存储

---

① 章丹，谭培．国外电子文件鉴定理论与实践[J]．浙江档案，2001(3)：33.

于永久文件数据库和定期文件数据库中。根据系统成熟度的不同，可自动区分数据库保存或手动迁入数据库保存。

④ 脱机保存。

脱机保存是指将文件信息拷贝到计算机外的载体介质上进行保存。需要进行备份的重要电子文件、现行作用较小的永久性电子文件、涉密电子文件、待销毁的电子文件均需要脱机保存。脱机保存应注意对载体介质的选择，宜选用可靠厂家生产的质量优良且符合行业标准的载体作为脱机保存的存储介质。脱机保存的主要载体介质包括一次写光盘、磁带和缩微胶片等。根据不同的保存用途宜选用不同类型的载体，例如：大批量的电子文件备份推荐采用一次写光盘进行脱机保存；对于一些极为重要的文件或在目前客观条件下无法保证真实性得到长期维护的电子文件，可以考虑采用缩微的方式予以处理，将其制作成能够长期存储缩微品，以保证存储质量。

⑤ 迁移更新。

电子文件产生的信息环境变化迅速，技术升级换代频繁，每当电子文件保存机构的系统环境发生变化时，保存的电子文件可能无法读取或出现错误，这时应将所有在线存储和脱机保存的电子文件迁移至新的系统环境中，以确保电子文件能够在升级后的软件中继续存储和利用。此时应注意，每次迁移更新后还需要对电子文件的技术状况进行再次全面鉴定，防止电子文件信息在迁移更新过程中乱码或失真。

(4) 过程记录

电子文件鉴定是一项科学性很强、风险性很大的工作，从前期鉴别到后期处置的整个电子文件鉴定工作都需要鉴定工作者予以记录，形成鉴定过程记录。鉴定过程记录又称为后处置过程。电子文件整个鉴定过程的记录，便于监督鉴定工作流程和操作步骤及方法是否符合法律规定、是否合乎规范、是否客观科学，通过查询鉴定工作的过程记录，能够帮助改正一些不当操作，在鉴定结束后发现问题时，记录的过程也能帮助尽快找到问题的根源，及时解决。

记录电子文件鉴定工作的文件包括：文件管理系统中的操作日志、鉴定报告、销毁记录、迁移登记等。电子文件鉴定过程记录可分为自动记录和人工记录两种方式。自动记录是指在电子文件管理系统设计之初，将鉴定过程记录功能置入系统运转之中，使系统具有自动记录的功能，在内容鉴定和技术鉴定之后将销毁、调整保管期限等部分处置工作的过程和结果自动地记录在系统中。人工记录是由鉴定工作人员记录在纸张上，通常是无法由电子文件管理系统自动完成的一些鉴定项目和处置工作如迁移更新成缩微品，这些在系统外完成的鉴定处置的过程和结果则通过人工记录的方式保存。

4.1.1.2　电子文件鉴定的特点

了解电子文件鉴定的特点，对于进一步做好电子文件鉴定工作具有一定的理论和实践意义。电子文件自身的特殊性，决定了电子文件鉴定具有很多不同于传统纸质档案鉴定的特点。

（1）双重性

电子文件鉴定的双重性体现在不仅需要内容价值的鉴定还需要技术状况的鉴定。传统纸质档案信息与载体是紧密结合、难以分离的，鉴定其价值和真伪一般采用直接阅读内容的方法，而电子文件鉴定则不同，由于电子文件信息与载体易于分离、载体易损毁出错等特点，其载体的物理性能比纸质档案载体要脆弱得多，导致电子文件所包含的信息也易丢失或被更改，这意味着电子文件的价值对支撑其存在的软硬件环境有很大的依赖性，一旦文件脱离信息载体，文件内容也很难独立支撑其保存价值。因此，电子文件鉴定除需要判断、估计和预测文件内容的保存价值外，还需要鉴定文件信息属性、文件信息所依附的载体技术状况等，这些均是电子文件价值能够实现的前提和保障。

（2）复杂性

电子文件的鉴定的复杂性表现在：电子环境下的文件档案管理与传统环境有诸多的不同，它的发展已经对电子文件的鉴定实践产生了重大的影响，传统纸质档案的鉴定是整个档案管理流程中相对独立的一个环节，而电子文件鉴定工作与归档、整理、保管等其他多项工作具有密切联系，在内容上有交叉的地方，工作范围既向前延伸也向后推移，使得鉴定工作的流程更为复杂。例如，传统纸质档案文件的归档只有实地实体归档一种方式，而电子文件则有物理归档(脱机归档保存)和逻辑归档(在线归档)两种归档方式，逻辑归档根据时间的不同还分为实时在线归档和在线滞后归档，按电子文件的组织与结构分为集中式在线归档和分散式在线归档，归档方式的多样化反映了归档鉴定本身具有复杂性，同时也决定了归档后的电子文件鉴定要比传统纸质档案鉴定复杂得多。

（3）连续性

传统纸质档案一般是在文件的现行效用发挥之后才进行鉴定，鉴定内容一般为选择归档文件、确定保管期限、保管期满鉴定三个环节。而电子文件鉴定则是在文件形成之初便需要进行，也称为"前端控制"；在归档完成后也需要电子文件鉴定，以确定保管期限；在日常保管时，也要定期对电子文件载体进行技术鉴定。因此，"电子文件的鉴定不是一蹴而就的，而是需要在其生命周期中连续开展。一份文件从形成前直至制作、归档、存储、利用、迁移、销毁等过程中，需要开展多次鉴定活动。"①电子文件鉴定工作贯穿整个生命周期中，需要在其生命周期中连续开展，体现出连续性，即使是需要永久保存的电子文件也需要定期对文件信息和载体状况进行分析，使电子文件时刻处于价值可发挥的状态。

（4）协作性

电子文件鉴定工作的参与者涵盖了文件形成单位、档案部门和技术支撑部门等，鉴定的职责也不仅仅由档案部门一方承担，而是多方共同承担，协作完成。电子文件在形成之初归档之前需要形成单位与档案部门共同参与鉴定工作；归档后，则主要是档案部门同技术支撑部门如信息技术部门、计算机部门等承担鉴定工作，以保证内容鉴定和技术鉴定均达到要求和标准；进入保管阶段的电子文件鉴定，也是由档案部门、技术支撑部门或相关质量管理部门协作完成。总之，电子文件的鉴定工作不再是档案部门独立完成，在整个鉴定过程中都需要多个相关部门的合作与沟通，体现出较强的协作性。为了更好地协作完成鉴定工作，可以成立电子文件鉴定工作小组或制定具体鉴定制度，通过签订责任书、订立合同、签署协议等形式进一步细化分工，落实鉴定计划。

4.1.2　电子文件的内容鉴定

简言之，电子文件的内容鉴定就是评价电子文件的信息内容的价值大小的工作。由于信息系统产生电子文件的效率高、数据量大，而不同机构不同系统设计的鉴定方式、归档方式各不相同，怎样去寻找合适的鉴定方法既能较为准确的评价文件的价值，又能匹配系统的海量文件归档及高效运行的效率并不是一项容易的工作。

"内容鉴定法"和"直接鉴定法"是传统档案鉴定最常用的方法，都是指通过直接审阅文件的内容来判断其价值，它们在判断电子文件的价值上依然行之有效。但是从技术发展的趋势及其要求看，它根本无法满足文件的迅猛增长及系统高效运行的需要。因而，在鉴定思想上，许多学者提出应结合电子文件特点，健全制度，抓住时机，应用前端控制的原则，在电子文件的价

---

① 冯惠玲. 电子文件管理教程[M]. 北京：中国人民大学出版社，2001：40.

值鉴定方法上另辟蹊径，谋求创新。

　　"职能鉴定法"是 20 世纪 20 年代波兰档案学者卡林斯基提出的，指按照立档单位在政府机关体系中的地位和职能的重要性来确定档案的价值，电子文件的出现使"职能鉴定法"重新受到了重视并有了新的发展。

　　"宏观鉴定理论"由特里·库克(Terry Cook)于 20 世纪 80 年代末提出，我国档案界对宏观鉴定理论的研究始于 20 世纪 90 年代，相对于其他鉴定理论而言，"宏观鉴定理论"应用于电子文件鉴定得到了世界各国的普遍认可，它主张鉴定应首先了解整个社会的运行方式和文件的形成过程，应全面考虑社会结构、文件形成过程、文件形成者及其职能等多种因素，"在我国，宏观鉴定理论的研究多以职能鉴定的形式展开。"[①]理论研究的成果及其实践探索的效果逐步确认了职能鉴定法在电子文件内容鉴定中的主体地位。

　　因此，电子文件内容鉴定的方法依据鉴定理念的不同，可以分为传统的鉴定方法和宏观职能鉴定法。传统鉴定方法就是直接鉴定法，是档案工作者非常熟悉的方法，本书不再赘述(读者也可以参考相关的档案学著作)，仅介绍职能鉴定法并做评析。

4.1.2.1　职能鉴定法的必然性及其内涵

　　所谓职能鉴定法是在电子文件归档时依据文件生成者的职责和任务的重要程度来评价其产生的电子文件的保存价值。

　　机构的各相关活动都是依据各自的职能来运转的，文件是相应职能活动的真实记录与客观反映，是体现机构职能与行为的"证据"。因此，文件价值的大小在很大程度上取决于职能活动的地位、重要程度及关联范围。以职能要素评价文件的价值较为客观的反映各个历史时期社会及其机构组织与行为的真实状态。从历史的角度看，世界上有几千年积累的档案遗存，从来源原则分析看，这些遗存一般都是重要的社会职能机构或者承担重要职能工作的人留存下来的，档案遗存也是社会及机构职能重要性的一种客观反映，是一种自然选择。

　　职能鉴定法大大减轻了电子文件鉴定的负担，它从整体上判断机构形成有价值文件的能力，而不是针对单份文件进行详细审阅，相对于传统"直接鉴定"针对单份文件或案卷进入每个系统中对具体文件执行"内容审查"，职能鉴定"要把鉴定工作方向从对单份文件的殚精竭虑的推敲转向批处理，通

---

　　① 潘未梅. 宏观鉴定实践的先驱——荷兰 PIVOT 项目研究[J]. 档案学通讯，2011(5)：34.

过宏观鉴定形成者的职能、计划和活动来挑选应保存的文件。"①

4.1.2.2 职能鉴定法实现的方式

职能鉴定法实质上是依据机构的职能及生成重要文件的能力大小，批量的、整体的、一致的赋予其产生的电子文件某种特定的价值和保管期限。其实现方式有提前式和实时式。

提前的方式就是在系统设计时同步植入电子文件保管期限表，依据机构的职能及生成重要文件的能力大小区别不同机构平台及文件终端的价值差别，在文件生成时系统自动提取相应价值差别标识，并以保管期限的元数据形式保存下来。

实时的方式则是在电子文件归档时，系统或者人工依据文件来源机构的职能批量或者整体赋予该来源电子文件某种价值等级或者保管期限。

无论是提前式还是实时式，最理想的应该是由计算机系统自动进行自动鉴定。只要在事务系统或者电子文件管理系统的开发设计时植入了电子文件保管期限表，设置了文件生成节点的职能级别代码，计算机系统是可以完成电子文件价值的自动鉴定的。当然，对于系统设计存在缺陷的机构，可以采取自动鉴定和人工鉴定相结合的方式，在系统逐步升级改造后，向自动鉴定过渡。

4.1.2.3 职能鉴定法的利弊

职能鉴定法将电子文件价值的鉴定与宏观社会动态发展联系起来，遵守了电子文件的价值法则，同时也有效提高鉴定工作效率。信息技术的快速发展使电子文件的职能鉴定具有较强的可操作性，社会运转方式的成熟也使电子文件的职能鉴定具有了更强的可实现性。伴随着数字技术、网络技术的发展，各种类型电子文件大量产生，并逐步成为各项社会实践真实记录的重要组成部分。以职能为衡量标准鉴定电子文件能较为客观地反映各个历史时期社会实践活动的真实状态，而不是以小部分利用者的利益为出发点，尊重了电子文件的证据价值。同时，电子文件因满足信息时代社会运转和职能活动的需要而产生，职能鉴定法将重要的活动信息鉴别出来予以保存，维护了电子文件的情报价值。

尽管职能鉴定法已得到普遍的认可和采纳，但其也存在着不足之处。这种不足之处表现在以下四个方面：

第一，职能不清。职能鉴定是一种宏观的鉴定方法，主要依据是对各部

---

① 王萍．后现代主义对电子文件鉴定理论的影响[J]．湖南档案，2000(4)：9.

门职能重要性的判断，"宏观职能"的界定与划分需要一个庞大的标准体系(即确定不同机构职能大小的分类表)，社会存在各式各样的职能问题，其大小、重要程度的划分本身并非易事。例如，中央机构比地方机构职能重要、辐射广，其形成的文件价值较高。但是，在一个地方机构内，职能部门是按照业务范畴划分的。例如教育机构与财税机构，哪个职能更重要，说不清；教育机构内部，分管普通教育的部门与分管高等教育的部门，哪个更重要，亦无法说清。在实施鉴定时，由于现阶段没有职能标准体系作为依据，那么每个机构都会认为本机构职能更加重要，确定的文件价值等级都会偏高。

第二，职能的变化。社会机构的职能不是一成不变的。行政体制、政府机制变革使得许多机构的职能会发生变化。因此，职能鉴定法怎样根据社会的发展和职能的转变，不断地与时俱进，在变化的社会及系统中始终保持较高的鉴定准确性也是一个值得思考的问题。

第三，同一职能机构内部生成的文件价值并不相同。从实际工作分析看，同一职能机构形成的文件价值并不完全相同，甚至同类的、同名的文件因为对象的差异也具有不同的价值，故此"批量、整体、一致的"处置文件的价值造成的误差会比较大。

第四，对于那些职能单纯、规模较小的机构，其形成的电子文件种类与数量也往往不多，如果简单采用职能鉴定直接界定所有电子文件，那么不仅其鉴定的效率优势毫无意义，而且鉴定的误差会更大。

4.1.2.4 职能鉴定法的完善

从目前来看，职能鉴定法和直接鉴定法无疑是电子文件鉴定的基本方法，且以职能鉴定法为主，直接鉴定法为辅。直接鉴定法最大优点是鉴定结果相对比较准确，但效率太低。职能鉴定法充分满足了信息环境下电子文件高效鉴定的需要，但鉴定结果会因为各种因素的影响相对误差比较大。怎样保证在提高电子文件价值鉴定效率的基础上更进一步提高价值鉴定的准确性，需要从两个方面努力，一是不断完善职能鉴定法，二是不断创新与探索新的鉴定方法。

职能鉴定法的理念和思路是具有理论依据的，但是，职能鉴定法是否准确很大程度上取决于机构职能的大小及等级，怎样确定社会范围内各机构的职能等级体系，怎样确定机构内各部门的职能等级体系是职能鉴定法必须解决的问题。否则职能鉴定法根本无法实施，只能停留在理论的空谈上。此外，机构职能的变化、同一职能机构不同价值文件的鉴定也是职能鉴定法需要逐步完善的地方。客观地说，迄今职能鉴定法尚处于研究探索阶段，随着研究的不断深入及实践努力摸索，相信这些问题都会有因应的办法及措施。

此外，绝对不能就此忽视直接鉴定法的作用，要充分发挥直接鉴定法的准确优势，要创造条件复兴直接鉴定法。可否充分利用超前控制、文档一体的方法与理念，将职能鉴定法与直接鉴定法相结合，在系统设计中将文件的鉴定分配至每一个文件生成平台或者处理终端，化整为零，从而既保证电子文件鉴定的效率，最大程度的提升价值鉴定的准确性。

4.1.3　电子文件的技术鉴定

电子文件技术鉴定是传统档案鉴定不曾关注过的问题，但在电子文件的鉴定中却成为重要的鉴定业务。正如前文所述，电子文件技术鉴定在有些专家眼里已经超过了内容鉴定。

4.1.3.1　技术鉴定及其目的

技术鉴定就是从技术的角度对电子文件的内容状况及其存储特性进行评价，并依据评价的结果进行相应的处置的业务工作。内容状况的评价指的是鉴定电子文件的真实性、可读性、完整性等，存储特性评价就是鉴定电子文件有无病毒及存储载体的物理、化学、生物学状况。

技术鉴定的目的有三个：

第一，通过技术鉴定，确保归档时或者接收时的电子文件是真实的、可读的、完整的、无毒的，存储介质的物理、化学、生物学状况是良好的，具备长期技术维护的需要。

技术鉴定可以把好电子文件的归档关，同时可以通过归档时的技术鉴定明确移交方和接收方的责任。越是价值大的电子文件越是要重视其技术鉴定，要保证价值较大的电子文件更安全、更可靠、更有利于维护。

第二，在电子文件的长期管理、利用、维护的过程中，通过技术鉴定，可以了解电子文件的存储管理状况，确保电子文件的安全。

第三，针对技术鉴定发现的问题，制订相应的措施和方法，或启动应急机制，及时弥补、恢复、抢救相关的文件、数据及载体。

4.1.3.2　技术鉴定的内容

技术鉴定主要包括真实性鉴定、可读性鉴定、完整性鉴定、病毒鉴定、介质状况鉴定等五项内容。

（1）真实性鉴定

鉴定电子文件的真实性，主要是判定电子文件的内容及显示形态是否与生成时的状况是一致的，是不是形成者当时留下的原始性记录。它除可以通过辨别身份验证、签名技术、加密技术、设置防火墙等措施来判断电子文件的真实性外，电子文件的版本也是真实性鉴定的重要线索，非正式版本的电子文件不具有法定的证据价值。电子文件的版本不像纸质文件的稿本或纸张那么易于识别，需要借助计算机中记录下来的相关元数据信息，例如：文件生成日期、形成机构、责任人、文件格式等，进行分析和鉴别。重要元数据信息直接影响到电子文件的真实性，一旦丢失将会使真实性的鉴定无法操作。

国内外许多项目及机构都设计了电子文件真实性鉴定的方法，前文"电子文件管理的真实性保障原则"中详细地介绍电子文件真实性保障的方法与措施，在电子文件的真实性鉴定工作方面，可以采取如下步骤：

第一，检查电子文件是否符合预先设定的格式标准和模板标准。电子文件在生成之前管理系统会根据机构业务活动特点和国际国内标准，设定电子文件的格式和模板，在无任何特殊情况下，只有符合该格式标准和模板标准的电子文件才是机构电子文件管理系统产生的真实电子文件，这是判断电子文件真实性的前提。

第二，分析所记载的电子文件元数据，确定影响电子文件真实性的关键性要素。背景信息是电子文件的重要组成部分，元数据所描述的背景信息是由电子文件管理系统在文件生成、处理、流转、归档等过程中自动生成的，它随电子文件的产生而产生。完备且不可修改和删除的元数据能够证明电子文件的真实性。

第三，根据记载的元数据确认电子文件是否为最终版本。版本影响电子文件的真实性，拷贝件或复制件在拷贝或复制过程中容易同原件产生差异，这些差异一般体现在载体、格式、内容等方面上，即使拷贝件和复制件在载体、格式和内容方面均与原件一致，其背景信息和元数据也难与最初形成时一致。

第四，对应电子文件管理系统中的文件生成和管理过程记录，检查是否出现非法操作。电子文件管理系统技术可靠、管理严格、操作规范，才能生成真实可靠的电子文件，一旦出现非法操作将直接降低电子文件的真实程度。

第五，分析电子文件归档、移交、保管等过程中的各种操作记录，追踪检查各类影响电子文件真实性的关键性要素是否在迁移过程中发生变化。判断电子文件的真实性是一个动态的过程，真实性在电子文件形成、传输、接收、处理、归档、保管、管理、利用等任何一个流动环节中均可能发生变化，因此，追踪检查整个过程记录也十分必要。

真实性鉴定可以发生在自文件形成到利用直至永久保管的任何时期，除了归档、移交、技术迁移及转换等环节必须进行真实性鉴定外，日常管理中通过抽查来鉴定部分电子文件的真实性。当电子文件管理系统或者脱机库房的保存环境出现异常时也要立刻对电子文件的真实性进行鉴定评估，了解系统中、库房里电子文件的真实性维护状况，发现问题应立刻启动应急保障机制，并分析原因，制定恢复方案。

（2）可读性鉴定

信息技术发展迅速，电子产品的生命周期缩短，个性化的信息产品层出不穷，一方面满足了信息生成、传输的多种需求，但另一方面，信息系统不断升级、软硬件不断更换也为信息的共享和长期保存带来麻烦，文件一旦离开生成系统和生成平台，在另外一个系统中可能会出现错码、乱码、漏码，甚至完全无法读出与还原等现象。可读性鉴定须确保所保存的电子文件的内容信息在保管期限内可以正常地读出，无丢失、乱码或出错信息。彻底丧失可读性的电子文件即使具有极大的保存价值，也没有保存的意义。采取防写措施即将电子公文设置为"只读"状态的电子文件，不一定具有可读性，"只读"状态并不等于"可读"。可读性鉴定不仅仅是确认电子文件在形成时处于可读状态，而且还需要分析其是否具备多次读取且无差错的技术性能，即在以后的保存和利用过程中仍处于可读取的状态。

总之，电子文件经过传输、存储、压缩、加密、迁移、转存等处理后还能通过现有的或将来的软硬件系统读取，即被认为是具有可读性的。电子文件的可读性鉴定内容主要包括：

① 检查程序文件的收集情况。程序文件主要是指归档电子文件相配套的软件、数据复杂的关系型数据库的相关数据库、相关的文字材料等，如果一些特殊的计算机程序文件没有收集进入文件保存系统，就会造成相关电子文件无法读取。对于加密电子文件，还需要检查读取密码是否一同保存。

② 检查电子文件的信息存储格式是否符合归档标准，电子文件归档或迁移时填写的文件运行支撑软硬件环境、版本号等信息是否正确，这些信息将直接影响电子文件的可存取性。

③ 检查文件的可处理性。可处理性主要是检测电子文件在制定的环境平台上是否能准确读出、是否可以获得所需要的文件、是否易于得到所需要的文件、得到的文件是否可以被识别，如果读出的文件错误信息过多，应打印一套纸质版本同时保存。

④ 检查文件保存系统是否满足文件保存功能，是否稳定可靠。电子文件保存系统在用于保存时，应选择已使用长久的、功能可靠的稳定系统，切

勿在调试之前将电子文件直接存于系统中。

可读性鉴定与真实性鉴定一样，可以发生在自文件形成到利用直至永久保管的任何时期，在实际操作中，两种鉴定同时实施，这样不仅事半功倍，而且更有利于保证可读性的文件是真实的文件。

（3）完整性鉴定

电子文件产生分散，互相关联的一系列电子文件可能分布在不同地方，一份电子文件可能由多个部分组成，完整性鉴定就是要确保同一项目中所有电子文件收集齐全且相互关联。鉴定电子文件是否完整主要需分析文件的相关性。在电子文件管理系统中，所保存的电子文件通常包括文字、图表、数据等格式类型，这些格式类型因生成的软件不同有可能分布在不同的物理位置，在完整性鉴定时须认真核对。电子文件完整性鉴定，应遵守以下检查准则：

① 应对照归档目录和元数据模型，检查一组电子文件的各项组成部分是否齐全、相互联系是否得以保持。记录同一社会活动的、具有有机联系的系列电子文件称为"一组"，在完整性鉴定时，首先，应根据产生电子文件的机构之间的业务关系、电子文件的形成规律和保存状况，通过管理系统或人工监控，审查记录同一社会活动的所有电子文件是否收集齐全。其次，分析联系一组电子文件各项组成部分、一份电子文件各个要素的技术手段如超链接、置标语言等是否有效，审查相关电子文件之间的联系是否得以保持。

② 检查一份电子文件的各个要素是否完备，与其他相关电子文件是否建立关联。电子文件是一个由组成要素及其相互关系所构成的复合体，各个要素和相关关系的完备才算是完整的电子文件。

一份电子文件不同的组成部分应集中保存，形成整体，判断一份电子文件是否完整，可以通过"外部要素、内部要素、注释、介质和背景"等五类要素来衡量，外部要素构成电子文件外观式样，主要包括数字时间印戳、电子签名、特殊符号、数字水印等外表特征；内部要素是构成电子文件内部智能格式要素的总和，能够表达文件所参与活动的相关信息，包括收发时间、当地时间、收文者、标题、主题、形成者等；注释是在电子文件处理和管理过程中形成的重要附加要素，包括文件处理意见、运转记录等；介质指文件的支撑载体；背景辅助说明电子文件产生的领域、意义和技术环境等信息，也是证明电子文件完整性的重要证据。另外，一份电子文件也可能与其他若干份电子文件具有互参关系，鉴定时应注意彼此具有联系的文件是否建立链接，形成逻辑上的关联。

此外，还应注意审查数据库中数据与目录是否吻合，核实相关数据和元数据是否收集齐全，结构是否正确；某些结构比较复杂的关系型数据库还应有相应的说明文件，以保证文件与相关数据库的顺利连接。

完整性鉴定主要发生在归档、移交和到期鉴定等时期，如果在管理和利用过程中出现异常状况也需要鉴定与评估电子文件的完整性，尤其要检查电子文件元数据的完整情况。

（4）病毒鉴定

病毒通过网络链接、介质拷贝、磁盘读取等多种途径潜伏在计算机的存储介质或程序里，当达到某种条件被激活时对计算机资源进行破坏。相对于一个产生电子文件的业务部门或机关而言，电子文件保管部门，尤其是各级档案馆接收的电子文件来源广泛，遭受病毒侵害的几率也自然大大增加。某些木马病毒、黑客病毒等损害性、传染性、复制性极高，电子文件保管部门一旦遭受病毒侵害，其损失将无法估量。

因此，需要运用各种病毒检测软件检测已归档的电子文件和载体介质是否携带病毒，确保电子文件自身和文件支撑的计算机软硬件环境是安全可靠的。如发现异样应立即做杀毒处理。电子文件鉴定部门在选择病毒检测软件时，还应注意软件自身的安全性，切勿选用不稳定、不可靠的病毒检测软件，防止因检测病毒而使归档文件收到二次攻击和伤害。

（5）介质状况的鉴定

为了妥善长久地保存和利用电子文件，存储介质的鉴定已成为电子文件鉴定的一个重要内容。目前，常用于电子文件保存的载体介质包括：只读光盘、一次写入式光盘、磁带、可擦写光盘、硬磁盘、半导体存储载体等。挑选载体存储电子文件通过为了备份、提供利用、传递等多方面的目的，不管是出于何种目的将电子文件存储于载体之上，载体都是电子文件信息的依附体，载体质量直接决定电子文件的存储质量，载体质量发生问题会直接损伤存储在上面的文件信息，载体一旦出错文件信息将"满盘皆无"。

对电子文件载体状况的鉴定主要包括：

第一，介质物理、化学、生物状况的鉴定，例如：存储介质是否出现技术衰退、介质表面是否光滑、无褶皱、无磨损、无划伤、无变形、无霉菌等。

第二，载体介质运转是否正常，在指定的系统内是否能正常读取，有无误码、漏码，信噪比是什么状况。

第三，载体介质规格是否符合国际国内标准等。

介质状况鉴定时，应先仔细观察载体介质外观、检查载体介质的规格和生产厂家，对应鉴定要素进行综合判断；观察无问题后，可将电子文件在有关设备上演示或检测，确认归档文件载体质量是否良好，运行是否正常。由于新型载体对保管环境的要求较高，容易损坏。因此，除了正常的鉴定程序外，管理人员要定期地对电子文件的保存载体进行检测或复制，以确保电子文件可读出、可存储、可处理、可利用。这些对电子文件载体的检测或复制的过程实质上就是对电子文件进行鉴定的过程。

4.2　电子文件的移交

电子文件移交是指电子文件形成单位向档案部门移交已进行归档整理的电子文件的过程，包括归档电子文件移交前、过程中以及结束后的各个环节工作的有序组合。

英国公共档案馆 1999 年颁布的《电子文件管理、鉴定和保管指南》对向公共档案馆移交电子文件做出规定，大致步骤是选择移交格式、载体，迁移记录，转化记录格式，整理载体，制作检索工具，形成移交记录①。

澳大利亚国家档案馆在其网站上明确列出了移交与接收的 7 个主要步骤以及档案馆和机构之间的责任关系，并强调在移交过程中双方应当保持紧密的联系②。

澳大利亚维多利亚州公共文件署文件 Transfer of Records to the Public Record Office 规定，档案移交的步骤是向公共档案管理员提交移交提议，获取提议的反馈，确定接收的安排，准备移交的档案，机构移交与安置档案以及保存档案的各事项③。这是传统的移交流程。与此同时，该州的电子文件管理策略明确规定了电子文件移交与接收的流程，即收集移交记录、准备移交记录、填写移交资料以及在得到批准之后进行移交④。

① Public Record Office. Management, Appraisal and Preservation of Electronic Records Vol 2：Procedures［EB/OL］.［2014-12-09］. http：//collections. europarchive. org/tna/20080108103210/www. nationalarchives. gov. uk/documents/procedures. pdf.

② Transferring Records to the Archives［EB/OL］.［2014-12-10］. http：//www. naa. gov. au/records-management/keep-destroy-transfer/to-archives/index. aspx.

③ PROS 97/004. Transfer of Records to the Public Record Office Victoria Specification 2［S］. Australia，Public Record Office Victoria，1998.

④ Transferring Electronic Records to PROV［EB/OL］.［2014-12-10］. http：//www. prov. vic. gov. au/records/standards. asp#Storage.

近年来我国对电子文件管理的重视程度逐渐提升，相应的法规、标准等也纷纷出台，也有相当一部分涉及电子文件移交与管理的问题，例如：《电子文件归档与电子档案管理办法》《电子公文归档管理暂行办法》和《电子文件管理暂行办法》等在电子文件的移交和接收方面有较直接的规定；《电子文件归档与管理规范》第9部分归档电子文件的移交、接收与保管中对电子文件移交检验、移交手续等做了规定。《电子档案移交与接收办法》则规范了电子档案的移交、接收，以确保电子档案的真实、完整、可用和安全。

4.2.1 电子文件移交流程

关于电子文件移交的程序，由于移交单位与档案部门在移交过程中有不同的工作任务和职责，档案部门又是接收电子文件的主体、是移交过程的主控者，两者之间相互衔接的工作环节最终构成了完整的电子文件移交与接收工作流程。电子文件移交的大致流程，可以分为移交前的准备工作、正式移交与移交后的处理工作，具体来说就是：积极联系——电子文件整理、自检——档案部门指导、预检——分别做好移交准备——进行移交、接收，并检验——移交结束后双方的后续工作，见图4-1。

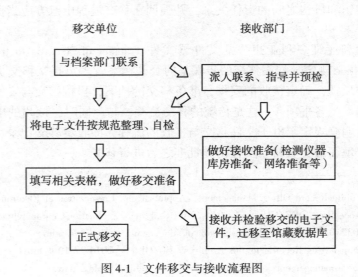

图 4-1 文件移交与接收流程图

上述流程可以解释如下：

4.2.1.1 积极联系

移交单位在移交之前需要提前至少 3 个月向档案部门提出移交申请，以便档案部门可以上门指导、确定移交事项以及准备接收检查、存放库房和存储空间。档案部门在接到申请后应该尽快派相关的工作人员与档案室进行联系，时间最长不可超过 1 个月。联系事项主要包括：确定上门指导时间；确定预检的比例和范围；确定移交电子文件的初步日期，待档案部门预检之后根据检查情况再确定具体日期；确定全部移交电子文件的大小以准备库房和存储空间；确定在线移交可衔接的软硬件等。

档案部门在移交工作开始之前应该与移交单位积极联系，在电子文件准备过程中就主动介入，指导整理工作，在一定程度上保证电子文件整理的规范，尽量减少错误进而避免在移交过程中出现大范围的问题而延缓移交进程。在指导工作中，档案馆应当按照标准规范对档案室已整理的电子文件进行抽样预检评估，抽样比例为 1% 即可，主要目的是为了检查是否有按照规范整理电子文件，以便针对发现的问题开展指导工作。

《中华人民共和国档案法实施办法》第十三条规定："机关、团体、企业事业单位和其他组织，应当按照国家档案局关于档案移交的规定，定期向有关的国家档案馆移交档案。属于中央级和省级、设区的市级国家档案馆接收范围的档案，立档单位应当自档案形成之日起满 20 年即向有关的国家档案馆移交；属于县级国家档案馆接收范围的档案，立档单位应自档案形成之日起满 10 年即向有关的县级国家档案馆移交。"①但是由于信息技术发展的日新月异，电子文件归档后数十年再移交的做法已经完全不能适应飞速发展的技术更新与时代要求。冯惠玲等人曾提到电子文件在单位中与纸质档案同时于次年归档都有可能造成不可挽回的损失②，移交时间再拖到十几年甚至几十年，其风险可想而知。因此，将电子文件归档移交时间提前是重要且必要的。不过，档案形成部门在一定时期内对档案有较为频繁的利用要求，并且整理归档需要一定的时间，再加之数字化大量的纸质档案需要耗费很长时间，因此向档案部门移交电子文件的时间又不宜过于紧迫。

因此，为了降低风险、同时又保证档案形成单位的日常使用与档案整理，电子文件归档一般应当在 3 个月内完成，向档案馆移交已归档的电子文件则是在不超过 5 年的时间内，鼓励提前移交。有相应纸质档案的，尽量同

---

① 《中华人民共和国档案法实施办法》第十三条[Z].
② 冯惠玲.电子文件风险管理[M].北京：中国人民大学出版社，2008：23.

时移交，不能同时移交的需要在《归档电子文件登记表》中注明原因。档案馆必须对及时和未及时移交的电子文件和纸质档案建立一定的联系，日后进馆的纸质档案也需要及时建立联系。

4.2.1.2 整理与自检

档案的生命是原始记录性，电子文件的原始记录性需要由数据的真实性、完整性、有效性来保证。此环节的主要任务就是要将电子文件规范化整理，并按照要求进行全方位自检，以确保电子文件长久可用。

电子文件的规范化整理是电子文件管理的基础工作，只有拥有了高质量的数据信息，移交、接收和日后的管理工作才更加有意义。规范化整理的内容和要求在6.1节中已有详细叙述，在此不做赘述。

自检是为了保证电子文件信息的准确无误，确保电子文件的内容、背景和结构元数据完整无缺失、真实无篡改、可读无障碍，主要检查内容包括真实性、完整性、有效性以及载体检查。移交单位应当将已按规范整理的电子文件与原始数据对比进行校验，核对内容、元数据、封装包的完整性，防止在迁移或转存过程中出现信息错误；应当在标注的运行系统平台上打开档案，确保每份电子文件可读；应当保证存储载体、文件本身不含病毒，防止病毒恶意篡改；应当检查电子文件无加密、压缩处理，若必须进行加密、压缩处理，检查密钥和压缩软件一并移交；应当检查是否与相应纸质档案建立有效地联系，确保"内容及其表现形式一致，处理过程无差错"[1]；应当检查电子文件是否严格按照分类方案合理有序地排列。载体检查主要是确保移交载体在记录后的状态变化符合标准规定，并且要保证载体表面清洁、无划痕，同时注意载体及装具上标签内容的完整与清晰。

4.2.1.3 做好移交准备

移交单位在准备电子文件和自检之后应当填写《归档电子文件登记表》（见表4-1）、《电子档案移交与接收登记表》（见表4-2）[2]。这两个表格是档案移交与接收工作的直接反映。

《归档电子文件登记表》能够反映归档电子文件的文件、设备环境、文件记录等特征，反映文件级的编号、题名、载体编号、保管期限等信息。移交单位在按规范整理好电子文件之后进行填写，一式两份，与归档电子文件一并交付给档案部门。

---

[1] 张文浩. 现行电子公文归档研究[J]. 档案，2006(6)：9.
[2] 电子文件归档与管理规范(GB/T 18894-2002)[S].

　　《电子档案移交与接收登记表》能够反映归档电子文件移交前在移交单位的自检结果和移交时在档案馆验收的结果。因此，此表格在交付档案部门之前就应该由移交单位填写部分内容，即移交前的自检结果，同样也是一式两份。

表 4-1　　　　　　　　　　归档电子文件登记表(首页)

文件特征	形成部门			
	完成日期		载体类型	
	载体编号			
	通信地址			
	电话		联系人	
设备环境特征	硬件环境 (主机、网络服务器型号、制造厂商等)			
	软件环境 (型号、版本等)	操作系统		
		数据库系统		
		相关软件(文字处理工具、文字浏览器、压缩或解密软件等)		
文件记录特征	记录结构 (物理、逻辑)		记录类型 □定长 □可变长 □其他	记录总数	
				总字节数	
	记录字符及图形、音频、视频文件格式			
	文件载体	型号： 数量： 备份数：	□一件一盘　□多件一盘 □一件多盘　□多件多盘	

续表

文件交接	送交部门			
	通信地址			
	电　话		联系人	
	送交人(签名)			
	接收部门			
	通信地址			
	电　话		联系人	
	接收人(签名)			

文件编号	题　名	形成时间	文件稿本代码	文件类别代码	载体编号	保管期限	备　注

表 4-2　　　　　　　　　　**电子档案移交与接收登记表**

交接工作名称			
内容描述			
移交电子档案数量		移交数据量	
载体起止顺序号		移交载体类型、规格	
检验内容	单位名称		
	移交单位：	接收单位：	

续表

准确性检验		
完整性检验		
可用性检验		
安全性检验		
载体外观检验		
填表人(签名)	年　月　日	年　月　日
审核人(签名)	年　月　日	年　月　日
单位(印章)	年　月　日	年　月　日

填写说明:

(1)交接工作名称:按移交单位或全宗号、移交档案的年度、批次等内容描述本次交接工作。

(2)内容描述:交接档案内容、类别、数据类型、格式、交接方式、过程等说明事项。

(3)移交电子档案数量:交接档案的文件总数和案卷总数。

(4)移交数据量:一般以 GB 为单位,精确到小数点后 3 位。

(5)载体起止顺序号:在线移交时,按载体内电子档案的存储结构组织数据,并标其顺序号。

(6)移交载体类型、规格:在线移交时,填写"在线"。

(7)准确性检验:检验移交档案的内容、范围的正确性及交接前后数据的一致性,可填写检验方法。

(8)完整性检验:移交的档案和档案数据的完整性检验

(9)可用性检验:检验电子档案的可读性等。

(10)安全性检验:对计算机病毒等进行检测。

(11)载体外观检验:检查载体标识、有无划痕、是否清洁等。

在正式移交前,为了有效衔接,移交双方还需要准备移交和接收设备。根据移交单位提供的信息,档案部门要预留合适的库房容量以及存储空间来接收离线或是在线移交的电子文件,避免在接收过程中出现容量不足而不得不中断移交的状况。新移交的电子文件需要有一定的隔离期以检验是否带有病毒等问题,因此档案部门需要将接收服务器、存储载体与本馆存储系统进行物理隔离。为对电子文件进行高效的检验,档案部门还需要准备相应的读取设备以及相关的检验软件。

4.2.1.4　正式移交

在做好准备工作之后，移交单位应与档案部门在商定的时间内开始进行移交工作。档案部门在接收电子文件的过程中，需要对其进行全面检查以保证馆藏安全，并且双方要办理移交手续以确认电子文件管理主体的转移以及移交工作的结束。

（1）移交

离线移交时需要档案室将整理好的电子文件载体打包装箱，然后向档案部门运送。用于搬运的装具应当具有一定的防震效果，在移交过程中应当注意载体实体安全，搬运过程中应当小心谨慎、轻拿轻放。

在线移交可以依靠计算机网络系统自动完成，但是在移交过程中，需要派专人对移交的情况进行实时关注和检查，发现问题时应及时与档案馆联系进行相应处理。由于突发情况中断移交的，要根据计算机自动生成的移交日志等记录来恢复移交。

（2）验收

档案部门对移交电子文件的检查是进馆之前最后一道关口，档案馆需要对每一件文件的质量负责，其重要程度可想而知。每套载体和每份电子文件都必须经过以下项目的检查，只有当合格率达到100%时档案馆才可以确认接收，否则应该将有问题的电子文件退还给移交的移交单位，并指出问题，要求其进行重新制作，如果存在大范围的问题，则要求全部重新整理。

① 外观检查。检查移交电子文件的载体是否完好，如有无缺损，有无明显划痕，有无擦洗、触摸痕迹等。载体和装具上面的标签是否完整清晰。

② 有效性检查。检测电子文件能否在指定运行的环境平台上准确读取，"检查存储归档电子文件的介质和软硬件平台技术条件的一致性，确保归档的电子文件软盘、光盘能在同一平台环境下使用"①。

③ 完整性检查。检查传输或载体内的记录条目是否与《归档电子文件登记表》一致。检查电子文件及其内容、结构、背景元数据是否齐全。

④ 真实性检查。鉴定电子文件的内容信息和元数据是否完整有效，存储格式、封装形式以及存储结构是否合乎规定，技术参数是否符合要求，挂接关系是否有效，有对应纸质档案的是否内容一致且建立有效联系。相关说明文件、登记表等是否齐全。特殊格式电子文件的相关软件、版本、操作手

---

① 陈晓霞，徐世录. 电子文件归档与电子档案的管理[J]. 机电兵船档案，2004（2）：47.

册等是否完整。

⑤ 载体检查。检查存储归档电子文件的介质是否符合移交要求，能否长期保存。

需要注意的是，以上检查项目自动或手动生成的报告也应当作为归档内容之一纳入到该批次移交电子文件管理中，刻录到载体中或一并保存。

（3）履行手续

在移交验收完成之后，移交双方需要履行移交手续，正式确定档案管理主体的转移。主要工作就是在档案部门验收后，双方确认《归档电子文件登记表》和《电子档案移交与接收登记表》的内容正确无误后签字盖章，一份由档案部门留存，一份交还给移交单位。

至此，归档电子文件管理权限由档案室正式转移至档案馆，标志着移交工作的结束。

4.2.1.5　移交后处理

移交结束之后，移交单位可以继续留存电子文件以备本单位使用。如果是在线移交，应当将移交的档案再刻录至少两份光盘以存储和利用。保管继续留存的电子文件也应当按照相关规范的要求进行管理，如档案室库房的温度应控制在 17℃～20℃、相对湿度在 35%～45%，存储载体应当直立存放在特殊装具中，以降低载体损坏的风险等，这样有助于本单位档案管理和利用工作的开展。

档案部门还需要对接收的归档电子文件进行封存隔离、元数据著录、数据迁移等处理。

（1）封存隔离

因为某些计算机病毒的潜伏期以及其他不可预测因素，档案部门在接收之后不能立即将数据迁至馆内原有的保存、利用以及备份的数据库，需要隔离保管至少 7 天后再观察数据状况。对于在线移交的档案需要事先准备与存放馆藏数据相分离的载体进行隔离观察。无异常情况发生则可以进行数据迁移工作，一旦出现问题，则需要及时采取相应的措施进行处理。

（2）元数据著录

在电子文件移交过程中，会不断产生新的元数据，档案部门需要根据馆藏要求补充更新元数据，及时补录到相应的电子文件元数据中，与归档电子文件组成新的封装包。此外，移交过程中产生的《归档电子文件登记表》和《电子档案移交与接收登记表》的扫描件或电子签名件也应当及时补充进每份移交载体的"电子文件"文件夹，或是相应档案的文件夹中。

（3）数据迁移

在隔离期结束之后，档案部门可以进行数据迁移工作，即将存储在移交载体上或其他独立载体上的数据迁移至档案部门馆藏数据库，按照要求进行开放利用或封存。此外，档案部门还应将重要电子文件拷贝到不同介质的载体上，以达到异质备份的目的。一般情况下，在档案部门管理下的电子文件会被保存在三套脱机载体上，两套移交单位移交的载体和一套档案部门迁移的载体，其中一套供平时数据使用，两套用于封存保管。

4.2.2　电子文件移交载体与格式

世界范围内，电子文件移交载体存在着差异。例如，英国国家档案馆推荐使用的介质主要是：CD-ROM、CD-R、4mm 数字音频磁带（DAT tape）、DVD 驱动器、ZIP 驱动器、软磁盘。在移交时，档案馆只接收软件可识别的磁带和磁盘，各单位在移交前应进行咨询。

在外国，不同机构移交电子文件的载体存在差异，在电子文件积累、保管、移交过程中，电子文件所采取的载体也大不相同。根据《电子文件移交与档案管理条例》，应该使用光盘作为移交载体，一般地，年底移交，或者次年 3 月底移交。对于有些项目管理的电子文件，可以在项目完成后统一进行移交归档。即使是移交的电子文件，本单位仍需要保存一年。

在电子文件移交格式方面，英国公共档案馆可以接收的文件格式主要有PostScript、TIFF、SGML、PDF 和其他界定文件格式，其基本思想是确保文件完整性，尽量减少格式类型，以免给档案馆的管理带来负担，从而提高归档电子文件的规范性。在我国，《电子文件归档与管理规范》要求，文字型文件以 XML、RTF、TXT 为通用格式；扫描型文件以 PDF、TIFF 为通用格式；视频和多媒体文件以 MPEG、AVI 为通用格式；音频文件以 MP3 和WAV 为通用格式。

目前，电子文件移交格式存在着较大差异，不同国家有着自己的标准要求。不论是采取何种格式移交，都需要将电子文件移交格式与保存格式和长期利用的格式有机地统一起来，从而有利于减少电子文件保管、利用过程中转换格式带来的麻烦。

4.3　电子文件的归档

从管理的目标与职责来看，电子文件归档与非电子文件的归档在本质上没有区别,都是将文件的实体保管权限、信息控制权限及法律保管权限移交给档案管理部门。当前,我国机构电子文件的前控水平、生成状况、积累模式、系统运行特点等差异很大,国家也尚未有严格的标准或政策指导电子文件的归档,造成目前电子文件归档从制度的设计到归档的方式、方法五花八门,给归档后电子文件管理、利用、长期维护造成了许多的障碍,进而影响到依据凭证作用的发挥及信息资源的共享与开发。

4.3.1   电子文件归档含义

所谓电子文件归档就是将具有保存价值的、符合归档技术要求的电子文件向档案部门移交的过程。这里所讲的电子文件归档,是本书关于电子文件归档流程中的一个重要环节。

关于电子文件的归档,不仅不同的诠释很多,而且归档后叫什么样的名称也各行其是。称电子档案者有之,称数字档案者有之,称电子文档者有之,称归档电子文件者有之,继续称为电子文件亦有之。

从国际标准及通行的趋势看,通常归档后仍然称为电子文件,这样也比较符合文件生命周期理论、文档一体化管理理论等的理念诉求。国际通行规则及理论体系不区别归档前后电子文件的名称,其目的就是要建立这样一个理念:电子文件的运行是一个自然整体,不能割裂文件运行过程将其划分为不同主体控制的阶段,归档只是文件生命周期的一个阶段而已。这种理念对于科学管理与维护电子文件是有好处的,而且这种理念也逐步得到了理论界及其实践工作的认同。本书也尊重国际趋势,归档前后一律用电子文件的称谓。

在我国,国家标准《电子文件归档与管理规范》(GB/T18894-2002)虽然在概念界定时将归档的电子文件称为归档电子文件,但在对归档后的电子文件各管理环节的描述中依然称为电子文件。基层机构及其档案馆将归档后的电子文件称为电子档案则比较常见,而电子档案的说法则在社会大众中较为流行。

由于技术方面的原因,电子文件的归档比传统纸质文件的归档要复杂得多,它包含下列含义:

第一,只有具有保存价值的电子文件才能归档,这由内容鉴定来控制实现。

第二,只有满足归档技术要求的,即真实、可读、完整、无毒、存储可靠的电子文件才能归档,这由技术鉴定来控制实现。

第三，电子文件的归档标志着电子文件的实体保管权限、信息控制权限及法律保管权限的转移，归档后这些权限同时转移至档案管理部门。

第四，应依据需要编制电子文件的归档制度。电子文件的归档范围大大宽于传统纸质文件的归档；归档时间既要满足相应的标准和规范，同时也依赖于系统设计模式，实时归档成为技术的发展趋势；归档方式可以选择采用单份文件、逻辑卷、数据包及数据库的形式；归档方法有逻辑归档及物理归档之分，逻辑归档将成为主流的归档方法。

4.3.2 电子文件的归档范围

电子文件的归档范围是归档制度的重要内容，归档范围的是否科学不仅仅决定着电子文件的去留问题，而且对得以保存下来的电子文件未来的命运及利用状况都有着重要的制约与影响。归档范围过宽会加大管理的难度和成本，降低管理效益。归档范围过窄，则会要么漏掉有价值的文件，给相关工作造成损失；要么漏掉保障性或安全性文件，给有价值的电子文件的长期维护造成困难。

4.3.2.1 归档范围确定的原则

电子文件归档范围的确定要遵循以下原则：

（1）价值原则

只有有保存价值的电子文件才能列入归档范围，经内容鉴定确认具有保存价值的电子文件是归档范围的主体。这个原则及其实施与纸质文件的归档范围类似。

（2）技术维护原则

电子文件管理必须具有相应的技术支撑条件才能保证长期保存的真实性、完整性、可靠性和可用性，这一点基本上已经形成了共识。因此，电子文件的归档范围就不能仅仅只有电子文件的主文件，还必须要有确保这些主文件得以正常运行的支持性、辅助性文件，同时还需要保障电子文件真实性、完整性、可靠性和可用性的技术数据。

（3）法律保障原则

对电子文件的法律凭证性的认识使我们知道，电子文件的证据效力当下还受到相当大的制约。同时现有技术也不能绝对保障电子文件的真实与可读。因此，基于技术与法律两个方面的原因，既为了有效地维护国家、机构及公民个人的权益，也为了绝对保障电子文件的真实可读，电子文件的归档范围还需要列入由电子文件转换成的非电子文件。

4.3.2.2 电子文件的归档范围

依据以上原则，可以确认电子文件的归档范围为：

归档范围＝主文件清单＋支持性、辅助性软件＋元数据＋非电子文件（硬拷贝）。

（1）归档文件清单

这个文件清单与过去纸质文件清单大体上是一致的。它是经过内容分析具有保存价值的文件名称清单，是机构各种活动的直接记录与反映，具有证据价值，其保存期限依据价值差别从短期到永久不等。

（2）相关软件

电子文件具有极强的系统依赖性，从长远的角度讲，仅仅归档电子文件并没有多少实际意义。必须将生成电子文件的支持性、辅助性、工具性文件列入归档范围之列。

通常，通用软件保存其型号、名称、版本号及相关说明、参数等；专用软件、特殊软件及图形库、方法库、特殊字库及辅助数据库则必须归档。软件归档不必与对应文件归入相同的类别，软件可单独归类。此外，软件归档时，相同厂家、版本的软件不必重复归档。

（3）元数据

每一份电子文件的元数据必须列入归档范围之内，同时电子文件系统或者人工还需采集归档时的相关元数据。

（4）非电子文件

非电子文件是通过相应的设备由电子文件转换而成的纸质文本、表格及图形文件、纸质照片、模拟型的音频与视频文件及缩微胶片等。

归档电子文件时必须同时归档非电子文件，这是双套制的基本要求。在实际工作中，有些机构已经开始施行仅归档电子文件，不再硬拷贝文件归档，在一定程度上反映了电子文件管理的发展。

4.3.3 电子文件的归档方法

依据归档特点的不同，可将电子文件的归档方法划分为两种类型：逻辑归档（Logical filing）和物理归档（Physical filing）。

4.3.3.1 逻辑归档

（1）逻辑归档的概念

所谓逻辑归档是指不改变原存储方式和位置将电子文件向档案部门移交的方法。

逻辑归档的实质是文件生成部门将需要归档的定稿电子文件的登记著录信息(包括元数据)及物理存址传送给档案部门,并将这些信息保存在电子文件管理系统相关的数据库中,但是,归档文件的物理实体仍然保存在生成系统中。此外,逻辑归档在理论上同时移交了文件的控制权,生成部门除了依据相应流程和权限查看阅览该文件外,不能再对该文件进行非授权操作,尤其是修改、删除及非法拷贝等行为。

电子文件完成逻辑归档后,档案管理部门及其合法用户就可以在档案管理系统的利用平台上查阅浏览该文件了,实现同步归档与同步利用。

采用分布式电子文件管理模式的机构,逻辑归档后归档工作即告结束,归档电子文件实体保存在事务系统中,档案管理部门对电子文件进行宏观控制与管理。

采用集中式电子文件管理模式的机构,逻辑归档只是电子文件归档的第一个阶段,后期待工作结束或者告一段落,或者文件办理完毕,出于安全管理和资源开发利用的需要,仍然要将文件的物理实体传输至档案部门的电子文件管理系统或者档案管理系统之中,实现对电子文件的集中管理。我国的电子文件管理基本上是采用集中管理模式的,所以电子文件实现逻辑归档后,仍须在合理的时间将电子文件实体传输至档案管理部门保存与维护。

(2)逻辑归档的条件

逻辑归档是电子文件归档的高级形式,代表着未来电子文件归档的发展趋势。逻辑归档必须具备以下条件:

① 计算机网络。这是实时传输文件数据的渠道。

② 电子文档一体化管理系统。这是逻辑归档的技术关键,必须通过超前控制事务系统的开发升级及与电子文件管理系统的整合才能实现。电子文件管理系统通过技术接口与事务系统(如 OA 系统)的相应流程与节点连接,待文件生成定稿及签署后,事务系统的相关逻辑归档模块将电子文件的登记著录信息(包括元数据)及物理存址传送至电子文件管理系统或者档案管理系统中。

③ 文件(著录信息及物理存址)数据库。电子文件管理系统或档案管理系统必须具有归档电子文件的著录信息、元数据信息及物理存址信息数据库。

(3)逻辑归档的特点

逻辑归档相对于传统的归档模式及后文介绍的物理归档,具有下列特点:

① 超前控制、实时(提前)归档、自动鉴定、自动归类、同步利用、安全高效。

逻辑归档是电子文件管理超前控制理论、文档一体化管理理论、流程重组理论等重要体现，也是电子文件管理先进管理模式与创新管理理念的一个缩影。逻辑归档实现了事务信息系统、电子文件管理系统的功能，整个流程得到重构，由于有归档模块的控制，逻辑归档能同步准确捕获元数据、可以省略技术鉴定，实现了电子文件的实时提前归档与自动鉴定，后续还可以进一步实现自动归类。同时，逻辑归档将电子文件的利用时限提前至文件生成时，从而在文件最有价值的时间段实现文件的利用，实现了电子文件的同步利用。此外，这种整合归档、鉴定与利用的新方法对于电子文件的安全管理而言非常有利，也大大提高了电子文件管理效益。

② 在移交文件著录信息及物理存址的同时，文件的管理与控制权也移交给档案部门。

③ 电子文件逻辑归档后，生成平台可以使用，但不能进行非授权操作。

④ 两段式归档，待工作结束或者告一段落，或者文件处理完毕，必须实现电子文件物理实体的移交。

4.3.3.2　物理归档

(1)物理归档的概念与方式

所谓物理归档就是把计算机系统上或者网络上的电子文件的物理实体向档案部门移交的过程。

物理归档依据数据传输方式的不同分为在线式归档(网络移交与传输)和卸载式归档(脱机介质移交)两种方式。

在线式归档是通过计算机网络或者其他通信网络将电子文件传输至档案管理部门，仅仅利用网络来传递文件与数据。在网络上，凡是可以实现文件转移的方法都支持在线式归档。当然，档案管理部门也需要具备在线接收的条件与能力。

卸载式归档是将需要归档的电子文件拷贝至脱机的存储介质上，并将存储介质移交给档案部门，档案部门再将脱机介质上的电子文件审核鉴定后读入到档案部门的计算机系统上。

(2)物理归档的特点

① 方式灵活。凡是可以实现文件转移的方法都可以作为归档的方式选择。

② 随意性大，归档文件质量难以控制。

③ 所有的物理归档方式必须进行技术鉴定。

④ 难以保证电子文件元数据的准确、完整采集及其安全。

⑤ 必须对归档电子文件重新进行整理与编目。

⑥ 档案管理人员任务重、工作量大、效率低。

物理归档不同于逻辑归档的主要表现就在于它是将电子文件的物理实体向档案部门进行移交，实际上是传统纸质文件归档方法在电子文件归档上的延伸。此外，物理归档由于没有电子文件管理系统归档模块的支持，因而基本不具备提前归档、提前鉴定、自动归类、同步利用等特点，因此，物理归档相对于逻辑归档来说是一种低水平模式的归档方法，或者说是一种过渡的方法。也由于没有应用先进的管理理论与理念，物理归档对电子文件归档质量的控制难度大大强于逻辑归档，归档验收审核的工作量也很大，归档效率也较低。

4.3.4 电子文件的归档方式

传统文件规范的归档方式是将文件组织整理成相对独立的保管单位后向档案部门移交。行政文书是以"件"为单位进行整理，最后装"盒"形成保管单位，科技文件是依据特定的关系将一组紧密联系文件组织成案卷，形成"案卷"式保管单位。这种以保管单位为单元进行归档的方式构成传统档案的基本逻辑体系。

电子文件属性和形成特点与纸质文件不同，其管理更具有多维性，因此其归档方式自然就具有新的特点。从电子文件管理的实践来看，电子文件的归档方式依据归档单元的不同，可以划分为四种方式。

4.3.4.1 单份文件归档

单份文件归档实际上就是逐份文件归档，即在系统上待每一份归档文件定稿签署后由归档模块将该文件归档至档案部门。单份文件或逐份文件归档通常只能在电子文档一体化管理系统上实现，它由逻辑归档模块实时完成。

4.3.4.2 逻辑卷归档

逻辑卷就是文件夹，这个文件夹就是一个保管单位。逻辑卷归档通常是物理归档的方法完成的，既可以采用在线式归档，也可以采用卸载式归档。

逻辑卷具备传统案卷的特征，采取类似传统保管单位的组织方法，将一组具有某种有机联系的电子文件组成一个逻辑卷，即文件夹。文件夹的名称类似传统的案卷标题，文件夹的组织可以采用机构档案分类的逻辑秩序。逻辑卷依据电子文件形成规律及管理需要确定，可以是一个问题、一个年度、一个课题(或专题),可以是一个项目,可以是一个机构,甚至可以是一个类别。

逻辑卷以传统的案卷组织理论与逻辑方法为基础,不失为电子文件管理的一种有效方式,也为后期的数据建库准备了基础。目前在许多基层单位,电子文件的归档就是采取这种以文件夹为基本单元的逻辑卷归档的,归档后也以这种逻辑卷为管理的逻辑基础。

4.3.4.3　数据(信息)包归档

当一个机构的档案管理系统或者电子文件管理系统是基于"开放档案信息系统参考模型"(Open Archival Information System,简称 OAIS 模型)开发的,那么它采取信息包的方式实现电子文件归档将是一个必然的选择。

OAIS 参考模型主要包括功能模型、信息模型和互操作模型。其中,功能模型包括归档收集、档案存储、数据管理、保存规划、访问、系统管理等六大功能实体,对每个功能实体的具体描述以及功能实体之间的联系,OAIS 都给予了较为详尽的描述;信息模型是揭示数字保存仓储中信息对象及其信息结构的模型,它直接影响着在数字保存系统中选择什么作为存储对象,以及怎么描述这些对象。

OAIS 中,信息包(Information Package,IP)作为其信息模型的基本要素,是实现 OAIS 功能的基本保障。

OAIS 功能模型定义了三类信息包:SIP(提交信息包)、AIP(档案信息包)、DIP(分发信息包)。每个信息包包含以下四类信息对象。

① 内容信息:是被保存的原始信息对象。

② 保存描述信息(简称 PDI):描述内容信息的特征并使其得以完全保存的必要信息,具体包括来源信息、背景信息、参考信息、固化信息,这类PDI 又被称为元数据。

③ 封装信息:将内容信息和保存描述为信息联系、封装和识别的信息,也称为打包信息。内容信息、保存描述信息通过打包信息构成一个信息包,三者绑定成一个整体。

④ 描述信息是描述信息包的特性和属性并帮助定位和检索用户所需信息包的信息。

在电子文件归档中,归档电子文件是以 SIP(提交信息包)进入 OAIS 系统的。归档时,电子文件的形成部门或者系统,将归档电子文件及其元数据封装为归档信息包 SIP 提交给 OAIS。OAIS 收集功能模块收集 SIP,对 SIP 进行质量确认及数据解析,生成符合档案系统数据格式和文件标准的存档信息包 AIP。OAIS 模型并没有制定数据包的存在形式，因此对数据包的封装技术可以考虑采取 XML、数据表、交换格式等方式进行。

XML 的出现大大地方便了数据的交换和传递，因此也被国家电子政务标准化总体组指定为电子文件封装首选技术。电子文件归档时，将内容文档、对象元数据、签名块作为一个电子文件对象按照洋葱结构通过 XML 技术进行封装。每次封装对象的修改都进行电子签名，所有层次的电子签名形成证书链，保证修改后封装对象的有效，实现电子文件法律证据价值。基于 XML 的电子文件对象封装格式，是适用于各种类型电子文件长期保存的记录格式，具有良好的自描述和自我证明性，保证了电子文件的真实性、完整性、可靠性和长久可读性。

4.3.4.4 数据库归档

随着时间的推移和技术的不断进步，电子文件以数据库的形式归档将逐渐增多，也许是未来电子文件归档的重要方式。一个机构或者档案馆将来要接收各种不同的技术系统在业务及管理活动中形成的数据库，这些数据库的架构各不相同，那么档案管理部门必然面临着异构数据库的合库问题。

引入数据仓库技术来处理数据库归档问题是一种主要技术选择。数据仓库是一个面向主体的、集成的、不可更新的、与时间相关的数据集合。档案部门面对归档移交来的各种数据库，采取诸如 ORACLE 等对各数据库进行鉴定、抽取、转换、加载，形成一个数据仓库。数据仓库中的数据不是自身生成的，而是来源于其他数据库系统。数据仓库技术是数字档案馆(室)的核心技术。

4.3.4.5 双套制归档

双套制归档实质上是双套制管理的一种演化方式。双套制管理是在电子文件长期保存过程中，基于技术与法律的原因必须制作至少一套非电子文件同步管理。由于非电子文件是由电子文件转换而成的，何时转化制作为非电子文件在许多单位有各种模式，同时这种转换制作工作量大、经济投入也比较高，并且具有一定的风险，因此许多机构档案部门把这项工作分解前移至归档时，演化为双套制归档。即由归档部门在归档电子文件的同时，再依据电子文件制作至少一套非电子文件，将电子文件与非电子文件一起归档移交给档案部门，档案部门对该工作进行指导，并对两套文件进行审核验收。

4.3.5 电子文件的归档时间

传统行政文书、科技文件及其他专业文件一般都是采用定期归档的，归档时间要依据机构活动的性质及特点来确定，行政文书与科技文件在归档时间的选择上存在较大的差异。因此，传统的定期归档实际上是适时归档，也就是选择恰当的时间归档。

电子文件由于自身性质及技术环境的原因，在归档时间上区分为实时归档和定期归档两种形式。

实时归档就是形成后立刻归档。逻辑归档就是典型的实时归档的形式。

定期归档是参照纸质文件归档时间规定，在工作结束或者电子文件处理完毕后再向档案部门移交。物理归档基本上都是定期归档。当前，有些机构在次年3月底前提交电子文件归档，也有定期、定时归档的做法。

由于电子文件可以任意备份，因此只要电子文件完成定稿签署等必要的处置程序，构成证据价值的信息齐备，就可以实施归档，归档后也不影响到形成部门的使用。实时归档有利于档案部门对电子文件的质量与安全控制，因此是电子文件归档的发展趋势。

4.3.6 电子文件的归档要求

电子文件归档工作的目标主要有两项，一是要保证归档文件的质量，二是要保证归档工作顺利进行，并逐步提高归档工作的水平。因此，归档要求也相应分为归档工作的要求及归档电子文件的质量要求。事实上前述归档范围、方式方法及归档时间本身已经包含了归档工作的诸多要求。

4.3.6.1 归档工作的要求

(1)调查研究、制定科学的归档制度

归档工作既牵涉机构许多职能及管理部门，又与机构各个信息系统发生技术上的关联，同时要兼顾电子文件管理的其他业务流程的诉求，因此为了保证归档工作顺利进行，保证归档电子文件的质量，必须认真调查研究，制定科学的归档制度。

(2)归档工作要体现和运用先进的管理理论与思想，提高归档工作的水平

归档工作的技术性较强，对于电子文件归档后的长期技术维护及开发利用有着重要的关系，因此归档工作、技术系统的归档模块的设计与开发应该运用和体现前端控制、全程管理、流程重组、文档一体等先进的管理理论与思想，尽可能实现逻辑归档、提前归档、自动归档、实时归档等先进的归档模式。

(3)逐步实现鉴定、归档、整理、检查与验收同步实施，提高整个管理工作的效率

归档工作与鉴定工作、整理工作、检查及验收工作基本上都是内容关联非常紧密的工作，在归档工作中可以把这些工作整合集成在一起，从而提高电子文件管理的效率。

4.3.6.2 归档文件的质量要求

归档电子文件的质量要求主要表现在完整系统、真实可读、格式规范、双套保管。其内容大多在前述其他专题中予以描述，在此不再重复。

4.3.7 电子文件的归档手续

采用逻辑归档的电子文件，首先由文件形成部门（自动或人工）赋予文件以归档标识。然后系统自动将归档信息（包括元数据）提供给档案部门，档案部门给归档文件加上分类号、档号等相应的档案管理信息后归档文件进入档案信息数据库。

采用逻辑归档的方式进行归档，系统会自动生成一份《归档电子文件登记表》，打印后交接双方签字作为归档凭证保存。

采用物理归档的方式归档时，交接双方按照《归档电子文件登记表》清点归档材料，对归档文件进行技术鉴定并验收，在确认完全符合要求后，双方在一式两份的《归档电子文件登记表》《电子档案移交与接收登记表》上签字作为归档凭证保存。

《归档电子文件登记表》《电子档案移交与接收登记表》可以依据机构电子文件的性质特点进行设计，设计时参考国家标准《电子文件归档与管理规范》（GB/T18894-2002）附录中的同名表格。

4.4 电子文件的整理

电子文件的整理是按一定的原则，将归档电子文件分门别类形成一个逻辑体系的过程，旨在将归档移交的电子文件进一步序化的过程。

4.4.1 电子文件整理的特点

由于全程管理、超前控制及文档一体化理论与技术的应用，和计算机数据处理与组织能力的强大，系统开发水平越来越高，电子文件管理逐步在自动化、人性化较高的电子文件管理系统实现，使得电子文件的整理出现了与传统纸质档案整理所不同的特点。

4.4.1.1　电子文件整理的进展

在某些电子文件管理系统的功能模块中通常见不到电子文件整理的模块，这是因为电子文件的整理已经自动转入系统后台自动执行，不需要人工参与操作，至多只需要对整理的情况进行检查。计算机有强大的信息处理与文件组织能力，加上在系统开发时已经将机构档案分类体系、各种分类表、档号的编制规则植入了电子文件管理系统的程序中，电子文件归档时系统自动将文件导入相应的类别或者数据库中。

在先进理论与理念支撑下的现代电子文件管理中，电子文件的整理已经不是流程中的必要环节，它主要体现在系统开发中，其业务基本上由计算机系统代替人工转入后台自动完成，人工只需对其整理结果进行抽检即可。这是当前电子文件管理中的一个新的动向，在以往的论著中尚未提及。

当然，现阶段许多机构电子文件管理的水平不高，或者尚未开发电子文件管理系统，或者电子文件管理系统没有逻辑归档的功能，无法实现自动归类，电子文件的归档移交依然只能靠物理归档的形式。这种情况下，电子文件的整理就成为必要，而且需要在计算机系统上由人工来完成分类归类的工作。

从当前电子文件管理系统的发展看，电子文件的整理是一个业务流程，但不是一个必要流程，随着电子文件管理水平的整体逐步提升，将来就会逐步消失。

4.4.1.2　电子文件整理的平台

电子文件本质上是二进制数字代码序列，不具备人工识读性。因此，电子文件的整理不可能类似于纸质文件的整理完全由人工来独立完成，必须借助计算机系统，将归档的电子文件全部读入至档案部门的计算平台上，再由人工执行。

4.4.1.3　自动整理与人工整理相结合

电子文件的整理可以在系统支持下自动完成，这是整理工作的整体发展趋势与方向。但是如果系统开发不完善，那么系统自动归类可能很难完全自动实现，这种情况下需要人工辅助进行类别匹配。尤其在现阶段条件下，由于档案分类体系存在缺陷、文件生成具有极大的特殊性、系统自动提取文件的类别代码存在障碍等问题的普遍存在，因此系统有一些文件可能无法实现自动归类，这种情况下就需要人工干预来完成。而对于采用物理归档的电子文件的整理，则就完全依赖人工在计算机系统上分类归类。

4.4.1.4　信息整理

由于电子文件信息不依附于特定的载体和管理与技术维护的需要，它不可能终生存储于一个特定的载体之上，而数字载体的耐久性普遍较差，其信息的寿命只能依赖于一代一代的信息拷贝来延续。因此，电子文件的整理是对电子文件信息的整理，不是对某种载体（如光盘）的整理编号。

有些基层单位的档案部门，对职能部门归档移交的光盘进行整理编号，这种方式是错误的。正确的做法是先将归档光盘上的信息审核读入至档案部门的计算机平台上，再对电子文件进行分类编号，用不同等级的逻辑卷（即文件夹）来管理相应的电子文件，最后再将整理后的电子文件拷贝至脱机载体上（如光盘），并对载体进行编号。

4.4.2　电子文件整理的内容与步骤

由于电子文件的整理是一个信息整理的过程，因此总体上是先进行逻辑分类，再对电子文件实施逻辑归类，最后依据需要进行数据建库。整理工作的基本内容与步骤如下。

4.4.2.1　分类排序

依据机构档案分类体系，在档案管理部门的计算机平台上设置类别逻辑卷类别树（即类目体系），在资源管理器上显示就是类别文件夹的多层菜单，再实施先分类定位的工作。多级类别逻辑卷的设置同样要遵循类目体系设置的可包容性、严整性及相对稳定性的编制规则，从而保障电子文件信息体系结构的科学性及稳定性，有利于后期的资源开发的需要。

4.4.2.2　审核汇总读入

对归档移交的电子文件实施技术鉴定、统一存档格式、解压、解密、归类与编号。

（1）技术鉴定

所有以物理归档方式移交的电子文件首先统一实施技术鉴定，审核其是否真实、可读与完整，是否携带病毒，归档载体的质量状况是否合乎要求。技术鉴定中尤其不能忽视归档电子文件的元数据是否完整、真实。

（2）统一存储格式

对于归档移交来的电子文件要检查其是否符合存档格式要求，对于不符合存档格式的文件要责成归档部门转换为统一格式，无法转换的要打包归档。

（3）解压缩、解加密

通常情况下，考虑后期文件管理、数据处理及技术维护的需要，归档电子文件要解除压缩和加密。

（4）归类与编号

依据文件的内容，将每一份电子文件保存至相应的逻辑卷，即类别文件夹中，并对每一份电子文件依据档号的编制规则著录档号。

4.4.2.3　编制目录

依据需要，将整理编号后的电子文件分别编制总目录、分类目录、专题目录、图样目录等，以利于后期的检索、统计与利用。

4.4.2.4　制作脱机拷贝

依据分类的结果，对系统化后的电子文件选择合适的载体，制作脱机备份并科学保管。

4.4.2.5　数据建库

最后依据实际需要和系统特点对电子文件进行数据建库。可分别进行目录数据建库及全文数据建库，至此整理工作基本结束。

5 电子文件备份与安全保管流程

电子文件备份与安全保管流程是基于电子文件安全性的考虑，通过电子文件备份策略和安全保管措施，进行电子文件管理。冯惠玲从电子文件借助载体而存在的"物理生命"和以特定编码格式构成的"信息生命"角度出发，强调电子文件保护应从物质保护——载体与环境维护、信息保护——确保电子文件的可读性两个方面来思考①；安小米从保管组织变化的角度提出电子文件的办公室保管、数据仓库保管和数据档案馆保管等三种保管方式②；于瑛甫认为电子文件的保管除遵守纸质文件的保管要求外，还应做好归档载体的防写处理、远离磁场存放以及必要的环境要求等。为保证电子文件的有效性，文件形成单位与文件保管部门应定期对电子文件的读取、保管与利用、设备更新情况等进行检测③。这都为电子文件备份与安全保管提供了依据。总之，做好电子文件备份和安全保管流程，需要从电子文件流转过程中的安全因素出发，以全程保障电子文件的真实性、完整性、可靠性和可用性。

5.1 电子文件的备份

备份是电子文件信息安全保障的重要措施。备份可以恢复受损或丢失的电子文件，并为崩溃的信息系统提供有效的恢复手段。当前，电子文件已经成为行政办公、日常管理、科研设计、教学商务、媒体传播及生活服务的基本形式，数量呈几何级数增长，而其面对的环境安全威胁愈来愈严峻，对电子文件进行备份不仅成为电子文件管理的日常工作，并且对其要求也越来越

---

① 冯惠玲. 保证电子文件的长久性——《拥有新记忆——电子文件管理研究》摘要之四[J]. 档案学通讯，1998(4)：38-39.

② 安小米. 档案现代化管理面临的挑战——电子文件管理问题[J]. 档案，1997(6)：14-15.

③ 于瑛甫. 电子文件的归档、接收与保管[J]. 西安档案，2005(5)：25-26.

148

高，已经不再是简单的介质拷贝，而需要综合考量备份体系、备份设备、备份技术、备份管理，要形成科学的电子文件备份制度及其管理机制。

5.1.1 电子文件备份的原则

电子文件备份是为了保证电子文件的安全，消除文件形成者、使用者的后顾之忧。为此，在进行电子文件备份时应注意以下原则：

(1)稳定性

电子文件的备份主要是提供一个电子文件信息保护的方法，必须保证备份载体和备份系统的稳定性。

(2)全面性

面对计算机网络环境和各种操作平台，电子文件备份软件要支持各种操作系统、数据库和典型应用。

(3)自动化

由于产生和保管电子文件的部门性质和管理差异，对备份质量要求也不尽一致。例如，备份时间的选择上，如果选择不当也会给备份安全带来潜在的隐患。因此，电子文件备份方案应能提供定时的自动备份，并通过日志记录，在出现备份异常时自动报警。

(4)全程性

电子文件备份要贯穿到电子文件的全程管理之中，从电子文件的生成开始，到积累归档、整理鉴定、开发利用、迁移转换、技术维护每一个工作环节都必须对电子文件进行备份。

(5)安全性

计算机网络是计算机病毒传播的高速通道，给电子文件安全带来极大威胁。因此，在备份前和备份过程中有查毒、防毒和杀毒的功能，确保无毒备份，从而保障电子文件的长期可读性。

5.1.2 电子文件备份的方式

依据工作的需要及技术特点，电子文件有很多备份的方式。

(1)按备份内容划分

依据备份内容上的差异，电子文件的备份包括以下三种形式：

① 增量备份：仅对增加的电子文件进行备份。

② 全备份：对所有电子文件进行备份。

③ 系统或集成备份：对系统所有的电子文件和程序进行备份。

这三种方式适用于运行在事务系统中的电子文件的备份，也适用于电子文件管理系统对逻辑归档的电子文件的备份。在实际工作中，可以依据电子文件的运行状态和系统特点科学的选择备份方式，确保电子文件的信息安全。

（2）按备份与系统的关系划分

依据备份与系统的关系，电子文件的备份可划分为以下两种形式：

① 系统联机备份（亦称为在线备份）：在网络或单机系统上进行电子文件或程序备份，系统可根据需要随时对备份进行调用和处理。

② 脱机备份：备份与系统物理断开。

依据电子文件管理与利用的需要，电子文件既要在线备份，也要脱机备份。在实际工作中要制定周密的在线和脱机备份方案，既保证电子文件管理系统的正常运行，满足利用等日常工作的需要，又要保障电子文件的安全。

（3）按照备份存在的地域划分

依据备份存在的地域不同，可将备份划分为以下两种形式：

① 本地备份：将电子文件的备份保存在系统所在地，以便于对备份的利用或者对受损信息及系统的恢复。

② 异地备份：将电子文件传输至外地（通常在几百公里以外）进行备份。这种备份主要立足于灾备，当系统所在地发生水灾、火灾、地震等自然灾害或者战争时这种备份方式确保电子文件的安全。

（4）依据备份的性质划分

依据备份的记录性质及介质品质的不同，可将备份划分为以下两种形式：

① 同质备份：采用与拷贝母体相同的记录方式或者介质类型所实现的拷贝称为同质备份。同质备份方便快捷，但安全性相对较差。

② 异质备份：采用与拷贝母体不同的记录方式或者介质类型所实现的拷贝称为异质备份。异质备份通常使用模拟或者机械记录设备及其他不同介质的驱动设备，备份相对繁琐，但安全性较高。

（5）依据备份存在状态划分

依据备份存在状态的差异可将电子文件的备份划分为以下两种形式：

① 临时备份：由于某种操作（如格式转换）的安全需要而对电子文件进行的备份，或者对未定稿的、中间或者过程性电子文件的备份都称为临时备份。临时备份不需要长期管理，当操作结束或者文件定稿就可以删除。

② 长期备份：这是档案部门为了电子文件的真实性、完整性、可读性

及其他安全性需要对长期或者永久保存的电子文件所进行的备份。长期备份是档案部门对电子文件的主要备份形式，一般是脱机备份，档案管理部门要对其制定科学的管理方案，保证与维护长期备份的安全。

（6）依据备份时间划分

依据备份时间的不同特点，可以将备份划分为以下两种形式：

① 定（时）期备份：主要适用于静态电子文件，可由系统或人工进行定时点备份、日备份、周备份、月备份。

② 实时备份：主要适用于对实时系统的临时性、过程或中间性的电子文件的备份，也可以对静态电子文件进行实时备份。

采取什么样的备份时间要依据电子文件管理的具体要求及其文件特点区别对待。

5.1.3　电子文件备份技术

电子文件备份技术是计算机技术及安全技术的重要分支，现实的应用和需要不断刺激着它迅速发展，从最基本的拷贝，逐步历经磁盘镜像、磁盘双工、镜像站点技术最终进步到服务器集群和灾害恢复技术。现在，包含备份服务器、备份软件、数据服务器及备份介质于一体的备份系统也逐步发展完善，为电子文件的安全保管及备份管理提供了更广阔的空间。当前电子文件管理实践中，物理备份、网络备份、异质备份、异地备份等较为常用。

（1）物理备份

《电子文件归档与管理规范》对"物理备份"进行了界定，"指把电子文件集中下载到可脱机保存的载体上"。

物理备份离不开特定的载体。上述规范"推荐采用的载体，按优先顺序依次为：只读光盘、一次写光盘、磁带、硬磁盘、可擦写光盘等。禁止用软磁盘作为归档电子文件长期保存的载体"。

电子文件物理备份既可以理解为将电子文件集中下载到推荐采用的载体上，还可以理解为对本地服务器硬盘上的电子文件直接备份到与服务器直接相连的磁带库（磁带机）或者其他存储设备上。这个过程无需经过网络，因而无法备份网络上其他主机上的电子文件或数据，只能备份本机硬盘上的电子文件或数据。此外，各服务器只能管理连在本地主机上的存储设备。

（2）网络备份

电子文件网络备份是在网络上选择一台服务器作为网络数据存储管理服务器，安装网络数据存储管理服务器软件，作为整个网络的备份主服务器。

在备份服务器上连接一台大容量存储设备，在网络中其他需要进行数据备份管理的服务器上安装备份客户端软件，通过网络将各种数据（包括操作系统、文件系统、在线数据库数据）集中备份到与备份服务器连接的存储设备上。

理想的网络备份系统应该具备以下功能：① 集中式的管理；② 全自动的备份；③ 数据库备份和恢复；④ 在线式的索引；⑤ 归档管理；⑥ 有效的媒体管理；⑦ 采取分级存储管理（Hierarchical Storage Management，HSM）；⑧ 系统灾难恢复；⑨ 满足系统不断增加的需求。

（3）异质备份

"有条件的地方，还应逐步将电子文件转换成其他载体保存，实现异质备份，以防止若干年后电子文件因阅读设备不配套而无法读取。"①因此，异质备份已成为电子文件保护的重要途径。这一途径在 2009 年 7 月的中国海峡两岸档案暨缩微学术交流会，以及中央企业档案工作会议上都得到再一次的强调。2010 年 5 月，国家档案局强调，"凡未向电子文件中心移交电子文件的单位，要将本单位所有电子文件在异地备份一套，其中划入永久保存的，还要转换成纸质或缩微胶卷，实行异质备份，以确保电子文件安全。已建立电子文件中心的，由电子文件中心统一进行电子文件的异地异质备份。原则上，无论是档案馆，还是档案室，所有应归档保存的电子文件都应至少有一套异地备份，所有划入永久保存的重要电子文件，都要尽快转换成纸质或缩微胶卷保存。"②

关于电子文件异质备份，由于现代信息技术和电子文件保护技术日趋成熟和广泛应用，为异质备份创造了条件。电子文件异质已由过去单纯打印保存发展为缩微、数字化等多种手段和方法，形成光盘、磁盘、硬盘等多种载体形式的备份。同时，也可以采取多种形式、多种载体，形成多套异质备份。

异质备份的基本方法就是数模转换。2010 年 1 月 1 日正式颁布了档案行业标准《电子公文信息输出到缩微胶片上的技术规范》，以指导我国的实际工作。参考借鉴这些研究成果与实践方法，模数转化技术可以实现纸质公文向电子公文的转化，那么数模转化也同样可被运用于电子公文向纸质公文

---

① 杨冬权.以科学发展观为指导，推动档案事业更好地科学发展并为科学发展服务——在全国档案局长馆长会议上的讲话[J].中国档案，2009(1)：20.

② 杨冬权.在全国档案安全体系建设工作会议上的讲话[J].中国档案，2010(1)：17.

的转化过程中，这两项技术原本就是一对可逆的过程，是模拟信号与数字信号衔接转化的两个相反的过程。

简言之，电子公文的数模转化就是将电子公文上的数字信息输出到缩微胶片上，转化成信息基本相同的模拟信号，再冲洗或转印成纸质文本的过程。具体细节及其技术操作要求详见相关论著①。

（4）异地备份

2006年10月，陕西省电子文件备份中心开始试点。该中心对电子文件容灾的对象、范围、内容、评估、实施方案等都作出了详细规定，如容灾对象应包括电子文件、电子档案、重要资料等；要根据重要程度划分容灾的优先级别；对容灾对象的数量和质量进行统计分析；对容灾的需求变化进行预测和评估；拟订容灾或备份中心建设方案等，为我国档案容灾中心的建设提供了宝贵经验②。

2010年2月，"辽宁省电子档案异地容灾备份应用系统"项目完成。该项目为三个层级：省档案馆容灾备份与恢复系统——由局域网备份系统、互联网传输备份系统与容灾备份中心脱机备份系统组成；市级档案馆容灾备份与恢复系统——由虚拟磁带库、备份服务器、备份软件组成；县（区）级档案馆容灾备份与恢复系统——由备份服务器、备份软件客户端及加密模块组成③。2010年5月，"辽宁省电子档案备份中心"建设项目完成，该中心集备份系统、传输系统、接收系统、双电源系统、远程温湿度实时监控系统、异质备份系统于一体，可以通过专线远程传输或者脱机传输方式实现电子档案异地异质备份和容灾恢复，可以满足全省12个市电子文件（档案）备份的需要，还可以为签订互为异地备份的广西壮族自治区档案局（馆）、宁夏回族自治区档案局（馆）提供档案异地备份服务④。

2009年12月，浙江省委办公厅、省人民政府办公厅下发《关于开展电子文件和数字档案登记备份工作的通知》，明确要求"由县级以上档案行政管理部门对本行政区域内形成的对国家和社会具有重要保存价值的电子文件

①　周耀林，叶鹏，黄川川等.公文管理［M］.沈阳：辽宁大学出版社，2013：4.
②　陕西省档案局.进行电子文件备份中心试点［J］.中国档案报，2007（6）：3.
③　许桂清，赵荔.电子档案异地容灾备份中心建设的实践［J］.中国档案，2010（4）：64.
④　建立电子档案备份中心　确保档案信息安全——辽宁省档案局长孙成德在全国档案馆电子文件（档案）备份中心建设现场会上的发言［J］.兰台世界，2010（11上）：4-5.

和数字档案进行登记认证，并由同级国家综合档案馆对经过认证的电子文件和数字档案进行数据备份。"① 2010 年 4 月 8 日，浙江省档案局印发《浙江省电子文件和数字档案登记备份工作实施方案》（浙档法〔2010〕12 号），明确了此项工作的组织领导、目标任务、范围形式、时间程序等具体要求②。至 2011 年 4 月 25 日，浙江省已完成了本省 20 个重点民生领域、1482 个机关、119 个重点建设项目、51 个企业的档案与电子文件登记备份工作；实现了省公积金、省民政优抚电子业务数据的在线备份；完成了工商、国土、药监等 7 家单位的共 11 种电子业务数据的脱机备份；建立了全省 30 多个市、县档案与电子文件登记备份中心；开展了大部分市、县在工商、国土、社保、公积金、重点建设项目等重要民生领域电子业务数据登记备份工作③。

此后，甘肃省档案馆异地备份库、广西电子文件（档案）备份中心建设等项目相继启动，全国范围内省际的电子文件（档案）备份加入了实际操作阶段。馆际互为异地备份成为当前我国电子文件备份的主要模式。"各级档案馆通过建立异地备份库等形式，对本级重要档案及电子文件实行异地备份，对重要的电子文件还要实行异质备份……省级档案馆和计划单列市、副省级市档案馆建立重要档案异地备份库工作要在 2012 年年底前完成。"④并指出国家档案局提倡和支持省级、计划单列市和副省级城市档案馆自愿结对，互为对方建立档案备份库，但必须遵守"相距 300 公里以上，不属同一江河流域、同一电网、同一地震带的地方"的原则。截至目前，省级和副省级档案馆结对实施异地备份工作已经完成，山东省泰安市、河南省焦作市等市级档案馆或专业档案馆也纷纷开展电子文件异地备份的尝试。此外，广东省档案馆、湖北省档案馆、浙江省档案馆、成都市档案馆、长春市档案馆、哈尔滨档案馆和厦门档案馆还实行了双套异地备份。

在异地备份、异质备份的发展过程中，有些档案馆将两者进行了有机的结合，形成异质异地备份。例如，辽宁省电子档案备份中心在全国率先采用

---

① 中共浙江省委办公厅，浙江省人民政府办公厅. 关于开展电子文件和数字档案登记备份工作的通知[J]. 浙江档案，2010(增刊)：39-40.

② 浙江省档案局业务指导处. 新形势下推动档案事业创新发展的战略举措——《全省电子文件和数字档案登记备份工作实施方案》解读之一[J]. 浙江档案，2010(4)：8.

③ 吴卫华. 浙江省 30 多个市县已建立档案登记备份中心[J]. 兰台世界，2011(6上)：39.

④ 杜恒琪. 全国档案馆工作会议勾画未来十年全国档案馆发展蓝图 着重丰富馆藏 提高档案馆的安全保障能力和公共服务能力[N]. 中国档案报，2009(11)：1.

了异地异质备份方式，以保障电子文件(档案)的容灾，带动了全国范围内电子文件(档案)异地异质备份工作的开展。从现有实践看，电子文件异质异地备份既要防止硬件损坏、系统崩溃、病毒入侵、保管不力等微环境对电子文件的损害，更主要的是防止地震、洪水、战争、群体性事件等较大范围宏观因素对电子文件的损害，从而有助于电子文件的长期安全保管。

总体看来，我国电子文件异地备份、异质备份工作取得了可喜的成绩。目前主要方式有：① 利用已有的后方战备档案库和新建专门备份库自我异地备份；② 上下级相互备份，即在同一行政管理体系内，利用已有的专门设施，上级与下级单位相互委托存放与保管电子文件备份件；③ 友邻相互备份，即按照远程异地备份的安全要求，选择不在同一地震带、同一江河流域、同一电网体系，级别规模相当的档案馆，互结对子，相互委托存放和保管电子文件的备份件。然而，从备份的等级、安全性考虑，我国电子文件异地备份的总体水平还有待提高，大多数档案馆是采用磁盘形式，直接将馆藏已接收电子文件或档案数字化成果，通过物理交通运输方式送递至异地档案馆。这种档案容灾的初级模式在现阶段是合适的，但从长远来说，存在着诸多隐患，有待进一步深化和发展①。

5.1.4 电子文件备份制度与备份管理

依据技术特点和工作需要，有的备份是临时的，有的备份是长期的；有的备份是在线的，有的备份是近线或者脱机的；有的备份是同质的，有的备份是异质的；有的备份只在本地保存，而有的备份需要异地保存。为了对电子文件进行科学的备份，并实现对备份的科学管理，必须制定科学完善的备份制度，构建合理的备份体系。

① 制定和完善备份制度。

机构及档案馆必须制定并完善电子文件的备份制度。电子文件既要进行在线备份，以保证电子文件管理系统的安全运行。同时，也要进行脱机备份，以保证电子文件的安全。

② 确定多备份异地保存方案。

③ 科学存放备份介质并定期对备份进行检测。

④ 设计灾害应急预案、制定数据恢复方案及技术措施。

---

① 李姗姗. 档案容灾体系架构与实现研究[D]. 武汉：武汉大学，2012：110.

5.2 电子文件保管载体的选择

电子文件的非直读性、可变性特征为电子文件保管带来诸多不便，尤其是电子文件归档后的管理可能会出现的诸如安全性问题、保存方法问题、稳定性问题等问题。目前看来，与传统的纸质文件、胶片文件等相比较，电子文件的保管更为复杂，不仅涉及电子文件的载体保护的选择及其保护，还离不开电子文件形成、记录与保管的技术(软件和硬件)、工作环境、信息内容(数据可靠、真实、不丢失、不被篡改)等诸多方面。

5.2.1 电子文件保管的载体

截至目前，电子文件保管载体主要包括光盘、磁带、磁盘等，在此进行简要介绍。

5.2.1.1 光盘

光盘是利用激光作为记录工具，通过烧蚀小坑使光盘记录物资发生物化的性能改变来记录数据，而从反射光或反射率的差异读出数据。和传统的记录载体相比较，光盘既容量大、成本低，又是可以移动的存储介质，因此，成为电子文件保管的重要载体。国家档案局《电子档案移交与接收办法》中，将移交的载体规定为光盘①。

光盘类型很多，例如 CD-ROM、CD-R、CD-I、CD-RW、DVD-RW、DVD+RW、DVD-RAW 等。每种类型光盘对应相关的国际标准，例如 ISO/TC 42/SC N4335、ISO/TC 42/SC N4296、ISO/TC 42/SC N4295 等。全面地概述这些类型将会游离了本书的主题，但归纳可以用于存档保管的光盘类型则是非常必要的。目前，从国内外相关标准看，以下光盘可以用于存档保管：

(1)只读光盘(CD-ROM)

一方面，光盘技术国际标准已经渗入到光盘制造、光盘维护、光盘寿命评估等多个方面。另一方面，随着对光盘性质认识的加深，光盘在有的国家已经取得了存档载体的合法地位。在 2000 年颁布的法国国家标准 NFZ 42-013 中，只读光盘是数字化存档的载体⑦。

(2)可记录光盘(CD-R，DVD-R)

---

① 电子档案移交与接收办法(国档发[2012]7号)[Z].

在光盘相关国家标准中就出现过，"对于大量的电子计算机辅助设计（CAD）、辅助制造（CAM）的产品，可存储在一次写式光盘上。对于办公自动化（OA）产生的电子档案也可选择只读式和一次写式光盘或磁带……"①

光盘保存电子文件的特点很多，包括：记录密度高、存储容量大；数据传输率高；存取速度快；存储费用低等。从保管的角度看，以下两个特点是有利的：

① 光盘采取非接触式写入和读取信息，不易损坏光盘，因而使用寿命较长；

② 光盘有保护层，所以盘片不易损坏，也有利于其寿命的延长。

美国国家媒体实验室于 1994 年发表了电子介质寿命的评估报告，对光盘的寿命进行了预测，见表 5-1。不难看出，技术参数一旦变化，光盘的寿命就会产生很大的差异。理论上，柯达公司报道，柯达"金盘"有 200 年的预期寿命；有的公司甚至宣称只读光盘的寿命在 600 年以上，比普通的机制纸的寿命要长得多。

表 5-1　　　　　　　　　　　　　光盘的寿命

光盘种类	格式/技术	寿命（年）
只读光盘	《黄皮书》	5~100+
只写一次光盘	在合金薄片上形成凹槽	100
	合金的脱落	30~40
	热气泡	30
	合金变形	10
	在碳酸聚酯/有机染料上形成凹槽	10

从存档角度考虑光盘的可存储性，国内外已经出现了相关的标准。例如，《信息技术、信息交换和存储用数字记录媒介光学媒介档案寿命的评估实验方法》（ISO/IEC10995）中，"档案级光盘推定寿命达到 30 年以上"。我国《电子文件归档光盘技术要求和应用规范》（DA/T38-2008）中，"档案级光盘是耐久性达到特定要求的可记录光盘，其各项技术指标优于工业标准。档

---

① 国家档案局．电子文件归档与电子档案管理概论［M］．北京：中国档案出版社，1999：73.

案级光盘的归档寿命大于 20 年"。尽管相关的标准中关于存档光盘的寿命等存在差异，但档案级光盘采用专用开发材料、确保寿命在 20 年以上并有利于电子文件的长期保存已经达成了共识，且在光盘备份技术的开发方面做出了成绩，能够实现数据接收、数据库建设、自动控制、数据检测等 150 多种功能。

5.2.1.2　磁带

磁带主要是指计算机存储的数字磁带。磁带产品有磁带、磁带库等。磁带是最早出现的磁存储载体，在 20 世纪 40 年代以前，磁带已作为录音介质出现，尽管数字记录技术发展迅速，作为存储载体的电子计算机磁带仍大量用于数字存储技术中。它有以下特点：

① 存储容量大：每盘 1/2 英寸标准带的存储容量为 5～50MB。若用 GCR 记录，6250 磁带每盘容量在 140MB 以上。由于可以脱机存储，磁带的容量可以说是无限的。② 磁带的面积/体积比大，占据空间小；磁带的价格低，性价比高。③ 磁带作为硬磁盘的可靠又经济的大容量备份存储，可以和硬磁盘长期共存。④ 磁带是最早出现的磁性存储载体，其标准化程度高。⑤ 磁带是串行记录，存取速度慢；磁带是接触式工作，易使磁带、磁头磨损。

磁带作为存储载体宜用的原因在于：数据存储按顺序进行处理，并且在每次处理过程中几乎对文件的全部记录都要读取；数据存储量大而读取次数较少，如电子档案；适于作硬磁盘的备份载体，特别是在网络环境下，为保护数据而进行备份的载体。

磁带库是基于磁带的备份系统，磁带库由多个驱动器、多个槽、机械手臂组成，并可由机械手臂自动实现磁带的拆卸和装填。它能够提供同样的基本自动备份和数据恢复功能，但同时具有更先进的技术特点。它可以多个驱动器并行工作，也可以几个驱动器指向不同的服务器来做备份，存储容量达到 PB(1PB＝100 万 GB)级，可实现连续备份、自动搜索磁带等功能，并可在管理软件的支持下实现智能恢复、实时监控和统计，是集中式网络数据备份的主要设备。

5.2.1.3　硬磁盘

美国 IBM 公司 1956 年发明了硬磁盘，以铝镁合金作为盘基材料，在盘的双面涂上 r—Fe2O3 磁性层，磁盘高速旋转，磁头在盘面上伸缩运动寻找目的磁道，写入或读出数据，其工作方式是半随机存取方式。硬盘可以由多片组成盘组，存储容量很大，已经成为计算机的标准配置。硬磁盘一般由磁盘片、磁头、步进电动机、螺孔、外壳、数据线插座、电源插座、控制线插座、跳脚等组成。按硬盘采用的接口分类，一般有 ESDI 硬盘、IDE 硬盘、EID 硬盘、SCSI 硬盘、USB 硬盘、1394 硬盘以及 SATA(串行)硬盘；按硬盘的规格来分类，有 5.25 英寸、3.5 英寸、2.5 英寸硬盘、1.8 英寸和微型硬盘；按使用方式可分为固定硬盘和移动硬盘。

硬磁盘有以下特点：① 存储容量大，硬磁盘的存储容量一般为几兆字节到几千兆字节，甚至可高达上万兆字节。② 随机存储方式，存取速度快，平均存取时间 25ms(毫秒)。③ 数据传输率高，由于记录密度高、磁盘转速快，其数据传输率最高可达每秒 15 兆字节。④ 可靠性高。通常地，硬磁盘与驱动器装在一起，构成一个密闭系统，不易受周围环境影响，所以工作稳定性好、可靠性高。

一般地，硬磁盘宜作为网络数据传输的在线存储载体，而不宜作为电子文件的长期存储的唯一载体。

磁盘阵列(Redundant Array of Inexpensive Disk，RAID)，是当前一种比较流行、比较成熟的存储设备，具有容量大、数据传输速率高、功耗小、体积小、成本低和便于维护的特点，因此为许多大型系统所采用。许多数字图书馆项目都用磁盘阵列设备来作为其信息资源的存储设备。

5.2.1.4　闪存盘和存储卡

闪存盘和存储卡是指基于半导体闪存芯片的各种存储载体。闪存盘主要有 U 盘、酷盘、易盘、大拇碟等，存储卡有 CF(Compact Flash)卡(数码相机用)、SM 卡(Smart Media 卡，又称智能卡)、MMC 卡(MultiMedia 卡，又称多媒体卡)、SD 卡(SecureDigital)、XD 卡(XD Picture Card)、记忆棒(MemoryStick)等。

闪存卡和存储卡体积小，携带方便，且具有一定的寿命，在日常办公过程中能够便利地拷贝、转移电子文件。

5.2.1.5　缩微胶片

微缩胶片是将纸质档案文献信息通过光学技术转移到特殊格式的胶片上的一种信息存储载体。历史上，在档案部门、金融部门、卫生部门等得到应用。

从规格上看，缩微胶片有平片和卷片之分。前者指 105×148mm 的平片，可以拍摄 98 页原件；后者包括 16mm 和 35mm 两种型号。

早期，有些机构为了节省库房存储空间，将档案进行缩微处理，形成了缩微胶片档案。当前，这些机构在档案数字化过程中，又通过模数转换，将缩微胶片档案转换成电子档案；也有些机构，为了长期保存电子档案（文件），通过数模转换，将已经形成的电子档案（文件）转换为缩微胶片进行保存，于是，又形成了以缩微胶片为载体的电子档案（文件）。当然，模数转换、数模转换都是在一定的设备下完成的，这是近年来国内外档案信息化设备的一个重要方面。

综合起来看，这些缩微胶片具有如下特点：① 技术成熟及稳定性高，存储密度大，节约存储空间。经过了 150 多年的发展，缩微技术已经成为一种非常成熟和稳定的技术。采用该技术，可以有效地缩小存储空间。以缩微平片为例，若按每张平片拍 98 页原件计算，记录重 5 吨、体积为 6 立方米的 100 万页的纸质原件，缩微胶片的总重量只有 15 公斤，体积仅为 0.01 立方米，是纸质原件体积的 1/600。② 具有法律效应，可以有效地保护原件。因为缩微平片可以作为法律凭证依据代替原件提供利用，因此可以有效地保护原件。③ 寿命长，有助于长期保存信息。实验表明，安全片基银盐缩微胶片可以保存 800 年以上。同时，这些缩微胶片还可以一代一代地复制，从而达到延长信息寿命的目的。

5.2.1.6 云存储

云存储是计算机技术发展到一定阶段的产物，是云计算发展带来的新概念。它是指通过集群应用、网格技术或分布式文件系统等功能，将网络中大量各种不同类型的存储设备通过应用软件集合起来协同工作，共同对外提供数据存储和业务访问功能的一个系统，是一个以数据存储和管理为核心的云计算系统。它是一种网络在线储存（Online storage）的模式，可以将电子文件存放在通常由第三方代管的多台虚拟服务器上，进而进行电子文件存储和服务。

云存储并不是指某一个具体的设备，而是指一个由许许多多个存储设备和服务器所构成的集合体。使用云存储并不是使用某一个具体的存储设备，而是使用整个云存储系统带来的一种数据访问服务。从载体角度考虑，云存储并不是一种具体的载体，而是宽带网络环境下 Web 2.0 技术发展带来的一种网络载体存储形式。

目前，云存储存在以下几种类型：

（1）公共云存储

像亚马逊公司的 Simple Storage Service（S3）和 Nutanix 公司提供的存储服务一样，它们可以低成本提供大量的文件存储。供应商可以保持每个客户的存储、应用都是独立的、私有的。目前，以 Dropbox 为代表的个人云存储服务是公共云存储发展较为突出的代表，见表5-2。

表 5-2　　　　国内外代表性个人云存储产品比较①

特性＼产品	Dropbox	Google Drive	SkyDrive	iCloud	百度云	金山快盘	华为网盘	360云盘
推出年份	2007	2012	2012	2011	2012	2010	2009	2012
初始免费空间	2GB	15GB	7GB	5GB	5GB	5GB	5GB	5GB
完成任务免费扩容	✓	✗	✗	✗	✓	✓	✓	✓
付费扩容（最低）	100GB 9.9美元/月	100GB 4.99美元/月	20GB 10美元/年	10GB 20美元/年	15GB 7.5元/月	✗	10GB 28元/年	✗
付费扩容（最高）	500GB 49.99美元/月	ITB 49.99美元/月	100GB 50美元/年	50Cloud 100美元/年	100GB 50元/月	✗	10TB 28000元/年	✗
文件大小限额	网页300MB 客户端无限制	10GB	2GB	免费账户25MB 付费账户250M	4GB	网页300MB 客户端2GB	1GB	网页360M 客户端5GB
网页版	✓	✓	✓	✓	✓	✓	✓	✓
Windows 客户端	✓	✓	✓	✓	✓	✓	✓	✓
Linux 客户端	✓	✗	✗	✗	✗	✓	✗	✗
Android 客户端	✓	✓	✓	✗	✓	✓	✓	✓

---

①　周耀林，赵跃. 基于个人云存储服务的数字存档策略研究［J］. 图书馆建设，2014（6）：23.

续表

特性 \ 产品	Dropbox	Google Drive	SkyDrive	iCloud	百度云	金山快盘	华为网盘	360 云盘
iOS 客户端	✓	✓	✓	✓	✓	✓	✓	✓
BlackBerry 客户端	✓	✗	✗	✗	✗	✗	✗	✗
OS X 客户端	✓	✓	✓	✓	✓	✓	✗	✗
Windows Phone 客户端	✗	✗	✓	✓	✓	✓	✗	✓
QQ、微博等账号快捷登录	✗	✗	✗	✗	✓	✓	✓	✗
离线任务	✗	✓	✓	✗	✓	✗	✗	✓
好友共享	✓	✗	✗	✗	✓	✓	✓	✓
外链共享	✓	✗	✗	✗	✓	✓	✓	✓
共享目录	✓	✗	✓	✗	✓	✓	✗	✓
共享文件	✓	✓	✓	✓	✓	✓	✓	✓
搜索功能	✓	✓	✓	✓	✓	✓	✓	✓

（2）私有云存储

私有存储云是针对公有存储而言的，它只对受限的用户提供相应的存储服务以及相应的服务质量。只要用户需要时，私有云就提供存储空间。同时，云中的数据可以随时访问，是高效、可靠、安全的电子文件存储方式。赵海峰认为，基于云存储的数字档案资源存储方案，利用私有云存储技术既能保持及优化现有存储访问速度，又能实现安全备份容灾和容量动态增长①。尚珊、王岩在分析"云存储+智能终端"的管理模式时，认为该模式的

---

① 赵海峰. 基于云存储的档案数字资源存储方案研究[J]. 云南档案, 2013(9)：23.

核心思想是"使用移动网络和 Wi-Fi 网络在智能终端上访问档案系统私有云中的档案信息"①，也就是私有云中电子文件等档案信息的获取与利用。

（3）混合云存储

混合云存储是将公共云、私有云结合在一起进行存储，主要用于按客户要求的访问，特别是需要临时配置容量的时候。从公共云上划出一部分容量配置一种私有或内部云，对于机构在面对迅速增长的负载波动或高峰时很有帮助。尽管如此，混合云存储带来了跨公共云和私有云分配应用的复杂性。

目前看来，电子文件云存储在节省投资费用、简化管理、远程访问、备份、归档和灾难恢复方面具有一定的优势。与此同时，云存储也面临着风险，如云存储服务提供商的差异性、云存储平台的安全性、云存储下数字档案信息的安全性以及云存储的技术标准等②。此外，云存储的建设投资成本也值得关注。

5.2.2　电子文件保管载体的优选

电子文件的存储载体种类繁多，性能各不相同，用于长期保存的电子档案存储载体，在选择时应遵循以下原则③：一要尽量选择有国际和国家标准的载体；二要有发展前途的，其使用的软硬件应有多个供应渠道；三要载体内在性能稳定，耐久性得到公认；四要能较方便地进行保护；五要载体及其记录所必备的软硬件价格便宜并为用户所能接收；六要能较容易地检测出载体的质变现象，以便能在载体变化之前将文档复制到新的载体上。

根据国家相关标准，电子文件保管载体依据其性能不同，保管方面存在差异，用途各有侧重点，可以按照表 5-3 的顺序推荐使用。

表 5-3　　　　　　　　　　　　电子文件保管载体性能排列

序　号	存　储　载　体	用　途
1	只读光盘（CD-ROM）	脱机保存、备份、查询
2	可记录光盘（CD-R，DVD-R）	脱机保存、备份、查询

① 尚珊，王岩."云存储+智能终端"的档案管理模式初探[J].山西档案，2013（6）：53.

② 王澄.论云时代下的档案应用模式[J].才智，2014（14）：306.

③ 丁海斌，赵淑梅.电子文件基础管理[M].北京：中国档案出版社，2007：218.

续表

序　　号	存 储 载 体	用　　途
3	数据磁带	数据备份
4	可擦写光盘	临时存储、数据交换
5	硬磁盘	临时存储、数据交换
6	闪存盘，存储卡	临时存储、数据交换

电子文件保管载体的差异性决定了各个部门需要根据实际情况选择载体。

（1）作为积累的电子文件载体

无论是在办公自动化（OA）过程中还是在电子计算机辅助设计（CAD）、辅助制造（CAM）过程中产生的电子文件，在其存储和下载时都是保存在一定的载体上。网络上传输的电子文件也是如此。在归档前的一段时间可存储在软磁盘、磁带、闪存卡、存储卡上，或者存储在大容量的可擦写光盘上，这样做既经济又方便电子文件的利用和暂时保存。在网络上传输的电子文件其存储载体选择是硬磁盘。

（2）作为移交的电子文件载体

实践中，不少单位用光盘、U盘或移动硬盘作为电子文件转移的载体。根据国家档案局2012年颁发的《电子档案移交与接收办法》，移交电子文件时需要用光盘作为载体。从这个角度看，光盘是脱机移交电子文件的最佳载体。各类光盘中，以CD-R为优选。而"CD-R中，以含酞菁染料的CD-R光盘的质量最为稳定，更适于用作存档载体"。① 总体看来，归档电子文件载体的选择需要依据归档载体本身的属性、档案部门的成本预算和归档选择的储存方式进行确定②。

（3）作为长期保存的电子文件载体

电子文件一旦作为电子档案长期保存，就应选择性能稳定、检索方便、显示还原容易的载体，同时要考虑保存期限。对于大量的电子计算机辅助设计（CAD）、辅助制造（CAM）的产品，可存储在可记录光盘上。对于办公自动化（OA）产生的电子档案也可选择只读光盘和可记录光盘或磁带。对于永久保存的特别珍贵的电子档案，如建筑图纸、重要文献资料、有法律效力的凭证文件等，则应转到纸张或缩微品上。此外，最新出现的云储存也可以长

---

① 周耀林. 存档光盘质量的比较研究［J］. 档案学研究，2003（6）：42.
② 周洁. 电子文件归档问题研究［D］. 苏州：苏州大学，2013：40.

久地保存电子文件。

　　各种电子文件载体中，磁光混合存储备份模式成本较低、简单、安全。其中，磁盘阵列用于存储访问频率较高的"热数据"，光盘上保存至少一套完备的归档数据；对于大量光盘数据的管理，可以根据应用的需求和投资预算情况来确定近线管理和离线管理的配比①。当然，从目前档案部门积累和新产生的电子文件看，云存储应用于电子文件保存将会是发展的趋势。

5.3　电子文件保存格式的选择

　　有些国家档案馆可以接收的电子文件格式尽量地少，以免给档案馆的管理带来负担，从而提高归档电子文件的规范性。例如，英国公共档案馆可以接收的文件格式主要有 PostScript、TIFF、SGML、PDF 和界定文件格式。有些国家则对格式方面显得宽容，存在着不同的存档格式。例如，加拿大图书档案馆对电子文件移交的格式有细致的要求，它将信息类型分为十二类，每一类都给出推荐格式以及可被接收的格式，见表 5-4②。

表 5-4　　　　　　　　加拿大图书档案馆的电子文件格式要求

信息类型	推 荐 格 式	可被接收的移交格式
文本	· 电子图书的 EPUB · 可扩展的超文本标记语言（XHTML） · 可扩展标记语言（XML） · 超文本标记语言（HTML） · 多用途 Internet 邮件扩展（MIME） · 开放文档格式（ODF） · 长期保存的 PDF 格式（PDF/A） · 富文本格式（RTF） · 标准通用标记语言（SGML） · 文本（纯文本）	· 办公套件： 　微软 Office 包括：Word 文档格式，Excel 电子表格格式，简报格式 　WordPerfect 的套件包括：WordPerfect 文档格式，Quattro Pro 电子表格格式，Corel 简报格式 　Lotus Smartsuite 包括：WordPro 文档格式，1-2-3 电子表格格式，自由图形格式 · 便携文件格式（PDF）

---

　　①　杨重高. 数字档案资源的安全存储[J]. 中国档案，2014(11)：57.

　　②　Digital Policies, Guidelines and Tools [EB/OL]. [2010-12-12]. http：//www. collectionscanada. gc. ca/digital-initiatives/012018-2210-e. html#c.

信息类型	推 荐 格 式	可被接收的移交格式
音频	· 广播波形格式（BWF）（适用于最新的数字信息）（如创建） · 波形音频格式（WAV）（迁移原本的数字音频信息）	· 音频交换文件格式（AIFF） · MPEG-1 的第三层，Mepg-2 的第 3 层（MP3） · AAC · 乐器数字接口（MIDI） · 视窗媒体音频（WMA）
数字视频	· 动态 JPEG2000	· 音频视频交错格式（AVI） · 运动图像专家组 MPEG-2 · 运动图像专家组 MPEG-4 · QuickTime（MOV） · Windows 媒体视频（WMA）
静态图像	· 联合图像专家组（JPEG） · 联合图像专家组 JPEG2000（JP2） · 标记图像文件格式（TIFF） · TIFF—GeoTIFF	· 医学数字成像和通信（DICOM v. 3.0） · EPS · 图形交换格式（GIF） · 便携式网络图形（PNG）
网页存档	· Internet 归档格式（ARC） · Web 归档格式（WARC）	
结构化数据库	· 关系型数据库 SIARD · 使用 DDL 分隔的平面文件	· dBASE 格式（DBF）
结构化数据统计和定量分析	· DDI 3.0 · DexT · SDMX · 分隔平面文件的数量说明	· SAS · SPSS
结构化系统数据	· XML 容器	

续表

信息类型	推 荐 格 式	可被接收的移交格式
地理空间	· ISO 19115 地理信息—元数据（NAP-Metadata）（北美规格）	· 加拿大测绘理事会交换格式 CCOGIF · 数字高程模型（DEM） · 数字线性制图—level3（DIG-3） · ESRI 输出格式—（E00） · ESRI 形成文件格式（SHP） · IHO S-57 3.1 版
计算机辅助设计—制图	· 绘图交换文件格式/数据交换格式（DXF 格式）	· 计算机绘图图元文件（CGM）
计算机辅助设计—案例	· XML 元数据交换（XML）	
源代码和脚本	· XML	· 纯文本

　　在我国，进馆电子文件类型包括文本、图像、图形、数据、音频、视频等多种形式，覆盖了至少 22 种文件格式，其范围远大于《电子文件归档与管理规范》规定的通用格式，无形中给档案馆带来了工作负担，同时也不利于电子文件长期保存的真实性、完整性、可靠性、可用性、安全性。实践中，鉴于现有电子文件以图片格式为主、文本格式为辅，可以从电子文件的长期保存及高效利用两方面入手，电子文件"文"和"图"合成双层 PDF 格式文件，从而达到既能实现全文检索又能维持档案原貌的效果①。同时，档案部门在接收电子文件时，对于非常用格式的电子文件，需要转化成标准格式文件归档保存。②

　　总之，电子文件长期保存格式选择需要从技术发展的角度，从电子文件形成、流转到暂存，都需要选择相应的格式，并通过标准进行规范。

---

① 程媛媛．收集原生电子档案应"图文并存"[J]．档案管理，2015（4）：42.
② 见雪冬．电子文件归档中存在的问题及建议[J]．北京档案，2015（9）：35-36.

5.4 电子文件保管环境的调控

电子文件保管环境，正如联合国教科文组织发布的《数字遗产保护章程》指出的那样："全世界的数字遗产正濒临丢失的危险。……除非这种上升的危险被加以注意，否则数字遗产的丢失是快速和无法避免的。"①国际标准 ISO15489《信息与文献——文件管理》中有 20 多处提及风险、风险评估、风险分析、风险管理等概念，内容涉及制定文件管理规划，确定文件管理战略，选择文件保存战略和灾难恢复计划等多个方面。② 因此，适时地评估电子文件的安全保管，对于电子文件管理而言，是一项比较重要的措施。目前看来，影响电子文件保管环境主要包括自然环境、技术环境和人为环境三个方面。与此同时，无论是哪种保管环境，都需要防范突发灾害的发生。

5.4.1 自然环境的调控

电子文件无论是生成还是保管，都离不开自然环境因素。自然环境灾害主要包括水灾、火灾(如雷电起火)、洪水、地震、海啸等突发的自然灾害，也包括日常的电子文件保管过程中所面临的问题，包括温湿度控制、光照控制、灰尘控制等。

5.4.1.1 温度、湿度管理

根据《磁性载体档案管理与保护规范》的规定，推荐最佳保管温度为18℃，相对湿度为 40%。尽管该标准是针对磁性载体的，并不能囊括电子文件载体的全部，但给电子文件温湿度管理提供了依据。一般地，电子文件管理的环境温度要求是：17℃~20℃；相对湿度选定范围：35%~45%。

(1)高温

有利于有害生物的繁殖，各种微生物在最适宜生长温度范围内，温度每升高 10℃，其生长速度可加快 1~2 倍，霉菌生长的最适温度一般为 20~35℃。档案害虫生长的最适温度为 22℃~32℃。高温还可加速各种有害化学杂质对电子文件保存载体的破坏作用。一般温度在 10℃以上，每升高 10℃，各种化学反应会加快 1~2 倍，所以，预防高温是电子文件保管过程中需要

---

① UNESCO. Charter on the Preservation of the Digital Heritage[EB/OL]. [2015-10-12]. http://www.unesco.org/.

② 安小米等译. 文件管理国际标准 ISO15489[J]. 城建档案，2002(2)：3.

特别注意的。

（2）高湿

潮湿有利于档案有害生物的生长和繁殖。霉菌的生长湿度一般在75%以上，档案害虫体内正常含水量占体重的44%~67%，这些水分的获得和保持都和环境空气湿度有关。库房潮湿还会促进空气中的有害气体、灰尘等不利因素对电子文件保存载体的破坏作用。

环境温湿度一旦选定后，在24小时内，温度变化不得超过3℃，相对湿度变化不得超过5%。另外，特别注意存储电子文件的磁性载体温度、湿度与库房温度、湿度的相差范围应分别在±3℃、±5%，否则在使用前，将磁性载体在使用环境中平衡3天以上。

对于光盘而言，不同类型的光盘，即使通过相同的温湿度处理，其质量存在差异①，在不同的温湿度处理后，其质量差异更大，因此需要严格地控制环境温湿度。相对而言，缩微胶片具有较高的温湿度稳定性，而U盘在温湿度方面的变化则缺乏研究。

5.4.1.2 防光

光向外辐射时会产生热量，这种光辐射热就会影响电子文件保存载体的耐久性。各种光线中，紫外线对电子文件有很大的破坏力，是防范的重点。

光线能与电子文件制成材料发生氧化反应，使磁盘、磁带、光盘的盘基、带基老化，脆性增大，强度下降；同时，紫外线的能量足以破坏磁性载体的剩磁的稳定性，导致信号衰减，影响磁性记录信息的读写效果。因此，保管过程中，电子文件各种载体都需要尽量避光保存。出于利用的目的，也尽量避光。

5.4.1.3 防空气污染

空气中有害气体常见的有二氧化硫（SO_2）、硫化氢（H_2S）、二氧化氮（NO_2）、氯气（Cl_2）、臭氧（O_3）等。它们在一定条件下，可沉积和吸附在其载体表面，分解出酸性化合物等有害物质，腐蚀、破坏其载体，致使盘基、带基老化变质，磁粉脱落，还可能产生各种色斑，造成电子文件信息丢失，盘体、带体损坏。

试验表明，只读光盘置于10ppm浓度的二氧化氮下试验六周（环境温湿度为23℃、50%），其块错误率（BLER）在六周内变化了40.6%，这种影响

---

① 周耀林. 馆藏CD-ROM长期可读的策略研究[J]. 图书情报工作，2004（7）：74.

是非常明显的①。

空气污染除了气态污染物外，还有固态污染物，即灰尘，也是日常的电子文件保管过程中需要强调的一个重点。

灰尘会给电子文件保存载体带来机械损伤、化学损伤等②。灰尘多是固体，多带有棱角，在整理、保存、利用过程中，会引起灰尘对电子文件保存载体的摩擦，使其受到损伤；灰尘会增加酸、碱度。灰尘能吸收空气中的有害气体而带有酸、碱性，有些灰尘本身就带有酸、碱性，因此灰尘落在电子文件保存载体上，就会带来酸、碱性，对电子文件保存载体起腐蚀破坏作用；灰尘是传播霉菌孢子的媒介。霉菌的孢子吸附在灰尘上，随空气的流动而四处扩散。由于灰尘同时还具有吸湿性，所以也是微生物寄生与繁殖的良好场所。灰尘落在电子文件保存载体上，就有可能给电子文件保存载体带来霉变，载体发霉后，不仅会使数据丢失，而且会污染驱动器读写磁头，甚至会不断传染给其他载体。

电子文件防光的措施包括：① 密闭，将密闭的重点放在门窗上；② 改善档案库房建筑，设法阻止光线尤其是紫外线直接射入库内；③ 改善存放电子文件保存载体的保护条件，实行避光保存，包括小范围的电子文件载体封套保存、箱柜保存等，以最大限度地减少利用过程中的曝光时间和曝光强度；库房尽量使用无紫外线灯光照明；④ 净化空气，可以利用相关的设备进行环境净化。

5.4.1.4 防有害生物因子

危害电子文件载体的有害生物因子主要包括微生物、害虫以及鼠类。不同地区发生危害的情形有所不同。

危害电子文件载体的主要生物因子是微生物，包括细菌、霉菌和真菌，以霉菌为主。在档案库房中常见的霉菌有 50 余种。霉菌可使电子文件保存载体变质，生成霉斑，还会分解出有机酸，从而使物酸性急剧增加。

因此，在防治有害生物因子时，主要措施包括：

① 密闭。密闭的重点是门窗。

② 预防。预防是主动的措施，重点是环境条件的控制(控制温湿度、搞好库内卫生、杜绝霉菌进入库房的渠道、防氧封存)，必要时候可以采取化

---

① 周耀林.关于光盘的可读性研究[J].图书情报知识，2013(4)：56.

② 周耀林，戴旸，林明.档案文献遗产保护[M].武汉：武汉大学出版社，2012：152.

学预防(防霉剂的使用方法：添加剂法、浸渍法、喷雾法、涂布法、熏蒸法)。

③ 消毒。一旦电子文件载体被生物因子感染，就可以采取化学消毒(熏蒸或擦拭，常用化学药剂有甲醛、邻-苯酚、环氧乙烷)和物理消毒(真空消毒、远红外消毒、微波消毒、钴 60-γ 射线辐射消毒)。

上述措施不仅针对电子文件而言，对于其他类型的文件、档案的保护也是适用的。因此，需要针对电子文件载体的特性，加强针对生物因素破坏的专门性应用。

5.4.1.5 防外磁场

目前，电子文件存储的主要载体之一是磁性载体。外来磁场作用于磁性载体上，能使磁性涂层的剩磁发生消磁或磁化，造成信号失落或磁噪比降低，破坏记录信息，影响读出效果。因为磁记录就是通过磁头产生的磁场在磁性载体上使微小的磁粉与电信号波形相对应排列而形成，当强磁场与磁记录距离很近时，就会改变其磁道的磁化方向，破坏磁粉按录入信号的排列，改变原有磁记录的状态，从而导致信息丢失。经调查，30 奥斯特的外磁场强度就会对磁性载体产生磁化效应；外磁场强度超过 50 奥斯特能产生明显的退磁，就有可能将磁性载体上的信息抹掉。

在电子文件保存和使用过程中，一定要远离强磁场，确保不受磁场的破坏，磁性载体与磁场源(永久磁铁、马达、变压器等)之间的距离不得少于 76mm，尽量避开电动机、发电机、变压器、电视机、扬声器、耳机、话筒、放大器、消磁器、无线电装置等；可使用软磁物质(软铁、镍铁合金等)支撑箱柜，对磁场进行屏蔽；在存有重要电子档案的库区设置测磁设备，以检测隐蔽的磁场。当然，当电子文件存放载体数量较大时，可以采取专门库房保管；当电子文件存放载体数量较少时，可以箱柜保存。箱柜放置方法，可以营造一种特殊的微气候，包括防磁、防光、防尘以及适宜的温湿度等，有助于电子文件的长期保存。

5.4.1.6 防机械外力

机械外力造成的震动也能对电子文件载体产生破坏。以磁性载体为例，磁盘、磁带在驱动器内高速运行，长期使用会使它们摩擦损伤，使记录信息丢失；同时，强烈的震动，也会影响磁性载体中的磁物质内部磁分子的排列次序，造成剩磁衰减，破坏已记录信号。在保存和传递过程中，也会因摩擦、划伤、弯折等现象而引起磁记录载体、光盘和半导体记录载体的损坏。

因此，在保存电子文件过程中，需要注意做好减震防冲工作。例如，硬盘驱动器应平放固定,防止发生震动,硬盘驱动器执行读写操作时,不要移动或碰撞工作台,以免磁头划伤盘片,造成盘片上的读写错误。光盘、半导体载体需要轻拿轻放,以竖立放置为佳,避免堆放或平放,尽量采取特定的包装材料进行保管。

5.4.2 技术环境的风险控制

电子文件保管的技术环境是指电子文件形成和存在所依赖的信息技术和信息设备,技术环境的不稳定会导致电子文件的真实性与完整性面临风险。

电子文件信息设备风险包括硬件、系统软件、网络及机房的风险。缺乏信息技术基础设备应具有的基本条件,如软硬件性能缺乏稳定性、安全性、容错性、可靠性与可维护性等,都会对电子文件的真实与完整构成威胁;系统空间容量不足;备份过程、数据传输过程欠缺安全保护措施及准确性;系统功能对电子文件真实完整性需求的满足程度不够;机房的交流电源、备用电源设施及安全保护措施不当等,都有可能导致电子文件信息变更与丢失[1]。

信息技术的进步,一方面为信息化的普及和应用的深入提供了良好的条件,另一方面也为安全管理带来了诸多隐患。目前,电子文件面临的主要技术风险有:

(1)"黑客"攻击

"黑客"攻击的主要手段包括:窃取口令、强行闯入、窃取额外特权、植入"特洛伊木马"、植入非法命令过程或者蠕虫程序、清理磁盘等。而且,随着网络的发展,"黑客"技术主要表现为网络攻击,包括通过网络监听获取用户账号和密码;利用文件传输协议,采用匿名用户访问进行攻击等。"黑客"对于网络信息系统的危害是不言而喻的,它将导致信息泄密、拒绝服务甚至系统崩溃等严重后果。

(2)计算机病毒

计算机病毒是隐藏在合法程序中的一种程序段,它具有自我繁殖扩散的能力,能将自身复制到其他合法程序或数据文件中。计算机病毒具有破坏性、传播性、潜伏性和扩散性等特点。随着计算机的普及和网络的发展,计算机病毒种类增加,传播范围扩大,扩散速度加快,破坏性也越来越大。因此,对电子文件的防病毒工作丝毫不能松懈。

---

① 刘家真. 电子文件管理理论与实践[M]. 北京:科学出版社,2003:137.

此外，影响电子文件信息安全保管的因素还包括非授权访问、破坏数据完整性等。

从日常管理看，需要在认识技术环境的基础上，采取一定的技术措施防治。尤其是在网络环境下，采取安全的网络技术显得尤其重要，包括：

① 物理安全技术，即保护计算机网络设备、设施以及其他媒体免遭地震、水灾、火灾等环境因素和人为操作失误及各种计算机犯罪行为导致的破坏。它主要包括三个方面：a) 环境安全，即对系统所在环境的安全保护措施，如区域保护和灾难保护。b) 设备安全，即设备的防盗、防毁、防电磁信息辐射泄漏、防止线路截获、抗电磁干扰及电源保护技术和措施等。c) 媒体技术，即媒体数据的安全及媒体本身的安全技术和措施。

② 网络安全技术。目前，以防火墙技术为常用，通过在网络边界上建立相应的网络通信监控系统，达到保障网络安全的目的。此外，可以采取入侵检测技术、加密技术、虚拟专用网络技术、身份验证技术等保障电子文件的安全。

总之，从技术方面考查，建立电子文件安全管理的技术规范是必要之举。

5.4.3　电子文件保管的人为环境

电子文件的保管离不开人的因素。人的活动对电子文件的保管产生重要的影响。信息系统安全管理的经验和教训也表明，单纯考虑技术因素来实现信息安全是不可靠的，只有综合考虑影响安全问题的各种因素，才能为电子文件的保管制定比较完善的安全管理策略。

统计数字表明，信息安全事件中的 60%~70% 起因于内部[①]。因此，建立一支高度自觉、遵纪守法的专业化的人员队伍是保证计算机系统安全最重要的环节。

电子文件的保管机构、场所也是电子文件安全管理的重要因素，而机构内部因素涉及电子文件管理业务、信息基础设施、系统设计、制度制定等因素。电子文件安全需要在管理和组织层面的保障，即建立专门的电子文件管理制度，包括机房制度、保密制度、岗位责任制度、统计制度、利用制度等，可以有效地防止电子文件保管的风险。

从社会层面看，同纸质文件一样，电子文件保管过程中也可能会遭遇到

---

① 冯惠玲. 政府电子文件管理[M]. 北京：中国人民大学出版社，2004：280.

暴力、战争、盗窃、破坏、交通事故等人为灾害，都可能危及计算机工作环境、存储介质以及通信线路的安全与完整，进而影响到电子文件的安全，因此，一个稳定的社会环境有利于电子文件的保管。

此外，突发的灾害，例如火灾、地震、洪水、盗窃，甚至战争等人为或自然因素的破坏，也会给电子文件安全造成威胁。为避免和减少突发事件造成难以挽回的损失，做好电子文件异质异地备份工作十分重要。

5.5 电子文件的统计

《电子文件归档与管理规范》（GB/T 18894-2002）规定："档案保管部门应及时按年度对归档电子文件的接收、保管、利用和鉴定销毁情况进行统计。"电子文件的统计是统计方法与技术应用于电子文件管理工作的过程，它具有统计工作和电子文件管理工作的双重性质。电子文件统计是定量认识电子文件和电子文件工作的工具，是对电子文件施行科学管理的重要手段。随着电子文件工作的深入发展，电子文件统计工作作为电子文件管理的"指示器"和"校正器"的作用正在不断地完善与强化。

5.5.1 电子文件统计的任务和要求

5.5.1.1 电子文件统计的任务

电子文件统计工作是通过数字和报表，掌握和解释电子文件宏观管理和微观管理情况的一项电子文件管理业务工作，其基本任务是：

① 组织各种形式的电子文件统计调查，收集有关电子文件工作现状的统计资料，既检查了电子文件有无遗失情况，又做到管理过程心中有数；

② 对收集来的统计资料进行统计分析，以便对电子文件工作的发展做出科学的评价；

③ 为档案专业主管部门和国家统计部门提供统计资料，实行统计服务和统计监督；

④ 根据统计资料，对电子文件的发展进行预测，并提供预测材料。

5.5.1.2 电子文件统计的要求

电子文件统计工作是一项科学性很强的工作，必须符合以下各项要求，才能保证统计的质量和效果。

① 目的明确。目的明确是保证统计工作有效性的前提。统计工作目的是确定具体统计方法的依据，只有针对具体目的才能确定统计指标体系和统

计分析的方法。

②数据准确。电子文件的统计工作是从电子文件及其管理工作的质和量的辩证统一中研究它的数量关系，用数字语言来表现事实的。数据的准确性是电子文件统计工作的生命，失去准确性和真实性的统计是毫无意义的。

③保持连续。电子文件的统计工作需要持续进行。对有关内容的统计，一定要有始有终，不能间断。时断时续或有始无终的统计数据难以保证其准确性，也无法反映统计对象发展变化的规律，影响统计工作的质量与效果。

④保证及时。及时是保证统计准确、维护统计纪律、实现统计目的的重要条件。及时性要贯穿统计工作的全过程，在搜集原始数据、对原始统计数字的整理，对统计资料的分析、研究以及在规定期限内填报统计报表等方面，都应体现出及时性的要求。

5.5.2　电子文件统计的程序

电子文件统计工作程序大致可以分为统计设计、统计调查、统计整理和统计分析四个阶段。

5.5.2.1　统计设计

统计设计是统计工作的前期准备阶段，其目的是对统计工作的目标、具体任务、进程、方法等进行统筹规划。在统计设计的方案中，对统计项目（指标）、名称及含义、计量单位、填报与计算方法、表格、所采用的分析技术、拟解决的问题以及统计所涉及的时间和空间范围、工作进度和完成时限等，要给予明确规定，以保证统计工作有序进行。

5.5.2.2　统计调查

统计调查是为了取得各种原始数据。为了取得这些数据，统计调查可以按照不同的调查范围分为普遍调查、抽样调查、专题调查和重点调查等类型，按其调查目的可分为常规调查与临时调查等形式，各种调查方式所采用的基本方法是一致的。

①统计报表法，即按照单位或部门的隶属关系分发统计调查表，由被调查单位根据各种原始记录，按统一的要求和方法向有关单位提供统计数据。

②直接观察法，指电子文件统计人员亲临调查现场，对调查对象进行观察计量或点数的方法。

③采访法，具体可分为口头询问法和问卷法。口头询问时，仍需要对调查的结果进行登记。问卷法需要在设计好的问卷上，通过被调查单位或机

构进行填写，或者调查人直接填写有关调查结果。

总之，电子文件统计调查应根据调查的任务、对象和条件的不同，具体选择适当的方法，以便高质量、高效率地完成统计任务。

5.5.2.3 统计整理

统计整理是根据电子文件统计工作的目的和任务，对统计调查取得的原始统计资料进行科学的分类、汇总和综合，使其系统化和条理化，以便揭示出各相关因素之间的内在联系，反映统计对象的总体特征，为统计分析创造必要的条件，从而为统计分析提供规范、系统的数据。统计整理的方法主要包括如下两种：

（1）统计分组

统计分组是对统计对象及有关数据进行分类，然后在各类内将统计对象和数据按照一定的规则进行排列或计算等处理，为下一步的统计分析提供可靠的数据基础。

统计分组按分组时所采用标准的多少，分为简单分组和复合分组两种类型。只采用一个标准分组的为简单分组；同时采用两个或两个以上的标准进行分组的为复合分组。统计分组工作通过统计表进行，其结果也是由统计表来表达的。

（2）统计表

统计表是在统计整理工作中对统计调查所获得的原始数据进行系统排列、分组、归类、计算时所使用的工具和显示形式，同时又是整理结果的表达形式。

统计表是以纵栏和横行交叉形成的表格。广义的统计表是指统计工作各环节中使用的所有表格，如统计调查表、汇总表、统计分析表等；狭义的统计表仅是指经过汇总以后，把得出的若干说明档案现象和过程的数据资料按照一定的项目顺序表现出来的表格。

电子文件统计表有特定的构成，可以通过表5-5加以说明。

表5-5　　　　　　　　　　××单位电子文件数量统计表

电子文件种类	总　数(件)	各类所在总量比例(%)
文本文件		
图像文件		

续表

电子文件种类	总　数(件)	各类所在总量比例(%)
图形文件		
音频文件		
多媒体文件		
超媒体文件		
程序文件		
数据库文件		
……		
合　　计		

表5-5中的各项内容如下：

① 总标题：它是统计表的具体名称，用来概括说明该统计表的内容或目的。总标题通常置于统计表上端中间部位，如"××单位电子文件数量统计表"。

② 表号：统计表的代号或序号，通常置于总标题的左边。

③ 横行标题：又称横目，用来反映统计表的主要项目，是统计表所要说明的总体或其各组的名称，如"总数(件)""各类所在总量比例(%)"。

④ 纵栏标题：又称纵标目，用来说明横行标题所列各项统计资料的内容，如"文本文件、图像文件、图形文件、音频文件、多媒体文件、超媒体文件、程序文件、数据库文件、合计"。

⑤ 表身：是统计表中填写数字资料的部分，反映了横行标题与纵栏标题规定的具体内容，如表中待填的内容。

统计表分为简单统计表和分组统计表两种类型。表5-5为简单统计表，表5-6、表5-7为分组统计表。简单统计表只对统计对象及数据进行排列与计算，而不进行分组；分组统计表则是对统计对象及数据进行分组统计。分组统计表按所采用分组标准的多少，又有简单分组统计表(只采用一个标准)和复合分组统计表(采用两个或两个以上标准)两种类型，需要针对机构的大小与复杂程度进行选择。

表 5-6 　　　　　　　　　 **××省档案馆电子文件利用统计表**

统　计　量		10—30 人	30—50 人	50 人以上
均值				
95%置信区间下对总体均值的估计	下线			
	上线			
5%截尾均值				
中位数				
标准差				
最小值				
最大值				
有效样本值(百分比)				

表 5-7 　　　　　　　 **××省各县档案馆的电子文件数量统计表**

规模　数字　项目	县档案馆数(个)	案卷数量(件)	案卷量与总量比例(%)	档案馆数占总馆数比例
10 万件以上				
10 万~5 万件				
5 万~1 万件				
1 万件以下				
合　　计				

5.5.2.4　统计分析

统计分析是指对电子文件统计资料进行分析、研究,以求认识电子文件管理现状和发展规律,最终形成统计结论,为电子文件管理工作中存在的问题找出解决的方法。

电子文件分析的方法较多,应根据电子文件统计工作的具体目的和需要,选择适用的方法。一般来说,常用的统计分析方法有以下几种。

(1)对比分析法

对比分析法是指对电子文件和电子文件管理工作中某些可比的对象或因素进行对照比较，如利用两个或两个以上相互联系的统计数据进行比较，以求发现区别、差距乃至规律。

（2）静态分析法

静态分析法是对电子文件和电子文件管理在某一时间或空间的状况进行分析，以了解其绝对数量或当时的发展水平。

（3）动态分析法

动态分析法是对电子文件及电子文件管理在时间上的发展变化和发展趋势进行分析，以掌握其规律。其做法是：把能说明和反映某种电子文件现象的不同时期的统计资料，以时间的先后顺序加以排列，形成动态数列（又称时间数列），然后再对不同时期的电子文件现象进行分析研究。

（4）因果分析法

因果分析法是对造成电子文件管理工作中某种情况的内外因素之间的因果关系进行分析。

（5）指数分析法

指数分析法是利用指数分析电子文件管理现象的发展动态及构成因素的影响程度的方法，它是动态分析法的深入和发展。

（6）统计预测法

统计预测是以大量电子文件统计数据为据，研究电子文件管理现象数量变化规律，进而推断电子文件管理现象未来的发展趋势，可分为静态预测和动态预测。静态预测是根据电子文件管理现象之间的依存制约关系在一定时期内具有的相对稳定性，对其进行预测。动态预测，是指根据电子文件管理现象随时间推移而发生的变化，预测其变化速度和规律。

统计分析完成后，其结果应写成统计分析报告，作为统计工作的最终成果，并提交给有关的领导机构和部门，成为领导部门进行决策、部署工作、实施领导的依据。

6 电子文件的检索利用流程

电子文件检索是描述、组织、存储和查找电子文件的过程，是电子文件提供利用的关键。电子文件检索效率的高低在很大程度上决定了电子文件利用服务的广度和深度，因此，必须遵循电子文件的形成规律和特性，制订适用于电子文件的著录规则，开发和应用科学合理的电子文件检索工具和检索系统，确保电子文件检索效率和检索质量，提高电子文件利用率，实现电子文件的价值。

6.1 电子文件检索概述

电子文件有自身的形成规律和运行环境，以及基于文件与电子信息的固有特性，这使得电子文件检索与传统纸质档案检索具有较大的差异，尤其是电子文件著录与传统纸质档案著录在功能、著录时间、著录内容、著录方式等方面存在明显的差异性。电子文件著录在时间上呈现出连续性和动态性，覆盖了电子文件的全生命过程，著录内容更为复杂、丰富，著录方式引入了元数据技术，功能也更为强大。此外，由于电子文件种类和格式的多样性，电子文件检索面临多种不同的文件类型、结构和格式。

6.1.1 电子文件检索的含义

信息检索从广义上理解包括信息的存储和查找两个过程，从狭义上理解仅指信息查找这个过程。相应地，广义的电子文件检索是指电子文件信息的存储和查找两个方面的内容，狭义的电子文件检索仅指电子文件的查找。本章所阐述的电子文件检索是广义的，既包括对电子文件信息的描述、组织和存储，也包括电子文件的查找。其中，电子文件著录和标引是对电子文件进行描述，使电子文件有序化、组织化的基础，是查找电子文件的前提和条件。

具体而言，电子文件检索包括电子文件信息存储和查找两方面的内容：

　　① 电子文件标识信息的捕获和存储，是指在电子文件全生命过程中，对电子文件的内容信息、背景信息、结构信息等进行描述、组织和存储，编制各种检索工具，在电子文件管理系统中设置电子文件检索子系统，其目的是将无序的、纷杂的电子文件信息进行有序化和组织化。

　　② 电子文件的查找，是指根据利用者的检索需求，利用检索工具和电子文件检索系统查找所需要的电子文件及其信息内容。

　　电子文件检索的全过程是：文书人员、业务人员和档案人员通过实施元数据方案，以人工或系统自动获取的方式，将反映电子文件的内容、背景、结构等信息的一系列特征捕获和记录下来，并按照一定的规则把这些特征信息组织起来，形成各种检索工具，建立电子文件检索系统；根据利用者的特定需求，利用电子文件检索系统查找所需要的电子文件信息。电子文件检索实质上应该包括这样两个阶段：电子文件信息的存储阶段（输入阶段）和电子文件信息的检索阶段（输出阶段）。电子文件信息的存储是查找电子文件信息的基础，电子文件信息检索的检全率和检准率在很大程度上取决于电子文件信息存储和组织的质量。

6.1.2　电子文件检索的种类

　　电子文件检索可以按不同的标准划分为不同的种类。

　　(1) 以检索对象的形式为划分标准

　　① 文献信息检索。通常是指对二次文献信息（题录、索引、文摘）的检索，它们是文献信息的外部特征和内容特征的综合描述，包括文献题名、著者、时间、出版项、文种，等等。信息用户通过检索获取的是原文的"替代物"。与文献信息检索相对应的是书目型数据库。

　　② 数值信息检索。是以数值或数据为检索对象的检索，如各种统计数据、自然现象观测数据、市场行情数据、企业财政数据、公式等。检索系统不仅直接提供有关的数据或数值，还能提供对数据的运算推导功能以及制表、绘图功能，信息用户可用检索到的数值信息作进一步的定量分析。与数值信息检索相对应的是各种数值数据库和统计数据库。

　　③ 事实信息检索。是以某一客观事实为检索对象的检索，查找某一事件（事实）发生的时间、地点和过程（情况）等方面的信息，其检索结果主要是客观事实或为说明事实而提供的相关资料。例如：通过公司黄页检索××公司的销售业绩、人员组成、工资情况、市场规模等信息。与事实信息检索相对应的是各种指南数据库和全文数据库。

（2）以信息检索对象的格式为划分标准

分为文本检索、音频、视频、图像检索。其中，音频与视频检索主要是针对各种数字化音频与视频信息而迅速发展的一种新兴的信息检索类型，随着媒体数字化技术和网络技术的发展，人们对数字音频与视频信息的分析和查找的需求越来越突出，基于内容的音频与视频信息检索成为信息检索研究领域的热点之一。

① 文本检索。文本检索以各种自然语言符号系统所表示的信息作为主要检索对象，是传统文献检索方式的延续，检索对象既包括早期的结构化书目信息，也包括越来越多的非结构化或半结构化的自由文本信息，检索方式包括关键词检索、概念检索及语义检索。

② 数字音频检索。音频检索可通过声音文本进行检索，也可以采用语音识别技术对声音内容进行检索。

音频文本检索是将原始的声音以文本形式存储，通过对声音文本的描述，如题目、内容特征等提供对声音的检索。语音识别与合成方式检索是由语音识别装置从语音信号中抽取相关信息转换成计算机可以理解的数据，存入语音数据库，将语音与文本信息统一，由数据库管理系统描述、编辑、加工、存储、检索，可以直接检索声音的内容。

③ 数字视频检索。视频检索是通过对非结构化的视频数据进行结构化分析，提取视频内容的特征（包含语义特征），从内容上对视频进行检索。视频检索与传统的文本检索相比，存在较大的技术难度。这是因为，视频的内容特征特别是语义特征的提取存在较大的困难，在索引建立、查询处理以及人机交互等方面也与传统的文本搜索存在很大区别。

④ 数字图像检索。图像检索也包括基于文本的检索和基于内容的检索两种方式。基于文本的图像检索沿用了传统文本检索技术，回避对图像可视化元素的分析，而是从图像名称、图像尺寸、压缩类型、作者、年代等方面标引图像，一般采取关键词查询，或者是根据等级目录浏览查找。

基于内容的图像检索技术是指通过分析图像的特征，如颜色、纹理、形状等特征，对其建立索引，存储在特征库中。用户检索时，从颜色、纹理或形状等方面描述自己所需图像的大体特征，就可在图像信息库中找到相应的图像。

（3）以系统中信息组织的方法为划分标准

① 全文检索。检索系统中存储的是整篇文章或整本书，用户检索时可根据自己的需要，从中查找获取任意的字、句、段、节、章等信息，还可以

进行各种频率统计和内容分析。

光盘技术在档案工作领域中的应用，使全文检索得以实现。全文检索系统的核心组成是全文数据库和全文检索软件。全文数据库是将一个完整的信息源的全部内容转化为计算机可以识别和处理的信息单元而形成的数据集合。全文处理采用了"一次扫描技术"，即计算机索引程序按顺序扫描文章全文，对每一个字(词)建立一个索引，指明该字(词)在文章中出现的次数和位置；用户查询时，检索程序根据建立的索引进行查找，并将查找的结果反馈给用户。这个过程类似于通过字典中的检字表查字的过程。应用全文检索软件，可以对文件全文，包括字、句、段、节、章等不同层次的内容进行编辑、加工和检索，将受控语言与自然语言检索相结合，采用布尔逻辑检索、截词检索、邻近检索、模糊检索等方法查找原文中任何细小单元的信息。

② 超文本检索。超文本是由节点(Node)和节点之间的逻辑链路(Link)所构成的一种信息组织方式。节点与节点之间通过链路相互连接，形成了错综复杂的信息网络。超文本是一种非线性的信息组织方式，超文本检索能够提供浏览式的查询，通过链路的指引，信息用户可在浏览节点内容的过程中选择进一步阅读或查询的方向。

③ 超媒体检索。超媒体系统的存储对象突破了文本，集成了图像、动画、声音等多种媒体的信息，信息的存储结构从单维发展到多维，存储空间范围在不断扩大。超媒体是对超文本的补充和发展。

6.1.3 电子文件检索系统

电子文件检索系统集成于电子文件管理系统之中，是电子文件管理系统的子系统之一。电子文件检索系统主要包括以下要素：电子文件检索系统的目标、电子文件数据库、检索语言、检索设备和装置、检索软件、检索方式等。

6.1.3.1 电子文件检索系统的构成要素

(1)系统目标

明确电子文件检索系统的服务对象、专业范围、所包含的电子文件种类、格式、载体类型、时间跨度等，从而确立电子文件检索服务所要达到的基本目标和基本任务。

(2)电子文件数据库

数据库是电子文件检索系统的最基本要素，包括电子文件目录数据库、全文数据库和多媒体数据库等。目录数据库反映了电子文件的情报特征，可以记录和识别一份电子文件，电子文件目录信息的有序集合构成了不同的检索工具。电子文件全文检索系统则以电子文件全文为检索对象，能够满足用户对一份电子文件中的任意一个字、句、段、节、章的检索需求。多媒体电子文件检索系统集成了多种媒介的电子文件信息，可提供对声音、图像、动画和视频的集成检索。

（3）检索语言

检索语言是表达电子文件主题概念及其相互关系的概念标识系统，是电子文件标引和检索的工具。检索语言是转换主题概念的依据，它的作用是将电子文件内容和检索客体的主题概念转换成检索系统可以识别和处理的标识，从而实现电子文件的检索。

（4）计算机硬件

计算机硬件是系统中采用的各种硬件设备和装置的总称。包括存储和记录电子文件的载体，用于电子文件检索的机具、装置和信息传递设备等，如光盘、缩微设备、计算机网络检索设备等。

（5）电子文件检索软件

电子文件检索软件是电子文件检索系统的核心要素之一。档案检索软件可自行开发，也可以从市场上购买。必须事先分析本单位、本系统电子文件检索需求，以电子文件检索系统服务的目标定位为依据，开发或选择电子文件检索软件。

（6）检索方式

检索方式是指电子文件检索系统操作和运行的方式，可分为文献单元方式和标识单元方式。所谓文献单元方式，是以一份文献为单元进行存储和检索，一份电子文件著录一个条目，并按检索标识的顺序进行排列，查到检索标识即可找到电子文件条目，并可查看条目中所记载的电子文件，文献单元方式又称为顺检方式或顺排文档；标识单元方式是以一个检索标识为单元，指明含有该标识的全部文献，一般只有标识和文献号（电子文档号）两个项目。检索时通过查找检索标识，即可查找所需要的有关文献。在计算机检索中标识单元方式又称为逆检方式或倒排文档。

6.1.3.2 电子文件检索系统的功能

① 根据一定的元数据方案，对档案机构所收藏的电子文件特征进行文件级和案卷级描述，并对描述、著录信息按一定方式编排、存储。

② 通过规范化的检索标识对相同和相关主题的电子文件及属于同一机

构、人物、地区、工程、产品的电子文件加以集中。

③ 对大量原始电子文件进行特征描述和系统组织，通过排序使每个检索标识都被固定在特定位置上，可以缩小查找范围，提高检索速度。

④ 提供多途径组合检索、关联检索，帮助用户迅速、准确地查到所需要的电子文件。

⑤ 通过电子文件检索系统的反馈功能，使用户和系统之间进行交互，改进系统功能，满足用户的需求。

⑥ 可输出、复制、打印或远距离检索各种电子文件检索工具，实现信息报道、传递和交换，促进电子文件资源的共享。

6.1.3.3 电子文件检索系统的组织原则

① 电子文件检索系统所收录的电子文件应尽可能覆盖全部馆藏的电子文件，利用电子文件检索系统应能查到任何一份馆藏电子文件。

② 在目录型电子文件检索系统的基础上发展全文型、多媒体型检索系统。检索界面友好易用，检索途径多样。

③ 电子文件检索系统建设应实行标准化。标准化是电子文件检索网络化的基础。

④ 对于特色馆藏、利用率高的馆藏电子文件应优先组织和开发。

⑤ 电子文件检索系统应具有动态性和开放性，能及时扩展其检索性能。

6.1.3.4 电子文件检索系统的检索效率

检索效率是反映电子文件检索系统质量和水平的重要评价指标。建立电子文件检索系统的目的，是为了获得好的检索效果。检索效率的高低是衡量电子文件检索系统质量的重要标志，是对检索系统及其组成要素(检索语言、检索软件)的基本评价标准。简而言之，电子文件检索系统的检索效率可以从以下5个方面来衡量：全面、准确、迅速、方便易用、经济节省。其中，检全率和检准率是两个最主要的评价指标。影响电子文件检索效率的因素很多，如：电子文件数据库质量、检索语言、检索软件、硬件设备、网络速度等。

6.2 电子文件著录

档案著录，是对档案内容特征和形式特征进行分析、选择和记录的过程。档案内容特征，是指文件或案卷所论述的主题内容，包括分类号、主题词、摘要等记录项目。档案形式特征，是指文件或案卷的形成时间、数量、责任者、档号、文种、载体等不直接揭示档案主题的记录事项。电子文件的著录内容与之相比更为复杂，它不仅需要揭示档案文件的内容特征和形式特征，还需要揭示关于电子文件生成、运转的背景信息和电子文件的结构信息。国际档案理事会（ICA）主持编制的国际标准《档案著录通则》（ISAD（G））（第 2 版）①对档案著录的定义是："通过获取、核对、分析、组织和记录有助于确认、管理、定位和解释档案材料、背景和产生该档案的文件系统的各种信息，形成对所描述对象及其构成部分的准确表述。"这个定义有助于我们认识电子文件著录的含义和内容。

6.2.1 电子文件著录与传统档案著录的区别

电子文件著录和传统档案著录的基本功能是一致的，即描述档案的特征。但由于电子文件记录方式、生成环境与纸质文件不同，使得电子文件著录与传统纸质档案著录在功能、著录时间、著录项目、著录方式等方面存在明显的差异性。电子文件著录的功能不仅在于描述电子文件的各种特征，还需要说明电子文件的生成背景和结构，以确认文件的真实性和完整性。电子文件著录具有连续性和动态性，贯穿于电子文件的整个生命过程，著录内容更为复杂、丰富，著录方式引入了元数据技术。

具体而言，电子文件著录与档案著录的区别在于：

（1）著录功能不同

档案著录是对档案的内容特征和形式特征的描述，电子文件著录除了需要描述电子文件的内容和形式特征，还需要描述电子文件背景信息和电子文件的结构。

（2）著录目的不同

档案著录主要以实现对档案的检索为目的。电子文件著录除了用于对电子文件信息的检索，还有一个很重要的目的，即为了能够确认电子文件的真实性和完整性。

（3）著录项目不同

根据我国《档案著录规则》（DA/T18-1999），档案著录只有 7 大项，22个小项。电子文件著录项目较多，根据《文书类档案元数据方案》（DA/T 46-2009），文书类电子文件的元数据从概念层次上分为四个大的实体领域：文

---

① ICA. ISAD(G)：General International Standard Archival Description(Second Edition) [EB/OL]. [2013-12-05]. http：//www. icacds. org. uk/eng/ISAD(G). pdf.

件实体元数据、机构人员实体元数据、业务实体元数据、实体关系元数据，总计有 88 个元数据元素。

（4）著录时间不同

档案著录是建立档案检索系统的基础，是建设档案检索系统的前期数据准备工作，著录和标引被称为档案信息的"前处理工作"。而电子文件的著录时间不仅提前了，而且还延长了，从电子文件的编制开始，历经电子文件的处理、归档、利用、迁移等电子文件生命周期的各个环节。这和电子文件元数据方案的应用是紧密联系的，因为在电子文件的生命运动过程中，会产生不同的元数据，需要将它们都完好地记录下来，以确认电子文件的真实性、完整性、可靠性和可用性，能够在未来帮助人们理解电子文件，实现对电子文件的长久存取。

（5）著录方式不同

传统的档案著录主要是采用手工方式，即使在加工机读目录的过程中，其著录的过程也部分地依靠了手工著录，而元数据的捕获则是通过将元数据功能设置于电子文件管理系统之中，从而使大部分元数据可由计算机系统自动生成。

（6）著录格式不同

传统的档案著录采用段落符号式的格式，即通过四个段落和特定的标识符号来保证目录数据的规范化和有序化，如：标识符". —"为大项分隔符、","表示责任者项、":"为小项分隔符，表示文种或规格、";"表示保管期限等。而文书类电子文件元数据方案以嵌入的方式，可对电子文件全文进行置标著录。

6.2.2 电子文件著录的标准

国家档案局 2009 年发布的档案行业标准《文书类电子文件元数据方案》（DA/T 46-2009）是我国首个文书类电子文件元数据通用标准。此外，档案行业标准《档案著录规则》（DA/T18-1999）、档案国家标准《中国档案机读目录格式》（GB/T 20163-2006）可以作为电子文件著录的参考标准。《国际标准档案著录规则（总则）》（ISAD（G））（第 2 版）和编码档案描述（EAD）等相关的档案著录国际标准也应作为我国电子文件著录的参考标准。

随着电子文件大量广泛地产生和应用，设立文书类电子文件通用元数据标准成为必然，用以记录电子文件的内容、形式、背景和管理信息，为电子政务、办公自动化、文件及档案管理系统的设计提供依据，也为电子文件著录提供了标准。《文书类电子文件元数据方案》就是一个例子，详细内容参见本书第 11 章电子文件元数据分类部分的内容。

6.2.3 电子文件著录项目

根据《文书类电子文件元数据方案》①，电子文件元数据分为主元素（一级元素）和子元素（二级元素）两个级别。其中，主元素（一级元素）25 个，子元素（二级元素）63 个。例如，M2"来源"为主（一级）元素，下属子元素有 4 个：档案馆名称、档案馆代码、全宗名称、立档单位名称。此外，根据元素的约束性质，有必选元素、条件选元素和可选元素三种选择。其中，必选元素 20 个，条件选元素 25 个，可选元素 43 个。元素的类型可划分为简单型、容器型、复合型三类。元素的数据类型包括字符型、数值型和时间型（M59，"签名时间"）三种，见表 6-1。

表 6-1　　　　　　　　　文书类电子文件元数据表

编号	元数据中文名称	元数据英文名称	约束性	可重复性	元素类型	数据类型
M1	聚合层次	aggregation level	必选	不可重复	简单型	字符型
M2	来源	provenance	必选	不可重复	容器型	——
M3	档案馆名称	archives name	条件选	不可重复	简单型	字符型
M4	档案馆代码	archives identifier	条件选	不可重复	简单型	字符型
M5	全宗名称	fonds name	条件选	不可重复	简单型	字符型
M6	立档单位名称	fonds constituting unit name	必选	不可重复	简单型	字符型
M7	电子文件号	electronic record code	必选	不可重复	简单型	字符型
M8	档号	archival code	必选	不可重复	复合型	字符型
M9	全宗号	fonds identifier	条件选	不可重复	简单型	字符型
M10	目录号	catalogue number	条件选	不可重复	简单型	字符型
M11	年度	year	必选	不可重复	简单型	数值型
M12	保管期限	retention period	必选	不可重复	简单型	字符型

---

① 文书类电子文件元数据方案（DA/T 46-2009）［S］.

188

续表

编号	元数据中文名称	元数据英文名称	约束性	可重复性	元素类型	数据类型
M13	机构或问题	organizational structure or function	条件选	不可重复	简单型	字符型
M14	类别号	category code	可选	不可重复	简单型	字符型
M15	室编案卷号	agency file number	条件选	不可重复	简单型	字符型
M16	馆编案卷号	archives file number	条件选	不可重复	简单型	字符型
M17	室编件号	agency item number	条件选	不可重复	简单型	数值型
M18	馆编件号	archives item number	条件选	不可重复	简单型	数值型
M19	文档序号	document sequence number	条件选	不可重复	简单型	字符型
M20	页号	page number	可选	不可重复	简单型	字符型
M21	内容描述	content description	必选	不可重复	容器型	——
M22	题名	title	必选	不可重复	简单型	字符型
M23	并列题名	parallel title	可选	不可重复	简单型	字符型
M24	副题名	alternative title	可选	不可重复	简单型	字符型
M25	说明题名文字	other title information	可选	不可重复	简单型	字符型
M26	主题词	descriptor	可选	可重复	简单型	字符型
M27	关键词	keyword	可选	不可重复	简单型	字符型
M28	人名	personal name	可选	不可重复	简单型	字符型
M29	摘要	abstract	可选	不可重复	简单型	字符型
M30	分类号	class code	可选	不可重复	简单型	字符型
M31	文件编号	document number	可选	不可重复	简单型	字符型
M32	责任者	author	条件选	不可重复	简单型	字符型
M33	日期	date	必选	不可重复	简单型	字符型
M34	文种	document type	可选	不可重复	简单型	字符型
M35	紧急程度	precedence	可选	不可重复	简单型	字符型
M36	主送	principal receiver	可选	不可重复	简单型	字符型

编号	元数据中文名称	元数据英文名称	约束性	可重复性	元素类型	数据类型
M37	抄送	other receivers	可选	不可重复	简单型	字符型
M38	密级	security classification	必选	不可重复	简单型	字符型
M39	保密期限	secrecy period	可选	不可重复	简单型	字符型
M40	形式特征	formal characteristics	必选	不可重复	容器型	——
M41	文件组合类型	document aggregation type	条件选	不可重复	简单型	字符型
M42	件数	total number of items	条件选	不可重复	简单型	数值型
M43	页数	total number of pages	条件选	不可重复	简单型	数值型
M44	语种	language	可选	不可重复	简单型	字符型
M45	稿本	manuscript type	可选	不可重复	简单型	字符型
M46	电子属性	electronic attributes	条件选	不可重复	容器型	——
M47	格式信息	format information	可选	不可重复	简单型	字符型
M48	计算机文件名	computer file name	条件选	不可重复	简单型	字符型
M49	计算机文件大小	computer file size	条件选	不可重复	简单型	字符型
M50	文档创建程序	document creating application	可选	不可重复	简单型	字符型
M51	信息系统描述	information system description	可选	可重复	简单型	字符型
M52	数字化属性	digitization attributes	条件选	不可重复	容器型	——
M53	数字化对象形态	physical record characteristics	可选	不可重复	简单型	字符型
M54	扫描分辨率	scanning resolution	条件选	不可重复	简单型	字符型
M55	扫描色彩模式	scanning color model	条件选	不可重复	简单型	字符型
M56	图像压缩方案	image compression scheme	可选	不可重复	简单型	字符型
M57	电子签名	electronic signature	可选	可重复	容器型	——
M58	签名规则	signature rules	条件选	不可重复	简单型	字符型
M59	签名时间	signature time	可选	不可重复	简单型	日期时间型

编号	元数据中文名称	元数据英文名称	约束性	可重复性	元素类型	数据类型
M60	签名人	signer	可选	不可重复	简单型	字符型
M61	签名结果	signature	条件选	不可重复	简单型	字符型
M62	证书	certificate	条件选	可重复	简单型	字符型
M63	证书引证	certificate reference	可选	不可重复	简单型	字符型
M64	签名算法标识	signature algorithm identifier	条件选	不可重复	简单型	字符型
M65	存储位置	storage location	必选	不可重复	容器型	——
M66	当前位置	current location	可选	不可重复	简单型	字符型
M67	脱机载体编号	offline medium identifier	必选	可重复	简单型	字符型
M68	脱机载体存址	offline medium storage location	可选	可重复	简单型	字符型
M69	缩微号	microform identifier	可选	不可重复	简单型	字符型
M70	权限管理	rights management	必选	不可重复	容器型	——
M71	知识产权说明	intellectual property statement	可选	不可重复	简单型	字符型
M72	授权对象	authorized agent	可选	可重复	简单型	字符型
M73	授权行为	permission assignment	可选	可重复	简单型	字符型
M74	控制标识	control identifier	可选	不可重复	简单型	字符型
M75	附注	annotation	可选	可重复	简单型	字符型
M76	机构人员类型	agent type	可选	不可重复	简单型	字符型
M77	机构人员名称	agent name	必选	不可重复	简单型	字符型
M78	组织机构代码	organization code	可选	不可重复	简单型	字符型
M79	个人职位	position name	可选	不可重复	简单型	字符型
M80	业务状态	business status	必选	不可重复	简单型	字符型
M81	业务行为	business activity	必选	不可重复	简单型	字符型
M82	行为时间	action time	必选	不可重复	简单型	字符型

编号	元数据中文名称	元数据英文名称	约束性	可重复性	元素类型	数据类型
M83	行为依据	action mandate	可选	不可重复	简单型	字符型
M84	行为描述	action description	可选	不可重复	简单型	字符型
M85	实体标识符	entity identifier	必选	不可重复	简单型	字符型
M86	关系类型	relation type	可选	不可重复	简单型	字符型
M87	关系	relation	可选	不可重复	简单型	字符型
M88	关系描述	relation description	可选	不可重复	简单型	字符型

6.2.4　电子文件著录的实施

　　电子文件著录是存在于电子文件整个生命周期，持续时间最长的一项业务工作。从电子文件产生到归档保管、利用、交换和迁移都有著录需求。因此，必须高度重视电子文件著录，参照《文书类电子文件元数据方案》（DA/T 46-2009），组织和实施本单位、本系统的电子文件著录工作。一般来讲，档案著录包括档案馆著录、档案室著录和分阶段联合著录 3 种模式。档案馆著录和档案室著录属于集中著录方式，而分阶段联合著录属于分散著录方式。电子文件著录适用于第三种模式，即由文件制作人员、文书处理人员和档案人员分阶段联合著录。

　　文件制作人员、文书处理人员和档案人员分阶段联合著录模式顺应了文档管理一体化流程的特点，在文件制作、审核、文书处理、立卷归档、保管和利用等不同阶段分别著录有关内容，将著录与立卷归档同步完成。其具体流程如下：

　　① 文件撰稿人对文件进行主题标引，标出该文件的主题词。

　　② 审稿人对主题词的准确性和规范性进行审核。

　　③ 将机关收发文登记与著录合为一体，即以著录项目作为登记项目，对于不属于归档范围的文件其登记项目可简略一些。某些项目如档号、缩微号等无法填写的可暂时不填。

　　④ 立卷时对文书处理阶段著录的内容进行检查，补充相关著录事项，将著录结果与案卷一并归档，并将著录条目和档案一起向档案（室）馆移交。利用文档一体化管理软件可以自动将文件登记单转换成档案著录表格。

　　⑤ 在电子档案保管、利用、交换和迁移过程中，档案馆（室）人员按规

定著录相关的元数据元素。

这种著录模式的特点是将著录工作提前至文件生成和处理阶段，由文书人员和档案人员分阶段共同承担文档的著录工作，实行档案著录与文件形成、归档同步进行，可及时保证档案著录工作的完成，从而防止了积压和滞后。由文件撰稿人承担文件的主题标引工作，有利于保证著录的质量，因为他们对文件的主题内容最为了解，给出的主题词比较准确和全面。另外，采取这种著录模式能够促进机关文件、档案检索系统的健全和完善，为机关档案检索自动化奠定基础。但这种著录方式涉及不同岗位的工作人员，需要加强对著录全过程的管理和质量监督。

电子文件的著录方式采用计算机自动著录和手工著录相结合的方式，根据《文书类电子文件元数据方案》（DA/T 46-2009），在 88 个元数据元素中，大多数元素的捕获和记录可在电子文件管理系统中通过预定义值域列表选择著录，也可手工著录。极少数元素如室编案卷号、馆编案卷号、文档序号、馆编件号、页号等需要在形成、处理、管理电子文件的系统中手工著录。

可见，电子文件著录的组织和实施需要注意如下几点：首先，应认识到电子文件著录的连续性和动态性，贯穿于电子文件形成、归档、保管、交换、利用和迁移的全过程。它不仅是为了情报检索意义上的著录，而且是为了维护和确认电子文件的真实性和完整性，以实现对其的长期存取。其次，根据《文书类电子文件元数据方案》及其他业务类电子文件元数据标准，结合本单位、本系统文件档案的实际情况，制订本单位、本系统的电子文件著录规则（细则），明确规定电子文件著录的依据、著录格式、著录项目、著录质量要求。再次，电子文件著录是电子文件管理系统功能需求的一个组成部分，它与电子文件管理的其他流程是紧密衔接，甚至相互渗透的。应根据电子文件元数据方案和标准，在文档一体化系统、电子文件管理系统中设置预定义值域列表，实现对电子文件元数据的自动捕获功能。

6.2.5 电子文件著录的发展趋势——基于 XML 的档案置标著录

我国最早于 1985 年颁布了国家标准《档案著录规则》（GB/T 3792.5-85），并于 1999 年对其进行了修订。该标准适用于手工环境下的纸质档案著录，但不适用于对档案机读目录数据的描述和说明。此外，它只能反映文件级、案卷级等某一个等级（聚合层次）的档案信息特征，缺乏分级著录的思想，无法从整体上反映全宗—类别—案卷—文件等不同级别的档案特征，更无法满足描述电子文件背景信息、结构信息的著录需求。此外，我国于

2006 年颁布了《中国档案机读目录格式》(GB/T 20163-2006)，为我国档案机读目录格式提供了一个统一标准，有助于提高档案目录中心数据的标准化质量，促进我国档案机读目录数据的交换和共享。但是，该标准由于受到MARC 格式的局限性，在反映档案著录等级层次方面的功能较弱，局限于对档案目录信息的概述性描述，无法展示对馆藏档案目录信息的多等级、全方位描述。20 世纪 90 年代中后期，由美国国会图书馆和美国档案工作者协会共同制定的档案置标著录 EAD，受到欧美档案界的关注，成为网络环境下电子文件著录的重要标准。EAD 的优势在于它是基于可扩展标记语言 XML开发的，具有较强的灵活性、通用性和独立性。相对于 MARC 只能对档案目录信息的概述性描述，EAD 具有对档案全文信息进行置标的特点。EAD采用自然语言构成置标标识，其语义直接明了，而 MARC 的标识符很多不具有易读性。此外，EAD 还有较强的检索功能和伸缩性①。档案著录的发展阶段大体呈现为：手工著录——机读目录格式——档案置标著录②，随着电子文件的普遍使用及对其档案化管理，要求电子文件的著录不能局限于手工著录，而应该关注机读目录和基于 XML 的档案置标著录③。在开放的网络环境下，档案界一直在为研究网络环境中新的著录标准而努力，例如，可与 EAD 联合使用、基于 XML 的《嵌入式档案背景信息著录——法人、个人、家庭》(EAC—CPF)用来著录档案的形成者与其主要来源间的联系，包括档案的生命、历史、职能、活动等。它将档案与其形成者建立联系，提供这些不同的个人和组织如何建立关联的背景信息。档案著录的理念在不断更新，不仅限于对字段的描述，更为注重数据的关联，强调数据元素之间的概念关系，数据的关联逐渐替代了机读目录中基于字段的著录方法。研究人员不断地创建并著录在线内容，提升在线数据的可用性和可访问性，使其融入信息社会之中。由研究者添加的数据注释和实施的"众包技术"也逐渐成为档案著录的工具。④

---

① 于进川，姚乐野. EAD 标准及其改进设计——网络环境下档案著录标准研究[J]. 情报杂志，2003(10)：110.

② 张正强. 现代计算机档案著录标准化精要[M]. 上海：上海科学技术文献出版社，2000.

③ 王萍，赵丹阳，王志才. 电子档案著录新理念[J]. 档案学研究，2008(6)：43.

④ Olga Virakhovskaya. 从关联的信息到关联的数据：为未来著录档案[N]. 杨太阳，编译. 中国档案报，2014(3)：3.

6.3 电子文件标引

电子文件的标引是对电子文件的内容进行主题分析，根据检索语言赋予检索标识的过程。依据分类法给予分类号标识的过程，称为分类标引；依据主题法给予主题词标识的过程称为主题标引。在电子文件标引中，除了使用人工控制的检索语言进行标引之外，自然语言标引越来越多地得到应用。在自然语言标引中，关键词标引方式最为常见。

6.3.1 电子文件分类标引

分类标引的依据是分类检索语言。分类检索语言以分类号作为标识，表达各种概念，按照学科性质或其他显著特性对各种概念进行分类，并按分类号的顺序进行系统排列，包括等级体系分类法、分面组配分类法和列举–组配式分类法三种，统称为分类法系统。等级体系分类法依据概念的划分与概括原理，将概括文献内容与事物的各种类目组成一个层层隶属、详细列举的等级结构体系；分面组配式分类法是依据概念的分析与综合原理，将概括文献内容与事物的主题概念组成"分面–亚面–类目"的结构体系，按一定的规则，通过各分面类目之间的组配来表达文献主题；列举–组配式分类法是在详细列举类目的基础上，广泛采用各种组配方式编制的分类法，亦称为半分面分类法。

电子文件分类标引的基本依据是《中国档案分类法》，以及各个系统、部门和单位自己制定的档案分类表。档案分类检索法是一种等级体系分类法，以档案所反映的社会职能分工而不是知识分类为主要分类依据，并结合档案记述和反映的事物的属性，通过对概念的层层划分，建立从总到分，从一般到具体的逻辑体系。

电子文件分类标引可采用分类号自动标引和人工干预相结合的方式。分类号自动标引是对电子文件题名进行扫描，抽取能反映其主题内容的题名关键词，将其与分类法系统进行对照，对关键词与分类号之间的归属和对应关系进行运算，自动赋予电子文件分类号的过程。

6.3.2 电子文件主题标引

主题标引的依据是主题检索语言。主题检索语言是用语词作为概念标识，将它们按字顺排列，并用参照系统及其他方法显示概念之间的相互关系的一种情报检索语言。主题检索语言包括标题法、单元词法、叙词法、关键词法等，统称为主题法系统。

电子文件主题标引的基本依据是《中国档案主题词表》，以及各个系统、部门和单位自己制定的档案主题词表。档案主题法采用了叙词法的原理。叙词法是用表示单元概念的规范化语词对文献主题进行描述的一种后组式标识系统，叙词法的特点是采用概念组配而不是字面组配，能够直观、灵活地对文献的内容进行揭示和组配。

电子文件主题标引可采用自动标引方式，即计算机通过词频统计，从电子文件题名、摘要或全文中选出能反映电子文件主题的关键词，与机内主题词表对照，将关键词自动转换成主题词。

6.3.3　电子文件分类主题标引的一体化

分类主题一体化，指的是分类法与主题法的有机结合，即对分类法和主题法的标识、参照、结构体例等实施统一的控制，将其有机地融合为一个整体，从而同时满足分类标引和主题标引的需要。档案分类法以系统性见长，适于族性检索；档案主题法以直观性见长，适于特性检索，如果将它们结合起来使用，就既能从分类的途径，也同时能够从主题的途径标引和检索档案文献。

分类主题一体化的优势在于，只需要一次性的主题分析，就能同时完成档案分类标引和主题标引两项工作，减少工作量，提高标引的效率。此外，可在一个统一的检索系统内中进行系统分类检索和字顺主题检索，用户的同一检索提问可分别从分类和主题两条途径查到同一主题内容的档案，提高了检全率和检准率，节约了检索时间。

实现电子文件分类主题标引一体化的前提是编制电子化的档案分类表和主题词表，并以此为基础，编制一部分类主题一体化词表。按照兼容转换的方式，目前分类主题一体化词表的类型有 3 种：分面叙词表、分类主题词表、集成化词表。这三种方式在实现的难易程度上各有不同，我国电子文件分类标引一体化可采用分类主题词表的方式。《中国分类主题词表》是在《中图法》和《汉语主题词表》之间建立的对照索引式分类主题一体化词表，可作为研制电子文件分类主题标引一体化词表的参考。

6.3.4　电子文件标引的实现方式

电子文件标引主要通过计算机实现自动标引。即采用计算机技术自动对电子文件的题名、摘要乃至全文进行扫描处理，抽取反映档案主题内容的关键词，进而规范成主题词或分类号。在自动标引过程中，需要适当的人工干预，以加强对自动标引结果的质量控制。

（1）电子文件自动标引的步骤

① 计算机对电子文件题名、摘要或全文进行扫描，从中自动切分出可以组成主题词的词语，或依据独立于电子文件文本之外的主题词典选取关键词。

② 计算机自动统计所选取的关键词在电子文件中出现的频率，进行对比、分析和筛选，并按照词频大小排序。

③ 计算机按照规定的词频测定标准，自动将选取的关键词转换为主题词。

④ 对自动标引结果进行审核，以人工干预的方式进行必要的删改，最后确定标引词。

（2）电子文件自动标引的方式

电子文件自动标引方式有两种：一是抽词标引；二是赋词标引。所谓抽词标引，是指计算机从电子文件的题名、摘要乃至全文中自动抽取能表达电子文件主题内容的关键词作为标引词的方法。所谓赋词标引，是指预先编制一个机内主题词库，用做标引的依据，计算机根据电子文件的主题特征，从规范的词库中选取相关主题词作为标引词的方法。赋词标引的基本方法是：计算机按一定的算法扫描题名、摘要乃至正文的一连串汉字，将原文中的关键词与机内主题词库中的主题词进行对比、分析、转换，从而确定标引用词。赋词标引相对于抽词标引的优点是规范化程度高，标引质量较有保证，但须事先编制机内主题词库，难度较大，若词库质量不高，还会影响到标引质量。

6.4 信息检索技术

6.4.1 从分类到检索

6.4.1.1 分类法的复杂度问题

分类是文件数量达到一定程度的必然产物。以图书为例，当书籍的数量是五万本时，中图分类法或者杜威十进制分类法依然很好用，人们能够快速地找到所需要的书籍。但是，如果书籍的数量达到五十万本或者五百万本时，仅仅靠分类法是不够的。这时候，人们需要使用数据库进行图书数据信息的存储和查询。假设有一亿册书籍，又该如何处理？当书籍的数量到达这样的量级时，分类法已经没有什么太大的作用了，数据库查询也总能返回太多的结果。如果数据库给用户返回一万条结果，并告诉用户每一条结果都同样重要，这样的检索对用户而言是没有意义的。

以主题分类为例，假设存在一本图书（记为 d）以及如下层次分类：

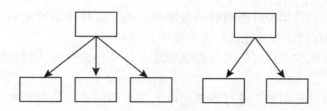

当类目体系明确且待分类图书主题清晰时，可以很容易地将图书分类到具体的类目下面，例如 $A1$。随着书籍的增多，人们会发现，各个类别下的书籍也会相应增多，这会给查找带来困难。假设 $A1$ 类目下的图书数量为 m，且人们明确知道需要查找的图书位于 $A1$ 类目下，在 $A1$ 中查找目标图书最坏的情况下仍然需要遍历 m 本图书，也就是说查找的复杂度为 $O(m)$，$O(m)$ 定义为找到一本书在最坏情况下需要遍历查找的图书总量。同样的，也可以计算出平均多少次查找才能够找到特定的图书，目标图书记为 d，因为 d 可能是在 m 本图书中的任何一本，一次成功（遍历的第一本书是 d）的概率是 $\frac{1}{m}$，同样，翻阅到第二本书即成功的概率，也就是说第二本书是 d 的概率同样也是 $\frac{1}{m}$，在第 x 次成功的概率都是 $\frac{1}{m}$，由此可知平均需要查找 $\frac{1+2+\cdots+m}{m}$ 本书可以确定找到图书 d。当 m 大于一定数字时，这个平均查找难度是人们不能接受的。假设 m 为50 000（即类目下有50 000本书），人们通常是不可能接受在50 000本图书中遍历查找某一书籍这样的查找任务。

人们可以通过增加类目层级和类目数量规避某一类目所含书籍数量过多的问题，但是分类法的类目数量毕竟是有限的。以中图分类法为例，常用的三级和四级类目共5 013条，对于一个规模较大的图书馆而言，每一个类目下平均包含的图书数量依旧非常庞大。

上述情况是在图书类目确定的情况下的查找复杂度。如果图书类目不明确的情况下，查找的复杂度会如何？

很多时候，给定图书 d，人们不能确定它的类目。这种情况很常见，图书往往会包含多个主题，也就会被分到多个类目，只是分到不同类目的概率有所不同。假设 d 分到 A1 的概率为 α，分到 A2 的概率为 β，且 $\alpha>\beta$，为了查找 d，显而易见的策略是，首先查找概率较大的那个类目，也就是 A1。在 A1 中查找书籍，最坏情况下需要找 m 次，最好情况是 1 次。由于 d 的类目不能确定，因此不能期望在 A1 下肯定能找到图书 d，还可能需要继续在类目 A2 下查找，最好情况下需要查找 1 次，而在最坏情况下仍然需要查找 n 次。也就是说，在最坏的情况下，需要查找 $m+n$ 本书才能找到目标图书 d。

同样的，随着电子文件的增多，分类的效用越来越低，直至达到一个无效的状态。因此，必须通过检索技术实现对电子文件的有效管理。

6.4.1.2　档案整理——从分类角度的审视

在档案管理的发展史中，也存在同样类型的现象。档案管理学中核心理论之一是来源原则。来源原则指档案馆按照档案的来源进行整理和分类，保持同一来源的档案不可分散、不同来源的档案不得混淆的整理原则。

来源原则源自于法国国家档案馆的档案管理实践。在此之前，法国国家档案馆在档案整理中采用的是事由原则，即要求依照文档的主题内容将档案按照预先设定的主题类别进行整理。在第一任馆长卡谬（Armand Gaston Camus）就任时，法国国家档案馆管理的档案范围是四大类文件，收录文件范围有限，采用主题进行分类易于实现也合乎需求。在多努（Pierre Daunou）接任馆长时，文件接收范围已经大为增加，档案的主题分类也扩充到了二十四个大类。随着档案馆收录文件范围的扩大以及文件数量的增多，依照事由进行分类，会出现一些档案没有类别可以归入，而另一些文件却能够同时归入多个类别，而在查找时，也会出现主题不明，难以查找利用的情况。因此，在 1841 年，法国国家档案馆正式提出了"尊重全宗"理论，而这一理论的实质就是后来的来源原则。

从分类和查找的复杂性角度看，来源原则对于文档分类的好处在于：分类的依据是固定的，从而类目也是固定的；同时，查找的依据也是清晰的，可以实现对文档的快速查找。然而，基于来源的分类并不是一直都有好的效果，如果特定类目下的文件数量过多，查找特定文件依然会比较困难；另外，如果机构发生较大变动，若不清楚当时当地的机构职能情况，也会对文档的查找造成困扰；再者，如果来源本身不适宜于构成分类线索，例如在一些多机构参与项目档案中，仅仅使用来源作为依据进行文档分类和查找也不可行。

作为来源原则的一个发展，自由来源也是档案学发展历史中的一个重要理论。自由来源理论由德国档案学家布伦内克提出，自由来源原则认为：在档案的整理中，在特定情况下，需要考虑"在来源共同性基础上的事由共同性"，当"事由背后的机构人格没重大关系时"，需要把"重点放在事由共同性上"，将来源和事由搭配成一定的比例。如果从分类和查找的复杂性角度审视自由来源原则，可以发现，当基于来源的分类方案不能达到好的分类和查找效率时，可以适当的配合基于事由的分类方案。

来源原则的出现有其档案学理论的根据所在，但除此之外，仅仅从信息组织和信息利用的角度看，来源原则的出现及其后续发展的推动力也可通过分类法的复杂性加以解释。

当一般的分类法失效时，如何对图书、文件、档案加以组织以保证分类和检索的便利性呢？这就需要使用信息检索技术了。

6.4.1.3 从分类系统到检索系统

回顾前面讨论的图书和文档分类方法，可以看到，这种信息整理方法具有三个特点：① 在分类和查找时，所基于的依据是单一的：或者基于主题，或者基于标题的拼音，或者基于来源；② 当混合使用多类分类方法时，每一层级的类目基本上采用同样的分类依据，例如在顶层采用来源分类，而在最底层采用主题分类；③ 最底层类目内，往往只能采用遍历匹配的方式实现，例如在图书分类的最底层类目中，只能一本本的检视以查找到特定图书。

造成分类法失效的根源在于三个方面：① 底层类目下的元素数量过多同时只能通过遍历查找的方式找到特定对象，造成查找效率的低下；② 分类和查找的依据难以确定，造成不必要的分类和查找时间开销；③ 难以同时使用多个依据进行查找，而基于单一依据的查找效率低下。

是否能设计一个分类系统，以克服上述的三个问题。

设计分类系统的第一步是确定采用何种标准分类。为了克服分类和查找依据不清的问题，在设计分类系统时需要使用非常明确且不存在歧义的分类依据。任何事物都可以通过文本加以表示。给定事物及其文本描述，其对应的文本词汇是确定的，为此，可采用事物对象文本描述所包含的词汇进行分类。例如，给定标题为"关于五一放假的通知"的文件，采用标题作为文件的描述，可以采用的分类词汇包括"关于""五一""放假"和"通知"。采用词汇的分类体系依然存在问题，随着文档数目的增加，作为类目的每一个词汇所涉及的文档数量会以较高速度增长。

采用词汇作为分类类目，可以克服分类和查找依据不明确的问题。但是，还需要增加其他机制，解决分类整理方法的问题(1)和问题(3)。

解决问题(3)的方式是比较容易的，人们通常会使用多个词汇进行查找，每个词汇构成了独立的查找依据，涉及不同数目的对象，当组合使用多个词汇作为查询依据时，可以将多个词汇的组合视为一个新的"虚拟"类目，这个类目下的对象数量相较于原始的词汇类目会有较大的下降。

为了解决问题(1)，就需要避免朴素的遍历查找，而代之以排序方案，这样将可能的待查找对象尽可能地放置到排序列表的顶部。使用词汇作为查询依据时，可以采用基于文本相似度的方式对涉及的对象进行排序。

表 6-2 给出了三个文件及其标题的样例，现在需要使用上述分类整理方案对这些文件加以组织。

表 6-2	三份虚拟文件	
  B1	 B2	 B3

B1　关于"十一"放假的通知
B2　治理长江污染的通知
B3　"十一"加班补助发放通知

关于	1	长江	2
"十一"	1 3	污染	2
放假	1	加班	3
通知	1 2 3	补助	3
治理	2	发放	3

图 6-1　表 6-2 中文档(句子)的分类组织

当需要查找"关于五一放假的通知"时，可以使用"关于""五一""放假"和"通知"中的任意词汇或者词汇组合进行查找。例如，使用"通知"作为查询依据进行查找，同"通知"关联的文件有 B1、B2 和 B3；使用"放假"作为查找条件时，可以找到 B1；同时使用"放假""通知"进行查找，则获得各自查找结果的交集，即 B1。

不同的词汇（查询）可以获得不同的查找结果，进一步问题在于如何对查找的结果进行排序，一个符合直觉的排序方案是，包含查询词越多的查询结果更可能符合查询需求。因此，可以根据包含查询词汇的频率对查找结果进行排序，词频越高的结果排序为此越高。

上述信息整理方法是从分类法的角度延伸得到的，但是，这已经构成了最简单的信息检索方案。图 6-1 所演示的数据结构构成了信息检索中著名的倒排索引表，而基于词频的排序方案则构成了查询相关性计算方法。

6.4.2 现代信息检索

6.4.2.1 现代信息检索的定义和任务

对大多数人而言，信息检索意味着从搜索引擎，如 Google 或者百度中搜索需求信息。目前，搜索和通信是计算机最普遍的应用。无论是 IT 公司、科研院所、数据提供商，抑或是图书馆、档案馆、电子文件管理机构，都在试图应用和改进信息检索工具，以满足各自的信息检索需求。

信息检索的定义多种多样，其中，最广为接受的是 Gerard Salton 给出的定义："信息检索是关于信息的结构、分析、组织、存储、搜索和检索的领域。"[①]

从这个定义看，信息检索是一个宽泛的概念，包含了众多的元素。信息检索可以是文本检索、图像检索、XML 检索，也涉及信息过滤、信息推荐、查询界面设计等多个领域。但通常上，当谈论信息检索时，主要指的是文本信息检索。网页、电子邮件、学术文献、图书等都是文本类型的一部分。

数据库检索和信息检索是两个相关但不同的概念。信息检索处理的对象主要是非机构化的或者半结构化的，而数据库检索处理的对象是结构化的。数据库检索要求结果是严格正确的，对于给定的查询条件，如"找出工号为 0102 的员工姓名"，数据库检索要么返回对应的员工姓名，要么不返回任何结果。信息检索处理的对象，如新闻，尽管有一定的结构信息，如标题、信息来源，但主要的内容还是新闻报道本身，搜索引擎针对给定的查询，试图

---

① Gerard Salton［EB/OL］.［2015-11-23］. https：//en. wikipedia. org/wiki/Gerard _ Salton.

返回一定的相关文档。例如，对于查询"中国石油"，搜索引擎会返回与"中国石油"相关的文档，通常这些文档是包含搜索词汇（或者搜索词汇的同义词）。为了实现这一功能，搜索引擎需要以一定的方式收集可能的文档，并设计合适的相关性计算方案对收集到的文档进行排序。

信息检索主流是文本形式的数据，但现代信息检索的应用也逐渐扩展到多媒体文档、有结构的文本内容及其他形式数据。信息检索的应用场景也逐渐多样化，除了常见的互联网搜索引擎外，还有着垂直搜索、企业搜索、桌面搜索等多重应用场景。垂直搜索是针对特殊主题文档的搜索，搜索被限制在特定主题上，如房产搜索、购物搜索等。企业搜索是对企业内部网中的文档进行搜索的搜索业务，企业搜索在一定程度上要难于通用搜索，企业文档类型更多而且企业很难在搜索服务上投入类似于通用搜索引擎（Google、Baidu）那样多的资源。桌面搜索是对个人电脑中的文件集合的搜索，Google桌面便是一款典型的桌面搜索工具。

文本信息是最为重要的信息检索处理对象，文本检索也是发展最为成熟的研究领域，本书中主要关注文本信息检索。

从技术视角看，信息检索是一系列的技术和工具集合，以实现对信息的分析和高效查找。

信息检索中的一个重要的问题是相关性排序，即如何确定文档同查询的相关性。相关性概念涉及主题相关和用户相关两种，主题相关即文本内容同查询是关于同一话题的，例如，内容"2011年5月1日北京市天气预报"的网页同"天气预报"是相关的，但是对于输入查询"天气预报"的用户而言，这个网页可能并不具有用户相关性，用户更可能需要的是当时当地的天气预报信息。

针对相关性计算，研究者提出了多种信息检索模型，这些模型是排序算法的基础。信息检索模型是对查询和文档匹配过程的形式化表示，好的检索模型能够找到那些符合用户需求的文档。大多数经典信息检索模型，如向量空间模型、BM25模型、语言模型，都旨在计算话题相关性，但是，在实际的搜索引擎中，却必须融合一些其他方法已正确处理用户相关性。

用户相关性以及用户需求是真实的搜索引擎非常关注的话题。为了理解用户需求，信息检索研究人员开展了大量的对于人与搜索引擎交互的研究。用户的查询意图通常是不明确的，搜索引擎需要正确理解用户在查询背后的真实信息需求。例如，搜索"苹果"，搜索引擎会预测发出查询请求的用户是想获得苹果公司的信息，还是想获得苹果此种水果的信息。相关的信息检索技术包括"查询扩展""相关反馈"等。

当然，信息检索还包括了大量的其他内容，包括如何收集文档，如何存储文档、如何处理文档、如何设计用户界面等。感兴趣的读者可以参见Bruce Croft 等撰写的《搜索引擎——信息检索实践》以及 Manning 等撰写的《信息检索导论》，这些书籍对信息检索做了全面而深入的介绍。

6.4.2.2 搜索引擎

搜索引擎是信息检索技术最重要的应用。搜索引擎包括网络搜索引擎、企业搜索引擎、学术搜索引擎、桌面搜索引擎等多种类型。面对不同的需求，不同的搜索引擎被设计为不同的结构。网络搜索引擎需要每天处理海量的网络文献并提供高速高并发服务；企业搜索引擎则需要处理不同的信息源，以及多样化的文件格式，并要求引入行业相关知识作为检索的辅助；桌面搜索引擎需要处理的数据规模要远小于前两类搜索引擎和更低的系统开销。尽管结构差别较大，不同的搜索引擎的技术基础却是一致的。搜索引擎一般包含了以下模块：信息采集、信息处理、索引创建、用户交互、排序和评价。各模块间相互关系见图6-2。

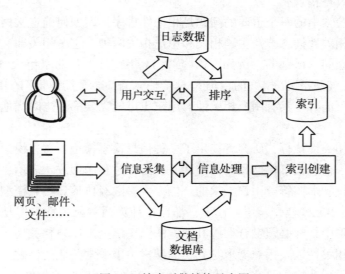

图 6-2　搜索引擎结构示意图

不同的搜索引擎在上图所示的各个模块的实现上各有不同，但这些模块基本上涵盖了大部分搜索应用的主要成分。

6.4.2.2.1　信息采集部件

信息采集部件从各类信息源中收集文档，并将其保存到文档数据库中。爬虫(crawler)是信息采集中最为重要的工具。爬虫的类型很多，最重要的是网络爬虫。网络爬虫通过追踪网络上的链接找到并下载网页。为了保证网页的时效性，对于采集过的网页还需要定期回访，如果发现这些网页有变化，需要将更新的网页替换文档数据库中的原有网页。在垂直搜索引擎中，爬虫通常需要判断网页的主题，只抓取特定主题的网页，这类爬虫被称做"主题敏感爬虫"，或者"主题爬虫"。在企业搜索引擎中，爬虫还需要扫描公司内部文件，收集需要纳入检索范围的文件。

6.4.2.2.2　信息处理部件

爬虫收集到的文档格式不一，包括 html 网页、XML 文件、Word 文件、Excel 文件或 PDF 文件，有些爬虫还会抓取压缩包或者多媒体文件。对于这些格式的文件，信息处理部件需要将其转化为纯文本格式。html 文件和 XML 文件相对容易处理，去除 html 或者 XML 标签即可。如果需要处理 PDF 文件、Word 文件等复杂格式文件，则需要借助专门的处理工具，对于现代搜索引擎而言，这些处理工作已经不是难题。

处理得到的纯文本文件，信息处理部件还需要对其做进一步处理，如词切分、停用词处理，对于英文文本还可能需要做词干提取工作。对中文信息处理而言，分词是一个必需的步骤，例如文本"关于十一放假的通知"，信息处理部件需要准确识别出文本的词汇序列为"关于 十一 放假 的 通知"。停用词处理在早期的信息检索工具中较为常见，一些词汇，如"啊""呢""吗"等，对于主题的贡献度非常小，这些词汇往往需要在信息处理的过程中被剔除。词干提取是英文文本处理常见的工作，英文词汇往往有多种形态变化，词干提取需要将这些形态变化还原到词干形式。例如"making"被处理成"make"，这样"make""makes"和"making"都可以被归为一类。

超链接抽取也是信息处理部件需要解决的问题，网页中的超链接很容易被识别出来，这些新得到的超链接也可以构成信息采集部件采集新网页的依据。提取的超链接可以进一步被用于文档权威度评价，这类技术被称为链接分析，PageRank 和 Hits 是最著名的两个超链分析技术。

一些搜索引擎应用还试图从文本中抽取实体信息，如果机构名、商品名、人名等，这类技术被称为实体识别技术。分类聚类技术也常用于搜索引擎，分类技术为文档提供类别划分，而聚类技术则自动地将可能相似的文件聚集在一起。

6.4.2.2.3　索引构建

索引构建是搜索引擎中极为重要的步骤。倒排文档构建是索引构建的核心工作，它的任务是将文本文件处理成词汇-文档的倒排索引形式。索引的基本结构类似于图6-1的形式，但实际实现更为复杂。倒排索引文件的思想来源于图书的词汇索引。

给定文档数据库和用户查询，搜索引擎需要确定哪些文档包含了用户查询词汇。计算机当然可以遍历所有文档，找出那些包含查询的文档，但是这样处理的速度太慢。倒排索引记录所有的词汇，并且记录了词汇出现在哪些文档中。一旦查询到来，搜索引擎只需要查看倒排索引就可以找到那些包含了查询词汇的文档。

6.4.2.2.4　用户交互

用户交互首先需要处理的是接收用户输入，用户可以输入简单的词汇序列，也可能输入包含操作符的复杂查询。"信息检索 AND 电子文件"就是一个稍微复杂的查询，要求查询同时包含"信息检索"和"电子文件"这两个词汇的文件。除了"AND"，常见的操作符还有"OR"和"NOT"。

用户输入的查询并不一定是精准的查询，可能包含错别字，也可能需求表述不清。对于前者，拼写检查技术是两类广泛使用且非常有效的解决方案。对于后者，常用的解决方法是使用查询建议技术和查询扩展技术。查询建议技术可以为用户提供初始查询的一些候选查询，供用户选择。查询扩展技术则在初始查询的基础上通过增减词汇以及调节词汇权重的方式形成新的查询，并用于检索信息。一个查询扩展的例子如，用户输入查询"武汉大学"可能会被转化为"武汉大学 OR 武大"。

6.4.2.2.5　排序

搜索引擎利用倒排索引获得了一系列的文档，排序使用排序算法为文档进行打分，并按得分大小进行排序。排序策略的核心是信息检索模型，研究者提出了很多信息检索模型，如向量空间模型、BM25、语言模型等。排序还需要融合许多其他信息，如文档的 PageRank 值、用户查询偏好等，在现代搜索引擎应用中，机器学习排序是一种常用的排序方法，可以有效融合多种信息对文档进行打分。

信息检索模型是信息检索研究的核心内容之一，一个基本的信息检索模型可以表示为 $\sum_i q_i d_i$ ，其中，q_i 表示查询 q 的第 i 个词项权值，d_i 表示文档 d 的第 i 个全职，公式可以理解为文档和查询对应词项权值乘积的和。

6.4.2.2.6 评价

搜索引擎需要一定的机制对其搜索效果进行评价，以改善检索效果。经典的相关性评价指标包括查准率和查全率，对实用化的搜索引擎而言，响应时间也是一个极为重要的指标。现代信息检索应用的场景更为多样化，评价方法也更多样，大型搜索引擎主要依赖于日志分析技术以评测搜索引擎效果。

6.4.3 信息检索实例

搜索引擎是信息检索的直接产品，搜索引擎的类型多种多样，有企业搜索引擎、Web 搜索引擎、学术搜索引擎等，但无论是哪一种搜索引擎，其基本原理都是类似的。现代搜索引擎主要依靠倒排索引作为底层数据结构，使用查询处理、文档排序等技术实现信息搜寻。

在搜索引擎中，基本的技术包括倒排索引构建、查询处理、文档排序三个方面。本节通过公文检索的例子，说明现代信息检索是如何处理文档检索的任务。

6.4.3.1 倒排索引构建

图 6-3 给出了四篇公文的标题。

D1	国务院办公厅关于加强环境监管执法的通知
D2	国务院关于公布第四批国家级非物质文化遗产代表性项目名录的通知(2014 年)
D3	国务院关于发布政府核准的投资项目名录(2014 年本)的通知(2014 年)
D4	国务院办公厅关于同意中国—新加坡天津生态城建设国家绿色发展示范区实施方案的复函

图 6-3 四篇文档组成的数据集

对于上述文档，搜索引擎的文本处理部件要对文本进行分词、停用词处理的操作，从而得到图 6-4 显示的处理结果。

D1	国务院 办公厅 关于 加强 环境 监管 执法 通知
D2	国务院 关于 公布 第 四 批 国家级 非物质 文化 遗产 代表性 项目 名录 通知 2014 年
D3	国务院 关于 发布 政府 核准 投资 项目 名录 2014 年 本 通知 2014 年
D4	国务院 办公厅 关于 同意 中国 新加坡 天津 生态城 建设 国家 绿色 发展 示范区 实施 方案 复函

图 6-4　四篇文档分词去停用词的结果

可以看到，句子的词汇已经得到了区分，如"国务院办公厅"被切分为"国务院"和"办公厅"两个词汇，同时，停用词"的"以及标点符号如"("、")"等都已经被去除。

完成了预处理操作以后，搜索引擎需要基于预处理的输出结果生成倒排索引。倒排索引是几乎所有现代搜索引擎的核心数据结构。倒排索引同书本后面的索引在形式上是一样的。书籍的索引将索引词按照文字拼音排序，每一个索引词后面跟着一个序列，序列记录这些词在书籍的出现位置。

最简单的倒排索引值存储了词汇和词汇出现的文档序列号。这种倒排索引同书籍后面的索引几乎是一模一样的。图 6-5 给出了针对四篇文档构建的简单倒排索引示意图。

索引包含了四篇文档的每个词汇，词汇后面是一个列表，列表的每个元素是文档编号。构建完成如图 6-5 所示的倒排索引以后，搜索引擎便能够快速地查找包含某一个词汇的文档了。例如，为了找到包含"2014"这一词汇的文档，通过查询倒排索引可知，文档 2 和文档 3 都包含了"2014"这一词汇。

当需要查询同时包含两个词的文档时，处理方法是，首先对两个词汇各自取出包含词汇的文档编号集合，然后对两个集合取交集。例如，查询"非物质 名录"，使用词汇"非物质"和"名录"可以分别取得 {2} 和 {2，3}，两者取交集得到 {2}，由此可以发现文档 2 同时包含"非物质"和"名录"两个词汇。假设集合 A 的长度为 m，集合 B 的长度为 n，则取交集的时间复杂度是 $O(\max(m，n))$，这意味着需要遍历长度更长的序列已确定哪些元素需要取出。为了降低时间开销，搜索引擎常常会使用跳转指针技术，这样能够将时间开销降低为 $O(\min(m，n))$。

执法 [1]　　　　　遗产 [2]

核准 [3]　　　　　名录 [2] [3]

投资 [3]　　　　　文化 [2]

示范区 [4]　　　　方案 [4]

项目 [2] [3]　　　第 [2]

建设 [4]　　　　　本 [3]

同意 [4]　　　　　发展 [4]

国务院 [1] [2] [3] [4]　　关于 [1] [2] [3] [4]

生态城 [4]　　　　政府 [3]

加强 [1]　　　　　年 [2] [3]

国家 [4]　　　　　2014 [2] [3]

实施 [4]　　　　　办公厅 [1] [4]

天津 [4]　　　　　批 [2]

发布 [3]　　　　　中国 [4]

通知 [1] [2] [3]　　新加坡 [4]

四 [2]　　　　　　环境 [1]

代表性 [2]　　　　非物质 [2]

复函 [4]　　　　　国家级 [2]

绿色 [4]　　　　　监管 [1]

公布 [2]

图 6-5　四篇文档的倒排索引示意图

很多时候，人们还需要知道词汇在某一个文档中的词频。词频对于文档排序是非常有意义的。如果不知道词频，当使用"2014"作为查询时，取得的两个文档 $d2$ 和 $d3$ 的重要性高下没有办法得到区分，在返回结果时没有理由将 $d2$ 和 $d3$ 的任何一个排在更前端的位置。

为了记录词汇在文档中的词频，可以将词频附带在文档编号之后，得到的索引见图 6-6。

执法 1	1:1			遗产 1	2:1		
核准 1	3:1			名录 2	2:1	3:1	
投资 1	3:1			文化 1	2:1		
示范区 1	4:1			方案 1	4:1		
项目 2	2:1	3:1		第 1	2:1		
建设 1	4:1			本 1	3:1		
同意 1	4:1			发展 1	4:1		
国务院 4	1:1	2:1	3:1	关于 4	1:1	2:1	3:1
生态城 1	4:1			政府 1	3:1		
加强 1	1:1			年 2	2:1	3:2	
国家 1	4:1			2014 2	2:1	3:2	
实施 1	4:1			办公厅 2	1:1	4:1	
天津 1	4:1			批 1	2:1		
发布 1	3:1			中国 1	4:1		
通知 3	1:1	2:1	3:1	新加坡 1	4:1		
四 1	2:1			环境 1	1:1		
代表性 1	2:1			非物质 1	2:1		
复函 1	4:1			国家级 1	2:1		
绿色 1	4:1			监管 1	1:1		
公布 1	2:1						

（注：国务院一行另有 4:1；关于一行另有 4:1）

图 6-6　记录词频的文档倒排索引示意图

在图 6-6 所示的索引中，用户可以快速找到包含词汇的文档，同时还可以获得词汇在文档中的词频（TF），以"执法 1　1:1"为例，"1:1"表示"执法"一词在编号为 1 的文档中出现了 1 次。使用"2014"作为查询，无词频信息的索引虽然能返回文档 2 和文档 3，但不能确定哪个文档更重要①。

---

① 当考虑文档长度时，可以认为词频相同但长度更短的文献要显得更重要。

一旦获得了词频信息,可以发现文档 *d3* 包含了两个"2014"而文档 *d2* 只包含一个"2014",由此,可以认为文档 *d3* 可能更为匹配用户的查询需求。

图 6-6 所示的索引同图 6-5 相比,另一个不同在于显性地记录了词汇的文档频率,也就词汇在多少个文档中出现过。同样以" 执法 1 1:1 "为例,词汇后面紧跟的数字 1 表示该文档在 1 篇文章出现,也即文档频率为 1。在信息检索里面,词汇在越多的文档中出现,词汇的信息量或者说价值也就越低,例如"的"可能在绝大多数的文献中都会出现,但是对于检索,这样的词是没有意义的。

附加词频的文档倒排索引已经能够满足绝大多数的检索需求。如果用户需要进行短语查询,如查询相邻的两个词汇"非物质 遗产",上述两种索引无法支持这样的查询任务。为了支持短语查询,还需要在索引中记录词汇的位置信息。有了位置信息,搜索引擎可以通过计算词汇位置偏移找到包含相邻词汇的文档。

索引构建是一个非常复杂的课题,这里简单地介绍了索引的形式和构建方法,在实际的搜索引擎中,还有许多更为复杂的问题需要解决,这些问题包括域的处理、索引压缩、动态索引、分布式索引、缓存策略等。

6.4.3.2 查询处理

查询处理对用户数据的查询进行分析,将其转换成适合检索需要的格式。

用户向搜索引擎输入了一个查询,搜索引擎首先需要对查询做查询处理,这包括一系列的工作,其中重要的有拼写检查、词切分、查询语法解析、查询扩展等。

拼写检查的目的是改正用户的拼写错误,例如英文查询"document management"可能会被错误拼写为"docment managment",搜索引擎需要尽可能地发现查询输入中错误的拼写并加以改正。

词切分阶段,词汇被切分成一个个的词汇单元,例如"非物质文化遗产"被切分为"非物质"和"文化遗产"两个词汇。如果有停用词,还需要进一步去除停用词。如果是输入英文词汇,某些时候还需要做词干提取。

查询语法解析也是搜索引擎需要处理的一个问题,尽管大多数查询都是简单的词汇序列,但有的时候查询可能是比较复杂的,包含操作符的形式。常用的操作符包括 AND、OR、NOT 以及双引号等。如查询"document AND management"通常意味着需要找出同时包含"document"和"management"的文档,而"document NOT management"通常意味着要找出包含"document"但是不包含"management"的文档。查询语法解析通常(不同的搜索引擎有着不同的实现方式)会将查询转化为查询树的形式。

查询扩展是直接影响搜索质量的一个技术，很多优秀的搜索引擎，如 Google 和 Baidu，都能够对原始查询进行高质量的查询扩展处理。在上面的例子，"非物质文化遗产"可能会被扩展为"（非物质 AND 文化 AND 遗产）OR 非遗"，"非遗"是作为同义词加入到原始的查询中的。查询扩展可以用到很多技术，但其中使用最多的依然是同义词扩展。

6.4.3.3 排序

给定查询以及从索引中获得的文档列表，搜索引擎需要为收集到的文档进行打分，决定哪些文档能够放在排序列表靠前的位置。为了实现这一目的，研究者提出了多种信息检索模型，本节将简要介绍其中两种经典模型，分别是布尔模型和向量空间模型。

6.4.3.3.1 布尔模型

布尔模型是最早出现的经典信息检索模型，严格来说，它并不能完成文档排序工作，因为它返回的结果中所有元素都是同等重要的。对于一篇文档，布尔模型在判断相关性时只返回 1（查询词在文档中存在）和 0（查询词在文档中不存在）两种。布尔查询可以处理包含"AND""OR"和"NOT"三个操作符的查询。

举一个简单的例子说明布尔查询的处理流程。使用图 6-6 所示的倒排索引，查询"2014 AND 投资"，词汇"2014"能够取到文档集合$\{d2, d3\}$，词汇"投资"可以渠道文档集合$\{3\}$，针对 AND 操作符，布尔模型需要返回同时包含词汇"2014"和"投资"的文档，因此，返回$\{d2, d3\}$和$\{d3\}$的交集，也即$\{d3\}$。

布尔模型是最古老的信息检索模型，在现代搜索引擎中虽然很少直接使用布尔模型，但是大多数支持布尔检索的查询方式。

6.4.3.3.2 向量空间模型

向量空间模型中，文档和查询都被表示为一个 t 维向量，t 是文档中包含词汇集合的大小，向量的每一个元素表示对应词汇的权值，见图 6-7。

	词项 1	词项 2	……	词项 t
文档 1	d_{11}	d_{12}	……	d_{1t}
文档 2	d_{21}	d_{22}	……	d_{2t}
……				
文档 m	d_{n1}		……	d_{nt}

图 6-7 文档的向量表示示意图

在图 6-3 所示的数据集中，各个文档可以如图 6-8 所表示，矩阵的每一个元素表示对应词汇在文档中的词频。

	文档 1	文档 2	文档 3	文档 4
执法	1	0	0	0
核准	0	0	1	0
投资	0	0	1	0
示范区	0	0	0	1
项目	0	1	1	0
建设	0	0	0	1
同意	0	0	0	1
国务院	1	1	1	1
生态城	0	0	0	1
加强	1	0	0	0
国家	0	0	0	1
实施	0	0	0	1
天津	0	0	0	1
发布	0	0	1	0
通知	1	1	1	0
四	0	1	0	0
代表性	0	1	0	0
复函	0	0	0	1
绿色	0	0	0	1
公布	0	1	0	0
遗产	0	1	0	0
名录	0	1	1	0
文化	0	1	0	0
方案	0	0	0	1
第	0	1	0	0
本	0	0	1	0
发展	0	0	0	1
关于	1	1	1	1
政府	0	0	1	0
年	0	1	2	0
2014	0	1	2	0
办公厅	1	0	0	1
批	0	1	0	0
中国	0	0	0	1
新加坡	0	0	0	1
环境	1	0	0	0
非物质	0	1	0	0
国家级	0	1	0	0
监管	1	0	0	0

图 6-8 四篇文档的向量表示示意图

可以看到，文档 1 可以表示为 (1, 0, 0, 0, 0, 0, 0, 1, 0, 1, 0, 0, 0, 0, 1, 0, 0, 0, 0, 0, 0, 0, 0, 0, 0, 0, 0, 1, 0, 0, 0, 1, 0, 0, 0, 1, 0, 0, 1)，第一位为 1 表示词汇"执法"在文档 $d1$ 中出现了一次，第八位也是 1，表示对应的词汇"国务院"在文档 $d1$ 中出现了一次。在向量空间模型中，词汇的前后顺序是不重要的，向量空间模型关注的是词汇是否在文档中出现，这种表示方法被称作词袋模型。

给定查询"非物质 遗产"，查询同样可以采用向量空间表示，记为 (0, 0, 0, 0, 0, 0, 0, 0, 0, 0, 0, 0, 0, 0, 0, 0, 0, 0, 0, 0, 0, 0, 0, 1, 0, 0, 0, 0, 0, 0, 0, 0, 0, 0, 0, 1, 0, 0)。计算文档和查询的相似度，现在转换成为计算两个向量相似度的问题。向量空间模型采用余弦相似度计算两个向量的相似度，余弦相似度计算公式如下：

$$\cos(D_i, Q) = \frac{\sum_{j=1}^{t} d_{ij} * q_j}{\sqrt{\sum_{j=1}^{t} d_{ij}^2 * \sum_{j=1}^{t} q_j^2}}$$

其中，D_i 表示待排序文档集合的第 i 个文档向量，Q 表示查询向量，d_{ij} 表示第一个文档向量的第 j 个元素，q_j 表示查询向量的第 j 个元素。如果查询和文档完全相同，余弦相似度计算公式会返回 1 如果查询和文档没有公共词项，则返回 0。

利用上述相似度计算公式，可以分别计算文档 1、文档 2、文档 3、文档 4 与查询的相似度。文档 1 同查询"非物质 遗产"的相似度是 0.0，文档 2 同查询的相似度是 0.3536，文档 3 同查询的距离是 0.0，文档 4 同样也是 0.0。由此，可以得出文档 2 是最匹配的文档。

上面的例子中使用了词频(术语为 TF)作为文档词汇向量权值，这样做存在一个问题：TF 高的词汇不一定是有意义的词汇，不同的词汇对于检索评分的价值是不一样的，例如查询"国务院 非物质"，由于"国务院"这个词汇在所有的文档中都出现过，这个词的出现与否对于排序的价值并不大。基于这样的考虑，在信息检索中，很多时候并不直接使用 TF 作为词项权重，而是采用了称作 TF. IDF 的词项权重计算方式。

倒置文档频率(IDF)可用于衡量文档数据集中词汇的重要性，从信息论的角度看，IDF 反映了词项所承载的信息量。IDF 的计算公式如下：

$$idf_k = \log \frac{N}{n_k}$$

其中，N 是文档数据集中文档的个数，n_k 是词汇 k 出现过的文档的总数。

在计算余弦相似度时，为了降低计算开销，不需要为在每个词上进行计算。文档相似度只与出现在查询中的词汇相关。如果没有出现在查询中，词汇对于相关性计算是没有贡献的。

信息检索模型是信息检索的核心研究内容之一，除了布尔模型、向量空间模型，常见的模型还有 BM25 模型、语言模型。现在，机器学习排序作为一种排序方法也得到了大量的关注。机器学习排序在融合多属性计算文档查询相关性上具有较好效果。对机器学习排序感兴趣的读者可以参见刘铁岩的 *Learning to Rank for Information Retrieval*，该书对机器学习排序做了较为全面的综述。

6.4.4 信息检索工具

信息检索是互联网时代最为重要的技术之一，互联网用户几乎每天都会使用搜索引擎查找信息。搜索引擎在技术和商业上的成功，吸引了越来越多的人参与到信息检索研究和搜索引擎实现中。

目前，最为成功的互联网搜索引擎是 Google，百度则是最好的中文搜索引擎，除此之外，Bing 也是影响较大的互联网搜索引擎。

企业搜索(Enterprise search)是信息检索商用化的另一个成功领域，同互联网搜索相比，企业搜索更加重视对多类信息源的处理以及对搜索权限的控制。微软、Oracle 等软件提供商都有自己的企业搜索产品，Google 也在尝试提供企业搜索产品，专门的企业搜索软件还有拓尔思企业搜索引擎以及 Autonomy 企业搜索引擎。

搜索引擎是一个技术密集的行业。但得益于开源软件的开展，简单的搜索引擎搭建已经不是一个技术难题了。开源搜索引擎如 Lucene、Indri 等为搜索引擎搭建提供了极大的便利。一个合格的程序员，即使不是信息检索专家，也能轻松搭建起一个简单的搜索引擎。

Lucene 是目前应用最广的开源搜索软件，为大量的信息系统提供了信息检索的技术支持。Lucene 是 Apache 基金会的一个开源项目，严格来说，它并不是一个完整的搜索引擎，仅提供了对文档索引功能和查询功能的支持。

Solr、Elastic Search 等在 Lucene 的基础上进行了程序封装，是当前较为流行的通用信息检索工具。Nutch 在 Lucene 的基础上添加了网页抓取、分布式索引存储等功能，是一个高效的开源 Web 搜索引擎。

6.5 电子文件信息检索利用服务

6.5.1 电子文件信息检索的途径

可通过登录国内外档案网站，通用搜索引擎或专业搜索引擎查找、获取、利用电子文件信息。

6.5.1.1 登录我国档案信息网站，获取国内电子文件信息

我国各级综合性档案馆及高校档案馆大多建立了自己的档案网站。档案网站以电子政务网为依托，能够提供案卷级或文件级档案目录检索，少数网站能提供开放档案的原文检索。此外，我国越来越多的档案信息网站能提供政府现行电子文件的在线检索，以及重要的视频信息和网上图片展览。获得档案馆网址的方法十分简单，既可以通过搜索引擎获得，也可以通过中华人民共和国国家档案局主页链接到各省的地方档案馆。但我国目前无法实现一站式电子文件信息检索，只能分别登录不同的档案信息网站，才能检索和获取相应的档案线索、数字化档案信息以及政府现行电子文件信息。

6.5.1.2 登录国外档案信息网站，获取国外电子文件信息

登录国外档案信息网站，快速获取电子文件信息资源。以下为几个有代表性的网站：

(1)国际档案理事会(ICA，网址：http：//www.ica.org/)

国际档案理事会是非政府间的国际档案专业组织。网站刊登国际档案理事会地区分会、业务处和委员会的有关情况，各类会议信息，还含有新闻，项目资料和会议文件等出版物信息。该网站提供了 ICA— List serv(the List serv of the International Council on Archives)这个重要的档案学术交流平台(网址：http：//www.ica.org/4715/ica—listserv/ica—listserv.html)。用户可通过两种方式订阅：电子邮件方式和网站直接订阅，订阅之后可与这个平台上的档案学术讨论组进行交流，也可以发表自己的学术观点。

(2)联合国教科文组织的档案门户网站(网址：http：//portal.unesco.org/ci/en/ev.php—URL_ID = 5761&URL_DO = DO_TOPIC&URL_SECTION = 201.html)

由联合国教科文组织的通信和信息部门维护，链接到世界各国的档案馆，还收录了世界范围内的档案教育、培训、工作等信息。

（3）欧洲保护与存取委员会（ECPA，原网址：http：//www. knaw. nl/ecpa/）

该委员会成立于1994年，旨在保证欧洲地区各种档案、图书资料汇集的有效可用，包括书本、文件、照片、电影、磁带、磁盘等各种载体。ECPA 网站因 TAPE（Training for Audiovisual Preservation in Europe）项目的完成已经关闭，我们登录 TAPE 网站（http：//www. tape—online. net），能够了解欧洲视听文献遗产保护的培训信息和出版物信息。该网站在线提供大约170 条有关视听文献数字化和保护的书目记录。

（4）美国档案工作者协会（SAA，网址：http：//www. archivists. org/）

该网站收录了美国档案工作者协会 SAA 的教育指南信息（the SAA Directory of Archival Education），包括 SAA 制订的《档案高等教育指南》（2002）、美国各州和加拿大设有档案学专业方向的大学名录及链接信息、SAA 的培训信息以及 SAA 协会指南、美国和加拿大档案组织的链接信息，SAA 会员信息，SAA 的年度会议信息等。值得关注的是，该网站还提供SAA 主办的《美国档案工作者》杂志的目录信息和较早发表的论文全文，以及《档案概览》（新闻报道）的目录信息。

（5）原始资料库（Repositories of Primary Sources，网址：http：//www. uiweb. uidaho. edu/special—collections/iil. htm）

该站点目前提供了通向世界上超过 5000 个档案馆和手稿库房的链接，可获取有关手稿、档案、古籍善本、历史照片的信息，提供地区首字母索引检索方式。该原始资料库链接的所有网站都经过专人定期检查，确保其有效可用。

（6）美国手稿馆藏联合目录（NUCMC，网址：http：//www. loc. gov/coll/nucmc/）

NUCMC 是由美国国会图书馆手稿部创建和维护的档案资源网站，建立于 1959 年，任务是提供全国文献遗产的书目检索和利用服务。可通过网络搜索直接登录 NUCMC 主页，也可以通过 OCLC 的 WorldCat 档案与手稿目录进行检索。该网站提供美国国会图书馆馆藏检索、美国国会图书馆之外的有关档案馆和手稿库房的资源；提供档案专业组织、档案教育、电子讨论组和期刊、助学金、奖学金、聘用机会等方面的信息；编码档案著录（EAD）及其应用的信息等。

除了上述较为重要的网站之外，还可以通过各类数字档案馆的检索平台获取相关的电子文件信息资源。

6.5.1.3 利用专用搜索引擎搜索电子文件

(1)美国国家档案与文件管理局(NARA)的 AAD

美国国家档案馆档案数据库(ADD)是为了实现 NARA 的任务，即为公众提供对重要证据的便捷获取(ready access to essential evidence)而开发的，该项目旨在解决日益增长的电子形式政府文件的保管问题。

ADD 主要用于检索 NARA 所保管的电子文件，它对档案实体采用现代数字技术进行具体描述(动感摄影、三维图片处理)，甚至辅以影像背景、语言文字和音乐等方式对其进行抽象呈现，能帮助用户更好地理解文件。AAD 系统可以在线利用由 20 个联邦机构所产生的近5 000万份涵盖多个主题范围的历史上的电子文件。

ADD 的案卷保管者将所有的文件主题归纳为不同的类别(Series)供用户选择，它们是：所有类别(All Series)、族谱与个人历史(Genealogy/Personal History)、私营部门(Private Sector)、战争与国际关系(War/International Relations)、其他记录的索引(Indexes to Other Records)、地点(Places)、政府开支(Government Spending)、时间段(Time Spans)。在检索时，用户首先确定欲检索的领域，选择其中的一个类别。点击该类别后便会看到相关信息，包括：类别所含文档的集合列表、文档号、创建者、创建时间等，有助于用户判断该类中的记录是否与自己的兴趣相关。点击其中的任何一个文档集合又可以获得关于该集合的进一步的信息，即一个或多个与之相联系的数据文件(Data File)。

2011 年，NARA 开发了一站式联机公共查询系统(Online Public Access，OPA)，用户在该集成检索平台上可以实现对 NARA 的三大数字资源库 ARC(Archival Research Catalog，已被并入 OPA)、AAD、ERA(Electronic Records Archives)的一站式检索。

(2)英国国家档案馆的档案数据信息检索引擎

① A2A(Access to Archives)。

用户可以通过 A2A 查找和检索到英格兰、威尔士地区的档案信息资源，档案的产生年代可追溯到 18 世纪，主要包括人口普查记录，出生、结婚及死亡记录，移民记录，家族档案等。英格兰、威尔士境内的当地文件办事处、图书馆、大学、博物馆以及国家和专门机构负责保存维护这些档案，并向公众提供利用。

② Archon Directory。

由英联邦档案馆的主页进入。用户可检索英联邦的所有库房和在大不列颠国家档案馆登记册(BNRA)数据库中收录的世界上其他藏有手稿的库房。可为用户提供有关英国历史的珍贵手稿资源，由英国皇家历史手稿委员会负责维护。

6.5.1.4 利用通用搜索引擎搜索电子文件

（1）WebCrawler

它是第一个提供大范围搜索的 WWW 搜索引擎，提供主题查询和关键词搜索两种服务。关键词搜索的功能非常强大，支持自然语言检索、布尔检索和近似检索，检索结果按主题相关性。用户能通过它同时查找 Google、Yahoo、Windows Live、Ask and other popular search engines 几大搜索引擎的数据库，并给出一份组合的查询结果清单。

（2）Google 历史档案搜索服务

这项搜索服务集成在 Google 的资讯栏目里。通过该服务，可以方便快速地查看以前发生过的事和新闻评论等。例如以"非典防治"为关键词进行搜索时，可以得到从 2003 年至今关于"非典防治"的各类信息，包括与"非典防治"相关的图片和网页信息。

（3）中国 Web 信息博物馆(网址：http://www.infomall.cn/)

该馆是在国家"973"和"985"项目支持下，北京大学网络实验室开发建设的中国网页历史信息存储与展示系统。截至 2014 年 2 月，Web 信息博物馆已经维护有 75 亿以中文为主的网页，并以平均每月4 500万网页的速度扩大规模。该 Web 博物馆旨在全面展现中国互联网上信息的历史，为社会提供多种海量网络信息产品，供枉关科研人员进行研究。所提供的信息产品均免费(收取介质和处理成本除外)，签署数据使用协议，即可得到相关产品。

6.5.2 电子文件的利用服务

广义上，电子文件既包括原生性的电子文件，也包括传统载体档案的数字化副本。从提供的服务对象来看，电子文件的利用服务可以分为已公开现行文件利用服务和数字化档案的利用服务这两类。

（1）已公开现行文件的利用服务

已公开现行文件的利用服务是实现政府信息公开的重要渠道。所谓已公开现行文件，是指党政机关在履行职责活动中形成的现行有效并可以向社会公开的文件。主要包括：各级党委、政府及其所属机构制发的政策性、规范性文件，公开出版和内部出版的政策法规汇编、政报、年报和其他出版物、音像制品等资料。这些文件应该及时通过各种方式公之于众，保障公民的知情权，维护公民的合法权益。让公民知道每一个政府决策是怎样制定和产生的，公民自身的权益是否得到了充分的尊重。在不断转变政府职能，建设开放性政府的过程中，已公开现行文件的利用服务具有十分重要的作用。档案馆应积极提高已公开现行文件利用服务的效率和质量，简化手续，保障公民对政府信息的及时知晓和获取，维护其合法权益。这与我国档案事业"三个体系"建设方案和服务宗旨是一致的。

根据我国《政府信息公开条例》和《中华人民共和国档案法》，国家综合性档案馆应承担政府信息公开的责任。一方面，档案馆设置现行文件利用中心提供政府现行文件的查询和利用；另一方面，普遍在档案网站中专门设置现行文件利用栏目，在线提供已公开现行文件的查询和利用服务。我国越来越多的档案网站包括北京档案信息网、浙江省档案网站、青岛市数字档案馆等都能提供现行文件的在线检索和查询业务。如青岛市数字档案馆在其按类别检索的方式中，将可检档案分为如下几个类别：现行文件、新中国成立前档案、新中国成立后档案、照片档案、实物档案、视频档案、图书、报纸、期刊、地图等。现行文件是其中一类，而且现行文件的查档率非常高。除此以外，青岛市档案馆能够提供关键字检索、来源检索（市委、市政府、市政协等）、文号检索、时间检索、专题检索等检索路径，从而能够满足公众多角度的查档需求。

在已公开现行文件的利用服务中，需要注意两点：一是各级党委和政府机关应做好已公开现行文件的报送工作。各级党委、政府及其他具有行政管理和公共管理职能的组织，要及时向同级国家综合性档案馆送交本单位制发的可以向社会公开的现行文件。尤其要做好与民生关系密切的、可公开的现行文件的送交工作。二是各级国家综合性档案馆要认真做好现行文件的收集、整理、保管和编目工作，建立专题文件数据库，在网站上开设专门的现行文件利用窗口。建立集中提供已公开现行文件利用工作的管理制度，简化查阅手续，既提供纸质文件，又提供电子文件，方便群众查阅。

（2）数字化档案的利用服务

数字化档案（传统档案的数字化副本）往往具有较高的社会价值和历史文化价值，利用率较高，具有广泛的公共兴趣和社会关注度。因此，数字化档案也是档案馆提供利用服务的重要对象。这一类档案是开展历史研究和社会民俗研究的原始素材。

一些早期的档案数字化项目，如1992年建立的美国杰斐逊档案数字化项目主要收藏了记载杰弗逊总统历史活动的文本信息，旨在保护珍贵的历史档案，提供全部纸质档案的数字化检索工具和部分数字化馆藏的利用。

此外，各种不同格式和种类的电子文件如视频文件、音频文件、多媒体文件、数码照片、电子地图、手稿等都是档案馆提供利用服务的对象。不同社会主体如高校、企业、社会团体所形成的电子文件对于保护其师生、雇员和职员的合法权益具有重要的价值，其中，涉及个人信息的电子文件对于个人晋升和社会保障具有重要的凭证价值。因此，档案馆应根据馆藏电子文件资源的构成和特点，针对不同的利用群体，提供方便快捷的电子文件在线利用服务，满足人们对于公务查询、个人信息查询、科学研究等方面的需要。同时，确保电子文件信息安全，对涉密电子文件妥善保管。

7　电子文件管理法律法规

　　法律法规是电子文件管理过程中遇到的一个重要问题。在日常管理过程中，电子文件是否具有法律效益，是决定是否管理以及如何管理电子文件的一个重要问题。

　　电子文件作为办公自动化、电子商务、电子政务等活动中的重要因素之一，一方面给社会生活带来极大便利，明显提高了办事效率；另一方面也带来了新的问题。由于电子文件的特殊性，电子文件信息安全成为制约管理工作的桎梏，信息篡改、身份伪造、著作权侵权、网络欺骗以及网络犯罪等现象频繁出现。伴随着电子商务活动的深入发展，其过程中产生的电子文件的凭证作用得以进一步体现其重要性，但较之传统的纸质文件，电子文件更容易引发纠纷和法律问题。在这样社会发展的背景下，其立法问题得到世界范围内各国家的重视，并有部分国家将其提高到国家战略层面。"电子文件管理需要符合电子文件特点的规则和秩序，需要相对独立的法律规范、制度和标准，作为规范人们生成和管理电子文件行为的依据。"①建立和完善法律法规成为当前我国电子文件管理领域亟待解决的问题之一。

7.1　国内电子文件管理法律法规

7.1.1　电子文件管理法律法规概况

7.1.1.1　电子文件管理法律法规建设的发展历程

　　从时间上看，国内电子文件管理法律法规建设起步较晚，直至20世纪90年代才在司法、商业、信息等领域的一些法律法规中出现有关电子文件的条款。例如，1989年制定的《行政诉讼法》第三十一条、1991年制定的《民事诉讼法》第六十三条、1996年修订的《刑事诉讼法》第四十二条等都规

---

　　①　冯惠玲. 政府电子文件管理[M]. 北京：中国人民大学出版社，2004：47.

222

定了视听资料这一证据类型；1998年12月16日修订的《人民检察院刑事诉讼规则》第一百九十二条规定："扣押犯罪嫌疑人的邮件、电报或者电子邮件，应当经检察长批准，通知邮电机关或者网络服务机构将有关的邮件、电报或者电子邮件检交扣押。"①将犯罪嫌疑人的电子邮件作为搜集证据的重要内容之一，即是在一定程度上认可了电子文件的法律效力，但其范围仅限于电子邮件。1999年3月公布的《中华人民共和国合同法》第十一条明确规定："书面形式是指合同书、信件和数据电文（包括电报、电传、传真、电子数据交换和电子邮件）等可以有形地表现所载内容的形式。"②③将电报、电传、传真、电子数据交换和电子邮件等形式的数据电文列为合同的书面形式之一，即是在一定范围内确立了电子文件的法律地位与效力，但其范围仅限于合同书。这些行业法律中有关电子文件法律效力的规定对国内电子文件管理法律法规建设的起步发展具有重要作用和意义。

至20世纪90年代末，档案领域出台的相关法律中仍未对电子文件的法律效力问题予以明确规定。例如，1999年6月修订发布的《中华人民共和国档案法实施办法》第二十一条规定："档案缩微品和其他复制形式的档案载有档案收藏单位法定代表人的签名或者印章标记的，具有与档案原件同等的效力。"④该办法在对不同形式档案的法律效力问题进行规定时，仅明确赋予档案缩微品和其他复制形式档案的法定效力，并未对电子文件的法律效力问题做出规定。再如，1999年7月国家档案局颁布的《电子文件归档与电子档案管理办法》第一章第七条规定："具有保存价值的电子文件，必须适时生成纸质文件等硬拷贝。进行归档时，必须将电子文件与相应的纸质文件等硬拷贝一并归档。"⑤要求将电子文件转换成纸质文件等硬拷贝，是国内尚未确立电子文件独立的凭证价值和法律地位的必然之选。

进入21世纪，国内的电子文件法律法规建设有了较快的发展，部分行业领域开始对电子文件的法律效力问题做出更为详细和明确的规定。例如，2001年12月6日颁布的《最高人民法院关于民事诉讼证据的若干规定》第二十二条规定："调查人员调查收集计算机数据或者录音、录像等视听资料的

① 中华人民共和国最高人民检察院. 人民检察院刑事诉讼规则(1998-12-16)[Z].
② 全国人民代表大会常务委员会. 中华人民共和国合同法[Z]. 1998-12-16.
③ 梅绍祖. 电子商务法律规范[M]. 北京：清华大学出版社，2000：34.
④ 中华人民共和国国家档案局. 中华人民共和国档案法实施办法[Z].
⑤ 中华人民共和国国家档案局. 电子文件归档与电子档案管理办法[Z].

应当要求被调查人提供有关资料的原始载体。提供原始载体确有困难的，可以提供复制件。提供复制件的，调查人员应当在调查笔录中说明其来源和制作经过。"①由调查人员收集计算机数据或者录音、录像等视听资料的原始载体作为民事诉讼证据，即是在更大的范围内认可和确立了电子文件的凭证价值与法律效力。再如，2002 年 7 月 24 日颁布的《最高人民法院关于行政诉讼证据的若干规定》第十二条规定："当事人向人民法院提供计算机数据或者录音、录像等视听资料的，应当符合下列要求：①提供有关资料的原始载体。提供原始载体确有困难的，可以提供复制件；②注明制作方法、制作时间、制作人和证明对象等；③声音资料应当附有该声音内容的文字记录。"明确要求除提供原始载体外，还需要提供电子文件的背景信息与内容信息等，即是在一定程度上认可电子文件的法律效力，同时也指明了电子文件具有法律效力的基本条件。

随着国内越来越多行业对电子文件的法律效力的初步认可，国内电子文件管理法律法规建设工作开始取得初步进展。《电子文件归档与管理规范》总则中规定："应保证电子文件的凭证作用，对只有电子签章的电子文件，归档时应附加有法律效力的非电子签章。"②并专设一章详尽规定和阐释了"电子文件的真实性、完整性和有效性保证"问题，这在一定程度上表明国内开始在法律意义上认可了电子文件的凭证价值。但是，《电子文件归档与管理规范》"只是一个管理标准而不是一部法律，因此不可能明确电子文件的真实性与法律凭证性之间的关系，也无法指出电子文件法律证据成立的条件。"③此时的电子文件仍然不具有独立的法律效力，仍然需要通过"非电子签章"作为辅助。2003 年 7 月 28 日，国家档案局令第 6 号发布《电子公文归档管理暂行办法》，针对由国务院办公厅统一配置的电子公文传输系统处理后形成的电子公文制定了一系列的规则与要求④。虽然暂行办法中仍未明确认可和规定电子文件的凭证价值与法律效力，但对有效维护电子公文的真实性、完整性、安全性和可识别性等问题进行了详尽规定和阐释。

通过相关规定、规范、办法等对电子文件法律问题的逐步规定与阐释，

---

① 中华人民共和国最高人民法院 . 最高人民法院关于行政诉讼证据的若干规定 [Z].

② 电子文件归档与管理规范(GB/T 18894-2002)[S].

③ 叶晗 . 浅论电子文件立法[J]. 档案与建设，2008(2)：5.

④ 中华人民共和国国家档案局 . 电子公文归档管理暂行办法[Z].

国内第一部正式确立电子文件法律地位与法律效力的法律终于出台。2004年8月28日，《中华人民共和国电子签名法》（以下简称《电子签名法》）得以通过和颁布实施，在第十四条中明确规定："可靠的电子签名与手写签名或者盖章具有同等的法律效力"，并在第二条中指出："本法所称电子签名，是指数据电文中以电子形式所含、所附用于识别签名人身份并表明签 名人认可其中内容的数据。本法所称数据电文，是指以电子、光学、磁或者类似手段生成、发送、接收或者储存的信息。"①《电子签名法》的颁布和实施是我国首部电子文件管理相关的专门法律法规，在法律意义上正式确立了电子文件的法律地位与法律效力，赋予电子文件独立的证据效力，成为实施电子文件法律效力的基本依据和法律保障。

　　《电子签名法》颁布实施以后，国内电子文件管理法律法规建设进程逐步加快，相继制定了多部与电子文件管理相关的法律法规，对电子文件管理相关法律问题的规定逐步具体和细化。2005年4月30日发布的《公务电子邮件归档与管理规则》专门针对国家机关、团体、企事业单位和其他社会组织在公务活动中的形成和使用的电子邮件，制定了相关归档与管理规则，其中明确指出："载有相同信息的纸质文件属于归档范围的，则该份电子邮件也应归档"，"进行逻辑归档，保存到专门的电子文件管理系统中。"② 2005年2月8日，中华人民共和国信息产业部发布《电子认证服务管理办法》（中华人民共和国信息产业部令第35号），并于2009年2月4日召开的中华人民共和国工业和信息化部第6次部务会议通过其修订版本和再颁布，对电子认证服务机构、电子认证服务、电子签名认证书以及电子认证服务中的各种法律责任关系做出明确规定，为电子认证服务的规范化管理提供了法律依据与保障。③ 2009年年底，中办、国办联合下发《电子文件管理暂行办法》，分别从"电子文件管理机构与职责""电子文件的形成与办理""电子文件的归档与移交"电子文件的保管与利用""奖励与惩处"这五方面对电子文件管理作出具体规定，内容翔实、严谨，并且具有较强的可操作性。如规定："电子文件应当以国家规定的标准存储格式

---

①　全国人民代表大会常务委员会.中华人民共和国电子签名法［Z］.

②　中华人民共和国国家档案局.公务电子邮件归档与管理规则（DA/T32-2005）［Z］.

③　中华人民共和国工业和信息化部.电子认证服务管理办法（档发〔2012〕7号）［Z］.

进行归档""具有永久保存价值或者其他重要价值的电子文件，应当转换为纸质文件或者缩微胶卷同时归档。"① 2012 年 8 月 29 日，国家档案局印发的《电子档案移交与接收办法》)规定："电子档案有相应纸质、缩微制品等载体的，应当在元数据中著录相关信息""电子档案的移交可采用离线或在线方式进行。"②从上述几个电子文件管理法律法规对电子文件归档方式的规定可以看出，国内的电子文件归档已经从以转换成纸质文件等硬拷贝的方式为主转变为以保留电子文件原始格式为主的方式，这是国内电子文件管理法律法规建设逐步完善的重要标志之一。

此外，国内各省市也顺应信息时代的发展要求，积极响应国家有关电子文件管理政策及法律法规，相继制定了适合地方实际情况的具体电子文件管理法律法规，尤其是广东、上海等地，较早地开展数字签名有关的地方性法规和规章的建设，并出现了一些电子签章的认证机构③。1996 年 10 月，广东省政府颁布《广州对外贸易实施电子数据交换（EDI）暂行规定》，第十条规定："由协议方或法律、法规要求文件必须签名，而电子报文附有电子签名时，则此电子报文视同符合协议方的要求或法律、法规的规定。"④ 2000年年初，香港特别行政区颁布《电子交易条例》，对电子签名的法律地位及其认证等问题做出了规定⑤。2003 年 2 月，广东省出台《广东省电子交易条例》，确立电子签名的法律地位的同时，还认证机构的管理进行规定⑥。继2003 年国家档案局颁布《电子公文归档管理暂行办法》之后，海南省于 2004年 11 月制定了《海南省电子公文归档管理暂行办法》；上海市于 2005 年 12月颁布了《上海市电子公文归档管理实施办法(暂行)》；浙江省于 2006 年出台《浙江省省直单位电子公文归档管理暂行办法》等。国内电子文件法律法规建设工作已经形成了从中央到地方的良好局面。

7.1.1.2 国内电子文件管理法律法规建设存在的问题

由上述分析可知，国内电子文件管理法律法规建设经过十余年的发展，

---

① 中华人民共和国中央办公厅、国务院办公厅. 电子文件管理暂行办法(中办国办厅字〔2009〕39 号)[Z].

② 中华人民共和国国家档案局. 电子档案移交与接收办法[Z].

③ 张畅，肖文建. 关于《电子签名法》的几点认识[J]. 山西档案，2005(2)：35.

④ 广东省人民政府. 广州对外贸易实施电子数据交换(EDI)暂行规定[Z].

⑤ 朱宏文. 电子签名法律制度研究[J]. 浙江学刊，2001(5)：153.

⑥ 叶甲生. 电子商务环境下电子签名与认证之法律思考——兼评《广东省电子交易条例》的相关规定[J]. 安徽广播电视大学学报，2003(2)：20.

已经取得了阶段性成果，与电子文件管理相关的一些法律、规章等陆续出台，尤其是《电子签名法》的颁布与实施，为确立电子文件的凭证价值与法律效力提供了明确的法律依据与保障，初步改变了国内电子文件管理领域立法缺失的局面，推动国内电子文件管理法律法规建设迈上新的台阶。但是，从现实情况看，国内电子文件管理法律法规建设工作仍然任重而道远，尤其是专门的电子文件管理法律规范还相对较少，现有电子文件管理法律法规尚未覆盖电子文件管理过程中各个环节涉及的法律问题，因而无法完全满足快速发展的电子文件管理实践的需要。

(1) 缺乏全局视角的立法架构

从国内电子文件管理法律法规建设的现状看，目前尚未形成关于电子文件管理的整理立法方案，现有的一些相关法律法规大多是从某个角度对电子文件管理中的某些具体问题进行规定，如《电子签名法》《电子认证服务管理办法》等仅是从电子文件的法律效力以及如何确保其法律效力的角度进行立法，而对电子文件管理全过程中各个环节所涉及的法律问题进行全局界定和统一规定的法律法规尚未出台，这使得电子文件管理相关法律问题的解决缺乏总体指导思想与判定依据。

(2) 专门的法律法规尚不多见

虽然国内已经陆续出台了一些与电子文件管理相关的法律、法规与规章等，但由上述概况分析可以看出，除《电子签名法》外，直接对电子文件管理的相关法律问题进行界定和规定的并不多。有些是其他行业的法律法规中出现了与电子文件有关的某些规定，如《中华人民共和国合同法》和《人民检察院刑事诉讼规则》中分别对电子合同、电子邮件的凭证价值予以确认，但其生效范围并不具有普适性，仅限于商业合同和刑事诉讼领域；还有一些虽然是与电子文件直接相关，但其内容仅涉及电子文件的接收、归档、管理等活动该如何做，并未对其中可能出现的法律问题进行深入界定和规定，例如《电子文件归档与电子档案管理办法》《电子档案移交与接收办法》等，仅是规定电子文件必须归档保存以及如何归档保存的问题，但其中的权责问题并未详细规定，而这是无法满足数量日增的电子文件管理的需要。

(3) 相关法律有待修订与完善

电子文件作为信息时代的新生事物，其相关法律法规的制定和实施需要对有些行业的现行法律条款做出相应修改或完善，尤其是尚未将电子文件法律问题纳入本法范围或者与电子文件管理法律问题解决不相适宜的一些法律规定。如《档案法》作为我国档案领域最重要的一部法律，其现行版本中并没有出现对电子文件凭证价值与法律效力进行明确规定的条款，这一方面与《电子签名法》《中华人民共和国合同法》等法规中的有关规定不甚相符，同时也不利于从法律的角度要求将关于法律凭证性的背景信息纳入电子文件元数据的归档与管理范围。

（4）不同法律间有待融合一致

电子文件广泛应用于各行各业，其法律问题将涉及诸多行业的法律法规。不同行业在制定电子文件相关法律时的出发点和价值取向不同，因而存在着相互矛盾、相互冲突、互不衔接等现象。如《中华人民共和国合同法》将电子合同纳入书面证据材料的范畴，而最高人民法院关于刑事诉讼和行政诉讼的司法解释则将计算机数据归为视听资料，书证是直接证据，可以作为定案依据，而视听资料是间接证据，不能单独作为定案依据，两个行业法律对电子文件证据效力的规定悬殊。再如《电子公文传输管理办法》是面向经过国务院办公厅统一配置的电子公文传输系统处理后而形成的具有规范格式的电子公文，其适用范围较小，普适性不足。

（5）实施的配套措施有待健全

电子文件管理法律法规涉及多方的利益，其执行和实施将面临诸多障碍，必须完善相应的配套措施才可以保障其顺利实施。从我国电子文件管理法律法规的实施情况看，有些法律法规在解决实际问题时缺乏普适性、协调性和可操作性，直接影响其实际执行的力度和效果。例如，《中华人民共和国电子签名法》的实施目前还面临着电子签名如何认证、认证机构如何管理、电子签名技术标准、成本控制等诸多问题有待解决，因此其作用范围并未普及社会各个领域，仍以电子商务领域较多。

7.1.2　代表性电子文件管理法律法规——《中华人民共和国电子签名法》

由上述分析可以看出，目前国内与电子文件管理直接相关的法律法规尚不多见，其中《中华人民共和国电子签名法》（以下简称《电子签名法》）是在电子文件已经大量形成使用而相应法律法规却仍然缺失的情况下应运而生的，其颁布与实施是信息时代势在必行的工作之一，对电子政务、电子商务等活动具有深远影响，也是国内信息立法的重要里程碑之一，被国内业界人士看做"中国首部真正意义上的信息化法律"。①

---

① 张畅，肖文建. 关于《电子签名法》的几点认识[J]. 山西档案，2005（2）：35.

7.1.2.1　《电子签名法》的颁布

在《电子签名法》颁布实施之前，国内电子商务与电子政务等领域关于电子签名、数据电文是否具有法律效力缺乏明文规定。尽管 1999 年颁布的《合同法》赋予了传真、电子邮件一定的法律效力，但是由于缺乏独立的法律地位，法院在受理相关案件时仍然无法将传真、电子邮件采纳为证据，电子合同的双方仍然承担着巨大的风险，电子文件的法律效力问题已经成为国内电子商务和电子政务发展的法律障碍。

随着国内信息化进程的加快，电子文件的使用率与使用范围迅速增长，各行各业对电子文件法律问题的解决需求日益迫切。为此，国务院信息办于 2002 年委托中国电子信息产业发展研究院起草《中华人民共和国电子签章条例》，定位于行政法规以避免因立法程序过长而延误时间。但在电子文件立法的缺失已经严重影响电子政务、电子商务等领域快速发展的情况下，国务院随后决定将条例修改为《中华人民共和国电子签名法（草案）》，直接形成国家法律。2004 年 3 月 24 日，国务院常务会议原则通过《电子签名法（草案）》，并决定经进一步修改后由国务院提请全国人大常委会审议。①②　2004 年 4 月 2 日，十届全国人大常委会第八次会议第一次对该草案进行了审议。2004 年 6 月 21 日，十届全国人大常委会第十次会议再次对该草案进行了审议。2004 年 8 月 28 日中华人民共和国第十届全国人民代表大会常务委员会第十一次会议通过了《中华人民共和国电子签名法》，并规定于 2005 年 4 月 1 日起施行。

7.1.2.2　《电子签名法》的主要内容

《电子签名法》共包括五章三十六条，篇幅不长却详细规定了电子签名、数据电文等的法律效力及其使用相关事项等。第一章是总则，主要阐释了本法制定的目的、电子签名与数字电文的含义以及使用规则等；第二章是数据电文，详细规定了什么样的数据电文符合法律、法规要求的书面形式、原件形式、保存要求，并对数据电文作为证据使用的真实性、发件人、收讫、发送时间、发送地点等做出规定；第三章是电子签名与认证，详细规定了电子签名的可靠性条件、法律效力、制作数据使用，在此基础上对电子签名的认

---

①　中华人民共和国中央人民政府网站. 国务院常务会议原则通过《电子签名法（草案）》[EB/OL]. [2005-08-20]. http：//www. gov. cn/misc/2005-08/20/content_24958. htm.

②　刘品新. 论数据电文的辨真规则——我国《电子签名法》（草案）一个条文的展开 [J]. 广西大学学报（哲学社会科学版），2004(5)：69.

证服务条件、认证服务机构、认证证书要求、认证服务暂停与终止相关事宜等做出了规定；第四章是法律责任，详细规定了电子签名人、电子签名依赖方、电子认证服务提供者等法律责任主体的违法行为及其处理与处罚办法；第五章是附则，对本法中涉及的基本概念和专业术语进行界定，并宣布本法的实施时间。

第一，《电子签名法》明确界定了电子签名的概念与使用范围等，为电子签名法律效力的认可与合理使用提供了基本依据。该法第二条规定："本法所称电子签名，是指数据电文中以电子形式所含、所附用于识别签名人身份并表明签名人认可其中内容的数据。本法所称数据电文，是指以电子、光学、磁或者类似手段生成、发送、接收或者储存的信息。"通过这些规定，明确了电子签名的基本形态为电子形式，即电子印章，而不是书面签名的数字图像化，从而为电子签名与手写签名或印章具有同等效力奠定了基础。该条规定还指明电子签名的核心对象是数据电文，根本目的是识别签名人身份和认可电子数据信息；使用范围是在信息处理各阶段运用磁、光、电等各种形式形成的各种信息，从而实现了在法律层面对电子签名进行统一阐释和规定。

第二，《电子签名法》广泛认可了电子签名、数据电文的凭证价值与法律效力，这也是本法制定的初衷和目的。该法第十四条规定："可靠的电子签名与手写签名或者盖章具有同等的法律效力。"该法第七条还规定："数据电文不得因为其是以电子、光学、磁或者类似手段生成、发送、接收或者储存的而被拒绝作为证据使用。"在我国信息法律缺失和电子文件法律效力缺乏保障的情况下出台这些规定，在法律层面上认可和赋予电子签名与传统盖章、手写签字等认证方法同等的法律效力，同时也在法律层面上认可电子文件与纸质文件具有同等的凭证价值与法律效力，从而在很大程度上解决了信息时代的身份确认问题和信用危机。此外，该法第三条进一步规定："民事活动中的合同或者其他文件、单证等文书，当事人可以约定使用或者不使用电子签名、数据电文。当事人约定使用电子签名、数据电文的文书，不得仅因为其采用电子签名、数据电文的形式而否定其法律效力。"明确规定除了与人身关系、不动产转让、公用事业服务相关和法律明确规定不能使用电子签名的文书外，民事活动中的所有"合同或者其他文件、单证等文书"都可以使用电子签名，无疑为电子签名凭证价值的发挥提供了极其广阔的使用范围和法律空间。

第三，《电子签名法》具体规定了数据电文符合法律要求的书面形式、原始形式、被保存条件，为电子签名的合法使用奠定了基础。作为电子签名的作用对象与依托载体，数据电文的制作、使用和管理需要符合多项要求，才可以为电子签名的使用创造基础条件。"在电子文件证据性效力的产生上，普遍认为面临的主要困难是证据形式划分、原件性判断、非法电子文件的认定以及真实性审查等"。① 为此，该法第四条明确规定了数据电文的书面形式标准，即"能够有形地表现所载内容，并可以随时调取查用的数据电文"，其中"有形地表现"是基于数据电文的虚拟性而特意提出的；该法第五条规定了数据电文的原始形式，即"能够有效地表现所载内容并可供随时调取查用"以及"内容保持完整、未被更改"，其中"有效地表现"和"内容完整、未被更改"是基于数据电文的载体与信息分离性、易改性等而特意提出的；该法第六条规定了数据电文的保存要求，即"能够有效地表现所载内容并可供随时调取查用""格式相同""能够识别数据电文的发件人、收件人以及发送、接收的时间"等，除"有效地表现"外，还特意强调"格式相同"和身份时间识别等，这些都是有利于电子文件管理和使用的基本要求，也是数据电文与纸质文件具有同等法律效力的基本保障。

第四，《电子签名法》明确规定了判定数据电文真实性和电子签名可靠性的具体方法，且二者之间具有密切关系。"电子文件与纸质文件一样享有同等法律效力，其前提是保证电子文件的原始性、完整性、真实性、稳定性。"②数据电文真实性是制定电子签名可靠性策略的重要依据和目的；电子签名可靠性是实现数据电文真实性的重要手段和基础。关于数据电文的证据真实性，该法第八条规定从生成、储存或者传递数据电文方法的可靠性，保持内容完整性方法的可靠性，鉴别发件人方法的可靠性等方面考虑；关于电子签名的可靠性，该法第十三条规定应从电子签名制作数据是否属于电子签名人专有且仅由电子签名人控制，以及签署后对数据电文和电子签名的任何改动是否能够被发现两个方面考虑。"电子签名制作数据属于电子签名人专有且仅由电子签名人控制"可以确保"鉴别发件人方法的可靠性"，而"签署后对数据电文和电子签名的任何改动能够被发现"可以实现"保持内容完整性方法的可靠性"。由此可见，《电子签名法》既充分考虑到了电子签名可靠性对确保数据电文真实性的重要作用，又认识到数据电文真实性判断标准对

---

① 王绍俠. 电子文件产生证据效力的困难及其对管理的启示[J]. 档案学研究，2003（3）：54.

② 裴喆. 电子文件的法律认可问题[J]. 北京档案，1999（6）：17.

制定电子签名可靠性策略的指导意义。

第五，《电子签名法》对电子签名认证服务机构的资格条件、业务规则、权利与义务以及电子签名认证证书规范等做出了明确规定，从而为电子签名的合法使用提供了依据。电子签名的使用除了需要符合法律规定的格式、形式要求外，往往还需要由第三方对电子签名人的身份进行认证，以此向双方提供信誉保证，为此需要依法设立电子签名的认证服务机构。该法第十六条规定："电子签名需要第三方认证的，由依法设立的电子认证服务提供者提供认证服务。"在法律层面许可了电子签名认证服务。关于电子签名认证服务机构的资格条件，该法第十七条明确规定："具有与提供电子认证服务相适应的专业技术人员和管理人员；具有与提供电子认证服务相适应的资金和经营场所；具有符合国家安全标准的技术和设备；具有国家密码管理机构同意使用密码的证明文件；法律、行政法规规定的其他条件。"关于电子签名认证服务机构的业务规则，该法第十九条明确规定："电子认证业务规则应当包括责任范围、作业操作规范、信息安全保障措施等事项。"关于电子签名认证证书的具体内容，该法第二十一条规定应包括："电子认证服务提供者名称；证书持有人名称；证书序列号；证书有效期；证书持有人的电子签名验证数据；电子认证服务提供者的电子签名；国务院信息产业主管部门规定的其他内容。"从各个方面对电子签名认证服务机构的设立予以规定和规范，可以实现从源头对电子签名的可靠性进行控制。

第六，《电子签名法》还初步规定了电子签名制作和使用中涉及的各种法律问题及其处理办法。"与传统证据类型相比，电子文件证据具有无形性、高科技性、多媒体性和脆弱性的特点。"[1]电子签名的制作和使用涉及制作者、使用者、认证机构等多方利益主体，而其中任何一方的相关操作行为不当都有可能带来信息泄露、篡改等重大损失和利益纠纷，为此需要对各方利益主体的行为进行规范，并明确其间的责任关系。该法第二十七条对电子签名人的责任进行了规定："电子签名人……未向电子认证服务提供者提供真实、完整和准确的信息，或者有其他过错，给电子签名依赖方、电子认证服务提供者造成损失的，承担赔偿责任。"该法第二十九条至第三十一条对电子认证服务机构的法律行为和责任进行了规定，如："未经许可提供电子认证服务的，由国务院信息产业主管部门责令停止违法行为""没有违法所得或者违法所得不足三十万元的，处十万元以上三

---

① 徐振杰，谭珵培. 电子文件证据研究[J]. 北京档案，2002(6)：13.

十万元以下的罚款""未在暂停或者终止服务六十日前向国务院信息产业主管部门报告的，……处一万元以上五万元以下的罚款"，等等。该法第三十三条对电子签名认证服务机构的工作人员行为进行了规定："依照本法负责电子认证服务业监督管理工作的部门的工作人员，不依法履行行政许可、监督管理职责的，依法给予行政处分；构成犯罪的，依法追究刑事责任。"此外，该法第三十二条还对违法使用电子签名的行为进行了规定："伪造、冒用、盗用他人的电子签名，构成犯罪的，依法追究刑事责任；给他人造成损失的，依法承担民事责任。"

7.1.2.3 《电子签名法》的影响

《电子签名法》承认电子文件与书面文书具有同等效力，规定电子签名具有与手写签字或者盖章同等的法律效力，其颁布实施填补了国内信息立法的空白，对电子文件管理产生极大的影响，主要表现在：

一是提供了电子文件管理的法律依据性，减少电子文件管理的随意性与盲目性。明确规定电子文件满足法律法规规定的保存要求及原件形式的条件，解决综合档案馆电子文件接收时的电子文件真实性判断问题，增加档案部门的电子文件管理难度，促进电子文件管理的发展，为电子文件的传输提供一种安全有效的办法①。

二是确立了电子签名的法律标准与保障措施。强化电子文件真实性管理的要求，并从法律的角度要求将关于法律凭证性的背景信息纳入电子文件元数据的归档与管理范围，从而进一步保障电子文件管理的有效性。

三是明确了电子文件管理的条件性与协作性。提出电子文件的证据链，"对电子文件的生成、捕获、管理、使用及元数据采集与保存都会产生诸多的积极影响，并为 OA 及其他技术环境下电子文件的法律证据作用的维系提供了很好的借鉴。"②

四是对电子文件归档管理技术方法也产生了一定的影响。增加了电子签名文件归档检验的新项目即电子签名验证、限制了电子签名文件的归档文件格式、限制了归档加密电子签名文件的解密。为此，电子文件管理技术方面必须形成一定的对策，例如增加电子签名文件的归档项目，包括归档数字签名验证软件、归档数字证书、归档 CRL、归档电子认证信息、归档数字签

---

① 陈竞亚.《电子签名法》与电子文件管理[J]. 档案与建设，2005(6)：16.
② 王艳明.《电子签名法》对电子文件管理的若干影响[J]. 档案学研究，2006(1)：46.

名文件接收记录等①。

总之,《电子签名法》的颁布实施在法律层面上认可了电子签名和数字电文的法律效力, 极大地改善了我国电子商务、电子政务的法制环境, 为我国信息化建设的顺利实施提供了法律保障。但是, 从国内电子文件管理法律法规建设的总体情况看,《电子签名法》实施的相关制度环境和技术条件还未成熟, 如相关法律法规的衔接问题, 目前的《公司法》《票据法》《证券法》《拍卖法》等未包含与《电子签名法》相衔接的条款; 电子认证服务体系的规范问题, 目前使用的电子签名中, 既有银行发出的, 也有工商局发出的, 还有一些是从认证机构得到的, 且认证成本普遍较高; 用户隐私与商业秘密的保护问题, 与电子交易、电子签章、数据与隐私权保护、消费者权益保护等安全保护与权益保护相关的问题未做出明确规定等。

7.1.3 国内电子文件管理法律法规建设的发展趋势

电子文件管理法律法规建设工作的主要目的是减少和避免电子文件管理工作中的相关法律问题, 维系电子文件管理工作的正常秩序, 促进电子文件管理工作朝着规范化、法制化的轨道迈进。这是信息时代依法治档, 维护电子文件的完整与安全, 推动电子文件更好地为信息化建设服务的有力武器。据"电子文件管理机制研究"课题组 2007 年的调查, 国内政府部门形成的电子文件数量已经占全部文件数量的 72.7%, 其中 14.3% 的机构生成的文件全部以电子文件形式保存, 49% 的机构形成的电子文件数量占全部文件 50%及以上, 并且有 48% 的机构认为未来 5 年内本单位 50% 以上的文件将仅以电子文件形式保存。电子文件发展如此迅猛, 无疑对其立法工作提出了更加严峻的挑战, 加强电子文件管理法律法规建设工作已经成为当务之急。

(1)建立完善的电子文件管理法律体系

电子文件管理涉及诸多方面, 其法律法规建设应当尽可能地全面和完善, 以实现整体效果最优化。一些发达国家的电子文件立法起步较早, 已经初步形成了电子文件管理法律法规体系。我国虽然也已出台一定数量的电子文件管理法律法规, 但从实际应用情况看, 有些法律法规对实际问题的解决仍缺乏针对性、普适性和可操作性。并且, 从总体上看, 仍然存在着政策性文件较多、强制性法律较少; 国家级法律较少、地方性法规较多; 专用性法

---

① 张文浩.《电子签名法》实施对电子文件归档管理技术方法的影响及其对策[J].档案学研究, 2007(3): 49-50.

律较少，统一适用性法律较少等问题，尚未形成完善的电子文件管理法律体系。为此，需要从纵向和横向两个角度全面设计电子文件的立法框架，作为指导全国电子文件管理法律法规建设工作开展的依据，尽快建立起完善的电子文件管理法律体系，满足全国电子文件管理格局发展的需要。

从纵向看，需要建立覆盖四个层次的法律体系：一是国家权力机关制定的相关基本法律；二是中共中央办公厅及国务院办公厅发布的有关电子文件工作的法规；三是国家档案局及其与有关机构发布的有关电子文件的通则、条例、规定、办法、标准等；四是各级地方档案事业管理机关和各专业主管机关根据全国性的电子文件法规，结合本地区、本专业系统具体情况制定的电子文件工作规章制度等。

从横向看，需要建立覆盖电子文件管理全过程的法律体系：即对电子文件的制作、传递、收集、归档、整理、保管、利用等各个环节中涉及的法律问题均做出相应规定，作为生成、传递、保存、利用电子文件的规范和依据，从而在法律意义上保证电子文件的真实性、可靠性、完整性和可用性，实现电子文件管理的高效与科学。

（2）尽快开展相关法律法规的修订工作

电子文件是信息时代的新兴事物，其法律法规建设工作的开展除单独立法外，还需要对不符合电子文件管理发展需要的相关法律法规进行修订与完善，以此为电子文件法律法规的制定与实施提供更多支持。

以电子文件的法律效力确认问题为例，目前我国已经普遍认可了电子签名的法律效力，相关法规包括《电子签名法》《台湾电子签章法》《香港电子交易条例》等多部，这在某种程度上已经确立电子文件的法律地位。但是，作为电子文件管理的直接参与者之一，档案部门至今仍未出台相关法规，《中华人民共和国档案法》《电子文件管理暂行办法》等均未对电子文件是否具有与纸质文件同等法律效力问题做出明确规定，这不利于电子文件凭证价值要素的采集与保护。因此，档案部门应该尽快对《电子签名法》等电子文件管理法律法规进行研究和分析，将电子签名、电子文件的法律效力问题列入《档案法》等的修订议程当中，在法律上认可电子文件的法律效力，赋予哪些直接归档保存的、双套保存时收集的和纸质档案数字化形成的电子文件具有与纸质原件同等的法律效力，并对电子文件的原件形式、保存要求、真实性保障与认定条件以及法律责任等做出具体规定，从而与电子文件管理法律法规保持一致。

（3）注意与相关法律法规的对接与融合

电子文件管理是信息管理工作的重要组成部分，因此其法律法规的制定需要参照和依据现有信息法律法规中的相关条款规定，充分考虑电子文件管理法律法规与相关法律法规之间的对接与融合问题，只有这样才可以确保整个电子文件管理法律法规建设工作的顺利开展，也才能确保电子文件管理法律法规的真正执行与实施。

以电子文件信息安全问题的立法为例，其相关法律法规的制定可以参照国内从 20 世纪 60 年代开始制定的计算机安全与犯罪问题法律规范，以及从 20 世纪 80 年代末 90 年代初开始建立的信息安全方面法律法规。如 1994 年 2 月 18 日颁布的《中华人民共和国计算机信息系统安全保护条例》第七条规定：任何组织或者个人，不得利用计算机信息系统从事危害国家利益、集体利益和公民合法利益的活动，不得危害计算机信息系统的安全。再如 2010 年 4 月 29 日第十一届全国人民代表大会常务委员会第十四次会议修订的《中华人民共和国保守国家秘密法》第二十六条规定：禁止在互联网及其他公共信息网络或者未采取保密措施的有线和无线通信中传递国家秘密。"截至到 2009 年，我国现行的关于信息安全方面的法规，包括地方性的信息安全法规总计 180 部左右。"①这些法律法规中有的已经提及电子文件的信息安全问题，因此在制定电子文件信息安全法律法规时可以也应该以此为依据，并在此基础上进一步地深化与细化相关问题的法律处理办法。

（4）提供电子文件法律实施的配套措施

电子文件管理涉及电子文件制作者、使用者、管理者等多方利益，其法律法规的实施将面临诸多障碍和困难，如电子文件法律效力的行使需要解决"证据形式划分、原件性判断、非法电子文件的认定以及真实性审查"等问题②。因此，在建立电子文件管理法律法规体系的同时，必须及时跟进相关的配套措施，通过宏观规划、组织协调、监督检查、技术支持等，为电子文件管理法律法规建设工作的健康有序地发展创造良好的环境和条件。

具体而言，电子文件管理法律法规实施的配套措施主要包括政策、制度、技术、标准等方面。从政策上看，政府应该高度重视电子文件管理法律法规建设工作，明确规定电子文件立法的方针、要求、原则等；从制度上看，有关部门应针对电子文件管理法律法规建设工作中的具体问题建立相应

---

① 杨杰 . 我国电子文件立法保护研究［D］. 黑龙江大学，2009：38.

② 王绍侠 . 电子文件产生证据效力的困难及其对管理的启示［J］. 档案学研究，2003（3）：54.

的规章制度，如建立电子文件认证制度更好地执行《电子签名法》，建立部级联席会议制度统筹电子文件管理法律法规建设工作，此外还有"密钥使用制度""数字签名制度""政府证书管理制度"等；从技术上看，电子文件因其自身特点而对技术具有较强的依赖性，因此其法律法规的实施离不开多种技术的支持，如元数据技术、防火墙检测技术、数字签名技术、数据备份技术、信息认证技术、网络追踪技术等，大力发展和完善这些技术是确保电子文件长期可读和真实有效的重要保障；从标准上看，目前国内已经出台了一系列电子文件相关规范标准，但仍有一些问题尚待解决，如关于电子文件知识产权、隐私权等问题还缺乏相应的规范、标准作为依据。

（5）重视电子文件立法的国际接轨问题

"信息立法的发展表明，各国单独立法已不足以解决它所提出的问题，今后必须就有关电子文件的重大法律问题制定全球统一标准。"[①]可见，网络时代的电子文件管理问题已经突破地域限制成为全球性问题。在此背景下，制定各国在制定电子文管理法律法规时，在考虑国情的同时，必须充分考虑与国际接轨问题。

一方面，要参考国际通行的一些电子文件法律法规或标准规范，确保本国的电子文件法律法规符合国际惯例。根据前文关于国外电子文件立法工作的概述，虽然目前国际通行的电子文件管理法律法规还不多，但很多国家已经意识到电子文件立法国际化、全球化的重要性，如欧美发达国家和我国在制定本国的《电子签名法》时，大多参照了联合国贸易组织 2000 年 9 月发布的《电子签字示范法》和《电子签字示范法颁布指南》。向国际规则靠拢是必然的趋势。

另一方面，要在借鉴国外发达国家在制定电子文件管理法律法规方面的经验的基础上，结合我国的国情，建立具有中国特色的电子文件管理法律法规体系。世界各国的电子文件立法工作因其国家体制与政策等的差异而不尽相同，总体而言包括四种模式：以信息政策法规为背景的电子文件立法模式；以修改现行法规中电子文件相关内容为原则的电子文件立法模式；以采纳国际组织立法或以国际组织立法为先导的电子文件立法模式；电子文件单独立法模式。比较这四种电子文件立法模式，并不能说哪种模式最好，但都有值得我国借鉴的地方，尤其是美国、加拿大、英国、澳大利亚等发达国家的电子文件管理法律法规建设工作，起步较早，积累了许多先进经验，在不

---

① 黄苹. 国外信息政策法规对我国电子文件立法的启示[J]. 北京档案，2001(8)：25.

违背我国国情的情况下，加以学习和借鉴，可以使我国电子文件管理法律法规建设工作尽早与国际接轨，避免走弯路。

7.2 国外电子文件管理法律法规

国外电子文件管理立法随着信息自由、电子政务、电子商务等立法工作的开展而快速发展。1991年，联合国国际贸易法委员会颁布《电子商务示范法》(UNCITRAL Model Law on Electronic Commerce)，2001年又颁布《电子签字示范法》(The United Nations Commissionon International Trade Law Model Law on Electronic Autograph)，在国际范围内为电子文件管理的立法问题提供指导和借鉴。本节以欧盟及部分发达国家为代表，简要介绍国外电子文件管理法律法规的建设情况。

7.2.1 国外代表性电子文件管理法律法规

(1)美国电子文件管理法律法规

美国的电子文件立法工作起步早、发展快，深刻影响和引导着世界上其他国家的电子文件立法。早在1966年，众议院政府信息委员会针对《管家法》(Housekeeping Act)、《行政程序法》(Administrative Procedure Act)等限制政府信息公开及获取的规定，提出了《信息自由法》(Freedom of Information Act，FOIA)①，确立了"信息公开是原则、不公开是例外"等原则②。20世纪末随着信息技术的发展，电子文件大量出现和广泛应用，美国众议院于1996年通过了关于修改 FOIA 的第3802号法案，形成了《电子信息自由法》(Electronic Freedom of Information Act，EFOIA)③④，明确公众可以通过计算机及网络获取政府信息，在法律层面明确了电子信息的地位和作用。

---

① Herbert N. Foerstel. Freedom of Information And The Right To Know—The Origins and Applications of Information Act[M]. Westport, Conn：Greenwood Press，1999.

② Harold C. Relyea, Faithful Execution of the FIO Act：A Legislative Branch Perspective[R]. Public Administrative Review 39 (July-August, 1979)

③ 连志英. 美国信息自由法：从《信息自由法令》到《电子信息自由法令》[J]. 档案学研究，2008(5)：63.

④ The Freedom of Information Act 5 U. S. C. § 552, As Amended By Public Law No. 104-231, 110 Stat. 3048, FOIA Update Vol. XVII, No. 4 1996 [EB/OL]. http：//www. usdoj. gov/oip/foia_updates/Vol_XVII_4/page2. htm.

1995 年，美国总统克林顿签署《文书精简法》（ Paperwork Reduction Act）①，并于 1998 年美国通过了政府文书缩减法（Government Paperwork Elimination Act）②，将电子文件作为政府文书工作的主要形式，逐步实现无纸化办公，酌情使用电子签名。

1999 年，为满足信息服务业的发展需求，美国颁布《统一计算机信息交易法》（ Uniform Computer Information Transactions Act，UCITA）③，将数据（data）、文本（text）、图像（images）、声音、掩膜作品（mask works）、计算机程序及其集合和汇编（compilations）等电子信息确立为新的权利客体和商业交易对象。

2000 年，美国总统克林顿以数字签字的方式签署了《全球与国家商务中的电子签字法》（Electronic Signatures in Global and National Commerce Act，E-Sign Act）④，针对州际交易和国际贸易中所有的签名、合同和记录，从法律层面赋予电子签名与普通合同签字同等的法律效力。

2002 年，美国颁布《电子政务法》（E-Government Act）⑤，将现代信息技术作为提高政府服务效率的重要途径，在法律层面赋予了电子文件的使用范围和重要地位，并对电子政府信息的完整性、保密性、可用性等进行了详细规定。

此外，美国的《统一证据规则》（1999）、《联邦证据规则》《统一电子交易法》《业务记录与公共记录的摄影复本用作证据的统一法》、美国加利福尼亚州《证据法典》等法规中也都有关于电子证据的部分条款，而美国还颁布了《数字版权法》《个人隐私保护法》《电子隐私条例法案》《网上电子安全法

① Clinton B. Remarks on Signing the Paperwork Reduction Act of 1995 ［J］. Weekly Compilation of Presidential Documents，1995，9(1)：96-100.

② Fletcher P. D. The Government PaperWork Elimination Act：Operating Instructions For An Electronic Government［J］. International Journal of Public Administration，2002，25 (5)：723-736.

③ Shah P. A. The Uniform Computer Information Transactions Act ［J］. Berkeley Technology Law Journal，2000(1).

④ Congress of US，Washington，D. C. Electronic Signatures in Global and National Commerce Act［J］. Weekly Compilation of Presidential Documents，2000(Sep/Oct)：15.

⑤ Prins J. E. J.，Eifert M. M.，Girot C.，et. al. Taking Administrative Law to the Digital Era：Regulatory Initiatives in France，Germany，Norwayand the United States ［M］. T. M. C. ASSER Press，2002.

案》《反电子盗窃法》《联邦信息安全管理法案》《惩治计算机欺骗与滥用法》等确保电子文件信息安全的法律法规，从而在多个方面为电子文件管理创设的法律环境。

（2）加拿大电子文件管理法律法规

加拿大也是世界上较早关注电子文件管理立法问题的国家之一，虽未出台关于电子文件管理的专门法律，但是在诸多法规中涉及电子文件的法律问题，并且纳入《加拿大政府信息管理框架》（2004）、《加拿大信息管理政策》（2007）等，将电子文件视为政府活动、信息资源的重要组成部分而从更高层面为其立法提供保障。

1998 年，加拿大颁布当时世界首部独立于《证据法》的《统一电子证据法》（Uniform Electronic Evidence Act，UEEA）①，在法律层面认可人类新型记录方式"电子文件"的法律证据效力，并提出通过验证电子文件管理系统的完整性与可靠性判定电子文件法律证据效力的方法，从而打破了英美法系中传统最佳证据规则对"原件"的要求②。此外，《电子商务与信息、消费者保护修正案以及马尼托巴省证据修正法》、魁北克省的《民法典》等法律法规中也有关于电子文件证据效力的相关条款，且立法宗旨、原则等都与 UEEA保持一致。

1999 年，加拿大颁布《统一电子商务法》（Uniform Electronic Commerce Act，UECA）③，在法律层面确立了以明示或默示方式同意使用的电子文件交易的同等法律地位，赋予电子商务合同同等的法律证据效力，并规定政府可以依据法律规定选择使用电子文件等，从而为电子文件管理提供了初步的法律框架④。

2000 年，加拿大在联邦层面颁布《个人信息保护和电子文件法》

---

① Sheppard A. F., Duranti L., Rogers C. M. Electronic Records and the Law of Evidence in Canada: The Uniform Electronic Evidence Act Twelve Years Later [J]. Social Science Electronic Publishing, 2010, 70(70).

② Uniform Electronic Evidence Act（UEEA）[EB/OL]. [2014-12-26]. http://www.ulcc.ca/en/older-uniform-acts/electronic-evidence/1924-electronic-evidence-act(2016-1-1).

③ John D. Gregory. Uniform Electronic Commerce Act[J]. Centre De Recherche En Droit Public, 2000vol. 6(1).

④ Uniform Electronic Commerce Act[EB/OL]. [2016-02-03]. http://www.ulcc.ca/en/1999-winnipeg-mb/359-civil-section-documents/1138-1999-electronic-commerce-act-annotated.

（Personal Information Protection and Electronic Document Act，PIPEDA）①，在
法律层面规范和约束个人征信机构、个人信息供应商、交换个人信息的机
构、个人信息使用机构等对个人信息的商业化采集、使用或披露等行为，尤
其是信息时代的电子化个人信息，规定商业化机构必须公开其隐私政策和措
施，在使用个人信息之前必须征得其本人同意，未经授权不得访问、披露、
使用、篡改个人信息等，为信息时代个人隐私保护提供法律保障。同时也是
对 1982 年颁布的《隐私法》（Privacy Act）②和《信息获取发》（Access to
Information Act）③的补充与发展。

2005 年，加拿大颁布《安全电子签名条例》（Secure Electronic Signature
Regulations，SESR）④，对《统一电子证据法》中关于电子签名的法律规定予
以补充和细化，着重区分了"电子签名"和"安全电子签名"，认为安全可靠
的电子签名是一种以特殊的方式创建的数字签名和认证。

此外，加拿大的《反垃圾邮件法案》（CASL）、《反网络诈骗法》《反互联
网和无线垃圾邮件法案》（2010）等中也有关于电子文件管理的相关法律条
款，为电子文件的规范合法利益提供法律保障。

（3）俄罗斯电子文件管理法律法规

1995 年，俄罗斯国家杜马颁布实施本国第一部信息基本法《俄罗斯信
息、信息化和信息保护法》，从法律层面对信息采集、加工、保存、查询、
传播等过程中的问题予以规定。后又于 2006 年修订为《信息、信息技术和
信息保护法》⑤，在完善原有条款的基础上，确认了电子文件的法律地位，
明确规定以电子数字签名形式或其他类似手写签名形式签署的数据电文与手
写签名文件具有同等的法律地位，并通过许可制度约束电子认证服务。

2001 年，俄罗斯制定并通过《电子数字签名法》草案，于 2004 年正式颁
布实施，由此确认了电子文件中的数字签名具有与纸质文件中的手写签名同

---

① Personal Information Protection and Electronic Documents Act（S. C. 2000，c. 5）
［EB/OL］.［2015-10-17］. http：//laws-lois. justice. gc. ca/eng/acts/P-8. 6/.

② Treasury Board of Canada. Privacy Act［A］. 1982.

③ Treasury Board of Canada. Access to Information Act［A］. 1982.

④ Secure Electronic Signature Regulations（SOR/2005-30）［EB/OL］.［2015-12-26］.
http：//www. canlii. org/en/ca/laws/regu/sor-2005-30/latest/sor-2005-30. html，2016-1-3.

⑤ Федеральный закон Российской Федерации от 27 июля 2006 г. N 149-ФЗ Об
информации，информационных технологиях и о защите информации［EB/0L］.［2015-
12-11］. http：//rg. ru/2006/07/29/informacia-dok. html.

等的法律效力和凭证价值，并对电子签名的具体使用条件、技术保障、效力、期限等进行了详细规定①。

2006 年，俄罗斯颁布《个人信息法》（Федеральный закон Российской Федерации от 27 июля 2006 г. N 152-ФЗ О персональных данных）②，是俄罗斯关于个人信息的基本法，规定未经本人同意不得收集、保存、使用和传播个人隐私信息，包括电话、邮件、电报等电子文件信息。

2009 年，俄罗斯政府颁布了《跨部门电子文件管理系统条例》，对电子政务系统中跨部门间电子文件管理、传输与保护等问题予以约束和规范③。

此外，俄罗斯还颁布了《政府信息公开法》《电子公文法》《电子合同法》《电子商务法》《俄罗斯联邦保密法》《俄罗斯联邦档案立法原则》《俄罗斯联邦信息安全学说》《俄联邦计算机软件和数据库法律保护法》《关于在个人数据信息系统中加工个人数据过程中保障个人数据安全条例核准》等一系列法规，推动电子文件管理立法工作的进展。

（4）欧盟电子文件管理法律法规

1999 年，为在欧洲范围内推动电子签名的使用并为其创建统一的法律框架，欧盟委员会制定出台了《欧盟关于建立电子签名共同法律框架的指令》（EU Directive on a Community Framework for Electronic Signatures）④，从法律层面赋予电子签名与手写签字、签章同等的法律地位，明确电子签名作为证据不得因其为电子形式而被拒绝具有可强制执行力和可采证力，并通过协调成员国间的使用规范，为电子交易创设健全的法律环境。此后，大多数成员国基于此而制定了本国的电子签名法律，如德国制定《德国电子签名框架条件法》，是世界第一部确立"数字签章"法律效力的国家级特别立法，规定只要身份具有可辨识性、内容具有可确认性，并且电子签名得到确定，那么电子文件便具有书证的地位；再如，法国 2000 年颁布了第一部专门针对"电

---

① 肖秋会. 俄罗斯信息法研究综述［J］. 中国图书馆学报，2013（6）：81.

② Федеральный закон Российской Федерации от 27 июля 2006 г. N 152-ФЗ О персональных данных［EB/OL］. http：//rg. ru/2006/07/29/personaljnye-dannye-dok. html，2016-1-6.

③ Положение о системе межведомственного электронного документооборота［EB/OL］.［2013-01-20］. http：//www. rg. ru/2009/09/30/elektr-dok. html，2016-1-6.

④ Mathias M Siems. The EU Directive on Electronic Signatures—a World Wide Model or a Fruitless Attempt to Regulate the Future? ［J］. International Review of Law Computers & Technology，2002，16（1）：7-22.

子签名"的法令，确立了电子证据和传统书面证据的等价，认可了数字证据的法律上承认的正确形式。并于 2003 年 7 月赋予电子发票与纸质发票同等的法律和税收效力。

2001 年，欧盟制定发布《关于公开获取欧洲议会、委员会和理事会文件的规则》①，规定通过电子形式向公众欧盟的官方信息，具体包括所有提交给欧美理事会的非敏感文件、非政府机构协商文件、决策支撑文件、会议文件等，均通过自动归档予以保存和提供利用，27 个成员国普遍接受此规则，并大多建立了自己的信息公开制度。

此外，1992 年欧洲理事会发布《信息安全框架决议》，为一般用户、行政管理部门和工商业界存储电子信息提供切实有效的安全保护，使之不危及公众的利益；1999 年，欧盟发布《关于计算机犯罪的协定》，明确各成员国在打击计算机犯罪中必须承担的义务、适当的权限、合作的模式及相关规范要求；2004 年，欧洲议会和欧盟委员会颁布《建立欧洲网络和信息安全机构的规则》，通过规范的管理与合作，加强欧共体各成员国和工商企业应对网络和信息安全问题的能力；2005 年，欧洲理事会通过《关于打击信息系统犯罪的欧盟委员会框架决议》的提议，为打击信息系统犯罪搭建法律框架。

此外，德国 1997 年颁布世界第一部信息通信技术的国家级法律《信息通信服务框架条件管制法》，澳大利亚 1999 年颁布了《联邦电子交易法》，马来西亚 1997 年颁布了《数字签名法》，新加坡 1998 年制定了《电子交易法》，韩国 1999 年颁布了《电子商务基本法》，并于 2001 年颁布了《为了构建电子政府而促进行政业务电子化的相关法律》(第 6871 号法律)，2006 年出台了《公共文件法》，日本 2000 年制定了《电子签名与认证服务法》，南非 2002 年颁布了《电子通讯与交易法》，世界各国陆续在法律层面赋予电子文件与传统的书面形式、手写签名等同等的法律效力和凭证价值，并明确规定相关的法律责任归属与惩罚措施等，努力为电子文件管理创设健全、完善的法律环境。

7.2.2 国外电子文件法律法规特点

各国采取的电子文件立法方式，受本国政府对电子文件的认识、国家的

---

① Regulation (EC) No 1049/2001 of the European Parliament and of the Council of 30 May 2001；Regarding Public Access to European Parliament, Council an Commission Document 2008.

综合实力以及立法完善度影响，其结果不尽相同。总体而言，国外电子文件管理法律法规具有以下特点。

(1)注重独立性与兼容性的均衡

电子文件是人类在信息时代的记录方式，而不是与电子商务、电子政务等相似的独立的社会活动领域，其适用范围广泛涉及社会各个活动领域。因此，国外电子文件管理法律法规既注重其作为信息记录技术的独立完整性，从法律地位确立、技术规范、安全措施等多个方面予以法律规范，又充分考虑其广泛应用于社会各个领域的兼容普适性，将其立法工作融于信息管理、电子政务、电子商务等领域的法律法规之中，或以信息政策法规为背景，或修改现行法规中涉及电子文件的内容，或采纳、借鉴国际组织制定的电子文件法律法规，而专门出台电子文件法律法规的尚不多见。

(2)注重监管力与实用性的平衡

电子文件管理立法的本质目的是更好地推进电子文件的管理和利用，为电子文件管理各项活动的开展创设良好的法律环境和保障。为此，国外电子文件管理法律法规更加注意监管力度和实用性之间的均衡，使相关条款既能起到规避错误、风险等的作用，也不抑制实际工作中各个利益方的积极性和自由度。如在电子签名认证机构的资格审查问题上，很多国家持相对宽松、包容的态度，不设门槛，只要有能力和条件即可进入，政府不多加干涉，而是更多地起到鼓励、支持和督促的作用，帮助其更好地履行义务，监督其承担相应的责任。

(3)立法模式和目标定位不同

从立法模式看，有的国家尝试建立一套独立的电子文件管理法律法规，有的国家在相关法律法规中修改、增加与电子文件管理相关的法律条款，有的国家则借鉴和采用联合国、欧盟等国际组织的电子文件管理法律法规；从目标定位看，有些国家将电子文件视为信息资源的重要组成部分，纳入到国家信息立法中制定电子文件相关法律；有的国家将电子文件管理视为文件管理的一个部分，以提高政府行政管理效率为目标，纳入到电子政务立法之中制定相关电子文件法律条款；有的国家则将电子文件管理视为证据管理的内容，在证据法中增添电子证据的内容，呈现出多元化的电子文件管理立法格局。

(4)区域间均衡与互通有待加强

世界范围内看，电子文件管理法律法规建设因国家体制、经济水平、文化环境等的不同而存在差异。一方面，发达国家因起步早、发展快而逐步形

成了较为完善的电子文件管理法律法规，而欠发达地区的电子文件立法工作
还相对迟缓，由此使得国际电子文件管理法律法规建设存在着地区不平衡等
问题。另一方面，目前世界范围内的电子文件立法多以北美模式、欧盟模式
等发达地区为主导，亚洲、非洲等发展中、欠发达地区的电子文件立法能否
独立发展及如何改进，且发达国家之间的电子文件管理法律法规之间存在的
差异性如何协调等，都是有待解决的问题。

8 电子文件管理标准

电子文件管理需要法律法规的约束与规范，同时也离不开标准的指导与支持。标准须与法律法规保持一致，但在属性、目的、主体和法律效力等方面却与之有着显著的区别。法律法规是由政府或政府委托的机构通过一定的立法程序制定出的"强制性"文件，标准则是由政府或社会团体等公认机构经"广泛参与和协商一致"后发布的"自愿性"文件；法律法规的制定目的是为了保证"国家安全"，即确认、保护和发展对统治阶级有利的社会关系和秩序，而标准的制发则是为促进最佳的共同效益，在一定范围内获得最佳秩序①。可见，法律法规和标准在人类社会中居于不同的地位，发挥着不同的效用，而标准因其所具有的鲜明的科学性和民主性，在社会生活的权威性日益增强，其对于人类行为的规范作用也已得到广泛的理解与认同。

标准是规范性文件，在国际标准化组织 ISO 与国际电工委员会 IEC 联合发布的 ISO/IEC 指南《标准化和有关领域的通用术语及其定义》(2-1991) 中，标准被界定为："为在一定的范围内获得最佳秩序，对活动和其结果规定共同的重复使用，经过协商一致制定并经公认机构批准的规则、导则或特征的文件"②。在电子文件管理领域，强化电子文件管理相关标准的建设，已成为全世界共同的呼声。电子文件管理标准是对电子文件管理活动的顶层设计与宏观规划，是依据规定工作程序制定，经公认权威机构批准的电子文件管理规则、方法、技术要求等方面的规定，是电子文件管理过程中相关单位与个人共同使用和重复使用的准则与依据。电子文件管理标准的制定与实施是电子文件管理顺利开展的重要内容与关键环节；电子文件管理标准的缺失、滞后或者失范，必将带来电子文件管理上的失控以及资源的浪费。

---

① 金波，丁华东. 电子文件管理学 [M]. 上海：上海大学出版社，2007：254.
② 张保胜. 网络产业技术创新与竞争 [M]. 北京：经济管理出版社，2007：121.

8.1 国内外电子文件管理标准概述

标准的类型很多，依据属性划分有强制性标准和推荐性标准；依据内容划分有基础标准、产品标准、过程标准、服务标准等；依据使用范围划分有国际标准、区域标准、国家标准、行业标准、地方标准和企业（或公司）标准。在现行电子文件管理标准中，国际标准、国外先进标准及国内标准中的国家标准和行业标准是其主要类型。

8.1.1 国际电子文件管理标准

国际标准是指由国际标准化组织 ISO（International Organization for Standardization，简称 ISO）、国际电工委员会 IEC（International Electrotechnical Commission，简称 IEC）和国际电信联盟 ITU（International Telecommunication Union，简称 ITU），以及国际标准化组织确认并公布的其他国际组织制定的标准[①]。电子文件管理的国际标准主要是由国际标准化组织 ISO 制定并颁布的。ISO 成立于 1947 年 2 月 23 日，总部设在瑞士日内瓦，是世界上最大的国际标准化机构，其标准的制定主要由各技术委员会（TC）、分技术委员会（SC）完成，由于其标准确立、审核程序极为严格，因而在各个国家和领域中拥有最高的权威[②]。

在传统纸质文件数字化记录与保存的大背景下，国际标准化组织 ISO 的 ISO/TC171"文件成像应用"技术委员会的 SC3"一般问题"分委员会于 1997 年 12 月 15 日颁布了技术报告类标准《ISO/TR 12654：1997 电子成像——对用 WORM 光盘记录可能需要作为凭证的文件的电子记录系统的管理的建议》（Electronic Imaging—Recommendations for the Management of Electronic Recording Systems for the Recording for Documents that may be Required as Evidence, on WORM Optical Disk），提出了在制定捕获和存储文件数字影像的规程时所应遵循的建议，以确保数字影像作为记录信息的保存性及完整性。这是早期电子文件管理的代表性标准之一，对于指导文件数字化工作，

---

① 国家标准. 百度百科［EB/OL］.［2013-08-05］. http：//baike. baidu. com/view/31962. htm.

② 国际标准化组织_百度百科［EB/OL］.［2013-08-05］. http：//baike. baidu. com/view/42488. htm.

以及数字影像的存储和捕获工作有着重要的意义①。2006 年，我国正式采纳该标准为我国国家标准《电子成像——在 WORM 光盘上记录证据文件的电子记录系统的推荐管理方法》，用以指导我国的电子文件管理工作。

2001 年 10 月，ISO/TC46/SC11 档案/文件管理分技术委员会颁布标准《ISO 15489-1：2001 信息与文献—文件管理 第 1 部分：通则》（Information and documentation—Records management—Part1：General）。ISO/TC46/SC11 成立于 1997 年，隶属于 ISO/TC46 信息和文献技术委员会，专门负责起草文件管理相关标准，以促进所有机构采用文件管理最佳实践，国际电子文件管理的相关标准主要是由该委员会起草并颁布的②。ISO 15489 是文件/档案领域的第一个国际标准，也是文件/档案领域中最具权威的标准，以此为基础，ISO 陆续制定并颁布了一系列电子文件管理标准，使得各国的文件管理工作者，尤其是电子文件管理工作者得以运用全球统一的符合系统和技术准则进行电子文件管理的沟通与合作，进而共享先进的管理经验和技术成果，实现国际电子文件管理工作效率化和规范化运转。

现行的电子文件管理国际标准，从内容上讲，既有对电子文件管理的宏观规划和总体要求，也有对电子文件生命周期中关键环节的约束与规范，具体包括以下五个方面：

（1）文件管理总体要求

对电子文件管理总体要求的规定，《ISO 15489 信息与文献—文件管理》（Information and documentation—Records management）系列标准是最知名也是最权威的。该标准是针对任何公共或私人机构在其活动中形成或收到的所有形式或载体的文件的管理活动而制定的，因此对于电子文件管理有着普遍通用的指导作用。

ISO 15489 系列标准由通用原则《信息和文献—文件管理—第 1 部分：总则》（Information and documentation—Records management—Part 1：General）（ISO 15489-1：2001）和技术报告《信息和文献—文件管理—第 2 部分：指南》（Information and documentation—Records management Part 2：Guidelines）（ISO/TR 15489-2：2001）两部分组成。ISO 15489-1 全面阐述了文件最优化

---

① 李铭．ISO/TR 12654：1997（1997 年 12 月 15 日第 1 版）电子成像——对用 WORM 光盘记录可能需要作为凭证的文件的电子记录系统的管理的建议[J]．缩微技术，1998(3)：31.

② 安小米．ISO TC46/SC11 的工作及其借鉴[J]．中国档案，2007(11)：56.

管理的原则和要求，提出文件保存的顶层架构，重点强调了电子文件管理的益处，以及成立专门机构负责电子文件管理的重要性，并对优质文件保存系统的组成，以及文件管理的整个过程，如文件捕获、分类、利用、存储、访问等进行详细描述，提出了文件管理审计操作分析和相关培训要求。ISO/TR 15489-2 是 ISO 15489-1 的实施指南，标准描述了文件管理政策的元素和责任声明，总结了设计和实现有效的文件管理系统的步骤，提出了"创建标准术语辞典""开发利用方案""创建文件的安全和访问控制""存储和处置"等程序和方法，为文件处理和控制发展提供了行动指南，"创建监控"和"审计文件系统"等程序的描述，为员工文件管理培训提供了指导。总之，ISO 15489 系列标准的颁布，对整个国际文件管理领域产生了重大影响，它被誉为"文件管理历史上的里程碑"而成为国际文件管理领域的最佳实践，澳大利亚、美国、英国、法国、德国、荷兰、韩国、日本等 17 个国家均采纳该标准以指导本国电子文件管理实践①②。

（2）功能需求

电子文件管理活动中，明确文件管理的功能需求是十分重要的环节，它为文件的生产、保管和处置提出了最基本的原则与要求，用于指导文件管理部门和人员的管理实践，同时也成为衡量当前文件管理系统和部门是否胜任电子文件管理的重要标准。ISO 组织档案/文件管理分技术委员会（ISO/TC46/SC11）2010 年和 2011 年陆续颁布的 ISO16175 系列标准就是电子文件管理功能需求方面的典型代表。

ISO16175 系列标准由三部分组成，分别为《信息与文献　电子办公环境下文件管理的原则与功能要求　第 1 部分：原则概述与陈述》（Information and documentation—Principles and functional requirements for records in electronic office environments—Part 1：Overview and statement of principles）（ISO 16175-1：2010）、《信息与文献 电子办公环境下文件管理的原则与功能要求 第 2 部分：数字文件管理系统指南与功能需求》（Information and documentation—Principles and functional requirements for records in electronic office environments—Part 2：Guidelines and functional requirements for digital

---

① 张茜．论国际标准《ISO 15489 信息与文件-文件管理》的基本内容、影响及其权威性[J]．四川档案，2007(5)：34.

② 焦红艳，安小米．文件管理国际标准 ISO15489 的内容及特点[J]．中国档案，2002(12)：37.

records management systems)（ISO 16175-2：2011）、《信息与文献 电子办公环境下文件管理的原则与功能要求 第 3 部分：业务系统中文件管理指南与功能需求》（Information and documentation—Principles and functional requirements for records in electronic office environments—Part 3：Guidelines and functional requirements for records in business systems)（ISO 16175-3：2010）。

电子文件管理的功能需求是在文件管理需求的基础上结合软件特点提出的。ISO 16175-1 是对电子文件管理的宏观指导，它规定了软件应用于办公环境中数字文件创建应基于管理的基本原则和功能要求，具体包括电子文件管理良好实践的建立原则、指导原则、实施准则、风险列表及缓解方法，同时指出，自动记录管理功能的增加、数据保护和隐私权等信息立法的引入，问责制的建立，透明度的提高，有助于实现电子文件管理的更大效益和更高效率。ISO 16175-2 是针对数字文件管理系统提出的功能需求、实施指南；ISO 16175-3 则对业务系统中文件管理及其功能需求做出规范。ISO 16175-1 同 ISO 16175-2、ISO 16175-3 配套使用，实现着电子文件管理需求从一般到具体，从原则到业务系统的规范。

（3）元数据

元数据是反映电子文件内容、结构及背景特征的数据信息。元数据的提取旨在对电子文件信息进行选择、识别、组织、管理、开发、利用和评价，进而追踪文件在管理和使用过程中的变化，实现电子文件信息资源的凭证价值、集合整合与长期保存。

早在 2006 年，国际标准化组织（ISO）在 ISO 15489 基础上制定并颁布标准《ISO 23081-1：2006 信息与文献—档案加工处理—档案用元数据—第 1 部分：原理》（Information and documentation—Records management process—Metadata for records—Part1：Principles）。2007 年，ISO 进一步颁布了 ISO 23081 系列标准的第二部分——《ISO 23081-2：2007 信息与文献—文件管理元数据—第 2 部分：概念与实施问题》。2009 年，ISO 对 ISO 23081-2 修订后颁布第二版《ISO 23081-2：2009 信息与文献—文件管理元数据—第 2 部分：概念与实施问题》。2011 年颁布第三部分《ISO/TR 23081-3：2011 信息与文献—文件管理元数据—第 3 部分：自评估方法》（Information and documentation—Managing metadata for records—Part 3：Self—assessment method），进一步明确了评价现有文件管理元数据的方法。当前，ISO 组织正在制定 ISO 23081 系列标准的第四部分《ISO 23081-4 信息与文献—文件管理元数据—第 4 部分：实施指南》。ISO23081 系列标准的颁布，标志着国际

对文件管理元数据的探索已从原则、概念逐步走向实施和应用，提出的多实体、多属性的元数据框架结构，则被很多国家、地区和单位制定文件管理元数据标准方案时所采纳①。

当前，国际电子文件著录标准主要由国际档案专业组织——国际档案理事会制定颁布，国际档案理事会也是 ISO/TC46/SC11 的外联单位，该组织颁布的电子文件著录标准主要有 ISAD（G）、ISAAR（CPF）、ISDF 和 ISDIAH，参见本书第 11 章元数据部分的内容。

（4）信息保存

伴随着电子文件数量的海量增长，电子文件信息的长期保存已成为电子文件管理过程中的关键环节之一。电子文件的信息保存是一项复杂的系统工程，涉及方方面面的因素，为此，国际标准化组织 ISO 从电子文件长期保存管理措施的采纳、存储环境的营造、技术策略的选择等方面积极探索相关标准的建设，以指导国际电子文件长期保存工作，维护电子文件信息的生命力。

① 电子文件长期保存的指南文件——ISO/TR 18492 和 ISO /TR13028。

2005 年 10 月，国际标准化组织文献管理应用技术委员会 ISO/TC171 发布标准《ISO/TR 18492-2005 基于电子文件的信息的长期保存》（Long—term preservation of electronic document—based information），从宏观和微观两个层面，对电子文件信息长期保存的目标、存储技术方案、保存策略等加以规范，为各类机构保存和利用电子文件提供了一个通用可行的方案和指导性建议。标准指出，电子文件长期保存的目标应确保电子文件信息的未来可读、可理解、可识别、可检索和真实，电子文件长期保存的普遍控制技术包括介质更新、信息拷贝、元数据保存、信息迁移等，并提出确保电子文件信息质量的检测方法，成为电子环境文件管理的最佳实践②。

2010 年，档案/文件管理分技术委员会 ISO/TC46/SC11 颁布标准《ISO/TR 13028-2010 信息与文献—文件数字化实施指南》（Information and documentation—Implementation guidelines for digitization of records），该标准为纸质文件或其他非电子文件的数字化工作提供指南，提出数字化的最佳实践以确保电子文件的可信度和可靠性。

---

① 刘越男 . ISO 23081 带来的启示与困惑[J]. 北京档案，2008(7)：26-27.

② 张美芳 . ISO/TR 18492-2005 与电子文件信息管理[J]. 数字与缩微影像，2008(4)：23-24.

② 电子文件长期保存系统的核心标准——ISO 14721。

1999 年 5 月，美国空间数据系统咨询委员会（Consultative Committee for Space Data Systems，CC—SDS）制定并发布了开放档案信息系统（Open Archival Information System，OAIS）参考模型。2001 年 1 月，ISO 组织将 OAIS 参考模型颁布为国际标准《ISO 14721：2003 空间数字与信息迁移系统—开放的档案信息系统—参考模型》（Space data and information transfer systems—open archival information system—reference model），并于 2012 年 9 月颁布修订后的第二版《ISO 14721-2012 空间数据和信息传输系统—开放档案信息系统（OAIS）参考模型》（Space data and information transfer systems—Open archival information system（OAIS）—Reference model）。标准全文包括 OAIS 简介、概念、责任、具体模型、保存的观点、存档机构互操作性六部分，统一规范了电子文件长期保存的概念属性，提供了一个指导电子文件保存系统规划和设计的概念性框架，描述了一个数字保存系统的存在环境和功能组织，具体包括三种信息包和六种功能模块。信息包是包含内容信息和保存描述信息两种信息对象的概念容器，分为提交信息包（Submission Information Package，SIP）、存档信息包（Archival Information Package，AIP）和分发信息包（Dissemination Information Package，DIP）。六种功能模块包括摄取功能模块、存储功能模块、数据管理功能模块、系统管理功能模块、保存规划功能模块和访问功能模块①。

③ 电子文件长期保存格式标准——PDF 相关标准。

电子文件长期保存格式的标准化和统一化也是国际电子文件管理标准化需要面对的极其重要的问题，同时也是各软件开发商和标准化组织关注的焦点。国际标准化组织主张应在电子文件归档时就将文件格式转化为标准格式，Adobe 公司开发的 PDF（便携文件格式 Portable Document Format 的缩写）格式就是一种通用格式。

2005 年 12 月，ISO 组织将 Adobe 公司制定的 PDF 标准转化为国际标准《文件管理—电子文件长期保存用文档格式—第 1 部分：PDF1.4 的使用（PDF/A—1）》（Document management—Electronic document file format for long-term preservation—Part1：Use of PDF 1.4（PDF/A—1））（ISO 19005-1：2005），将 PDF1.4 版本作为第一个适合长期保存的电子文件格式在全世界

---

① 章燕华，刘霞.OAIS 参考模型：数字资源长期保存的概念框架[J].浙江档案，2007(3)：38-39.

范围内推广。

随着 PDF 版本的更新，国际标准化组织不断修订和颁布新的标准，以适应其变化。2008 年 1 月，国际标准化组织技术委员会颁布了第一个全功能的关于 PDF 的 ISO 标准 ISO／DIS 32000—Document Management—Portable document format—PDF1.7。2011 年 7 月通过了《文件管理—便携文件格式—第 2 部分：PDF2.0》(Document management—Portable document format—Part2：PDF2.0)(ISO／CD 32000-2)。

2011 年 7 月，ISO 组织发布标准《文献管理—长期保存的电子文献文件格式—第 2 部分：ISO32000-1 的使用(PDF/A-2)》(Document management—Electronic document file format for long—term preservation—Part2：Use of ISO 32000—1(PDF／4—2))(ISO19005-2-2011)，推出标准格式 PDF/A-2。与 PDF/A-1 相比，PDF/A-2 有着更多的变化，较 PDF/A-1 也更加的完善。

目前，最新的 PDF 格式标准是 ISO 组织于 2012 年颁布的《文件管理——用于长期保存的电子文件档案格式——第 3 部分：含嵌入式文件支持的 ISO 32000—1 标准的应用(PDF／A—3)》Document management ——Electronic document file format for long—term preservation —— Part 3：Use of ISO 32000—1 with support for embedded files(PDF／A—3)(ISO 19005-3-2012)①。

(5)安全管理

随着电子文件管理复杂程度的增加，以及电子文件保存过程中所面临的安全隐患，优化电子文件安全管理，加强电子文件风险评估的需求也越来越强烈。目前，国际尚未出现电子文件安全管理的专门标准，但是信息安全、安全技术和风险管理领域中的相关标准已被推介和引入到电子文件管理领域指导具体实践，风险评估也被作为电子文件安全管理过程中的关键步骤加以强调和阐述。比较典型的有以下三项标准：

① ISO ／IEC 15408 系列标准。

《信息技术—安全技术—信息技术安全性评估准则》(Information technology—Security techniques—Evaluation criteria for IT security)(ISO/IEC 15408：1999)由 ISO 于 1999 年 6 月颁布，是第一个世界通用的信息技术安全评估标准，也是现阶段最完善的信息技术安全评估标准。该标准由 15408-

---

① 黄新荣，刘颖. 从 ISO32000 看电子文件长期保存格式标准的发展[J]. 档案学研究，2013(2)：44-45.

1、15408-2 和 15408-3 三部分组成，首先从用户属性、客体属性、主体属性和信息属性四个层面详细论述了安全的基本属性，进而提出主要的安全要求和评估对象所应具备的安全功能，以及这些安全功能具体的执行策略，标准还引入安全工程思想，以指导信息安全产品开发、评价、使用全过程，构建起安全模型，确保在信息技术产品与信息系统的整个生命周期中的安全。

② ISO /IEC 13335 系列标准。

《ISO/IEC 13335 信息技术安全管理指南》（Guidelines for the management of IT security，GMITS）是 ISO 组织信息技术 ISO/IEC JTCI 分委会于 1996 年起陆续颁布的一项信息安全管理方面的技术报告类标准，该标准由 ISO/IEC 13335-1：1996、ISO/IEC 13335-2：1997、ISO/IEC 13335-3：1998、ISO/IEC 13335-4：2000 和 ISO/IEC 1335-5：2001 五部分组成，标准对"信息安全"做出了较传统概念更为细致和精确的界定，将其描述为"保密性、完整性、可用性、可审计性、抗抵赖性和可靠性"六个方面内涵，提出了实施信息技术安全管理的建议，构建起以风险为核心的安全管理模型，并将风险评估方法总结为基线法、非正式法、详细的风险分析法和综合分析法四种。

2004 年，ISO/IEC 13335-1：1996 和 ISO/IEC 1335-2：1997 为新版的《ISO/IEC-1：2004 信息技术—安全技术—信息和通信技术安全管理第 1 部分：信息和通信技术安全管理的概念和模型》（Information technology）（Security techniques Management of information and communications technology security Part1：Concepts and models for information and communications technology security management）所取代。2006 年，ISO/IEC 13335-5：2001 则被《ISO/IEC 18028-1：2006 信息技术—安全技术—信息技术网络安全第 1 部分：网络安全管理》（Information technology）（Security techniques）（IT network security）Part1：Network security management）所取代。2008 年，ISO/IEC 13335-3：1998 和 ISO/IEC 13335-4：2000 被 ISO 27000 标准族中的《ISO/IEC 27005：2008 信息技术—安全技术—信息安全风险管理指南》（Information technology）（Security techniques）（Information security risk management）所替代。这一系列的修订与合并，标志着标准 ISO13335 规范的内容已从信息技术安全扩展到当前的信息和通信技术安全，应用领域得到了进一步扩大，部分标准的归纳与合并也使得整个标准体系更加精简。

③ ISO 27000 系列标准。

ISO27000 系列标准是由 ISO 组织颁布的信息安全管理体系标准。该标准源自于英国贸工部于 1995 年和 1998 年先后组织制定的标准《BS 7799-1：

1995 信息安全管理实用规则》和《BS 7799-2：1998 信息安全管理体系规范》，后者于 2002 年被修订为 BS7799-2：2002。2000 年 12 月，BS 7799-1：1999 被采纳为国际标准 ISO/IEC 17799：2000。2005 年，ISO/IEC 发布 ISO/IEC 17799：2000 的修订版 ISO/IEC 17799：2005。同年，ISO/IEC 在 BS7799-2：2002 基础上发布了 ISO/IEC27001：2005。2007 年，ISO/IEC17799：2005 被重新更名为 ISO/IEC27002：2005（内容不变），至此，ISO27000 系列标准已经自成体系并得到了很好的发展。

在 ISO 27000 系列标准中，第一部分《ISO/IEC 27001：2005 信息技术—安全技术—信息安全管理体系—要求》(Information technology—Security techniques—Information security management systems—Requirements) 详细阐述了建立、实施和维护信息安全管理的要求，制定出实施机构应该遵循的风险评估标准，将信息安全管理的过程梳理为建立、实施、运行、监视、评审、保持和改进组织的"ISMS"过程，同时引入"规划—实施—检查—处置 (PDCA)"模型应用于该过程中。ISO/IEC 是一套管理标准，它是 ISO/IEC 27002：2005 的实施指南，其目的在于建立起适应企业需要的信息安全管理体系。第二部分《ISO/IEC 27002：2005 信息技术—安全技术—信息安全管理实用规则》(Information technology—Security techniques—Codes of practice for information security management) 则为信息安全管理的启动、实施、维护和改进提供了指导方针和实施原则，整个标准共分 11 个主题，定义了 39 个控制目标，制定出 133 个控制措施。其中典型的信息安全管理策略包括：组织的信息安全、资产管理、人力资源的安全性、物理和环境安全、通信和运营管理、访问控制、信息系统采集、信息安全事件管理等①。

8.1.2 国外典型电子文件管理标准概述

在国际组织积极开展电子文件管理标准建设的同时，国外，尤其是欧美一些电子文件工作开展较早的国家，也积极探索着电子文件管理方式和管理要求，并在电子文件管理标准建设上取得不菲的成绩。总览现有的国外典型电子文件管理标准，部分标准的制发时间甚至比国际标准还要早，可见国外发达国家很早就将研究的视角集中在电子文件管理工作上，形成了丰富的经验。部分标准还被国际组织直接采纳或吸收修改后制定为国际标准，在全球

---

① 赵亮，刘炜，徐强. 数字图书馆安全管理指南[J]. 中国图书馆学报，2011(1)：52-54.

范围统一执行。从内容上看，现有的国外典型电子文件管理标准主要集中在电子文件管理的总体要求、元数据和管理软件与系统三个方面。

8.1.2.1 文件管理总体要求

澳大利亚是世界上最早对电子文件开展系统研究的国家之一。早在1996年，澳大利亚国家档案馆就制定并颁布了世界上第一个文件管理标准AS 4390，国际标准化组织 ISO 于2001年颁布的影响深远的国际文件管理标准 ISO 15489 就是在其基础上制定的。AS 4390 共分六部分，分别阐述了文件管理的责任、策略、质量控制、管理评价、处理及保存等关键问题，AS 4390 并不是专门针对电子文件管理制定的，但在电子文件管理领域仍有着深远的影响①。在 AS 4390 基础上，澳大利亚国家档案馆进一步颁布了标准《文件保管系统设计和执行手册：事务信息管理的战略标准》(A Strategic Approach to Managing Business Information，简称 DIRKS)，标准对电子文件保管框架及文件创建、文件捕获、文件组织和档案管理四个阶段提供了具体指导，成为贯穿整个澳大利亚电子文件管理标准体系的支持性文件，并在全世界范围内得到广泛的使用，曾有学者称其"照亮了黑暗的数字时代"。2004年，澳大利亚国家档案馆颁布了《数字记录保存：数字记录创建、管理和维护的指导方针》(Digital Recordkeeping：Guidelines for Creating, Managing and Preserving Digital Records) 及其配套文件《数字记录自我评价表》(Digital Recordkeeping Self-Assessment Checklist)，将 DIRKS 置于更广的文件和管理框架职责，为文件保存机构提供最新的数字保存策略②。

除了澳大利亚国家档案馆颁布的相关标准外，德国的电子文件和电子档案管理系列标准 DOMEA 也是国外电子文件管理总体要求方面的重要标准。该标准对计算机辅助条件下电子文件的形成、流转、发送、接收、立卷、传输和移交做出了明确的规范，并对电子案卷的立卷类目定义、电子签名的使用、电子文件格式的转换、电子邮箱管理进行了详细阐述，从而为电子文件的归档和保存提供指导，满足电子文件管理中齐全性、完整性、真实性、合法性要求。当前是 DOMEA 是 2005 年 11 月公布的 2.1 版，已成为欧洲国家

---

① Simon Davis 著. 回顾过去，展望未来 澳大利亚国家档案馆电子文件管理 30 年[J]. 章燕华，摘译. 档案管理，2007(6)：64.
② 刘国伟. 澳大利亚电子文件管理标准体系研究[J]. 浙江档案，2008(2)：57-58.

中重要的电子文件和电子档案管理标准①。

8.1.2.2 元数据

在文件/管理领域中，有两类元数据在电子环境中得到应用，一类是支持档案目录信息网络共享的元数据，如档案编码著录（Encoded Archives Description，EAD）所规定的元数据；另一类是支持电子文件整个生命周期全过程管理的元数据，即文件保管元数据或文件管理元数据（Recordkeeping Metadata），它描述了文件的背景、内容及其管理过程，具有比支持网络检索、共享更为广泛的管理功能。现有的国外电子文件管理元数据标准主要是围绕上述两类制定的，例如：

（1）档案编码描述格式（EAD）

档案编码描述格式（Encoded Archival Description，简称 EAD）的发展始于 1993 年加州大学伯克利分校图书馆的伯克利检索工具计划（Berkley Finding Aid Project，简称 BFAP），旨在开发一种用于档案及手稿等资源的非专用性元数据及其编码标准，以实现档案馆、图书馆、博物馆馆藏资源的数字化和网络化检索及资源交换功能。1998 年，美国档案工作者协会、美国国会图书馆、美国研究图书馆协会共同参与制定了 EAD DTD（Encoded Archival Description Document Type Definition）第一版，2002 年又推出了 EAD DTD 第二版。EAD DTD2002 将整个 EAD 元素集合定义若干层次，其设计目的在于能够具体展现档案的详尽度与彼此间的关联，能够保存档案原有的层级关系及彼此间的继承关系，并对档案原有层级提供导航或指引，并对特定的元素进行索引与查询。

（2）都柏林核心元数据（DC）

都柏林核心元数据 DC（Dublin Core）由美国在线计算机图书馆中心（OCLC）发起的国际合作项目"Dublin Core Metadata Intiative"设计而成，用于对网络资源的描述。DC 的最初目的是为了实现网络资源的著录和挖掘。DC 元数据的简单易用，加之在线计算机图书馆中心（OCLC）的大力推广，以及网络资源著录的巨大需求，使 DC 发展成为可用于任何媒体的元数据标准，目前使用的 DC1.1 元数据标准是 1999 年 7 月制定的。

（3）电子文件真实性的永久保管国际研究项目（InterPARES）

《电子文件真实性的永久保管国际研究项目》（The International Research

---

① 穆林. 德国电子文件管理和归档标准——DOMEA[J]. 档案学研究，2007（3）：57-58.

on Permanent Authentic Records in Electronic Systems，简称 InterPARES）始于 1999 年，由包括美国、英国、加拿大、中国等 10 余个国家的档案馆以及一些大学和研究机构共同参与研究，旨在"建立一整套理论和方法用于切实保障在数字形态中创建或维护的可信的文件。这些理论和方法为永久保护电子文件及其真实性提供了模型构建方针、策略和元数据标准，从而永久保存电子文件及确保其真实性。"InterPARES 在 1999 年 11 月发布了电子文件元数据模板，该模板将元数据划分为五个部分：载体说明、外部特征、内容特征、背景信息、附注说明①。

（4）澳大利亚联邦政府文件保管元数据标准（RMSCA）

澳大利亚联邦政府文件保管元数据标准（Recordkeeping Metadata Standard for Commonwealth Agencies）是澳大利亚国家档案馆制定的用于帮助联邦政府机构识别、鉴定、描述和管理各文件管理系统电子文件的元数据标准。该标准的制定为联邦政府机构文件管理系统的设计提供了统一的结构与框架，从而实现了电子文件的互操作功能，同时也为档案馆捕获联邦政府机构产生的电子文件提供了统一的标准。RMSC 将元数据划分为六个层次：处理层、条件层、结构层、内容层和利用历史层。

1991 年 5 月出台的澳大利亚《联邦机关文件保管元数据标准》（1.0 版）是世界上第一个专门为解决文件长期管理问题而颁布的国家级元数据标准，规定了澳大利亚联邦政府机关文件保管系统中应该捕获的元数据集（Metadata Set）。时隔九年之后，2008 年 7 月，澳大利亚国际档案馆又颁布了修订版的《政府文件管理元数据标准》2.0 版。"2.0 版标准是 1.0 版的完全修订版，与前版所不同的是，该标准基于著录文件、责任者、业务、法规和关系 5 个单独的实体。它规定了 26 个基本元数据项，另有可用于描述这些实体的 44 个子项。总之，2.0 版标准运用最新的电子文件元数据研究成果，采用最新的国际标准，体现了电子文件管理元数据研究的新方向。"②

（5）NISO Z39.87 技术元数据标准

档案领域的图像电子文件，简单来说，包括两种：一是对传统档案（纸张、银盐照片等）数字化扫描形成的图像电子文件（常为 IFF 格式）；二是数码相机直接拍摄形成的数码照片（常为 JPEG 格式）等。数码照片和扫描件都

---

① 金更达. 国外电子文件元数据标准简介[J]. 浙江档案，2004(11)：9-10.

② 赵芳.《澳大利亚政府文件管理元数据标准》2.0 版介绍[J]. 档案管理，2010 (3)：73.

属于档案管理需要管理和长久保存的图像电子文件。这两种类型的图像电子文件也是 NISO Z39.87 技术元数据标准主要针对的对象。NISO Z39.87 是目前国际档案领域出现的第一个适用于图像电子文件的技术元数据标准。该标准于 2006 年由美国国家标准化组织（简称 NISO）发起，美国国家文件和档案管理署等机构合作制定。它是技术元数据标准，将图像电子文件的技术元数据分为基本数字对象信息元数据、基本图像信息元数据、图像捕获元数据、图像评估元数据和变更历史元数据五大类，被视为国际上最知名的《长久保存元数据数据字典》（PREMIS）在图像电子文件上的细化和扩展，NISO Z39.87 同 OAIS 数字档案馆建设顶层规范指导建设模型保持着一致，常被作为 OAIS 的信息包封装格式，因此在美国的文件和档案机构有着很高的知名度和广泛的应用基础①。

8.1.2.3　管理软件与系统

电子文件管理软件和系统的设计与实施是每个机构在开展电子文件管理工作时不可回避的一个问题。电子文件管理需要依赖软件来实现，只有通过系统才能实现电子文件资源的整合和有序化。20 世纪 90 年代以来，欧美等西方发达国家就一直致力于电子文件管理软件的研发，电子文件管理软件的功能标准相继颁布，对电子文件管理和相关软件开发产生积极的影响。

国外现行的电子文件管理软件标准很多，其中最著名，也最富影响力的当属美国国防部的《DOD5015.2—STD 电子文件管理软件设计评价标准》（Design Criteria Standard for Electronic Records Management Software Application），英国国家档案馆的《电子文件管理系统功能需求》（Public Records Office：Functional Requirements for Electronic Records Management Systems）规范，和欧盟的《电子文件管理模式需求》（Model Requirements for the Management of Electronic Records—MoReq）指南。

（1）DOD5015.2-STD 电子文件管理软件设计评价标准

在上述三项标准中，DOD 5015.2—STD 是颁布最早，影响最深远的电子文件管理软件标准，它由美国专门致力于文件管理工作的组织——美国国防部文件管理项目组（DOD records management task force）于 1997 年颁布，2002 年 6 月进行修订，2007 年 4 月再次发布新版。新版的 DOD 5015.2-STD 主体内容共分六章，较旧版多出两章，旧版标准将电子文件的功能需求分为

---

① 程妍妍. NISO Z39.87 图像电子文件技术元数据标准研究[J]. 数字与缩微影像，2009(4)：37.

三类，分别为强制功能需求、可选功能需求和涉密文件管理需求，新版在此基础上增加了"基于《隐私权法》和《信息自由法》的文件系统的功能需求描述"与"针对文件系统之间信息传输和互操作能力的功能需求描述"两项内容，并对电子邮件、扫描文件、PDF 文件、照片文件、网页文件等多种类型的文件从文件级和案卷级的角度分别提出了需求。DOD 5015. 2-STD"自1997 年首次公布后，已然成为北美地区政府机构文档管理软件需求的事实标准"①。

（2）《电子文件管理系统功能需求》规范

《电子文件管理系统功能需求》规范是由英国国家档案馆（The National Archives）同英国中央计算和电信局（Central Computing and Telecommunication Agency—CCTA）联合英国国防部、财政部、税务局等政府部门于 1999 年共同制定并发布的。2002 年，英国国家档案与政府文件管理领域专家共同对其做出修订，使新版的标准较之于旧版有了更大的改善。新版标准由功能需求、元数据标准和参考文献三部分组成。功能需求从核心需求和可选模块两方面对电子文件管理系统的功能需求做出规定；元数据标准则将电子文件元数据划分为 17 个项目，分别为标识符、标题、主题、著录、创建者、日期、收件人、文件种类、关联、集合体等；参考文献则对该标准的基础概念作了详细阐述。同 DOD 5015. 2-STD 一样，《电子文件管理系统功能需求》也实施了针对该标准的软件产品认证，同时还讨论了有关保管期限冲突的问题，这一点是 DOD 5015. 2—STD 和 MoReq 所不具备的②。

（3）《电子文件管理模式需求》指南

欧盟《电子文件管理模式需求》是由英国康维尔管理咨询集团于 2001 年负责起草并面世的，2008 年，该标准经过重新修订后发布，即著名的MoReq2。MoReq2 详细规定了电子文件管理的需求，并通过区分功能的性质、等级、分层次等方式，对电子文件管理系统和需求进行全面细化和详尽论述，具体来说，该标准将电子文件管理系统需求内容划分为功能需求、其他功能需求、元数据需求四个方面，此外还对电子文件管理元数据作了详细的规定，使得使用者能够直接将其用于软件产品的测试和认证，从而强化了

---

① 于丽娟.《电子文件管理软件设计评价标准》——DOD5015. 2-STD[J]. 档案学通讯，2003(3)：77.

② 于丽娟. 英国《电子文件管理系统功能需求》[J]. 档案学通讯，2004(5)：41-43.

MoReq2 的可操作性①。

8.1.3 我国电子文件管理标准概述

依据使用范围的不同,《中华人民共和国标准化法》将我国标准划分为国家标准、行业标准、地方标准和企业标准四个层次,各层次间相互依存而又彼此联系,形成一个层次分明而又覆盖全国的标准体系。我国电子文件管理标准的建设工作始于 20 世纪 90 年代中期,经历了早期的萌芽初创、缓慢发展,到今天的稳中有升,已有近二十年的时间了。在这段时期内,我国一方面引入和采纳了电子信息管理、纸质文件、档案管理等方面的标准来指导电子文件管理实践,如《GB/T 1988-1998 信息技术 信息交换用七位编码字符集》《GB/T 2312-1980 信息交换用汉字编码字符集 基本集》《GB/T 7408-1994 数据元和交换格式 信息交换 日期和时间表示法》(已被《GB/T 7408-2005 数据元和交换格式 信息交换 日期和时间表示法》所替代)、《DA/T 18-1999 档案著录规则》和《GB/T 15418-2009 档案分类标引规则》等;另一方面也积极开展起电子文件管理专门标准的研究和制定工作。从现有标准看,我国电子文件管理标准以国家标准、行业标准为主②。

8.1.3.1 电子文件管理国家标准

国家标准是国内标准的最高层次,是指由国家标准化主管机构批准发布,对全国经济技术发展有重大意义,且在全国范围内统一施行的标准③。依据法律效力的不同,国家标准又被分为强制性标准(GB)和推荐性标准(GB/T)。我国电子文件管理标准,其颁布单位主要是国家标准化管理委员会,该机构隶属于国家质量监督检验检疫总局,是经国务院授权,履行行政管理职能,统一管理全国标准化工作的主管机构;归口单位以全国信息与文献标准化技术委员会为主,这是同国际标准化组织 ISO 下属的第 46 技术委员会/信息与文献工作(ISO/TC46 Information and Documentation)有着相同工作内容和范围的基础性标准化工作组织;电子文件管理标准的起草工作则主要由国家档案局联合地方档案部门共同完成。

我国电子文件管理标准建设的萌芽初创阶段是在 1996—2003 年之间,

① 于丽娟.《电子文件管理通用需求》——MoReq[J]. 档案学通讯,2003(6):30-31.
② 冯惠玲. 电子文件管理教程[M]. 北京:中国人民大学出版社,2001:33-35.
③ 薛惠锋,邢书宝,吴慧欣等. 信息安全系统工程[M]. 北京:国防工业出版社,2008:219.

围绕着 CAD 电子文件的光盘存储颁布了一系列富有影响的标准，奠定了电子文件管理标准化的基础。这些标准分别是《GB/T 17678.1-2-1999 CAD 电子文件光盘存储、归档与档案管理要求》（Requirements for optical disk storage，filing and archival management of CAD electronic records）、《GB/T 17679-1999 CAD 电子文件光盘存储归档一致性测试》（Conformance testing for optical disc storage，filing of CAD electronic records）、《GB/T 17825-1999 CAD 文件管理》（Management of CAD documents）。

标准 GB/T 17678.1-2-1999 是由《GB/T 17678.1-1999 CAD 电子文件光盘存储、归档与档案管理要求 第 1 部分：电子文件归档与档案管理》（Requirements for optical disk storage，filing and archival management of CAD electronic records Part Ⅰ：Filing and archival management of CAD electronic records）和《GB/T 17678.2-1999 CAD 电子文件光盘存储、归档与档案管理要求 第 2 部分：光盘信息组织结构》（Requirements for optical disk storage，filing and archival management of CAD electronic records Part Ⅱ：Information structure in an optical disk）两部分组成，分别规定了 CAD 生成的电子文件收集、积累、整理、鉴定、归档与档案管理的一般要求，以及 CAD 电子文件在光盘中的组织结构，是 CAD 电子文件光盘归档、光盘信息交换和光盘档案系统建设的重要依据。《GB/T 17679-1999 CAD 电子文件光盘存储归档一致性测试》（Conformance testing for optical disc storage，filing of CAD electronic records）规定了 CAD 电子文件光盘存储归档一致性测试的基本框架和测试方法，从而为软件测试人员及开发人员测试 CAD 电子文件光盘存储、归档与档案管理系统的一致性提供指导。《GB/T 17825-1999 CAD 文件管理》（Management of CAD documents）共包括 10 项标准，以此对 CAD 文件的管理作出全面而详细的规范。这十项标准分别为：

《CAD 文件管理 总则》（Management of CAD documents——General principles）（GB/T 17825.1-1999（2004））；

《GB/T 17825.2-1999（2004）CAD 文件管理 基本格式》（Management of CAD documents——Basic format）；

《GB/T 17825.3-1999（2004）CAD 文件管理 编号原则》（Management of CAD documents——Numbering principles）；

《GB/T 17825.4-1999（2004）CAD 文件管理 编制规则》（Management of CAD documents——Compiling rules）；

《GB/T 17825.5-1999（2004）CAD 文件管理 基本程序》（Management of

CAD documents——Basic procedure）；

《GB/T 17825. 6-1999（2004）CAD 文件管理 更改规则》（Management of CAD documents——Changing rules）；

《GB/T 17825. 7-1999（2004）CAD 文件管理 签署规则》（Management of CAD documents——Signature rules）；

《GB/T 17825. 8-1999（2004）CAD 文件管理 标准化审查》（Management of CAD documents——Standardization examination）；

《GB/T 17825. 9-1999（2004）CAD 文件管理 完整》（Management of CAD documents——Integrity）；

《GB/T 17825. 10-1999（2004）CAD 文件管理 存储与维护》（Management of CAD documents——Memory and maintenance）。

2002 年 12 月 4 日，国家标准化管理委员会颁布了由国家档案局制定的标准《GB/T 18894-2002 电子文件归档与管理规范》（Standards of electronic records filing and management），这是我国第一项电子文件管理的专门标准，其中规定了在公务活动中产生的，具有保存价值的电子文件的形成、积累、归档、保管、利用、统计的一般方法，以指导党政机关产生的电子文件的归档与管理工作。

2003—2008 年之间，我国电子文件管理国家标准的研制工作进入了一个停滞的时期，其间没有一项国家标准被制定并颁布出台。直到 2009 年，国家标准化管理委员采用国际标准 ISO19005-1-2005，颁布标准《文献管理 长期保存的电子文档文件格式 第 1 部分：PDF1. 4（PDF/A-1）的使用》（Document management Electronic document file format for long—term preservation. Part1：Use of PDF1. 4（PDF/A-1））（GB/T 23286. 1-2009）。该标准规定了如何使用便携式文档格式（PDF1. 4）进行电子文档的长期保存，进而指导对包含字符、光栅和向量数据的电子文档的管理。同年 3 月，国家标准化管理委员会颁布标准《基于文件的电子信息的长期保存》（Long—term preservation of electronic document—based information）（GB/Z 23283-2009），该标准属于指导性技术文件，旨在为长期保存和检索基于文件的电子信息提供实用的、方法性的指南。

2009 年 9 月，国家标准化管理委员会发布标准《文献著录 第 9 部分：电子资源》（Bibliographic description Part 9：Electronic resources）（GB/T 3792. 9-2009），对电子资源的著录项目、排列顺序、著录标识符、著录用文字、规定信息源和著录项目细则等作出规范，以确保不同来源的电子资源书目记录的相互交换。

2011年6月，标准《信息与文献—文件管理过程—文件元数据—第1部分：原则》(Information and documentation—Records management processes—Metadata for records—Part 1: Principles)(GB/T 26163.1-2010)颁布，该标准对文件管理元数据的创建、管理及应用原则作出规范，以指导文件及其元数据创建和管理机构的文件管理工作。

2012年7月，专门针对组织机构代码数字档案管理的标准《组织机构代码数字档案管理与技术规范》(Management and technical specification for digital archives of organization code registration)(GB/T 28624-2012)颁布，该标准规定了组织机构代码数字档案的形成、上报、接收、审核、修改、存储、备份、迁移与转换、保管、利用和统计等管理及技术的具体要求，以指导各级组织机构代码管理机构对组织机构代码数字档案的管理以及政府部门、社会各行业对组织机构代码数字档案信息的查询应用。同年12月，国家标准化管理委员会颁布标准《GB/T 29194-2012 电子文件管理系统通用功能要求》(General functional requirements for electronic records management system)，对电子文件管理系统(Electronic Records Management System, ERMS)通用的功能性要求作出规定，旨在指导机关、团体、企事业单位和其他社会组织对电子文件管理系统的建设、使用和评估工作。

除了上述标准外，《电子文件著录规则》《电子文件术语标准》《电子文件归档细则》《电子邮件类公文归档程序与规则》《档案著录指标语言》《电子文件元数据标准》《归档电子文件信息载体保护技术规范》等标准已经国家档案局立项，正在研制之中，即将用于指导电子文件管理实践。

8.1.3.2　电子文件管理行业标准

行业标准是由我国主管部门、委(局)批准发布，在该部门范围内统一使用的标准，行业标准由行业标准归口部门统一管理，由国务院有关行政部门提出申请报告，国务院标准化行政主管部门审查确定，并公布该行业的标准代号。我国电子文件管理的行业标准以国家档案局颁发的档案行业标准(DA)为主，同时，兵工民品行业(WJ)、城市建设行业(CJJ)、航空工业(HB)和核工业(EJ)等也制发标准指导本行业内的电子文件管理。

1995年10月，清华大学档案馆与校内相关单位研究校园网的电子文件归档问题，并制定了《关于机读(电子)文件归档的暂行规定(试行)》，确定了学校电子文件归档范围、保管期限与归档时间，开始了高校系统电子文件管理规范化的探索。

　　我国电子文件管理领域第一项行业标准当属国家档案局于 1996 年 3 月颁布的《DA/T 15-1995 磁性载体档案管理与保护规范》，依据当时的技术水平，该标准规定了磁性载体文件的积累、归档要求和磁性载体档案的管理、贮存与保护等诸环节的要求，对于保证我国早期电子文件管理工作的顺利开展有着重要的意义，该标准的颁布，标志着我国电子文件管理标准化工作的开始。

　　1997 年 6 月，国家科委、国家档案局等五部委联合发出了《关于开展 CAD 电子文件应用光盘存储技术及其档案管理试点工作的通知》，该通知发出后，代表不同行业和地区的 34 家单位列为试点单位。

　　2002 年，兵工民品行业颁布标准《兵器工业 CAD 电子档案的建档要求》（Requirement for establishment of CAD electronic records for ordination industry）（WJ 2577-2002）指导行业内 CAD 电子档案的收集、整理、建档等工作。

　　2005 年 4 月，国家档案局先后颁布标准《纸质档案数字化技术规范》（Specification for digitization of paper—based records）（DA/T 31-2005）和《公务电子邮件归档与管理规则》（Standard of electronic mail document filing and management）（DA/T 32-2005），明确提出纸质档案数字化加工处理及数字化成果管理的技术要求，并对公务电子邮件这一特殊电子文件类型的撰写、传递、鉴定、归档、整理、移交与保管等程序加以规范，制定出专门的安全保管和有效开发的管理规则，以维护其真实性、完整性、可靠性和可用性。

　　2007 年，建设部颁布了由广州市城建档案馆负责起草的城建行业标准《建设电子文件与电子档案管理规范（附条文说明）》（Code for management of electronic construction records and archives）（CJJ/T 117-2007），对建设系统中业务管理电子文件和建设工程电子文件的归档和管理作出规范。

　　2008 年，国家档案局颁布标准《电子文件归档光盘技术要求和应用规范》（Specifications for technical requirements, care and handling of optical discs for electronic records filing）（DA/T 38-2008），规定了电子文件归档所用 CD-R/DVD±R 光盘的主要技术指标，光盘标签，光盘数据刻录及备份要求，性能检测、保存及使用要求，三级预警线设置及数据迁移策略，以指导各级档案部门及有关单位开展的电子文件光盘归档和管理工作。同年，国防科学技术工业委员会发布标准《航空工业电子公文文档一体化管理要求》（Integration management requirements of aviation industry electronic offlcial document and archives）（HB 7836-2008），规定了航空工业电子公文文档一体化管理的一般原则、过程和元数据要求，旨在指导航空工业电子公文及其档案的管理。同时，核工业档案馆也颁布核电行业标准《核电电子文件元数据》（Electronic records metadata for nuclear power industry）（EJ/T 1224-2008），对核电电子文件元数据的结构、定义和编码体系作出了规范。

2009 年是我国电子文件管理标准建设取得突出进展的一年，在这一年里，我国相继颁布了一系列电子文件管理国家标准，同时在行业标准建设上也迈进了一大步。

2009 年 11—12 月间，国家档案局先后颁布标准《缩微胶片档案数字化技术规范》（Technical Specification for digitization of microfilm）（DA/T 43-2009）、《数字档案信息输出到缩微胶片上的规定》（Digital Archival Information Output on Microfilm）（DA/T 44-2009）、《文书类电子文件元数据方案》（Metadata Standard for Administrative Electronic Records）（DA/T 46-2009）、《版式电子文件长期保存格式需求》（Format Requirement for Long—term Preservation of Fived—Layout Electronic Records）（DA/T 47-2009）和《基于 XML 的电子文件封装规范》（XML—based Encapsulation Specification for Electronic Records）（DA/T 48-2009）。

DA/T 43-2009 和 DA/T 44-2009 是一组配套的标准，DA/T 43-2009 规定了档案的缩微胶片数字化的主要要求，以实现对档案缩微胶片的数字化及其数字化成果的管理；DA/T 44-2009 则规定了数字档案信息输出到 16mm 和 35mm 卷式黑白缩微胶片上的一般要求，旨在通过计算机等设备将 A0 或 A0 以下幅面纸质档案数字化后产生的数字图像制作成缩微品，实现对电子文件及其信息的长期保存。

DA/T 46-2009、DA/T 47-2009 和 DA/T 48-2009 是由安徽省档案局起草，国家档案局颁布的一组标准，DA/T 46-2009 以各级各类档案馆、机关、团体、企事业单位和其他社会组织产生的文书类电子文件为对象，对其形成、交换、归档、移交、保管、利用等全过程中元数据设计、捕获、著录的要求作出了规范；DA/T 47-2009 明确了版式电子文件长期保存格式的特征，从而为各级各类档案馆、机关、团体、企事业单位和其他社会组织遴选归档保存版式电子文件格式提供指导；DA/T 48-2009 则对基于 XML 的电子文件封装格式和要求作出规定，以适用于各级各类档案馆、机关、团体、企事业单位和其他社会组织对文本文件和静态图像文件的文件级封装。此外，标准《数字声像档案著录规则（征求意见稿）》也本年制定完成，并由国家档案局对外发布，广泛征求意见。

2012 年 11 月，建设部再度发布标准《建设电子档案元数据标准》（CJJ/T

187-2012），对建设电子档案的形成、规定与管理过程中元数据的捕获和管理提供指导。

　　值得提出的是，我国部分电子文件管理工作开展较好的地区，也结合本地区工作实践，制发出电子文件管理的地方标准，以指导本地区电子文件管理实践。比较典型的是由江苏省档案局 2011 年制发的标准《数字档案馆建设规程》（Procedures of Digital Archives Construction）（DB 32/T 1892-2011）、《电子档案基础元数据数据库结构和封装格式》（Database Structure and Encapsulation Format of Fundamental Metadata for Electronic Records）（DB32/T 1893-2011）和《档案数字化转化操作规程》（DB32/T 1894-2011），这些标准规定了数字档案馆建设的总体要求、建设内容、建设步骤和操作规程，电子档案基础元数据数据库结构和封装格式，以及纸质档案、录音录像档案、照片档案、缩微胶片档案、实物档案数字化转换的主要技术要求，从而为江苏省数字档案馆建设、电子文件元数据封装及数字化加工和成果管理提供有力指导。

　　除了上述标准外，国家档案局还颁布了一系列法规性公文，以指导和规范电子文件管理工作，如国务院办公厅和国家档案局 2003 年联合发布的《电子公文传输管理办法（国办函〔2003〕65 号）》，国家档案局 2003 年颁布的《电子文件归档管理暂行办法（国家档案局 6 号令）》，以及国家档案局 2012 年颁布的《电子档案移交与接收办法》。

8.2　国内外电子文件管理标准建设评价及差距分析

8.2.1　国内外电子文件管理标准建设评价

　　电子文件管理标准的建设是电子文件管理工作的重要内容，也是电子文件管理工作顺利开展的重要保证。通过前文的梳理与分析可以看出，经过近二十年的探索与发展，国内外在电子文件管理标准建设方面已经取得了一定成绩，形成自己的特点，推动着电子文件管理最佳效益的实现，这种特点集中在以下三个方面：

　　（1）目标一致

　　国内外电子文件管理标准的建设，是在共同目标的指引下开展起来的。从宏观层面来讲，电子文件是新型载体文件，在当前及未来很长一段时间内，它已然也必将继续成为记录和存储文件/档案信息的主流载体，电子文件/档案信息资源也将成为现代信息资源的重要组成部分，因此，保护和管理好这些珍贵的文件，最大限度地维护其真实、完整和有效性，是国内外各级各类机构在参与和制定电子文件管理标准过程中共同坚持的终极目标。从微观层面来看，以标准化建设理论为指导、标准化需求为导向，构建起一套以管理与保护为核心、自愿与强制相结合，层次明确、脉络清晰、配套协调、科学先进、简便实用、经济高效的标准体系，则成为电子文件管理标准建设的具体目标。正是终极目标与具体目标的一致性，使得散存于不同国家、不同行业和不同部门的可移动文化遗产保护标准始终被一条共同的纽带所联系着，突破资源上的障碍，以及技术上的壁垒，实现保护策略的交流与共享。不同国家、不同地域、不同行业和不同部门的电子文件管理工作被这一共同目标联系在一起，突破资源的障碍和技术上的壁垒，实现管理策略的交流与共享。

（2）权威通用

立足于共同的目标，现行国内外电子文件管理标准有着极强的权威性和较好的通用性。权威性不是在强制和压制下的被迫顺从，而是基于认同与信服所做的一种自愿性的服从。电子文件管理标准制发机构的权威以及制发过程的实践性，都决定了电子文件管理标准具有极强的权威性。首先，现行电子文件管理标准的制发机构多为国际上或国内享受盛誉，其法律效力得到一致公认的机构，如国际标准化组织、美国国家标准化组织、国际档案理事会，以及中国国家标准化管理委员会，因此，由这些机构制发或认定的标准均是行业内较为权威的标准。同时，电子文件管理标准的制发主体，如澳大利亚国家档案馆、中国国家档案局，以及各级各类档案机构，都直接参与电子文件管理工作，制发的标准来源于实践，是对实践工作和成功经验的总结，都具有很让人信服的力量。因此电子文件管理标准一经颁布便立即生效，对于电子文件管理相关机构和部门而言，都具有很强的指导性、参考性与强制性。

（3）层次分明

电子文件管理工作有着复杂的结构程序和运行规律，只有坚持全面地、联系的、完整地、发展地看问题，才能推动电子文件管理标准建设的进程。国内外电子文件管理标准建设和发展至今，已经初步形成了一个层级分明，立体化发展的格局。从标准的指导范围来看，囊括了国际标准、国外标准、国家标准、行业标准和地区标准；从标准的法律效力来看，包括强制性标准、推荐性标准，以及部分指导性文件；从标准的内容来看，技术标准、基础标准、管理标准等都是现行电子文件管理标准的主要组成部分。众多的管理标准既互相独立，又相互依存、相互制约，管理需要技术的支持，技术需要管理的规范，现行电子文件管理标准的建设，体现出系统性和协调性思想，将处于孤立状态的单个标准以整合、联系的方式加以组合，形成新的特征与功能，发挥出超过单独个体的整体效应。

8.2.2　国内外电子文件管理标准差距比较

在梳理和评价国内外电子文件管理标准建设的过程中，仍可以发现我国标准同国际、国外标准间存在的不足与差距，这种差距主要集中在以下三个方面：

（1）标准水平低，技术指标落后

我国的电子文件管理工作相对于国外而言起步较晚，积累的经验有限，成熟度也略显不足，因此制定出的标准的水平也落后于国际、国外同类标准，对此，我国电子文件研究专家冯惠玲曾将其总结为"缺""差""散""杂"四个方面[1]。如前所述，我国电子文件管理标准在一定程度上参考和借鉴了电子信息管理、纸质文件、档案管理方面的标准，这对于确保初期阶段电子文件管理工作的顺利开展有着一定的必要性和合理性，但是，通用标准、相关标准和专门标准的共同规范在一定程度上也会导致管理规则"混乱"、管理方法"混杂"的局面，同时，借鉴和参考的这些标准，其针对性并不强，部分标准规则过于简单，对于电子文件管理而言实效性并不强。

电子文件管理标准的建设，提倡以"全程管理"思想为指导，即依据电子文件管理的整个流程制定标准，确保电子文件管理各环节间的衔接。但我国现行的电子文件管理专门标准，其规范范围仍十分有限，主要集中于电子文件归档阶段的规范，电子文件相关术语、功能需求、元数据和开放利用等方面的标准十分有限，有些甚至是空白。此外，从标准水平来看，国际、国外的标准以技术标准为主，且多为国际上较为成熟与先进的技术手段，而我国的标准以宏观控制与规划居多，具体性和可操作性较弱。

（2）标准采标率低，国际化程度低

各国在制定标准时，均会采纳国际标准和国外先进标准，采纳的程度即为采标率，采标率的高低在一定程度上反映出标准的国际化程度。采纳的方

---

① 冯惠玲，刘越男. 电子文件管理国家战略[M]. 北京：中国人民大学出版社，2011（3）：260-261.

式主要有六种，分别是直接认可、加盖封面、完全重印、直接翻译、重新制定和包括引用。西方发达国家都非常重视对国际标准和国外标准的采用，前文所述的 ISO15489 系列标准先后就被 17 个国家所采用。而我国的采标情况却不容乐观。现行电子文件管理标准中，只有 GB/T 16901.2-2000、GB/Z 23283-2009、DA/T 38-2008、DA/T 46-2009 四项标准参考和采用了国际 ISO 标准，这四项标准多在 2008 年以后制定，足见我国借鉴和采纳国际国外标准的意识也是在近年才有所提高。

此外，我国采标时间也相对较老。以我国当前用以指导电子文件安全管理的标准《信息技术—信息技术安全管理指南第 1 部分：信息技术安全概念与模型》（GB/T 19715.1-2005）为例，该标准是我国于 2005 年等同采纳 ISO/IEC 13335 中的 ISO/IEC 13335-1：1996 和 ISO/IEC 13335-2：1997 制成，但这两个标准已于 2004 年就被国际标准化组织 ISO 修订合并为新版《信息技术—安全技术—信息和通信技术安全管理第 1 部分：信息和通信技术安全管理的概念和模型》（（Information technology）Security techniques Management of information and communications technology security Part1：Concepts and models for information and communications technology security management）（ISO/IEC-1：2004）。可见，采标率、采标时间老是我国电子文件管理标准建设中存在的重大缺陷，反映出我国标准建设的国际化程度较低。

（3）标准使用主体缺失，实施效果不明显

1999 年，欧盟理事会在关于标准化在欧洲的作用的决议中确认："标准化是自愿性的、协调一致的、有关方进行并为其服务的活动，以公开透明为基础，由独立的经认可的标准机构组织形成自愿采用的标准。"这种自愿性主要体现在采用标准的自愿性和制定标准的自愿性两个方面。我国将标准分为推荐性标准和强制性标准，而国际标准化组织、欧盟、美国、日本等主要发达国家和地区所有的标准均是自愿采用。国外标准的制发机构主要是协会、企业等民间部门，凡是经政府认可的有资格制定标准的机构，均可自愿制定标准，并经标准主管部门批准即可成为国家标准，政府在其中发挥的作用仅是确保程序上的合法性①。

我国目前的标准化仍是以政府为主导的标准化，具有政令畅通、统一部署、直接管理和普遍推广的优点，但也导致了标准化与实际需求的脱节，进而带来执行主体参与不够的后果。具体到电子文件管理标准的实施来说，各

---

① 傅峰. 我国人造板材标准体系的研究[D]. 北京：中国林业科学研究院，2008：17.

级各类档案部门和文件机构都是从事电子文件管理的机构，都是电子文件管理标准的实施者，但是，任何一个机构，管理电子文件的行为终究要落到个人手中，加之电子文件的数量繁富，不少电子文件都散落在个人手中，分布广泛，因此，个人将是电子文件管理标准的最终实施者，而如前所述，政府层面制定的标准多以宏观控制与规划为主，具体、可操作性不强，将直接影响电子文件管理标准的实施，这些标准最终只能成为一种摆设，或是仅仅成为一些部门的"科研成果"与"课题"，实施效果不明显。

8.3   我国电子文件管理标准建设建议

根据对美国、澳大利亚、加拿大、美国、欧盟、ISO 等国家、地区和国际组织相关标准建设工作的研究发现，目前在国际上并没有明确提出标准体的概念，但从内涵分析，不少标准系统具备良好的标准框架结构，已经形成事实上的标准体系。

针对我国现行电子文件管理标准建设存在的差距与不足，本书对电子文件管理标准的建设与优化提出了如下建议：

（1）构建起系统的电子文件管理标准体系

电子文件管理标准体系是依据内在联系形成的电子文件管理标准的科学有机整体，架构与建立起系统化的电子文件管理标准体系，将是对电子文件管理工作的顶层设计与宏观管理，直接决定着电子文件管理工作的效率与效果。针对现行电子文件管理标准未全面覆盖，分布不均衡，数量较少且多停留于表面的问题，需要引入系统工程理论，以"遍历"思想为指针，优化排列电子文件管理各项标准要素，勾画出系统完备的电子文件管理标准体系结构表，使其囊括电子文件管理业务链的每一分系统、子系统，涵盖所有标准类型，形成完备的电子文件管理标准明细表，进而逐步有序地开展电子文件管理标准的优化与补充。

（2）强化电子文件管理标准的管理体制和运行机制

构建标准的目的是要确保标准的组织与实施。标准的组织与实施是复杂且分散的，针对电子文件管理标准实施效果不明显的现状，建立起电子文件管理标准的管理体系和运行机制显得十分紧迫。国家标准化行政管理部门和行业行政主管部门应赋予各行业标准化管理委员会更多的权限与职责，各行业也应尽快建立起协调机制和运行机制，有效避免政出多门、各自为政的现象。同时，合理分工至关重要。政府标准化管理机构负责电子文件管理标准系统结构、标准明细表以及标准化行业管理办法的宏观制定与规划上，而具体标准的制定，应顺应国家标准化发展的主流，逐步由行业协会、学术组织甚至是参与电子文件管理的企业度身制定，确保标准的执行与实施。此外，必须搭建起电子文件管理标准信息化工作平台，充分利用网络技术和数据库技术，建立覆盖整个行业的信息沟通网络，开展标准的管理、传播和信息反馈活动，畅通标准化管理机构与各利益相关方的联系渠道，形成无缝链接，增强电子文件管理标准化工作的公开性、透明性，尽可能扩大参与度，及时了解和掌握标准体系实施中的意见反馈，以及时更新和修订标准，实现标准的最佳效益。

（3）参与电子文件管理国际和区域标准化活动

电子文件是人类珍贵的信息资源，管理和保护电子文件是全球各个国家必须要承担的共同使命，国际化将是电子文件管理的必由之路，因此，电子文件管理标准体系的建设应积极拓宽国际化视野，强化国际化认识，这对于我国这个电子文件资源大国来说，意义尤为重大。只有积极参与到电子文件管理国际和区域标准化活动中，才能增进交流，拉近我国与国外先进国家的差距。针对我国电子文件管理标准采标率低，采标过时的情况，我国应积极引用采纳电子文件管理的国际标准、国外先进标准，以及相关的国家标准和行业标准，尽可能吸收和兼容其他先进标准的重要内容。同时，我国要不断加强与国际标准化组织的沟通与协商，利用我国电子文件资源大国的地位，积极争取在电子文件管理国际标准制定中的话语权，获得国际标准化组织、国际档案理事会等权威机构更多的支持，不断推进电子文件管理标准化战略的实施[1]。

---

[1] 俞宏军．中国工厂化农业技术标准体系框架研究［D］．北京：中国农业大学，2005：23-24.

9 电子文件管理系统

电子文件是信息化的必然产物。它伴随着计算机、照相机、摄像机等数字设备的使用而不断产生和积累，给管理带来巨大的挑战。购置或开发有效的电子文件管理系统成为各个文件和档案管理部门应对挑战的重要策略。然而，电子文件管理系统的开发是一项复杂的系统工程，其开发的成功不仅需要软件开发技术的支撑，更需要电子文件管理理论的规范和指导。

9.1 电子文件管理系统概述

20 世纪 80 年代，文档图像处理系统(Document Image Processing System，简称 DIPS)出现，它相当于一个电子文件柜，能够对文档进行扫描，索引并存储在系统中，以便于后期的检索浏览或打印，这就是电子文件管理系统的雏形。到了 20 世纪 90 年代，电子文档管理系统(Electronic Document Management System，简称 EDMS)与电子文件管理系统(Electronic Records Management System，简称 ERMS)相继出现。EDMS 通常与 Microsoft Office 等应用软件集成起来，允许用户对文档进行管理。早期的 ERMS 主要是对纸质文件物理位置的管理，通过对纸质文件或文件夹建立电子索引来实现①。随着办公系统(Office Automation，简称 OA)、计算机辅助设计(Computer Aided Design，简称 CAD)、数码相机、地理信息系统(Geographic Information System，简称 GIS)、电子邮件系统的使用，它们创建和形成的电子文件以及这些电子文件的长期保存、检索和使用刺激文件和档案保管者亟须依靠信息技术开发新的信息系统，来确保对电子文件有效管理，因此，ERMS 的功能也不断被拓展和完善。20 世纪 90 年代中期之后，对电子文件管理系统的理论研究和开发逐渐引起美国、英国、澳大利亚以及欧盟、国际档案理事会

---

① Adam A. Implementing Electronic Document and Record Management Systems [M]. Boca Raton : CRC Press, 2007 : 3-4.

等国家和国际组织的广泛关注，针对 ERMS 的标准和规范也陆续发布。我国电子文件管理系统的研究萌芽于 20 世纪 90 年代末，进入 21 世纪之后，开始兴起。经过十多年的发展，已取得初步的进展。

9.1.1　电子文件管理系统研究阶段划分

电子文件管理系统理论研究具有很强的实践性和应用性。它与电子文件管理系统的开发紧密相连。从我国电子文件管理系统研究与实践发展来看，可以分为两个阶段：

（1）理论探索阶段（2000—2009 年）

我国电子文件管理系统研究较之国外，起步稍晚，但在借鉴国外研究成果的基础之上起点较高，进展较快。自 2000—2009 年的十年的理论探索中，国内档案学术界对电子文件管理系统的概念、特点、功能需求以及系统的开发原则、开发的必要性、实现方式、设计、实施与评价等基本问题进行了探索，形成了不俗的理论成果，为电子文件管理系统的后期开发与实践奠定了基础，准备了条件。

（2）实践跟进阶段（2010 年至今）

随着电子文件管理系统理论探索的推进，在实际工作中，电子文件管理系统的开发与应用也逐渐开展起来。2007 年，中国人民大学"电子文件管理机制研究"课题组对我国 153 家中央直属机关、省级档案机构、企事业单位的电子文件状况进行了调查，其结果显示："在文件形成机构的调查中，已经使用电子文件管理系统的机构占 79.6%。但由于我国尚未出台电子文件管理系统功能需求标准，对电子文件管理系统的建设科学的指导，因此，现存系统（或模块）在功能上差异较大。"①2010 年，中国人民大学信息资源管理学院主办的"电子文件管理系统功能需求研讨会"在杭州召开，会议就电子文件管理系统具体的业务功能、技术需求与各厂商专家进行交流与讨论，其重要意义在于铺就了电子文件管理软件功能需求标准兼顾现实和引导实践的道路②。为了加强电子文件管理，中办、国办先后印发了《电子文件管理暂行办法》《国家电子文件管理工作规划（2011—

---

①　张宁. 我国电子文件管理现状调查与思考[J]. 档案学通讯，2008(6)：18.

②　梁凯. 兼顾现实 引导实践——电子文件管理系统功能需求研讨会在杭召开[J]. 浙江档案，2010(10)：8.

2015年)》等文件，中央和各省区市相继建立了电子文件管理联席会议制度，中央和国家机关部委也明确了电子文件管理机构。2012年中国制定了首部国家级电子文件管理系统功能需求标准——GB/T29194-2012《电子文件管理系统通用功能要求》，与此同时，电子文件管理试点工作也在天津、吉林、江苏、山东、广东等省(市)，中央编办、国土资源部、卫生部、审计署、海关总署、国家知识产权局、国家档案局，以及中石化、国家电网等开展起来。从总体上看，我国电子文件管理系统的实践工作虽然滞后于理论研究，但随着国家的高度重视，在国家电子文件管理部级联席会议的组织下，实践工作正迅速跟进。

9.1.2　电子文件管理系统的概念

电子文件的特点决定其不是孤立存在的，它们是组织和个人为了特定目的而创建的，为了便于存取，它们必须依赖专门的电子文件管理系统。电子文件管理系统的概念来自国外，一般由 Electronic Record Management System(简称 ERMS)翻译而来。电子文件管理系统常常与电子文件保管系统(Electronic Records-Keeping System，简称 ERKS)、电子文档管理系统(Electronic Record Management System，简称 EDMS)以及电子文档与文件管理系统(Electronic Document and Records Management System，简称 EDRMS)等概念混淆，而实际上这些系统在管理对象和目的等方面有一定差别。要弄清楚电子文件管理系统的概念，首先必须区分电子文件从形成到最后的处置的整个生命周期过程中需要使用的系统。

国际合作项目"电子文件永久真实性保障"(International Research on Permanent Authentic Records in Electronic System，InterPARES)项目指出，电子文件长久保存链条中存在三个系统：文件形成系统(Record-making System)、文件保管系统(Recordkeeping System)和永久保存系统(Permanent Preservation System)。其中，文件形成系统由一系列指导文件创建的规则以及实施这些规则的工具和机制组成，包括：文档捕获系统、文档识别系统、文件声明系统、文件执行系统以及文件移交系统；文件保管系统由一系列管理访问控制、存储、维护、处置和保存文件和信息的规则以及实施这些规则的工具和机制组成，包括文件信息系统、文件索引系统、文件存储系统、文件检索系统、文件访问系统和文件处置系统；而永久保存系统则包括文件信息系统、文件选择系统、文件采集系统、文件描述系统、文件存储系统、文件检索系统和文件访问系统①。

贯穿于电子文件整个生命周期中的系统通常包括三类：第一，形成电子文件的系统，国际档案理事会（International Council on Archives，简称 ICA）称为"业务系统"（Business System，简称 BS）②，澳大利亚国家档案馆称为"业务信息系统"（Business Information System，简称 BIS）③，Inter-PARES 则称为"文件形成系统"（Record-making System）④。这类系统的主要任务是支持文件形成单位日常业务工作的开展，在此过程中形成合格、完整的电子文件，例如 OA、ERP、PDM、财务管理软件、人事管理软件等。第二，集中管理各类电子文件的系统，也就是 ERMS \ ERKS，Inter-PARES 项目以及澳大利亚等国家也称为"文件保管系统"（Recordkeeping System），美国国家档案馆（NARA）称为文件管理应用软件（Records Management Application，简称RMA）。这类系统同样应用在文件形成单位，通常以电子文件的捕获为起点，以处置为终点。第三，长期保管各类具有永久保存价值的电子文件，保证其真实、准确、可理解的系统。Inter-PARES 项目称为"文件保存系统"（Record Preservation System），我国亦称为"数字档案馆系统"或"电子文件中心"。由于这类系统要始终维护寿命长于系统的文件的可信性，国际上也将其归入"可信数字仓储"（Trusted Digital Repository，简称 TDR）。TDR 主要应用在国家档案馆以及其他承担文件长久保存任务的单位⑤。

2012 年发布的国家标准《电子文件管理系统通用功能要求》（GB/T29194-2012）对电子文件管理系统的定位进行了正式说明，明确地指出电子文件生命周期中的三种系统类型为业务系统、电子文件管理系统和电子文件

① Duranti L., Preston R. International Research on Permanent Authentic Records in Electronic Systems（InterPARES）2：Experiential，Interactive and Dynamic Records［M］. Padova：Associazione Nazionale Archivistica Italiana，2008：201-203.

② ICA Principles and Functional Requirements for Records in Electronic Office Environments［EB/OL］.［2014-08-06］. http：//www. national. archives. gov. za/rms/functional_spec. htm.

③ Overview of Classification Tools for Records Management［EB/OL］.［2014-08-06］. http：//www. naa. gov. au/Images/classifcation%20tools_tcm16-49550. pdf.

④ Chain of Preservation Model—The InterPARES Project［EB/OL］.［2014-08-06］. http：//www. interpares. org/ip2/display_file. cfm? doc = ip2_book_part_5_modeling_task_force. pdf.

⑤ 刘越男. 提升电子文件管理系统质量的路径分析［J］. 档案学研究，2010(5)：83.

长期保存系统。其中，业务系统用来支持单位业务工作的开展并形成电子文件，如办公自动化系统、电子商务系统、财务管理系统、人力资源管理系统以及桌面办公系统等；电子文件管理系统负责从各业务系统中捕获电子文件，维护文件之间、文件和业务之间的各种关联，支持查询利用，并以有序的、系统的、可审计的方式进行处置；电子文件长期保存系统负责以正确的和长期有效的方式维护电子文件并提供利用。业务系统、电子文件管理系统、电子文件长期保存系统三类系统之间的关系见9-1。

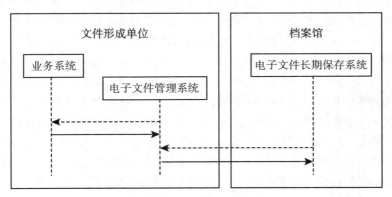

图 9-1　电子文件生命周期中三类系统关系示意图

　　然而，通常所指的电子文件管理系统是电子文件生命周期第二阶段所需要使用的系统，主要有文件保管系统、电子文件保管系统以及电子文件管理系统。

（1）文件保管系统（RKS）

文件保管系统或称文件保存系统（Record Keeping Systems）是随着信息技术在政府、企业等组织中运用而出现的概念，该概念被联合国档案与文件管理部①、国际档案理事会等国际组织以及澳大利亚等国家使用。David Bearman(1993)指出，文件保管系统（Record Keeping Systems，简称 RKS）是一种信息系统，它们不仅包含可以重复使用的数据，还捕获、维护和存取企

_____

　　①　联合国档案与文件管理部（United Nations Archives and Records Management Section，简称 UNARMS）于 2003 年发布的标准《文件保管系统功能需求》（Functional Requirements for Record-keeping Systems）中使用此概念，详见：https：//archives. un. org/sites/archives. un. org/files/Standard_Functional%20Req_RKS3. pdf.

业事务活动中的证据，保存企业的组织记忆①。ICA（1997）将文件保管系统
（Record Keeping System）定义为"以存储和检索文件而开发的信息系统，它
被用来控制文件的创建、存储与访问等功能，以保障文件的真实性与可靠
性②"。澳大利亚维多利亚州公共文件办公室（Public Record Office Victoria，
简称 PROV）③于 2000 年发布的《维多利亚电子文件战略文件管理系统规格
说明》（Specification for VERS Compliant Record Keeping System）中指出，文件
管理系统应当能够对纸质和电子文件从通过"可信的文件保管"对文件的捕
获、登记到最终销毁或永久保存整个生命周期进行管理。它在创建和维护企
业记忆、提供支持有效知识管理和电子商务项目的重要信息库方面非常必
要④。澳大利亚于 2003 年发布的《文件保存系统的设计与实施：联邦政府工
作手册》（Designing and Implementing Recordkeeping Systems （DIRKS）
Manual）⑤中将文件保存系统（Recordkeeping System）定义为：能够对文件进
行捕获、维护和提供访问的业务信息系统，它不仅具备文件管理的功能，还
能执行一些业务功能。文件保存系统不仅仅是一个管理文件的应用软件，它
还是一个人、政策、程序、工具、技术等的集合体⑥。从文件保管系统的定
义以及其在实践中的应用来看，作为组织保管文件的信息系统，它涵盖了组
织在业务或各种事务中形成的不同类型文件的保管过程。刘家真认为，"文

---

① Bearman D. Functional Requirements for Record Keeping Systems［J］. Archives and Museum Informatics，1993，7(2)：3-5.

② ICA. Guide for Managing Electronic Records from Archival Perspective［EB/OL］.［2014-08-06］. www. ica. org/download. php? id＝1631.

③ 澳大利亚维多利亚州公共文件办公室从 1995 年起开始就致力于制定数字文件的创建、管理和访问的标准和政策。如 1996 年制定的"永久保管电子文档"（Keeping Electronic Documents Forever）报告，2000 年发布的维多利亚电子文件管理战略（Victorian Electronic Record Strategy，简称 VERS）标准"PROS 99/007"等，详情请访问：http：//prov. vic. gov. au/government/vers/history.

④ PROV. Specification for VERS Compliant Record Keeping System［EB/OL］.［2014-08-06］. http：//prov. vic. gov. au/wp-content/uploads/2012/02/vers_part_b_specification. pdf.

⑤ 该手册自 2007 年起被其他相关文件所取代，不再推荐澳大利亚各机构使用，同时也从澳大利亚国家档案馆网站上删除。

⑥ State Records New South Wales. Strategies for documenting government business：The DIRKS Manual-Downloadable version：Introducing DIRKS and projects［EB/OL］.［2014-08-06］. http：//www. records. nsw. gov. au/recordkeeping/documents/recordkeeping-dirks/DIRKS%20Manual. pdf.

278

件保存系统（Recordkeeping System）是一个具有文件保存功能的系统，有多种类型，从其保存的文件媒体类型看，有纸质文件保存系统、缩微保存系统与电子文件保存系统。"①由此可见，文件保管系统是一种集传统的文件保管与电子文件保管功能于一体的综合性信息系统。

（2）电子文件保管系统（ERKS）

电子文件保管系统或称电子文件保存系统（ElectronicRecords keeping systems/ Electronic Recordkeeping System）是专门用于保管电子文件的系统。此概念曾被美国国家档案与文件署使用，另外在我国档案学术界研究的早期使用较多，除刘家真将其译为电子文件保存系统外，冯惠玲、于丽娟、丁海斌、金波等人都将其直接译为电子文件管理系统。随着实践的进展，ERKS逐渐被 ERMS 一词替代。

NARA 指出电子文件保存系统（Electronic Recordkeeping System，简称ERKS）是一个电子系统，在该系统当中，文件被收集、整理和分类，以便于它们的保存、检索、使用和处置②。

冯惠玲认为，电子文件管理系统（Electronic Records Keeping Systems）是包括所有与电子文件管理有关的技术、管理、法律、标准、人员等相关因素在内，以保证电子文件的行政有效性和法律证据性，保证电子文件的科学管理和高校利用为目的的信息系统，形象地说电子文件管理系统是具有行政有效性和法律证据性的文件（records）的"聚集地"。电子文件管理系统的主体是电子文件管理软件，它由一组软件程序组成，共同对机构产生的电子文件和基层档案室保存的电子档案进行管理③。

于丽娟从广义和狭义的角度对电子文件管理系统（Electronic Records Keeping Systems）的含义进行了概括：广义的电子文件管理系统是包括所有与电子文件管理有关的技术、管理、法律、标准、人员等相关因素在内，以保证电子文件的行政有效性和法律证据性、科学管理和高效利用为目的的信息系统。它构成一个更为宏观的管理系统，最大限度地完善电子文件管理。狭义的电子文件管理系统是以信息技术为支撑，具有文件保存功能，能够对机构内产生的电子文件、档案部门保管的电子文件进行科学管理，保证电子

---

① 刘家真. 电子文件管理理论与实践[M]. 北京：科学出版社，2003：103.

② NARA. NARA Bulletin 99-04 Attachment A [EB/OL]. [2014-08-06]. http://www. archives. gov/records-mgmt/bulletins/1999/99-04-a. html.

③ 冯惠玲. 电子文件管理教程[M]. 北京：中国人民大学出版社，2001：141.

文件的行政有效性和法律证据性的计算机软硬件系统，尤其是与之相应的软件程序①。

丁海斌将电子文件管理系统（Electronic Records Keeping Systems）的含义概括为三个层次：宏观层次的电子文件管理系统是以保证电子文件的科学管理和高效利用为目的的技术、设备、管理、法律、标准、人员等所有相关因素组成的信息系统；中观层次的电子文件管理系统，是指与电子文件管理相关的计算机软、硬件系统；微观的电子文件管理系统，是电子文件管理的软件系统，它由一组软件程序组成，共同对机构产生的电子文件进行管理。这三个层次的电子文件管理系统含义相互联系、层层递进②。

刘家真在 NARA 概念的基础上，指出电子文件保存系统（Electronic Recordkeeping System）是一个便于文件保存、检索、使用与处置的电子系统，文件在该系统内被收集、组织与编目，它控制着文件的产生、管理与处置。该系统对电子文件进行自动管理，使电子文件生命周期的各个环节都获得严格的控制③。

（3）电子文件管理系统（ERMS）

在早期，我国部分学者直接将英文概念"Electronic Records Keeping Systems"译为电子文件管理系统。然而从国内外电子文件管理系统研究与实践发展的趋势来看，将电子文件管理系统与英文概念"Electronic Records Management Systems"（ERMS）对应已经被普遍接收。ERMS 的概念在英国国家档案馆（The National Archives，简称 TNA）、苏格兰国家档案馆（National Archives of Scotland，简称 NAS）、欧盟（European Union，简称 EU）、国际档案理事会（ICA）等使用较多，近年来，我国也普遍用 ERMS 的概念取代 ERKS。

TNA 指出，ERMS 帮助政府组织将文件管理实践运用到电子文件管理当中，它通过"可信的文件保管"对电子文件从捕获、登记到最终销毁或永久保存整个生命周期进行管理，以保证其完整性、真实性和可访问性④。

NAS 在其官方网站的"电子文件管理"栏目，对 ERMS 的概念进行了阐

---

① 于丽娟. 电子文件管理系统初探[J]. 浙江档案，2001(9)：36.
② 丁海斌. 电子文件管理基础[M]. 北京：中国档案出版社，2007：99.
③ 刘家真. 电子文件管理理论与实践[M]. 北京：科学出版社，2003：103.
④ TNA. Functional Requirements for Electronic Records Management Systems[EB/OL]. [2014-08-06]. https：//www. nationalarchives. gov. uk/documents/requirements. pdf.

述，指出"ERMS 是被设计来跟踪和存储文件的一种计算机程序或程序组合，该软件被用于按照内部分类方案对文件的创建和维护进行管理、应用保留和处置计划以及控制访问和使用"①。

欧盟认为，ERMS 是一个主要用于管理电子文件的应用，尽管它也用于管理纸质文件。ERMS 是用来满足电子文件管理的需求的专门软件，它由一个单独的程序包、一些集成的程序包、专门设计的软件或软件包组成，并且可以对其补充人工程序和管理政策②③。

ICA 于 2008 年将 ERMS 定义为："专门为管理文件的维护和处置而设计的系统。它维护文件的内容、背景、结构以及文件之间的联系，以保证其可访问性和作为证据的价值"④。

Joanna Gunnlaugsdottir 于 2008 年指出，ERMS 是根据组织的文件保管原则而设计的捕获和管理任何类型格式的文件的系统，是用来对文件从形成或出现到处置(销毁或永久保存)的整个生命周期进行管理⑤。

在我国，冯惠玲将电子文件管理系统译为 ERMS，并指出"ERMS 是信息系统，是管理具有行政有效性和法律证据性的文件的专业系统"⑥。刘家真和滕跃、刘越男等也将持相同的翻译。《电子文件元数据标准(征求意见稿)》将电子文件管理系统术语翻译为"Electronic Records Management Systems"(ERMS)，"是为了满足业务对电子文件管理需要而设计的系统，用以捕获、保存、提供获取业务处理过程中产生的有证据价值的文件的功能。

---

① NAS. Electronic Records Management [EB/OL]. [2014-08-06]. http：//www. nas. gov. uk/recordKeeping/ERGuidance/ERMSystems. asp.

② UC. Model Requirements for the Management of Electronic Records：MoReq Specification [EB/OL]. [2014-08-06]. http：//ec. europa. eu/archival-policy/moreq/doc/moreq _ en. pdf.

③ UC. Model Requirements for the Management of Electronic Records：MoReq2 Specification [EB/OL]. [2014-08-06]. http：//ec. europa. eu/archival-policy/moreq/doc/moreq2 _ spec. pdf.

④ ICA. Principles and Functional Requirements for Records in Electronic Office Environments ：Module 2 Guidelines and Functional Requirements for Electronic Records Management Systems [EB/OL]. [2014-08-06]. http：//prov. vic. gov. au/wp-content/uploads/2011/05/ICA-M2-ERMS. pdf.

⑤ Gunnlaugsdottir J. As You Sow, So You will Reap：Implementing ERMS[J]. Records Management Journal, 2008, 18(1)：21-39.

⑥ 冯惠玲. 政府电子文件管理[M]. 北京：中国人民大学出版社, 2004：63.

电子文件管理系统包括：档案工作者和文件使用者；授权政策、责任分配、权力授予、程序和做法；政策声明、程序手册、用户指南和其他用以批准和颁布政策的文件、程序和做法；文件本身；控制和记录的专门资料和文件系统；软件、硬件、其他设备、必要工具等"①。《电子文件管理系统通用功能要求》将电子文件管理系统翻译为"ERMS"。"ERMS 是应用于电子文件形成单位的，旨在捕获电子文件并实施维护、利用和处置的专业系统"②。

总而言之，不管是从广义的电子文件管理系统还是狭义的电子文件管理系统，其最终落脚点必须是"系统"，是一种基于计算机开发的应用程序。无论是文件保管系统（RKS）、电子文件保管系统（ERKS）还是电子文件管理系统（ERMS），它们的主体都是由一个或一组软件程序组成文件管理软件，共同对机构产生的电子文件进行管理，是机构内电子文件的"聚集地"。简单地说，电子文件管理系统就是在制度、标准、原则指导下开发的，用以满足电子文件的捕获、维护、利用和处置等功能需求的专业信息系统。

9.1.3 ERMS 与 ERKS、EDMS、EDRMS 的区分

在我国电子文件管理系统研究探索的前期，通常将 ERKS 译为电子文件管理系统，然而 ERKS 一词，具有一定的局限性，逐渐被含义相对广泛且更加贴切的 ERMS 所取代。EDMS 与 ERMS 作为国际上使用较为广泛的两个术语，其运用于电子文件生命周期的不同阶段，而随着"文档管理一体化"以及"集成管理"等思想的影响，这两个术语成为人们关注的焦点，将 EDMS 与 ERMS 有效集成的 EDRMS 又成为机构内容管理系统发展的重要趋势。

（1）ERMS 与 ERKS 的区别

文件管理是管理记录机构活动所产生的各类文件的政策和程序的总称，位于框架的顶端。文件管理活动一般通过手工和自动两种方式完成。当文件管理活动运用手工的方式完成时，一般采用传统的方式进行文件管理；当文件管理活动运用自动的方式完成时，就需要进行电子文件管理。电子文件管理仅仅意味着文件管理流程和程序的自动化。而其中电子文件保管（ERK）

---

① 电子文件元数据标准（征求意见稿）[EB/OL].[2014-08-06]. archives. hainan. gov. cn/upload/UserFiles/File/1206580606198. doc.

② 国家电子文件管理部际联席会议办公室，中国人民大学信息资源. 电子文件管理系统通用功能要求（GB/T29194-2012）[S]. 北京：中国标准出版社，2013.

与电子文件管理的区别就在于是否对非电子文件进行管理。在这种语境下，ERK 就是指机构开发自动化的流程来管理其电子文件，这些自动化的流程不仅支持电子文件内容的保存，也支持保存其背景和结构信息；ERM 是 ERK 的上一层概念，它指运用自动化技术对任何格式的文件进行管理；而 ERK 是 ERM 的一个子集，仅仅是开发自动化技术以便于电子文件管理①，见图 9-2。在我国，ERKS 的概念多为电子文件管理专家立足于电子文件管理理论而提出，具有较强的理论色彩。随着电子文件管理实践工作的开展，电子文件管理系统的功能需求、技术要求等与开发相关的问题成为人们关注的焦点，ERMS 的概念逐渐出现在我国的一些规范和标准当中，成为代替 ERKS 的概念被广泛使用。因此，从国内外电子文件管理发展趋势来看，ERKS 作为 ERMS 的组成部分，在传统载体文件与电子文件共存的环境下，ERMS 已逐渐成为理论研究以及开发实践中普遍使用的术语。

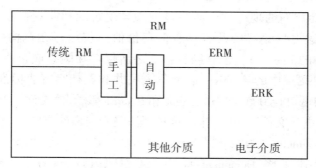

图 9-2　组织机构电子文件管理相关语境

（2）ERMS 与 EDMS 的区别

ERMS 与 EDMS 虽只有"Records"和"Document"一词之别，然而，它们的含义却大有不同。要弄清它们的含义，关键在于对"Records"和"Document"的正确理解和界定。

《牛津英语词典》将 Document 解释为"通过手写、镌刻等方式形成的，为任何主题提供证据或信息"，将 Record 解释为"任何关于已过去事件所保

---

① NARA. Context for Electronic Records Management [EB/OL]. [2014-08-06]. http：//www. archives. gov/records-mgmt/initiatives/context-for-erm. html.

存的信息和构成的一份证据"。ISO15489 中将 Document 描述为"可以被看成一个单元的记录的信息或对象",将 Records 描述为"组织或个人依据一定的法律或在业务运作中创建、接收和维护的作为证据和资料的信息"。① 从国际上对这两个词的解释,可以明显看出其在形成时间上的先后顺序,也就是多个 Document 在产生之后,将其放在一个新文件夹,而一个 Record(无论是电子还是手工的)将会被创建,其包含这些 Documents。另外,Documents 可以更改,而 Records 不能更改。一份 Record 是一个 Document 或一组Documents,这些 Documents 都与过去发生的特定的事件相关联。因此,Record 是历史的记录,当 Documents 转变为 Record 的时候,它就不能再进行更改了②。

然而,国内档案界对于 Document 与 Record 两个词的翻译存在较大争议。究其原因,就在于在我国语境中的"文件"与"档案"两词却对应国外语境中的"Document""Record""Archive"三个词。在中文语境中,"文件"主要是指文件生命周期的现行期,而一旦进入半现行期和非现行期,就可称为"档案",而这类"档案"中既有具有保存价值而被保存在机构中的"档案"(国外语境中的 Record),也有经过移交之后保存在国家或企业档案馆中的"档案"(国外语境中的 Archive)。中华人民共和国档案行业标准《档案工作基本术语》(DA/T1-2000)将 Document 和 Record 都译为"文件",将 Electronic record 译为"电子文件"。近年来,这种译法受到很多的质疑。刘家真、龙正义倡导将 Document 译为"文档",Record 译为"文件";于丽娟、王岚从不同角度详细论述了将 Document 译为"文件",Record 译为"档案"的主张③④⑤⑥。另外,王良城、宋群豹又阐述了将 Record 译为"记录"的第三种

① ISO 15489-1:2001 Information and documentation-Records management-Part 1:General[EB/OL].[2014-08-06].https://www.iso.org/obp/ui/#iso:std:iso:15489:-1:ed-1:v1:en.

② Adam A. Implementing Electronic Document and Record Management Systems[M].Boca Raton:CRC Press,2007:8.

③ 于丽娟.英国《电子文件管理系统功能需求》[J].档案学通讯,2004(5):41-45.

④ 王岚.文件还是档案?——为 records 正名[J].档案学研究,2009(5):13-16.

⑤ 王岚.文件管理还是档案管理?——Records Management 正义[J].档案学研究,2010(5):23-29.

⑥ 王岚.法律与学术中的"文件"与"档案"Documents 与 Records 关系正理[J].档案学研究,2011(5):4-14.

可能性①②。

《电子文件管理系统通用功能要求》（GB/T29194-2012）将 Document 译为"文档"，Record 译为"文件"。因此，从文件生命周期来看，"文件"在不同生命周期阶段中具有不同的特点，因此，在国外不同的语境下，各种译法都有一定的正确性。但是，从国内外文件管理实践发展的趋势来看，我们发现，电子文件管理系统主要关注的是机构内部具有保存价值的文件的管理和保存。因此，为了有效地区分 EDMS 与 ERMS，便于 ERMS 的开发，我们倾向于将 Document 译为"文档"，将 Record 译为"文件"的最优选择。

Sprehe J. Timothy 对电子文档管理系统与电子文件管理系统进行了区分："EDMS 是指 IT 系统当中对电子文档进行管理的系统，它使用计算机设备和软件来管理、控制、定位和检索电子系统中的信息。而 ERMS 是指 IT 系统当中对组织机构的电子与非电子文件进行管理的系统，它利用计算机设备和软件依照接收原则和电子文件管理惯例对其进行管理"③。"由于电子文件的形成、办理、传输与交换等环节是在现行机关的办公室自动化系统、业务系统中完成，因而，这一阶段的电子文档管理系统和办理完毕或者归档后的电子文件管理系统有着本质的区别。"④它们在管理的对象、管理的阶段以及管理的功能要求与技术水平等方面都存在一定的差异，表 9-1 对两者的主要区别进行了比较⑤。

表 9-1　　　　　　　　　　**EDMS 和 ERMS 功能对比**

电子文档管理系统（EDMS）	电子文件管理系统（ERMS）
设计目的为文档管理	设计目的为文件管理
允许文档被授权修改	文件不能被修改

---

① 王良城 . 从文化视角看 RECORDS 概念的界定[J]. 档案学研究，2012(1)：21-25.

② 宋群豹 . 再谈 Record 的翻译之争：文件或档案外的第三种可能[J]. 档案学通讯，2014(4)：31-34.

③ Sprehe J. T. A Framework for EDMS/ERMS Integration [J] . The Information Management Journal，2004，38(6)：54-62.

④ 傅荣校，陈珲夏，肖丹卉 . 关于电子文件管理的几个核心概念[J]. 档案管理，2013(3)：16.

⑤ 刘家真 . 电子文件管理：电子文件与证据保留[M]. 北京：科学出版社，2009：175.

续表

电子文档管理系统（EDMS）	电子文件管理系统（ERMS）
一份文档可以有多个版本	只允许保存文件唯一的最终版本
可能包括一些文档保留控制功能	必须包括文件保留的严格控制
文档可能被其所有者删除	文件职能在受到严格控制的环境中被删除
在某具体或者狭小的范围内执行，例如一个业务单位	在较大的范围内执行，例如一个独立的机构（如档案馆或单位内的档案管理机构）
执行的目的在于满足具体的运作需求	执行的目的在于满足战略或者综合的需求
保存功能是可选而简单的	保存功能是严格与强制的
有的系统可能含有属用户控制的文档保存结构	必须包含严格的文件分类层次结构，分类表是严格的，并由管理员进行维护
系统支持为现行业务提供文档的日常使用	系统为了业务目的常规利用也可支持，但系统必须维护和确保有价值的业务文件的安全和完整性

（3）ERMS 与 EDRMS 的区别

在文档一体化、全程管理以及集成管理等思想的影响下，将 EDMS 与 ERMS 有效的整合，成为文件管理领域的新趋势。在这种趋势下，一个具有文档管理核心功能的电子文件管理系统——电子文档与文件管理系统（Electronic Document and Records Management System，简称 EDRMS）随之出现。Wikipedia 将其归于融合了文档管理和文件管理系统技术的一种内容管理系统（Content Management System，简称 CMS）①。EDRMS 在澳大利亚使用较为普遍，一般被认为是"一个自动化的软件应用程序，旨在通过一种集成的方式来促进各类实体和数字文档与文件的创建、管理、使用、存储和处置。同时，它还提供工作流、审批等自动化的业务流程"②。EDRMS 集成了

---

① Wikipedia. Electronic Document and Records Management System[EB/OL]. [2014-08-06]. http：//en. wikipedia. org/wiki/Electronic_document_and_records_management_system.

② State Records NSW . FAQs about EDRMS：What is an EDRMS? [EB/OL]. [2014-08-06]. http：//www. records. nsw. gov. au/recordkeeping/advice/designing-implementing-and-managing-systems/faqs-about-edrms.

文档管理和文件管理的功能，其中 EDRMS 的文档管理功能基于业务规则和类别，允许访问和使用文档以满足短期的需求；EDRMS 的文件管理功能允许保护和管理作为业务证据的文件来满足法定的职责，解决对信息的长期需求。它不仅可以管理电子邮件、文字处理文档、电子表格、图像和扫描文档等数字信息，也可以对纸质文件和实体对象进行控制①。

EDRMS 是 ERMS 的子集概念，它是一个具备了文档管理功能的 ERMS②。简单地说，EDRMS 就是 EDMS 与 ERMS 合二为一的综合系统，它是一个集成了文档管理与文件管理的综合性信息管理解决方案。它与其他业务系统、数字化软件和电子邮件等的有效集成，有利于实现组织从纸质过渡到数字的业务方式的转变，提升业绩以及组织信息管理能力。但是，从成本方面考虑，EDRMS 更适用于有较大文档与文件管理需求的大中型机构。

9.1.4　电子文件管理系统的特点

电子文件具有真实性、可靠性、完整性和可用性等特点。而电子文件管理系统就是用来确保电子文件的这些特点得以保持的策略，因此，ERMS 应具备以下四个重要特点：

（1）具有独特的开发理念和技术路线

电子文件管理系统的开发过程中，除了受到开发的相关标准、规范和原则的引导外，还必须有文件和档案工作者的参与。同时，与其他信息系统的开发不同，电子文件管理系统要求将重要的电子文件独立保存，允许一定的数据冗余。而在技术路线上电子文件管理系统更多谋求将业务流程与文件流程进行整合，实现业务处理、文件处置及档案控制功能的合并。

（2）管理和维护文件的有效性和证据性

电子文件管理系统具有很强的行政性和职能性，它需要对机构职能活动中形成的文件进行有效的管理和维护，确保其作为机构活动证据和组织记忆的真实、可靠、完整、可用。因此，就必须对文件的内容、背景信息、结构等元数据信息一并整合与保存，并要保证文件及档案工作者能够对元数据信

---

①　National Archives of Australia . Implementing an EDRMS—Information for Senior Management[EB/OL] . [2014-08-06] . http：//naa. gov. au/Images/EDRMS% 20senior% 20 management%20publication%20-%20Apr.l%202011_tcm16-47285. pdf.

②　刘家真 . 电子文件管理：电子文件与证据保留[M]. 北京：科学出版社，2009：175.

息进行管理和设定。

（3）严格依法决定文件的"去"与"留"

电子文件在机构中的保管有一定的期限要求。电子文件管理系统需要根据相关法律或规范制度所要求的保管期限对文件进行管理、维护和最后的处置。2010年由中央办公厅和国家办公厅联合发布的《电子文件管理暂行办法》明确规定："电子文件形成单位应当根据国家有关规定明确电子文件归档范围和保管期限，并对具有保存价值的电子文件及时进行归档，由本单位档案部门负责管理""属于国家综合档案馆接收范围的电子文件，应当按照规定时限向同级国家综合档案馆移交。已建立电子文件备份中心的，应当按照其要求进行移交""电子文件的销毁应当履行有关审批手续；涉密电子文件的销毁应当按照国家保密法律法规的规定处理"。2012年国家档案局发布的《电子档案移交与接收办法》进一步明确"档案移交单位一般自电子档案形成之日起5年内向同级国家综合档案馆移交。对于有特殊要求的电子档案，可以适当延长移交时间。涉密电子档案移交时间另行规定。"①因此，电子文件管理系统中，文件必须按照受控的、系统化的、可审核的方式进行管理和处置。

（4）需要严密的安全和风险控制程序

电子文件管理存在很多安全和风险因素，尤其是涉密电子文件管理更是需要更加严密的安全程序。因此，与一般信息管理系统不同，电子文件管理系统需要对机构特定的电子文件管理环境进行安全风险评估，确定其风险等级，然后根据风险等级对系统进行风险控制和防范。同时要严格划分和控制不用级别用户的访问权限，以确保电子文件的安全保管。

9.2 电子文件管理系统的开发

电子文件管理系统开发是一项庞大且复杂的系统工程，不仅需要在一定的标准与规范指导下系统开发技术人员与文件和档案保管人员的协同配合，还必须遵循一定的开发原则，选择合理的开发模式，并严格按照完整的开发流程来具体实施。

---

① 国家档案局. 电子档案移交与接收办法[Z].

9.2.1　开发原则

电子文件以及电子文件管理的相关专业基础知识对于电子文件管理系统的开发和建设有着重要的作用。任何一个成功的组织都需要一个用于管理文件的信息系统，在电子环境中，电子文件管理系统的开发与实施除了以满足组织各种业务需求之外，还必须全面了解电子文件管理相关专业知识与软件开发的知识，既要遵循文件管理的相关原则，又要遵循系统开发和实施的相关原则。

（1）完整性原则

电子文件管理系统开发的完整性原则要求保证组织业务活动产生的所有"证据"的完整，这表现在三个方面的要求：第一，系统必须能够基于预先定义好的元数据模板，捕获和管理完整的文件及元数据，并保证授权用户可以查询文件及其元数据信息；第二，系统必须保证机构所有具有保存价值的电子文件都得到管理和维护；第三，系统必须能够维护文件之间的有机联系。换言之，就是要确保系统管理功能和流程的完整、文件管理与元数据管理的完整。

（2）全程性原则

电子文件需要从产生到销毁或永久保存的整个生命周期的全程管理。因此，电子文件管理系统的全程性原则首先要求从文件产生开始，系统就应该对电子文件进行登记、分类、鉴定、归档、保管、提供利用和处置等操作；其次，也要求系统记录和保存文件在整个生命周期过程中形成的各项元数据；此外，还要求系统支持工作流程与文件运转流程的自动执行，实现与组织业务流程的融合。

（3）安全性原则

电子文件管理系统的开发必须遵循安全原则，要从系统安全和数据安全的角度统筹考量，确保电子文件的安全管理；注重机构电子文件管理系统环境安全风险的评估，确定电子文件管理系统的安全等级。尤其要注意下列安全管理功能的实现：① 提高系统对多种格式的电子文件的兼容性；② 设计有效的数据迁移功能；③ 提供数据备份与数据恢复技术支持；④ 制定用户角色定义、权限分配和口令审查；⑤ 设计系统及 Internet 的防火墙；⑥ 研制预防文件修改功能；⑦ 提供防杀病毒和病毒实时检测功能。

（4）相关性原则

电子文件管理系统开发的相关性原则要求有效挖掘和表现文件之间的有机联系，体现信息内容之间的相互参照和对应，清晰地揭示文件内容隐含的价值信息、元数据信息，实现文件信息内容的深层次管理。并且能够在用户检索和利用信息的时候，智能地反馈给用户这些重要联系和相关信息。

（5）综合性原则

电子文件管理系统开发的综合性原则要求全面考虑图书、情报部门的信息资源的兼容、整合与共享，实现信息管理部门与决策、计划、管理部门信息系统的联结和信息互换，能够支持跨平台和跨领域的互操作。

（6）易用性原则

易用是系统开发的基本原则。电子文件管理系统涉及机构几乎所有的业务系统和工作人员，这些文件的生成者需要执行文件的登记、归档等操作。因此，在确保实用的前提下，要考虑系统的易用性设计；操作应该尽量简便化；利于实施和维护；系统架构和界面设计应清晰明了；要有详细的操作说明和用户帮助信息。

9.2.2 开发模式

ERMS 的建设与开发是每个形成和保管电子文件单位的重要工作内容。然而，在电子文件种类繁多、业务系统架构各异、包括人才在内的专业资源有限的情况下，不同类型和规模的组织开发符合自身需要的系统，才能促进电子文件管理更有效地实现。

我国 ERMS 的开发模式，冯惠玲①、于丽娟②、刘越男③从与业务系统关系的角度，将 ERMS 的实现概括为嵌入式、独立式、联合式、包含式。刘越男④根据电子文件管理系统与业务系统的交互方式以及与之相伴的文件和元数据存储方式，进一步将 ERMS 开发模式划分为独立式、嵌入式、联合式/互联式、包含式，其特点比较见表 9-2⑤。

---

① 冯惠玲. 电子文件管理教程[M]. 北京：中国人民大学出版社，2001：151-152.

② 于丽娟. 电子文件管理系统初探[J]. 浙江档案，2001(9)：36-37.

③ 刘越男. 建立新秩序——电子文件管理流程研究[M]. 北京：中国人民大学出版社，2005：182-183.

④ 刘越男. 试析电子文件管理系统的建设模式[J]. 中国档案，2011(7)：58-60.

⑤ 刘越男. 试析电子文件管理系统的建设模式[J]. 中国档案，2011(7)：58-60.

表 9-2　　　　　　　　基于 ERMS 和业务系统关系的模式比较

项 目　　　　模 式	独立式	嵌入式	整合式	互联式
ERMS 与业务系统的关系	独立于业务系统之外	完全嵌入于业务系统之中	部分嵌入于业务系统之中	独立或部分嵌入业务系统
文件存储场所	ERMS	业务系统(ERMS)	ERMS	业务系统
元数据存储场所	ERMS	业务系统(ERMS)	ERMS	ERMS
ERMS 对于文件的控制强度	较高	高	高	较低
全局利用的便利性	高	低	高	较高

(1)独立式

独立式是 ERMS 相对独立于形成文件的各个业务系统,后者可通过应用程序接口(API)向 ERMS 输出文件及其元数据,文件及其元数据集中于 ERMS 中进行管理与维护。这种组合模式延续了纸质文件前后端分离管理的做法,对应于现有的组织分工模式较为通行。在此模式中 ERMS 相对被动,被动地接收业务系统提交的数据,需要在相应管理制度的配合下,强化业务系统主动提交文件及其元数据的行为。由于向 ERMS 输出数据的业务系统可能有多个,往往需要定制开发多个接口才能完成数据的顺利交接,这将增加协调和实施的成本。

(2)嵌入式

嵌入式是以机构内部各个业务系统(财务管理系统、人事管理系统、OA 系统等)为母体,将电子文件管理功能需求和所使用的技术嵌入其中。嵌入的精髓是使用电子文件管理功能需求升级事务系统或进行二次开发,将电子文件管理的各项业务工作分布在信息系统的相关流程中完成。嵌入式开发适合小型机构和专业性很强的企事业单位,也适合对某一专门的事务系统所产生的电子文件进行一体化管理。例如:"基于设计流程的 CAD 电子文件管理系统""基于行政事务处理的 OA 电子文件管理系统"就是嵌入式开发的电子文件管理系统。在此模式中,包含 ERMS 功能的业务系统,往往只能管理本系统产生的电子文件及其元数据。如果一个单位仅采用该模式,那么就会在整体上造成文件信息的分散,若需开展全局性的利用，则还须借助于其他系统。

（3）整合式

从某种意义上，可以将整合式理解为独立式和嵌入式的结合，整个 ERMS 分为两大部分，一部分嵌入到业务系统中，实时捕获文件及其元数据；另外一个部分则集中保管维护文件及其元数据。这种模式兼具了独立式和嵌入式的优点，既能捕获来自多个业务系统的电子文件，又能集中机构的信息资产，并以统一的方式加以维护和开发利用。目前构建在内容管理平台（Enterprise Content Management，简称 ECM）上的 ERMS（EDRMS）大多采用该模式，对业务系统和 ERMS 之间的集成要求较高。

（4）互联式

互联式强调的是 ERMS 和业务系统相互访问数据的便利性，两者可以相互独立，也可以像整合式一样将部分 ERMS 功能模块嵌入业务系统中。其区别在于整合式集中保管所有的电子文件及其元数据，而互联式的 ERMS 仅保存文件元数据，文件则仍然保存在业务系统中。ERMS 负责维护元数据和文件之间的关联，始终保证二者之间的互联。这种模式适用于业务文件对原系统环境的依赖性强的单位，通常需要业务系统提供访问接口，以便从 ERMS 查找利用文件。

9.2.3 开发流程

系统开发生命周期（Systems Development Life Cycle，简称 SDLC）是系统开发者（分析员、软件工程师与程序员）与最终用户建立计算机系统的一个过程。信息系统开发生命周期主要包括问题的定义及规划、需求分析、系统设计、编码、测试、运行与维护等阶段。电子文件管理系统的开发主要包括系统规划、系统需求分析、系统设计、系统实施与评价、系统运行与维护五个阶段，见图 9-3。

在电子文件管理系统开发的五个阶段当中，文件与档案工作人员必须明确自己的职责，全程参与到系统的开发过程中，为系统开发人员的系统开发工作提供必要的文件管理理论支持和补充。另外，在系统的开发还需要得到组织工作最前端的业务人员的大力支持。从这个角度来看，电子文件管理系统的开发是技术人员、文件与档案工作人员以及业务人员协同配合的结果。

（1）系统规划

信息系统的规划是系统开发生命周期中的第一个阶段，也是系统开发过程的第一步，它确定了系统开发和建设的方向，系统规划的质量直接影响着

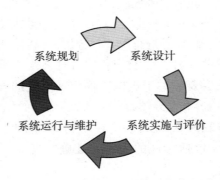

图 9-3　电子文件管理系统开发流程图

系统开发的成败。电子文件管理系统的规划就是对系统开发总体目标及各项工作进行总体设计，它规定了系统的目标、功能、范围、价值及其开发过程。系统规划包括以下内容：确定系统目标与总体方案；设计网络系统与子系统；功能结构图的总体设计；数据库系统总体结构设计；代码方案总体设计；系统安全与数据安全总体设计；系统物理配置总体方案设计；开发工作计划

（2）系统需求分析

信息系统开发的目的就是为了满足用户从事业务活动的需要。因此，信息系统开发必须认识业务活动、了解业务活动，完整、准确地描述用户的需求，跟踪用户需求的变化，并将用户的需求准确地反映到系统的分析与设计当中。需求分析是系统开发生命周期的重要阶段，也是关键性的步骤。电子文件管理系统需求分析主要包括业务需求分析和系统功能需求分析两个部分。

① 业务需求调查分析。

业务需求的调查与分析主要是通过对机构所处的宏观环境、机构职能活动和机构业务活动的调查与分析，以确认潜在的问题和解决的方法。无论是什么系统，要完善旧系统或者开发新的系统都需要开展必要的调查与分析。首先，对宏观环境的调查主要是了解机构的政治、经济、法律、文化等社会背景；机构文化；机构的主要职能；机构信息技术应用水平，机构业务系统和信息系统的种类和数量；影响机构文件、档案管理工作的因素以及安全风险的构成等。其次，对机构职能活动的调查，是为机构各项业务的执行方式建立概念模型，熟悉活动的开展步骤，了解文件何时以及如何在业务活动的

什么环节产生、传递、获取、处理、存储、处置和利用。最后，对机构业务
活动的调查，旨在了解文件在何时、何地、哪个步骤以何种方式产生。除此
之外，还必须对文件管理需求进行调查与分析，以明确机构在各项业务活动
中需要生成和保存哪些文件，以及相关的管理要求。重点关注相关法律要
求、业务要求以及社会要求对于机构文件管理所做的规定，如文件的产生
（包括文件的形式、内容和著录项目等要求）、文件的保管期限（包括文件保
留多长时间以及处置规则等要求）、文件的利用（包括文件的利用、限制等
要求）、文件的质量（包括文件的完整、准确、真实、可读、可理解等要
求）。

② 系统功能需求调查分析。

电子文件管理系统功能需求的调查分析就是要明确电子文件管理系统究
竟要"做什么"和"怎样做"。电子文件管理系统能否实现文件管理的各项功
能、能否实现科学管理，关键就看需求分析的质量与水平。需求分析既是电
子文件管理系统的功能设计，也是检验和验收系统的依据。自 1997 年起，
国际范围内针对电子文件管理系统功能需求的标准与规范陆续发布，为电子
文件管理系统的开发提供了重要参考。国际上制定的具有重要参考价值的电
子文件管理系统功能需求相关标准与规范见表 9-3。2012 年，由国家电子
文件管理部际联席会议办公室、中国人民大学信息资源管理学院共同起草的
《电子文件管理系统通用功能要求》（GB/T29194-2012）发布，它规定了我国
电子文件管理系统的基本功能要求，同时也给出了一些可选功能要求，对我
国电子文件管理系统开发具有重要意义。

表 9-3　　国际重要电子文件管理系统功能需求规范和标准一览

制定者	标准或规范名称	颁布及修订年份
美国国防部	DOD5015.2-STD《电子文件管理软件设计评价标准》（Design Criteria Standards for Electronic Records Management Software Applications）	1997 年颁布；2002 年第一次修订；2007 年第二次修订
英国国家档案馆	《电子文件管理系统功能需求》（Requirements for Electronic Records Management Systems）	1999 年制定；2002 年第一次修订；2006 年第二次修订

制定者	标准或规范名称	颁布及修订年份
澳大利亚维多利亚州	《维多利亚电子文件战略文件管理系统规格说明》（Specification for VERS Compliant Record Keeping System）	2000 年发布
欧盟	《电子文件管理通用需求》（Model Requirement for the Management of Electronic Records）	2001 年颁布 MoReq1；2008 年第一次修订 MoReq2；2010 年第二次修订 MoReq 2010
联合国档案与文件部	《文件保存系统功能需求》（Functional Requirements for Record-keeping Systems）	2003 年颁布
国际档案理事会	ICA Req《电子办公环境中文件管理原则与功能需求》（Principles and Functional Requirements for Records in Electronic Office Environments）	2008 年颁布

第一，电子文件管理功能系统需求分析需要明确电子文件管理要达到的目标和具备的基本功能，从而让系统研发人员了解系统研发的深度和难度，以利于系统研发人员有针对性地制定系统总体规划，为实现总体目标和基本功能寻找最为科学的技术路线。

电子文件管理系统的目标体现了系统对电子文件的总体管理水平。档案管理人员必须明确所要开发的电子文件管理系统期望达到的总体技术水准。文件与档案管理部门作为电子文件管理系统的主要用户，必须参考国内外相关功能需求标准和规范，结合机构电子文件管理的实际需求，研究将要开发的电子文件系统应具备哪些功能，将其作为系统需求分析的重要内容明确传达给研发人员。一般而言，尽管每个单位的电子文件管理系统所要实现的功能会有所差异，但作为电子文件管理的基本功能却有着共同性，例如文件管理配置、文件管理业务、安全管理和系统管理等。

第二，依据总体目标和基本功能的要求，接下来需求分析的重心应该体现为电子文件管理流程的设计，也就是将总体目标和基本功能以工作流程模块的方式抽象出来。电子文件管理流程的设计最终要以系统的操作界面或操作菜单模块的形式表现出来，并通过它实现操作和人机交互。由于每个单位的工作性质、管理模式和文件流转的程序不同，所以电子文件管理流程也不尽相同。流程的设计既要考虑本单位电子文件的流转规律、工作需要、利用特点，也要符合电子文件管理的基本理论和基本原则。

流程设计不是简单的传统的文件管理过程加上档案管理过程。它需要在全程管理原则、超前控制理论的指导下，把归档前后的电子文件作为一个文件连续体来设计流程模块，要突出体现逻辑归档、提前鉴定、提前著录、同步分类、元数据验证的新理念，让全部流程构成一个自然而无缝的管理系统。

电子文件的流转不是像传统文件那样表现为简单线性的。电子文件管理系统，因为工作的特殊需要、文件格式与类型的差异、来源环节的不同，可以随时在不同的流程之间跳转。因此，电子文件管理流程是网状的、非线性链接的，任何一个环节均可以实现文件的交互，且均具有反馈与回溯能力。

第三，如果说系统需求分析中明确系统总体目标和功能、设计工作流程是解决"干什么"的话，那么制定电子文件管理标准与规范就是要告诉系统研发人员"如何做才正确"或者"怎样做才科学"。

标准与规范的制定可以依据设计好的工作流程，遵照电子文件管理的理论与原则，参照《电子文件归档与管理规范》《电子文件管理暂行办法》《电子文件管理系统通用功能要求》等国家标准及其行业规范，参考本单位或者同行业兄弟单位编制的电子文件管理实施细则逐个工作模块予以完成，主要包括名词术语、工作要求、业务标准、管理制度等。电子文件管理的标准与规范应体现并纳入到软件设计中，也是系统的文件管理规范。

第四，明确了总体目标、功能，设计了工作模块，制定了标准规范，需求分析依然没有结束，还要告诉系统研发人员电子文件管理系统每一个工作模块内部以及模块之间运行的方式、实现模块功能的技术路线，即更进一步说明"怎样做"。例如电子文件的采集与积累，需求分析要说明哪些电子文件可以由系统自动实现，哪些文件则需要人工积累，积累的模式是采用文件夹还是数据库，在电子文件采集时需要同步捕获元数据。再如在电子文件归档模块中，需求分析要说明电子文件归档是使用物理归档还是采用逻辑归档的方法。又如在电子文件备份模块中，要说明备份的手段、备份设备、备份保存方法等。总之，每一个工作模块均要指出工作方法，模块之间要设计好衔接方式。

（3）系统设计

　　电子文件管理系统的设计阶段就是要将上一阶段确定的各项需求、标准规范、流程和方法具体地实施。这一阶段的工作主要包括编程与建库、拟定系统测试计划、制定系统使用指南等。

　　① 编程与建库。软件开发人员和技术人员依据业务部门与文件档案工作部门提供的系统功能需求分析，开展一系列的开发设计工作，设计系统模块、生成各模块的流程图、确定算法、编写程序、数据建库。在这个过程当中，文件与档案部门要辅助参与，解释、讨论与答疑。

　　② 拟定系统测试计划。系统测试的目的是为了验证系统的某部分和系统整体在正常和反常数据情况下，是否均能按照预定的方式工作和运行。一般来说需要测试如下内容：系统功能是否全部与正常实现；系统集成情况，系统各部分是否能够协同工作；用户界面；输入和输出的有效性；系统反应速度；系统恢复时间；系统操作过程。

　　③ 制定系统使用维护指南。这步工作的难易程度很不确定，主要取决于机构是否对文件管理工作进行了大规模的改动，是否彻底从纸质管理过渡到电子文件管理。在指南中，必须说明软件系统有哪些功能，各项功能如何操作，除了软件的使用之外，还需要说明有哪些政策、标准应该遵守，哪些工作需要完成。

　　（4）系统实施

　　系统实施阶段是将新的电子文件管理系统，或者是经过完善的电子文件管理系统和机构内部的其他各种信息系统重新安装，并在机构业务活动开始使用的过程。这是一件非常复杂而且风险很大的工作。

　　① 系统实施的内容。

　　一般来说，系统实施主要包括以下内容：公布系统实施的计划和日程安排；下发各项规范、标准和工作指南；执行文件的分类方案、鉴定方案、元数据管理方案；据不同的安全级别，规定用户的权限，分配用户名和密码；实施新旧系统的替换；在档案部门内部，分配工作职责，任命职位；制定培训方案，培训工作人员、档案管理人员；落实文件存储载体；落实文件灾难防护和恢复计划；撰写实施报告，指出问题，给出建议。

　　② 系统实施的步骤。

　　第一，系统更换与文件(数据)迁移。软件系统的安装、运行以及文件(数据)的迁移是系统实施过程中最重要的工作。可以采用如下的方法之一启用新系统：

　　A：直接替换与迁移

从规定的时间起，开始使用新的电子文件管理系统，导入文件及数据，同时停止旧系统的使用，这种方法的成本小，但是风险比较高。

B：并行替换

旧系统和新系统同时运行，一段时间之后完全采用新的系统。这种方法费用高，但风险小。

C：实验替换

由机构的某一部门首先实施于试验新系统，根据效果的好坏决定系统下一步实施的计划和方案。

D：阶段性替换

系统的某些部分先实施，逐步地取代原有系统的功能，直至完全取代旧系统。

第二，贯彻实施与适应变革。电子文件管理系统的实施不可避免地会引起机构工作方式、组织机构等的一些变化，人们往往倾向于传统的模式，新系统的实施往往遭到抵触。为保证系统实施的效果，必须制定制度保证新系统的实施，机构内相关人员也应该主动适应这种变革。

第三，培训。电子文件管理系统的实施需要一个重新的学习和熟练过程的准备，在这个过程中，有必要进行针对性的培训。培训的内容除了电子文件管理的基本常识和技能之外，还需包括电子文件管理系统各项功能的使用、电子文件管理系统的安全以及相关风险的说明等。培训的方式有多种，可以是面对面的培训，也可以是在线的培训；可以提供用户手册、使用帮助，也可以进行现场讲解与演示。

第四，通报实施情况。在系统实施的过程中，应该让机构内部的工作人员了解实施的进度、取得的成果和出现的问题。例如系统的实施现状；系统实施过程中出现的问题；实施过程中还需要哪些工作人员的哪些支持；对系统实施所做的调整和原因等。

（5）电子文件管理系统的评价

在系统实施的过程中和最后，必须对系统进行系统、全面的评价工作。实施测试评价是美国 DOD5015.2-STD 标准首先开始实施的①。这既有利于进一步研究和解决系统实施中存在的问题，以利于总结经验教训，提高系统的研发水平，同时也对系统研发的总体水平和质量进行评价，便于选择合适

---

① 刘越男.电子文件的捕获——基于电子文件管理系统的分析[J].中国档案，2013（7）：68.

的电子文件管理系统。

① 系统评价的基本内容。

评价的目的就是为了明确："我们是不是做对了""我们是不是做得很优秀、很先进""我们所做得还需要哪些改进"。基本内容如下：

界面是否友好，用语是否规范，操作是否简捷，使用维护是否方便；系统是否具有良好的实用性、兼容性及可扩展性；系统的功能如何，是否能够满足预期的文件管理功能；检测系统的反映时间和处理效果，评价系统的性能如何，是否科学、先进和具有前瞻性；各种标准是否科学、是否在系统中得到实施；系统的安全性如何、数据的独立性与安全性如何；系统的开发成本和使用、维护成本如何；系统需要改进和优化的意见与建议。

② 评价的方式与方法。

评价的方式可以采用外部(专家)鉴定评价(鉴定会)和内部测试评价。内外部的评价内容基本相同，外部鉴定评价可是事先设计鉴定项目、测试内容和评价标准，最后依据鉴定、测试的结果确定评价等级。内部评价既可以采用与外部评价相同的方法，也可以在机构内部广泛发放问卷的形式及进行评价。

③ 系统评价的总结、系统的完善与成果推广。

对系统的评价进行全面的总结，提出系统改进与完善的方案与意见，对优秀的经验与成果进行推广。

(6) 系统运行维护

系统实施后就进入正常的运行阶段，运行的过程就是日常的操作与维护。为了清除系统运行中发生的故障和错误，软、硬件维护人员要对系统进行必要的修改与完善；为了使系统适应用户环境的变化，满足新提出的需要，也要对原系统做些局部的更新，这些工作称为系统维护。系统维护的任务是改正软件系统在使用过程中发现的隐含错误，扩充在使用过程中用户提出的新的功能及性能要求，其目的是维护软件系统的"正常运作"。系统维护的内容包括：系统应用程序维护、数据维护、代码维护、硬件设备维护、机构和人员的异动培训等。系统维护的类型包括：纠错性维护、适应性维护、完善性维护、预防性维护等。

10   电子文件数据库

在电子文件管理中，数据库的作用是不可取代的：数据库是管理信息系统、办公自动化系统、决策支持系统等各类信息系统的核心部分，数据库（数据定义）+业务逻辑已经成为信息系统设计的一般范式。

从计算机系统的角度看，电子文件是数据的一种特殊形式。电子文件数量多、格式庞杂、元数据也较为复杂，为了更好地管理电子文件，计算机系统必须借助数据库的作用。数据库基于其底层的数据库引擎，能够以相对规范的方式管理各类数据。

在现代电子文件管理系统中，数据库多用于文档元数据（Metadata）的管理，而文档本身则通过其他方式加以存储。关系型数据库是目前最为常用的数据库，但对象数据库、XML 数据库、非关系数据库如 Big Table、HBase 也在越来越多的信息系统和文件管理系统中得到应用。

严格意义上的电子文件数据库出现在何时并不可考，从现有的材料看，到 1983 年时美国国家档案与文件署（National Archives and Records Administration，NARA）已经拥有了 8000 余份长期存储文档，这些文档的相关信息通过结构化数据文件得到管理。在某种意义上，这些电子文件馆藏已经构成了早期形式的电子文件数据库。

电子文件数据库使用数据库技术对电子文件加以管理，数据库是现代电子文件管理的关键要素。数据库技术是通过研究数据库的结构、存储、设计、管理以及应用的基本理论和实现方法，并利用这些理论来实现对数据库中的数据进行处理、分析和理解的技术。存储、处理和分析是数据库技术的研究重点。近二十年来，随着数据挖掘技术的兴起，数据库数据理解也构成了数据库技术研究的重点内容。

本章对数据库技术的基本概念给出了概览，重点介绍在电子文件管理中最为常见的关系数据库，对正在兴起的 NoSQL 数据库也做了简单介绍。在此基础上，简要介绍了数据库的选型方法，便于实践选型时参考。

10.1 数据库系统

10.1.1 数据库系统基础概念

数据(Data)：数据是数据库存储的对象，任何描述事物的记录都是数据。数据可以是文本、数字、图像、声音等，也可以是这些数据形式的组合。

数据库(Database，DB)：顾名思义，是存储数据的"仓库"。数据库可以被定义为长期储存于计算机系统内，有组织、可共享的数据集合。

数据库管理系统(Database Management System，DBMS)：数据库管理系统由一个互相关联的、有组织的数据集合和一组用于访问这些数据的程序构成。

应用程序(Application Software)：为了完成某个目的而设计开发的计算机软件系统，具有独立的业务逻辑，处在数据库管理系统的上层，调用数据库管理系统提供的数据存储和管理功能。在数据库还没出现时，应用系统常常需要自己管理数据，但现在，这些工作大部分已经托管给了数据库管理系统。

数据库系统(Database System，DBS)：数据库系统是数据库、数据库管理系统、数据库管理系统开发工具、应用系统、数据库管理员构成的系统。

数据库可以分为通用功能数据库管理系统(General-purpose DBMS)和特定功能数据库管理系统(Special-purpose DBMS)，前者面向一般的应用程序开发，处理通用性的数据管理和存储任务，常用的数据库管理系统如Oracle、DB2、SQL Server、MySQL都属于通用功能数据库管理系统；后者则为特殊的应用目的开发，如邮件数据库、图数据库管理系统、空间和地理数据库管理系统等。

数据库系统的一个目的是为用户提供数据的抽象视图，也就是说，数据库需要隐藏数据存储和管理的细节，而为用户提供用户所需的数据表示。为了实现数据抽象的目标，数据库系统从物理层、逻辑层和视图层三个层次提供数据抽象以对用户屏蔽复杂性。物理层是最低层次的抽象，描述数据是怎样被存储的；逻辑层描述数据库中存储了什么数据以及数据之间的关系。视图层描述了数据库的某个部分，为特定用户提供其感兴趣的数据表示。

三层抽象之间存在着关联和区别，以公文目录数据库为例，下面对三层抽象进行分析：

公文条目至少包含三项内容：标题、来源和签发时间。物理层规定了标题被描述为定长255个字符的连续存储单元，来源被描述为定长125个字符的连续存储单元，签发时间则被保存为 32 位长的数字。数据库负责这些存储工作的实现，并将实现细节对数据库程序设计人员进行隐藏。逻辑层定义了记录类型之间的关系，从而将各个记录进行了关联。程序设计人员和数据库管理员在这一抽象层次使用某种程序设计语言进行工作。最后，在视图层，数据库用户看见的是屏蔽了数据类型细节的一组应用程序，同时，视图层还定义了数据库的多个视图，每个视图规定了用户能够看到的数据内容，例如，某些用户只能看到标题和来源，而另外一些用户在其所面对的视图中能够看到公文的标题和签发时间。

数据库中，另一个基础概念是数据模型。数据模型是描述数据、数据联系、数据语义以及一致性约束的概念工具集合。现有的数据模型主要分为三个层次：概念数据模型、逻辑数据模型和物理模型。

概念数据模型用于逻辑层和视图层数据描述。著名的逻辑模型有实体-联系模型、面向对象模型、语义数据模型和功能数据模型，其中，最需要关注的是实体联系模型和功能数据模型。实体-联系模型又称 E-R 模型，可以通过 E-R 图进行图形表示。

逻辑数据模型中广为接受的是关系模型，在早期数据库中，还存在网状模型和层次模型两种。现在常见的数据库如 Oracle、DB2 也经常被称为关系数据库，其原因就在于这些数据库在数据表示时主要采用关系模型。下一节将会对关系数据库做详细的介绍。

物理模型用于在底层描述数据，常见的物理数据模型有一致化模型和框架存储模型，由于这一模型过于底层，一般用户很少会接触到物理模型。

为了控制和利用数据库，数据库系统提供了不同类型的语言：一种用于定义数据库模式，称为数据库定义语言（DDL）；另一种用于表达数据库的查询和更新，称为数据库操纵语言（DML）。这些语言有不同的实现版本。在现代主流的数据库中，主要使用结构化查询语言（SQL 语言）定义和操纵数据库，SQL 语言包含了数据定义语言（DDL）和数据操纵语言（DML）。本章关系数据库章节中将对 SQL 语言做更为详细的介绍。

事务管理是数据库系统中的一个高级概念。事务是数据库应用中完成单一逻辑功能的操作集合，是具有原子性（Atomicity）又具有一致性（Consistency）的单元。原子性意味着事务内的操作要么全部完成，要么都不完成。一致性意味着数据库的状态从一个一致状态转变为另一个一致状态，一致意味着数据库中的数据应满足一定的约束，也即完整性约束。事务除了有原子性和一致性的特性外，还具有隔离性（Isolation）和持久性（Durability）

的特性。前者意味着多个事务间不相互影响，后者意味着事务的结果能够被永久的保存在数据库中。事务的上述四个特性习惯上被称为 ACID 属性。

10.1.2 从文件管理到数据库

数据库系统是应数据管理的需要而出现的。在数据库技术成熟之前，数据大多以文件形式存在，信息被记录在一个或者多个文件中。伴随着这些数据文件，计算机系统提供了一些文件操作程序以帮助用户操作文件并简单的处理文件中的数据。

结构化数据文件在计算机数据管理的发展早期得到了普遍应用。结构化数据文件采用统一格式存储数据。例如，下面的文件可以用于记录公文目录信息(见图 10-1)。

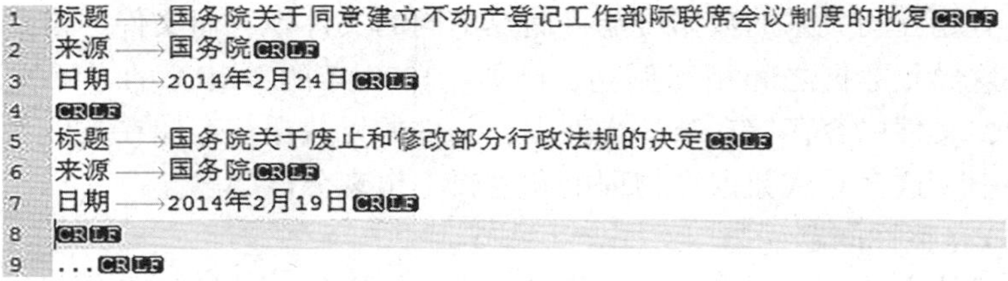
标题→国务院关于同意建立不动产登记工作部际联席会议制度的批复CRLF
来源→国务院CRLF
日期→2014年2月24日CRLF
CRLF
标题→国务院关于废止和修改部分行政法规的决定CRLF
来源→国务院CRLF
日期→2014年2月19日CRLF
CRLF
...CRLF

图 10-1 数据文件数据存储示意图

在文件中，CRLF 表示换行符，意味着新行的开始。当新的公文记录需要添加到数据文件时，系统可以在文件的尾部添加上一个空行以标记新公文记录的开始，接着添加三行文本，依次记录公文的标题、来源和日期。如果需要查找标题为“国务院关于废止和修改部分行政法规的决定”的文档信息，计算机系统可以逐行扫描文件，找到前缀为“标题”且内容为所需查找标题的行，此行及接下来的两行构成了一个完成的公文记录。

在处理少量且格式简单的数据时，这种基于数据文件的数据管理方式是可行的。随着数据的增多和数据格式的复杂度增加，数据文件存储和处理信息的弊端逐渐显露，包括：

(1)数据的冗余和不一致

由于数据会在很长时间内由不同的人进行记录和操作，不同的文件可能会采用不同的格式，相同的信息也可能在不同的文件中存储。例如，操作人员基于某一个分类标准将某个文档放置到某个目录下面，另一个操作人员将同一文档根据其他分类标准放置到了另一个目录下面，这就造成了同一文件的重复存储。如果某个操作人员更新一个目录下的文件，修改了其中的内容，但他并不知道另一份重复存储文档的存在，这就导致了同一数据不同副本的不一致问题。

（2）数据访问困难

在基本的文件系统中，唯一能够用于存取文件的线索是文件路径或者文件名，文件系统采用的是"按文件名访问，按记录进行存取"的文件管理方式。如果需要访问某个数据，用户必须知道它所在的文件路径，否则只能对众多文件做遍历查找。另外，如果用户需要查找某一文件中的某一部分信息，如获取所有在 2014 年接收的文档的作者信息，仅仅使用文件系统将很难完成这一任务。

（3）数据孤立

具有相互间关系的数据可能存储在不同的文件中，而文件的格式又不尽相同，这导致数据之间相互孤立。例如，1983 年的 NARA 的电子文件管理系统中，文件内容存储在某一文件中，文件的元数据却存储在文件系统的系统文件中，这会导致数据在物理上和逻辑上出现分离问题。

（4）完整性问题

这里的完整性指的是数据的值必须满足一定的一致性约束。例如，某个电子文件管理系统中，文档的作者必须属于某个作者群体。数据文件无法对数据实施这样的约束，从而导致数据出现不一致性问题。

（5）原子性问题

原子性意味着对一条数据记录的操作是完整的，要么完成，要么不完成。在前文提到的公文记录数据库的例子中，由于计算机系统出现故障，可能导致系统写进文件标题以后便被关闭，后续的公文信息未被完整记录到数据文件中。

（6）并发访问异常

计算机系统常常为多个用户同时使用，如果多个用户同时访问数据文件而系统不提供并发控制的话，就有可能导致数据不一致问题。在上面给出的文档信息数据文件中，假设存在三个记录条目 abc，如果用户 A 需要写入一个新的文档信息 d，而另一个用户 B 恰好同时要更新当前最后一条记录 c，A 不知道 B 正在操作数据文件，A 写入了 d，而恰好此时 B 更新了文件的最后三行，这使得 B 实际修改的条目是记录 d 而不是记录 c。

（7）安全性问题

数据文件缺少足够的安全性约束以保证数据安全和信息安全。

除了以上问题外，使用数据文件存储也导致应用系统开发缺乏效率，应用系统开发人员需要重复的编制代码以管理和查询数据，而这些代码同应用系统本身的业务可能是完全无关的。

正是因为这些问题的存在，导致了数据存储和管理从数据文件管理的阶段进入到数据库的阶段。数据库的出现，一方面是由于高速增长的数据给数据管理带来了巨大挑战，另一方面则是数据存储和管理工作存在着大量共性的内容，而这些共性的内容是可以通过统一的方法和工具处理的。前者构成了数据库出现的必要性，后者则为数据库技术的出现提供了可能性。从20世纪60年代末开始发展至今，数据库技术已经成为现代信息系统的核心技术之一。

10.1.3 数据库的发展历史

第一个商用数据库管理系统出现在20世纪60年代末。数据库系统是由文件系统演变而来的。早期的DBMS需要用户直接处理数据的存储逻辑。这些数据库使用一些不同的数据模型来描述信息的存储结构，最主要的包括层次模型和网状模型，采用前者的数据库称为层次数据库，而采用后者的称为网状数据库。

在这一阶段，由于数据库用户需要直接面对数据存储问题，数据库系统的开发和使用对数据库开发人员和数据库用户提出了较高的技术要求；同时，早期的数据库不支持统一的查询语言，因此，用户可能需编制了大量的代码却只能完成非常简单的查询任务。

1970年，Codd E. F. 提出了关系数据库的概念。Codd 在关系数据建模问题上的一系列论文奠定了关系数据库的理论基础。从此以后，数据库逐步进入了关系数据库的时代。关系数据库将数据表示为关系表结构。在此基础上，用户可以通过一些标准化的部件实现数据的存储和查询。关系数据库的出现使得信息管理程序不再直接处理具体的数据存储工作，极大地提高了程序员的效率，也方便了数据库系统用户对数据的查询和利用。

随着数据规模的扩大，信息集成的问题变得越来越重要。信息集成意味着把相关数据库的信息连接成为一个整体。这导致了数据仓库方法的出现，数据仓库技术将众多数据库的信息进行关联，并周期性的复制到一个中心数据库中。中间件技术是另一个常用的数据集成技术，它将不同数据库的数据进行桥接和翻译，从而使得不同数据库中数据可以通过统一的集成模型进行描述。

随着信息技术的发展，数据库面对的数据越来越多、类型越来越复杂、应用越来越专门化。数据越来越多使得关系模型难以支持海量数据的管理，这使得云数据库或 NoSQL 数据库得以出现。云数据库是云计算的一个概念，在大规模数据管理中有着重要的作用。NoSQL 数据库泛指非关系性数据库，这类数据库一般不支持事务管理功能。NoSQL 数据库包括键值数据库、列存储数据库、文档性数据库、图数据库四大类别，常见的 NoSQL 数据库有 Google BigTable 和开源数据库 HBase。

此外，数据类型的复杂化和应用的专门化还使得各种专门数据库得以出现。专门数据库有地理空间数据库、图像数据库、XML 数据库等，这些数据库支持了相较于传统数据类型更为复杂的数据类型。

10.1.4 数据库的简单实现

如何构建一个最简单的数据库？以本节开头给出了一个公文信息记录为例：一个数据文件包含了多条公文信息记录，每条记录包括三个字段，分别是标题、时间和来源。其中，标题和来源是变长数据，而时间字段是固定长度的。本节将介绍如何构建一个最简单的数据库保存公文信息记录，这个数据库不支持事务、磁盘调度、并发控制、缓存等高级功能，仅支持基本的数据存储和读取。

（1）数据存储实现

为了记录公文信息记录，本节开头介绍了如何使用数据文件存储数据，这个数据文件在计算机系统底层的实现见图 10-2。

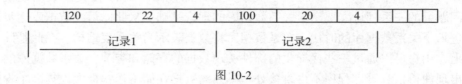

图 10-2

由于标题和来源都是变长数据，因此，记录 1 占用的空间和记录 2 占用的空间是不一样的，如图 10-2 所示，记录 1 范围是 0 到 145，记录 2 的范围是 146 到 270。当数据保存在这一数据文件时，只能采取顺序读的方式读取数据，如果需要读取第三条记录，只能首先读取到第二条记录，然后才能取得第三条记录。顺序读在很多时候是非常低效的，为了支持对数据的随机读写，需要改善数据存储的方式。

定长数据是数据库中非常重要的概念，定长数据意味着数据的长度是固定的。例如，在上例中，可以规定标题固定长度 255 字长，来源的固定长度为 60 字长，时间字段的固定长度为 4，每个字段多出的存储空间置为空。这样，数据存储的格式变为如图 10-3 所示。

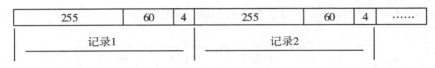

图 10-3

采用定长记录存储后，当需要读取第 n 条记录时，只需要将从 $n×319$ 位置开始读取 319 字长的数据即可。

在数据库设计中，记录一般会赋予一个数字 ID，我们为公文记录添加上 4 个字长的 ID 字段，这样一条数据将会占据 323 个字长，见图 10-4。

记录1	4	255	60	4
记录2	4	255	60	4
记录3	4	255	60	4
记录4	4	255	60	4
记录5	4	255	60	4

图 10-4　定长数据存储格式示意图

图 10-3 和图 10-4 显示的数据存储格式是非常有用的：数据库可以根据数据记录在存储器中的偏移量去读取数据，而这个偏移量是有规律的。需要注意的是，这里所说的存储位置一般表示逻辑位置，逻辑位置上相邻的数据可能在物理上并不相邻。

（2）数据库索引

利用图 10-4 所示的数据格式，能够将数据有序对存储在计算机上。但是，仅仅这样仍然不够，这个存储格式并不支持基于某个字段的数据记录查询功能，而查询在数据库中是非常重要的。例如，系统需要取出编号为 3 的记录，当数据记录的编号有序时，可以通过位置偏移取得记录，但如果编号不是有序的，通过位置偏移就不能取到所需的记录。

为了支持基于字段的数据查询，数据库系统使用了索引技术，常用的索引包括 B-树索引(B-Tree)、Hash 索引和全文索引。

如图 10-5 所示，数据表中存有 7 条数据，第一列是记录的 ID，第二道第四列分别是标题、来源机构、签发时间，ID 是记录的主键。主键(Primary Key)是一个或多个字段，用于唯一地标识一条记录。

1	标题 1	机构 1	时间 1
2	标题 2	机构 2	时间 2
3	标题 3	机构 1	时间 3
4	标题 4	机构 1	时间 4
5	标题 5	机构 3	时间 5
6	标题 6	机构 4	时间 6
7	标题 7	机构 4	时间 7

图 10-5　公文信息数据表示意图

B^+-树是一种树结构，树中的节点被表示为一组有序的元素和指针。m 阶 B+-树除了根之外的节点都包含最少 $m/2$ 个元素，最多 $m-1$ 个元素，任意节点有最多 m 个子指针。每个内部节点的元素都可以用于分隔子树，根节点包含三个子节点以及两个值，两个值分别是 3 和 5，按照 B^+-树的规则，该节点的左子树中元素的值都不大于 3，节点的右子树中元素的值都不小于 5，中间子树的节点则在 3 和 5 之间。除此之外，B^+-树每个叶子节点都存在一个指向其相邻叶子节点的指针，这使得树结构可以实现高效的数据遍历操作。

B^+-树的构建方法已经非常成熟，利用 B^+-树构建规则，构建公文信息数据表主键的 B^+-树索引，结果见图 10-6。

建好索引以后，就可以利用索引加速数据查询。这种基于 B^+-树的数据查询本质上是一个树搜索任务。例如，为了查找 ID 等于 4 的数据记录，搜索程序将从树的根节点出发开始搜索，由于 5>4>3，因此，进入 3 和 5 的中间子树继续搜索，这时候发现 4，由于到达了叶子节点，4 关联的指针指向的位置就是 ID 为 4 的数据记录存放的位置，搜索过程参见图 10-7。

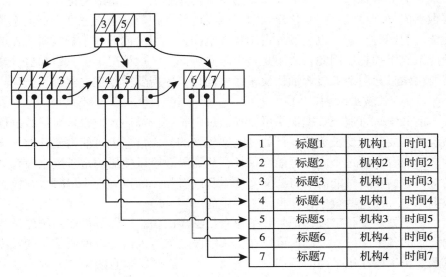

图 10-6　B$^+$-树索引示意图

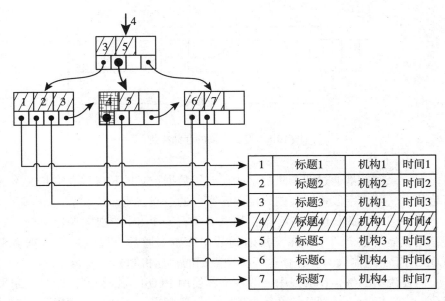

图 10-7　索引查找路径示意图

在商业数据库中，一般会自动为主键构建索引。主键之外的字段，则需要数据库管理员编写指令构建索引。索引能够加快数据检索速度，提高系统性能。但同时，索引也会额外占用物理空间，索引的创建和维护也对机器的性能造成了损耗。因此，并不是索引越多越好。一般情况下，只有那些经常需要检索且索引能够显著加快检索速度的列，才需要单独建立索引。

（3）变长数据管理

前文中一直假设数据记录可以仅通过定长字段描述。但很多时候数据库系统还需要管理变长数据。例如，上文提到的公文信息表可能需要存储公文的文本内容，而这个内容可能会很长，从而导致难以使用固定长度字段存储的；再如，用户可能需要将公文文件本身或者相关的视频音频材料也存储到数据库中，而这些数据长度也是不一定的。

为了处理变长字段，记录必须包含足够多的信息以让数据库系统能够找到记录的各个字段。为此，可以在变长字段之前写入信息以说明记录的长度以及变长字段在记录内的偏移量。例如，为了在公文信息表中加入内容这一变长字段，可以将采用如图 10-8 所示的方式存储数据。

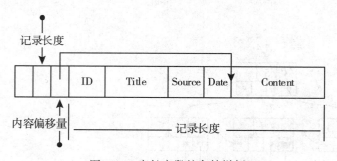

图 10-8　变长字段的存储样例

在记录的首部通过两个附加字段说明了数据记录的长度以及变长文本的起始位置，两个字段可以共同确定内容字段的空间占用。

文件的内容的长度毕竟有限，如果需要将一个 8G 的视频保存进来，直接存储就显得不合适了，在商用通用数据库中，通常会提供一个数据类型 BLOB 用于二进制大对象，而这一类型数据的存储机制非常复杂。

需要说明的是，在实践中一般不推荐使用 BLOB 数据类型存储二进制大对象。在数据库，特别是关系数据库中，一般而言，图片、视频以及所有的二进制大文件都不应该直接存储。存储这些类型的数据时可以使用专门的图片或者视频数据库，同时在关系数据库中记录这些二进制数据的存储位置。

10.2　关系数据库

自 Codd E. F. 提出关系模型之后，关系数据库迅速发展。从 20 世纪 20 年代以来，关系数据库一直是现代数据库的主流。关系数据库在关系数据库管理系统(RDBMS)的帮助下存储和管理数据。绝大多数的大型数据库管理系统如 Oracle、DB2 和 SQL Server 都可以归入 RDBMS 的行列。

关系数据库为通用数据管理提供了极大的便利性。相比层次数据库和网状数据库，关系数据库更为简单，也更加健壮。关系数据库还为上层用户提供了底层实现细节的封装，用户只需要掌握 SQL 语句就可以完成绝大多数的数据操作任务。

关系数据库系统采用关系模型定义和处理数据库的数据，具有严格的理论基础。关系模型的数据结构非常简单，所有的数据在逻辑上都表示成为二维表结构；表元素之间以及表之间定义了关系，数据需要满足一定的约束。关系数据库系统使用结构化查询语言(SQL)定义、查询和操作数据。

10.2.1　关系模型和范式

关系数据库采用关系模型措述数据。关系模型由关系数据结构、关系操作和关系完整性约束三个部分组成。

(1)关系数据结构

关系模型的基本数据结构非常简单，关系模型使用"关系"描述数据。关系的定义涉及集合代数的内容，这不是我们关注的内容。简单而言，关系就是二维表，关系模型使用二维表描述和记录数据，表中每一行是一个元组，每一列是一个属性。

元组和属性是关系模型中的两个重要概念。元组在关系数据库中也称作记录，一个元组涉及多个属性。例如，在一张记录公文信息的数据表中，每一个元组表示一个公文，公文涉及标题、来源机构、签发时间等属性。

如果关系中的某一属性或者属性组合能够唯一地标识一个元组，则该属性或者属性组合为候选码，前文谈到的公文信息记录的例子中，公文的标志码 ID 就是一个候选码，如果公文的标题也是唯一的，则标题也构成了一个候选码。

在关系数据库中，一般需要从候选码中选出一个作为主键，用以唯一标识一条记录。

二维表的例子可以如图 10-9 所示。

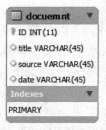

```
CREATE TABLE `test`.`docuemnt` (
  `ID` INT NOT NULL,
  `title` VARCHAR(45) NULL,
  `source` VARCHAR(45) NULL,
  `date` VARCHAR(45) NULL,
  PRIMARY KEY (`ID`));
```

1	国务院关于同意建立不动产登记工作部际联席会议制度的皮肤	国务院	2014-02-14
2	国务院关于废止和修改部分行政法规的决定	国务院	2014-02-19
3	国家能源局关于基本建设煤矿安全检查的通知	国家能源局	2014-01-08

图 10-9　公文信息二维表格式存储

图 10-9 给出了一个二维表的例子，左边的代码使用 SQL 语言定义了一个二维表，SQL 语言会在后面介绍；图的右边给出了一个各个属性的定义，如 ID 使用长度为 11 的整形(INT)，标题为长度 45 的可变长字符串。

表和表之间可以通过外键进行关联。如果一个表中的某个属性字段构成了另一张表的主键，就可以说该字段是该表与另一表的外键。

例如，在图 10-9 的例子中，来源机构作为一个实体可能不适合使用字符串表示，而需要单独构建一个机构表，如图 10-10 所示。

在图 10-10 中，公文信息表中，机构来源只能是 NULL(空字段)或者机构表内的主键，也就是说，一个公文的机构要么对应机构表中的一个记录，要么没有对应到任何记录。

(2)关系数据操作

关系模型涉及关系操作包括查询和操作两个部分，后者包括插入、删除和修改三种操作。关系操作定义在集合代数基础上，关系模型规定了基本的关系操作，但是其具体实现却由不同的关系数据库管理系统实现，不同的关系数据库管理系统的关系操作实现是有所不同的。

(3)关系完整性约束

关系完整性意味着关系必须遵循一些约束条件，这些约束条件是现实数据的要求。以公文的签发时间为例，文件签发时间一般不会是未来的时间，也不可能早于文字出现的年代。如果没有完整性约束，用户可能会有意或者

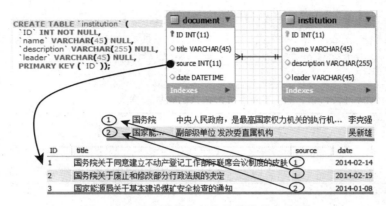

图 10-10   公文信息与机构外键关联示意图

无意地输入一些完全不合理的数据，而这显然是需要避免的。

　　关系完整性约束包括三种类型：实体完整性、参照完整性和用户自定义完整性。

　　实体完整性：关系的主属性不能取空值，也就说是关系的主键不能为空。例如，在图 10-10 中，公文信息表达主键 ID 不能取空值。

　　参照完整性：如果关系 A 中的某个属性 F 是相对于关系 S 的外键，则 F 只能取 S 的主键之一或者空值。例如，在图 10-10 的两个表中，文件信息表 document 的机构来源 source 项要么取空值，要么属于机构表 Institution 的主键之一。

　　用户自定义完整性：用户针对某一个具体关系数据库所设置的约束条件，反映了某一个具体应用所涉及的数据必须满足的语义要求。例如，document 表达 date 属性只能是一个合理的日期，不能早于文字出现的年代（那个年代肯定不可能出现公文），也不能晚于一定时间，比如 2100 年。

　　任何关系数据都必须满足实体完整性和参照完整性，用户自定义完整性则由数据库管理员自行设置。数据库管理系统一般都会提供完整性约束条件的设置，也会提供完整性检查的方法以及违约处理机制。

10. 2. 2　规范化

　　在关系数据库中，关系由多个属性组成。关系数据库设计的一个重要问题是，如何构造一个适用的数据模式，即如何构造关系模式，每个关系由哪些属性组成等。

在设计关系时,关系必须保证每个属性都是不可分割的,满足这一条件的关系模式就属于第一范式(1NF)。表 10-1 所示的关系模式就不满足这一要求,因为工资项就可以分为基本工资和绩效工资两项。

表 10-1　　　　　　　　　　不满足第一范式的数据表样例

ID	姓　　名	工　　资
1	张三	基本工资 5000 元+绩效工资 4000 元
2	李四	基本工资 6000 元+绩效工资 3000 元

所有的关系数据库都要求关系必须支持第一范式。

仅仅满足第一范式的关系仍然可能有较大的改进空间。在关系中,属性和属性之间可能存在着依赖,数据依赖是关系内部属性与属性之间的一种约束关系。例如,描述一个学生的关系,可以有学号、姓名、学院、学院院长等属性,一个学号只对应一个学生,一个学生只可能在一个学院,一个学院只能对应于一个院长。这意味着姓名和学号之间存在着依赖关系,学院院长也与学院之间存在着依赖关系,学院与学号之间也存在着依赖关系。这样的关系显然是不完善的,存在以下问题:

① 数据冗余大:例如学院的名称、学院院长的姓名一再重复,导致了大量存储空间的浪费。

② 更新异常:例如学院更换了院长,必须修改表中的每一个元组。

③ 插入异常:如果一个学院刚刚成立,尚无学生,就无法在表中记录学院和院长信息。

④ 删除异常:如果学院的学生都毕业了,删除该学院全部学生以后,学院的信息也消失了。

优良的关系定义需要遵循一定的范式。关系数据库必须支持的最低要求是第一范式。一般的,数据库的关系需要支持第三范式。要满足第三范式,关系必须首先满足第二范式。以下介绍第二范式和第三范式。

第二范式指关系中每一个非主属性(除了主属性之外的属性)都必须完全函数依赖于主码。

第三范式是指关系中每一个非主属性既不部分依赖主键也不传递依赖主键。

规范化的基本思想是逐步消除数据依赖中不合理的部分,使得关系中的属性实现分离。关系模式的规范化可以通过对关系模式的分解实现。

10.2.3　规范化查询语言

规范化查询语言(SQL)是关系数据库的标准语言。SQL 语言是一个通用、功能强大但简单的关系数据库语言。SQL 在 1987 年就成为关系数据库语言的国际标准，目前最常用的标准版本是 1989 年发布 SQL89 标准，商用关系数据一般都支持 SQL89 标准。

SQL 语言支持数据查询功能、数据定义功能、数据操纵功能和数据控制功能。SQL 的核心功能只需要适用 9 个动词。动词和 SQL 功能的对应关系见表 10-2。

表 10-2　　　　　　　　　**SQL 语言各功能对应动词**

SQL 功能	SQL 动词
数据查询	SELECT
数据定义	CREATE，DROP，ALTER
数据操纵	INSERT，UDPATE，DELETE
数据控制	GRANT，REVOKE

SQL 语言中，最常用的动词是 SELECT，用于从数据库中查询数据。SELECT 的一般语法是：

SELECT〔ALL ∣ DISTINCT ∣ DISTINCTROW 〕<目标列表达式>〔，<目标列表达式>〕…
　　　FROM <表名或视图名>〔，<表名或视图名>〕…
　　　〔WHERE 条件表达式〕
　　　〔GROUP BY {col_name ∣ expr ∣ position}
　　　　〔ASC ∣ DESC〕，…〔WITH ROLLUP〕〕
　　　〔HAVING 条件表达式〕
　　　〔ORDER BY {col_name ∣ expr ∣ position}
　　　　〔ASC ∣ DESC〕，…〕
　　　〔LIMIT 数量〕

例如，如果要从图 10-10 所示的公文信息表中查询出所有的标题，可以使用如下 SQL 语句：

```
SELECT title
    FROM document;
```

如果需要查询 ID 为 2 的公文标题，可以使用：

```
SELECT title
    FROM document
    WHERE ID = 5;
```

如果需要查询所有公文的信息，则可以使用

```
SELECT *
    FROM document;
```

等价于：

```
SELECT ID, title, source, date
    FROM document;
```

如果需要将公文信息按照 date 先后排序：

```
SELECT ID, title, source, date
    FROM document
    ORDER BY date asc;
```

SQL 语言是数据库用户的主要语言，对 SQL 语言细节感兴趣的读者可以进一步阅读 Abraham Silberschatz 等的经典教材《数据库系统概念》，对 SQL 应用技巧感兴趣的读者则可以参考 Anthony Molinaro 的 SQL Cookbook。

10.2.4 关系数据库的优点和不足

关系数据库作为应用最为广泛的数据库，具有独特的优势，主要在于：① 通过事务管理的支持，能够有效保持数据的一致性；② 设计与应用都非常简单，为用户屏蔽了技术上的复杂性；③ 能够进行各类复杂的查询操作；④ 技术成熟、产品稳定性好、技术支持资源丰富。

在所列的这些优势中，第一点是关系数据库相较于其他类型数据库的核心优势之一。在对数据一致性要求高的场景下，使用关系数据库无疑是好的。第四点是关系数据库商业上成功的主要因素之一，技术人员可能热衷使用新技术，但企业更倾向于使用稳定性高、技术成熟的数据库产品。

随着互联网的发展和大规模数据处理的兴起，关系数据库逐渐暴露出不足：关系数据库难以支持高并发的读写，也难以支持超大规模数据的管理和访问。此外，关系数据库的不足还表现在可伸缩性差、可扩展性差、容错性不够等方面。

在一些应用场景下，关系数据库的很多特性不但无用武之地，还常常是造成整体信息系统性能不佳的根源所在。

（1）数据事务一致性要求

数据事务一致性要求是关系数据库的重要特性，但是很多应用并不要求严格的数据库事务管理。例如，微博、新闻站点等 Web 应用中，读写一致性并不那么重要。关系数据库要求事务遵循 ACID 属性，这对数据库的负载造成了一定的压力。在高并发数据读写时，一致性要求会严重拖慢系统速度。

（2）复杂查询的支持

关系数据库的一个优势是能够支持非常复杂的查询，但是，很多应用的数据结构非常简单，业务也非常简单，这时候不需要使用复杂的查询。在不需要使用复杂查询的场景下，关系数据库对复杂查询的支持也就没有意义了。

总结而言，关系数据库是当前最为重要的数据库类型，在未来很长一段时间内也依然会如此。在事务管理要求高的场合，关系数据库无疑是最佳的选择。随着互联网的发展和大数据处理的兴起，关系数据库在大数据规模、读写密集、扩展性要求高的应用中暴露了一些不足，而这也导致了一些新型数据库的出现。

10.3　NoSQL 数据库

NoSQL 数据库是近年来在互联网系统以及大数据管理系统中常见的数据库类型。NoSQL 放宽了传统关系数据库对 ACID 属性的严格要求，而更加关注效率和数据管理的规模。NoSQL 数据库在超大规模数据管理以及高并发数据库读取上有着令人瞩目的效果，在很多场合正在逐渐取代传统关系数据库的地位。

在国外，NoSQL 数据库在电子文件管理中已经有了较多的应用，键值数据库、分布式数据库在大型企业内容管理系统中正发挥着重要的作用。国内的电子公文管理系统或者数字档案馆中，还没有 NoSQL 数据库的成功用案例。随着政府、企业所拥有的电子文件数量的急剧增长，传统的关系数据库已经难以负载海量的电子文件。在这种情况下，NoSQL 数据库的应用已经变得非常重要。

10.3.1 NoSQL 数据库的出现

由于关系数据库显露的这些问题，近几年，一些新的数据库开始出现。这些数据库回避了数据的强一致性，而追求数据存储的可伸缩性和大规模分布式存储的能力。由于这些数据库不一定遵从关系数据模型，也不强调事务管理的特性，而强调柔性数据管理能力和可扩展能力，因此这些数据库被统称为 NoSQL 数据库。NoSQL 应该被理解为 Not Only SQL(Relational)，而不是 No SQL，实际上很多 NoSQL 数据库也尽力提供对关系数据库的兼容特性，特别是支持结构化查询语言查询。

非关系数据库在关系数据库出现之前也非常流行，但那时候的非关系数据库(层次数据库、网状数据库)同现在的 NoSQL 数据库并不是一个概念。NoSQL 数据库的兴起源自于 Google 的实践。为了应付海量数据(今天更流行的词是大数据)的存储和读写需要，Google 开发了大规模分布式可扩展的计算架构，包括分布式计算框架、分布式文件系统、面向列的数据存储等。Google 发布了一系列论文以说明他们构建的计算架构的一些细节，这些论文吸引了开发人员的关注。第一个实现 Google 在其论文中描述的分布式计算和分布式文件存储思想的公开系统是 Hadoop，Hadoop 及其相关项目至今仍然是最为重要的开源分布式计算框架。2007 年，亚马逊发布了 Dynamo 系统，这是一个分布式数据存储系统。Google、亚马逊的实践以及 Hadoop 的成功吸引了更多开源开发人员和企业的关注，促成了越来越多 NoSQL 数据库的出现。

NoSQL 数据库的出现和流行主要由于两个原因：

首先，NoSQL 的出现根源在于数据处理场景的变化。如前文所说的，关系数据库在非结构化数据管理、海量大文件存储和访问、数据敏感 Web 服务、流媒体服务等应用场景下表现不佳，NoSQL 数据库正是为了这些场景服务的。NoSQL 数据库在互联网企业得到了广泛的应用，例如，Google 开发了 Bigtable 用于存储其超大规模的数据，Facebook、Twitter 和 Digg 则使用 Cassandra，国内的互联网企业如阿里巴巴、腾讯、豆瓣也在不同程度上使用了开源的或者自制的 NoSQL 数据库解决方案。

其次，NoSQL 数据库兴起除了特定应用场景的适应性这一优势以外，另一个优势是成本优势。传统数据库通过一些技术手段的辅助也能够应付一些大数据管理的任务，但是所需的成本是非常高昂的。相比之下，绝大多数

NoSQL 数据库都能够以较小的资金成本完成同等的数据管理任务。

10.3.2 NoSQL 数据库的种类

现在，已经出现了上百种有影响力的 NoSQL 数据库，这些数据库大多数是在不到十年的时间出现的。NoSQL 数据库根据其数据存储方式的不同，主要可以归入四个类别：键值数据库、列存储数据库、文档数据库和图数据库。

（1）键值数据库

键值数据库是实际应用中最为广泛的 NoSQL 数据库，采用哈希表或者树结构存储数据，数据结构简单，同时也非常高效。键值数据库存储的数据都可以表示成键和值的形式，键唯一的标识值，例如存储文档信息时，可以采用 DOI 作为键，而需要存储的文档对象作为值。最简单的键值数据库直接采用哈希表结构。在前文中已经交代，所有的数据都可以表示成数字形式，通过一定的计算，可以将需要存储的数据转换成唯一的数字，然后存储到数组的对应位置。Level DB 等则采用 LSM 树存储数据，能够通过键在很少的搜索步骤内查询到所需要的数据。

键值数据库常用作内存数据库，Berkeley DB 是最为著名的内存键值数据库，常用于操作系统或者软件的内存数据管理。键值数据库的另一个应用是缓存，缓存将应用中常用的数据存储于内存中，方便系统快速读取。常用的缓存系统包括 EHCache 和 MemCached。其他常见的键值数据库还包括 Redis 以及功能更为丰富的 Dynamo。需要强调的是，很多内存数据库也能够将数据保存到硬盘以实现持久化的目的。

（2）列存储数据库

列存储数据库是目前影响力最大的一类 NoSQL 数据库，同关系数据库的行存储格式不同，以 Google Bitable 为代表的列存储数据库采用面向列的存储格式。列存储数据库可以看做是扩展版的键值数据库，在底层采用键值的方式存储数据库，但赋予了数据结构表现上的灵活性。

列存储数据库将每个数据记录表示成键值组合，数据记录通过主标识符标识，主标识符也成行键。数据记录的具体细节以列族存储，不同的列族数据可能存储在不同的位置，同一列族的数据一般会存储在一起。关系数据库更善于以数据记录的方式读取数据，倾向于读取少量行大量列，而列存储数据库则更善于读写大量行少量列的数据。例如，搜索引擎中需要使用网页数据库存储网页和相应的元数据，网页源码和元数据构成了一个数据记录，如果需要同时读取大量网页的源码，列存储数据库将会表现得更好。列存储数据库的另一个优势是高扩展性，写入速度不会因为数据量的增加而大幅下降，在需要读写大规模数据的场景下，使用列存储数据库是比较好的选择。

Google 的 Bigtable 是列存储数据库的代表，但因为 Google 没有将其开源或公开，其具体实现细节和性能表现并不为人所知。Hbase 是建构在 Hadoop 分布式计算框架上的 Bigtable 开源实现，是目前最为流行的列存储 NoSQL 数据库。

（3）面向文档的 NoSQL 数据库

面向文档的 NoSQL 数据库是目前最为流行的 NoSQL 数据库，MongoDB 和 CouchDB 是两个典型的面向文档数据库，其中，前者是目前最受欢迎的 NoSQL 数据库。① 面向文档的数据库并不是用于存储本书一般意义上的"文档"，而是说数据库底层使用文档形式存储数据。

面向文档的数据库不要求定义表结构，所有的数据都以文档的形式存储。当然，用户也可以自定义数据库结构，但是数据库底层是不会特意地处理用户自定义结构的。面向文档的数据库在键值数据库和关系数据库之间取得妥协，以获得两者的优势，它即可以获得无结构化存储的能力，支持水平扩展，同时又能够提供完整的索引支持以及复杂的查询功能。

面向文档的数据库，如 Mongodb、CounchDB 等，在 Web 数据、大尺度数据管理以及需要水平伸缩的场景具有较好的适用性。但正如其他 NoSQL 数据库一样，在需要高度事务性支持的场景下，面向文档数据库目前还不是可选的数据库。

（4）图数据库

图数据库是面向或者基于图的数据库，采用图结构存储数据。图数据库不是用于存储图片的，其基本数据结构是图，存储单元包括节点、关系、属性。一个图由节点和关系组成，每个图包含了多个节点，节点之间由关系联系起来。在图数据库中，节点不一定是同质的，也就是说，每个节点的类别可以是完全不一样的。节点之间的关系也可以多种多样。使用图数据库可以存储类似于这样的信息{张三，受雇于，百度}，{百度，公司类别是，搜索

---

① MongoDB 在 DB-Engines（http：//db-engines. com/en/）提供的数据库管理系统受关注程度排名中长期稳居前五，稳定地排在它前面的数据库管理系统分别是：Oracle、MySQL 和 Microsoft SQL Server，这三个数据库都属于关系数据库管理系统。

引擎公司}，{搜索引擎公司，属于，互联网企业}，每一个{A，B，C}中，A 和 C 是节点，B 是有向关系。在这样案例中，节点有张三、百度、搜索引擎公司、互联网企业，关系有受雇于、公司类别是、属于。

相对于关系数据库而言，图数据库善于处理大量互连接、低结构化的数据，在社交网络、推荐系统、Linked Data、知识库领域有着大量成熟的应用。流行的图数据库有 Neo4j 和 Cayley，前者是本书撰写时刻最为流行的图数据库，且兼容 ACID 事务管理属性，后者是 Google 工程师的开源作品，也有着优异的功能和性能表现。

10.4　数据库的技术选型

数据库行业是一个成熟的行业，存在多样的技术路线，也有着大量成熟的数据库产品，同时，数据库行业还是一个发展快速的行业，各种新技术正在不断出现。面对多样化的产品和技术路线，在实际工作中，电子文件数据库的设计者和开发者应该怎样选择数据库呢？本节将对数据库的技术选型进行讨论。

选择何种数据库，首先是由用户的需求决定的。用户需要知道他需要存储什么样的数据，是关系型数据、文档数据、键值数据，或者其他类型数据，对不同的数据，用户需要选取相应的数据库。数据规模对数据库选型也有着重要的影响，不同类型、不同种类的数据库所能负载的数据规模是不同的，如 Access 只能用于少量数据的管理，而 Oracle、DB2 等则是典型的大型数据库。稳定性则是多数企业用户需要考虑的数据库因素，在一些对稳定性要求高的场合，必须使用具有较好稳定性的数据库产品。此外，成本、安全性、人才储备等，也对数据库选型有着重要的影响。

以下对各个因素分别加以分析。

（1）数据规模和数据类型

数据库选型首先必须考虑管理数据的规模和类型，以选择合适的数据库，对于大型文件中心而言，管理的数据可能数量极为庞大，数据的复杂性同样非常高，这时候必须选用大型数据库。而对于小型文件管理系统而言，处理的数据规模较小，选择大型数据库就没有必要了，这时候开源数据库如MySQL 等就已经能够满足需求了。

所管理数据的类型也直接影响了数据库选型，如果是复杂的业务数据，通常需要选用关系数据库；但是如果管理的是大量离散的文档，文档数据库或者其他 NoSQL 数据库可能是比较好的选择；如果需要管理图数据，选用图数据库是一个较好的选择。

（2）数据库的稳定性和可靠性

数据库是大多数信息系统的核心部件，稳定而可靠的数据库可以保证信息系统的正常运行。如果选用了不稳定的数据库，轻则信息系统运行效果不好，重则丢失数据。数据库的稳定性需要看数据库的年宕机时间、计划内宕机时间，是否具备灾备恢复功能、系统错误恢复功能等。

一般来说，稳定性和可靠性高的数据库，其性能会受到一些影响，且往往成本较高，CIO 和系统开发人员需要结合实际情况，权衡利弊做出选择。

（3）可扩展性

数据库管理的数据库规模不可能是一直不变的，随着时间发展数据规模会逐渐增大，这时候就需要考虑数据库的扩展问题。数据库的可扩展性也是数据库选型中重要的考虑因素，大型或者中型文件中心在采购数据库时尤其需要考虑数据库的可扩展性。

（4）安全性

数据库的安全性对于数据敏感的数据库用户而言是非常重要的。尽管主流数据库，特别是主流的关系数据库都有了较好的安全性控制措施，但用户仍然需要关注数据库的安全性指标。

（5）人才知识储备

数据库终究是需要人来管理的，很多数据库尽管性能突出，但是能够管理数据库的人才却非常稀少，数据库采购时要尽量选择那些主流的数据库，方便招聘或者培训数据库管理人员。

（6）售后服务

数据库系统是一个非常复杂的系统。购置了数据库以后，用户仍然需要面对软件开发、数据库维护、数据库升级等多种任务，这时候售后服务的重要性就显现出来了。对于人才知识储备不足的机构而言，选择一个售后服务好的数据库提供商还是非常有必要的。

（7）成本

成本是数据库选型中需要考虑的重要因素。大型商业数据库系统固然性能优异，但价格往往也是很高的。即使是购买大型商业数据库，也需要考虑使用哪种付费方式，数据库提供商可能的收费方式有根据数据规模收费、根据 CPU 收费、单机许可证收费等。

对于资金不多且数据规模适度的小型机构而言，选用开源数据库是一个

322

好的选择。MySQL、PostgreSql 等开源数据库有着不输于一般商用数据库的性能。对于资金充裕的机构而言，选用大型商业数据库是比较好的选择，大型商业数据库往往在数据库性能、数据库稳定性、安全性上有着更好的表现。

11　电子文件元数据

　　元数据是反映电子文件内容、结构及背景特征的数据信息，包括文件的格式、编排结构、硬件和软件环境、文件处理软件、字处理软件和图形处理软件、字符集等数据。元数据的设计旨在对电子文件信息进行选择、识别、组织、管理、开发、利用和评价，进而追踪文件在管理和使用过程中的变化，实现电子文件信息资源的凭证价值、集合整合与长期保存。元数据实际上就是对数据进行提取而得到的著录信息，这些著录信息专门用于电子文件的管理，以保证电子文件的完整性、真实性和可靠性。本章首先了介绍元数据的起源与发展、概念及内涵、属性和特征等，并参照传统元数据的设计与标准，结合电子文件本身特性重点介绍了电子文件元数据的内涵以及国内外著名的电子文件元数据标准等，从而为高效管理电子文件提供参考。

11.1　元数据概述

11.1.1　元数据的起源与发展

　　元数据（Metadata）也有人称其为诠释数据、描述数据等。该词最早出现于美国航空与宇宙航行局（National Aeronautics and Space Administration，NASA）的《目录交换格式》（Directory of Interchange Format，DIF）手册中①，成为支持互通性的数据描述所取得一致的准则。

　　元数据的基本定义出自联机计算机图书馆中心（Online Computer Library Center，OCLC）与国家超级计算机应用中心（National Center for Supercomputer Applications，NCSA）所主办的"Metadata Workshop"研讨会，是指"描述数据的数据"。此后，各种有关 Metadata 的定义纷纷出现。现存的很多元数据的定义，主要视特定社区或使用情境而不同，例如有关数据的数据（data about

---

①　NASA. Directory of Interchange Format Manual[Z]. Version 1.0. 1988.

324

data)，有关信息对象之结构的信息，描述资源属性的数据等。

在信息资源管理领域，"书目"作为元数据的一种形式在以图书为资源存在形式的相关行业应用了千百年，其他许多行业也都有自己的元数据格式，例如名册、账本、药典等。而"元数据"作为一个统一概念的提出首先起因于对电子资源管理的需要。互联网爆炸式的发展，使人们一时难以准确地找到自己所需的信息，人们就试图模仿图书馆对图书进行管理的方式，对网页进行编目，也就是图书馆广泛应用的基于 MARC 元数据等元数据格式的编目模式。尽管由于网络的信息来源复杂，信息量庞大，导致采用图书馆编目模式进行网络编目成效不大，但对元数据的研究和应用使人们看到了新的可能性，元数据可以成为下一代万维网——"语义万维网"（Semantic Web）的基石。通过表达语义的元数据，以及表达结构、关系和逻辑的 XML/XMLS/RDF/RDFS/OWL 等形式化描述，计算机能够对于数据所负载的语义进行理解和处理，从而赋予互联网以全球的智慧和惊人的能力①。

尽管元数据最早出现于计算机信息技术领域，但目前已经在多个专业领域，如图书情报、博物馆及档案等领域中得到广泛应用，其发展经历了一个漫长的阶段。档案学界关于元数据定义的研究起始于 20 世纪 90 年代初。关于元数据定义的研究大致经历了三个发展阶段：第一阶段研究认为在电子文件管理中应有元数据的参与，形成了对元数据引进档案领域后的初始定义；第二阶段是在实践基础上展开了元数据项目研究之后，形成了对元数据的深化认识；第三个阶段则是目前根据元数据在档案学界实际应用而形成的对元数据定义的最新成果②。

① 第一阶段——元数据的初始定义。

元数据是美国著名的电子文件专家戴维·比尔曼首先引进电子文件研究领域的。对其最初的定义是：元数据是关于数据的数据。在这一层面上，元数据的含义与计算机信息技术领域中的元数据的含义是一致的。

然而，这一含义过于抽象、泛指。因为其适用的范围，既可以是档案领域，也可以是其他领域，而且元数据对档案界来说又是一个新出现的术语，在这之前档案工作者还从未遇到过这一术语，所以，元数据这一概念不是很容易被档案工作人员所理解。由于这一原因，在国际档案界，各国电子文件

---

① 刘炜. 关于元数据的十万个为什么[M]. 上图数字图书馆研究所，2004.

② 徐维. 胡吉兵. 管志宇. 元数据概念的产生、发展与成熟[J]. 中国档案，2003（8）：43.

专家、学者又在实践基础上对元数据定义进行了新的探索。

② 第二阶段——著录元数据。

由于元数据的含义比较抽象、不直观，所以为了使元数据在档案领域有其更为专指的性质和含义，研究者又提出了著录元数据的概念，即元数据是关于单一电子文件和文件组合的背景及其相互关系的结构化著录数据。其中具有代表性的就是英国公共档案馆《电子文件管理指南（1999）》中所提出的定义：元数据指的是关于某份文件和文件赖以存在的集合体的信息（如它们的背景联系及关系），泛指结构化的描述和著录数据。

著录元数据主要指的是著录信息。著录信息是档案人员所能理解的，而且是早已熟悉的，因此，"元数据是著录信息"的提法比"元数据是关于数据的数据"的提法大大地前进了一步。该定义把元数据这一新的术语与传统的档案工作实践很好地结合起来，且有助于实践中对元数据的操作与运用。

③ 第三阶段——电子文件管理元数据。

在著录元数据的基础上，国际档案界又提出了电子文件（档案）管理元数据，其真正的含义被定义为："在对电子文件及其与文件创建和管理有关的人、过程和系统进行确认以及为其提供凭证和背景信息的过程中，有关文件的管理、利用和文件可理解性的元数据①。""电子文件管理元数据是专门设计用于满足电子文件管理需求，有关保证文件的真实性、可靠性、稳定性、安全性、完整性、可理解性与可利用性的数据②。"

由于元数据在电子文件管理中所起的作用和目的性不同于其他用途的元数据，因此，电子文件管理元数据与其他更为泛指的元数据较为容易区分。目前档案界所提出的元数据，已与图书馆界、博物馆界的元数据在内涵与外延上都不尽相同了。

11.1.2 元数据的概念及内涵

迄今为止，学界关于元数据的定义还没有达成完全统一的认识。最常见的定义就是：元数据是关于数据的数据（data about data）③。除此之外，元

---

① ICA. Guide for Managing Electronic Records from an Archival Perspective. 1997：20.

② National Archives of Australia. Recordkeeping Metadata Standard for Commonwealth Agencies. 1999：7.

③ Hannemyr, Gisle. The Internet is not Your Friend：Using the Dublin Core on the Internet [EB/OL].［2015-11-20］. http：//dublincore. org/archives/1999/dc7/results/dc7-hannemyr/index. htm.

数据也被定义为：

- 结构化数据（Structured data about data）；
- 用于描述数据的内容（what）、覆盖范围（where，when）、质量、管理方式、数据的所有者（who）、数据的提供方式（how）等信息，是数据与数据用户之间的桥梁；
- 资源的信息（Information about a resource）；
- 编目信息（Cataloguing information）；
- 管理、控制信息（Administrative information）；
- 是一组独立的关于资源的说明；
- 定义与描述其他数据的数据（data that defines and describes other data）（ISO/IEC 11179-3：2003（E））。

"元数据"有时被认为是一个复杂的体系，仅适用于信息技术和计算机科学。事实上，尽管元数据这个概念的提出只是近些年的事情，但这个概念的内涵所表达的信息却早已存在。例如，档案查找工具、博物馆的登记册、地图和海图的图例等便是元数据应用的具体表现形式。因此，无论是在传统的纸质环境还是在现代的数字化环境中，元数据广泛存在。随着计算机技术的不断推进，采用元数据来描述容量巨大、难以或无法进行人工管理的信息资源已成为一种发展趋势。元数据可以为各种形态的信息资源提供规范、普遍的描述方法和检索工具，为分布的、由多种资源组成的信息体系提供整合的工具与纽带①。

将元数据定义为"关于数据的数据"最为基础、广泛。应该注意的是，该定义中的"数据"有较为宽泛的含义。数据（Data）是表示事物性质的符号，是进行各种统计、计算、科学研究、技术设计所依据的数值，或者说是数字化、公式化、代码化、图表化的信息②。元数据也是数据，其本身也可以作为被描述的对象，这里定义和描述其他数据的数据就是元数据。其中，第一个"数据"所代表的含义应该是"信息对象"，第二个"数据"则是指为理解信息资源而存储的有关信息，即元数据。由此，元数据可以理解为用来描述信息对象的属性与特征的信息。值得注意的是，两个"数据"的含义虽然不同，但都不一定是数字形式的，而可以以各种不同的形式出现③。在管理人类文

---

① 刘炜．关于元数据的十万个为什么[M]．上图数字图书馆研究所，2004.
② 周文骏．图书馆学情报学词典[M]．北京：书目文献出版社，1991：403.
③ 刘嘉．元数据：理念与应用[J]．中国图书馆学报，2001（5）：33.

化遗产的过程中，有关专家一直在编制元数据来统一标准，传统的图书馆卡片、出版图书的版权说明、磁盘的标签等都是元数据的表现形式①。随着计算机的发展，人们越来越频繁地生成计算机所能识别和采用的数字式元数据，并将所有的元数据集成到数字信息系统之中。在信息系统中，数据一般被看做是独立的信息单元，这个信息单元本身是有意义的独立个体，因此"数据"可以是一本书、一个网页或者一个虚拟的 URL 地址。

对于元数据的内涵，《国外元数据标准比较研究报告》中文元数据标准研究项目组对元数据的定义是"描述某种类型资源或对象的属性，并对这种资源进行定位和管理，同时有助于数据检索的数据②。"这是一种基于元数据本身特征及功能的宽泛理解。在电子文件管理领域，代表性的定义包括：

国际档案理事会在《电子文件管理指南》（1999）中写道"元数据是关于文件的背景信息和结构的数据，是有关电子文件的技术性信息"。

《澳大利亚联邦机构电子文件保管元数据标准》（1999）中对元数据的定义是"文件保管元数据是关于电子文件背景的描述信息"。

英国国家档案馆在其《电子文件管理指南》（1999）中指出"元数据是关于文件和文件集合的背景及其相互关系的结构化描述和编目数据"。

总的来说，元数据作为背景性的数据，是对文件、资料的具体描述。元数据的概念虽然早已有之，但随着信息化水平的提高其内涵逐步深入、完善，它从计算机领域引出，应用于电子文件管理领域，不仅是作为资源检索和发现的有力工具，而且在维护电子文件的真实原始性、保护电子化业务活动中文件的凭证性、依据性价值等方面也有着不可替代的作用。

11.1.3　元数据的属性和特征

元数据是对信息资源的规范性描述，它是按照一定的标准，从信息资源中抽取出相应的特征，组成一个特征元素的集合。而这种规范性的描述可以准确和完整地说明信息资源的各种特征。

元数据本身由多个属性描述而成，其基本信息构成了元数据描述的内容。以下通过表 11-1 来加以阐释其属性：

---

① 刘炜. 关于元数据的十万个为什么[M]. 上图数字图书馆研究所，2004.

② 中文元数据标准研究项目组. 中文文献元数据标准研究项目组系列报告之一[R]//国外元数据标准比较研究报告，2000：1.

表 11-1　　　　　　　　元数据的属性、特征及示例①

属　性	特　征	示　例
元数据的来源	信息对象内部的元数据，信息对象的制作部门首次生成该对象或将其数字化时编制	• 文件名和标题信息 • 指南 • 文件格式和压缩方案
	与信息对象相关的信息对象外部的元数据，是后来生成的，往往有其他人而不是信息对象的原来制作者编制	• 注册和编目记录 • 权利和其他法律信息
元数据生成的方式	由计算机自动生成的元数据	• 关键词索引 • 用户处理日志
	由人工编制的元数据	• 诸如目录记录和都柏林核心之类元数据的描述替代物
元数据的本质	外行编制的元数据，不是由主题或信息专家编制的，而常常由信息对象的原作者编制	• 为个人的网页编制的元标识符 • 个人归档系统
	专家编制的元数据，由主题或信息专家而非信息对象的原作者编制	• 特殊化的主题标目 • MARC 记录 • 档案发现帮助
元数据的状态	稳定的元数据一旦生成就永远不变	• 信息资源生成时的题名、出处和日期
	动态的元数据，可能会随着信息对象的使用或操作而改变	• 指南 • 用户处理日志 • 图像分解
	长期的元数据，用于保证信息对象的持续存取和使用	• 技术格式和处理信息 • 权利信息
	短期的元数据，主要是用于处理的数据	• 保存管理文献

① Tony Gill, Anne J. Gilliland, Maureen Whalen, Mary S. Woodley. Introduction to Metadata：Pathways to Digital Information[M]. Getty Publications, 1998.

续表

属 性	特 征	示 例
元数据的结构	结构化的元数据,符合可预言的标准化的或非标准化的结构	• MARC • TEI 和 EAD • 本地的数据库格式
	非结构化的元数据,不符合任何标准化的词汇或规范格式	• 非结构化的辅助字段和注解
元数据的语义	控制的元数据,符合标准化的词汇或规范格式	• AAT • ULAN • AACR2
	非控制的元数据,不符合标准化的词汇或规范格式	• 自由文本附注 • HTML 元标识符
元数据的层次	馆藏元数据,与信息对象的集合相关	• 馆藏级的记录,如 MARC 记录或发现帮助 • 特殊化的索引
	文献元数据,与单个的信息对象相关,通常被包含在馆藏中	• 经过处理的图像标题和日期 • 格式信息

从最原始、最初级的角度看,元数据应该具备三个基本特征:

① 元数据首先是一种编码体系,特别是指根据某种标准对文献中的词汇及其他元素进行编码,从而揭示、描述文献的基本元素。比如书目作为元数据的一种传统形式是对其文献中出现的词句做以解释、说明的重要参考。

② 元数据是从信息化的背景诞生出来、用以描述数字化信息资源的,特别是网络信息资源的编码体系,这导致了元数据和传统的基于印刷型文献的编目体系的根本区别。

③ 元数据最为重要的特征和功能是为数字化信息资源建立一种机器可理解的框架。

元数据的特征决定了其区别于其他描述语言,在电子文件管理中,元数据更是极大的区别于传统的编目工具。在数字化、信息化的大背景下,电子文件元数据应用将是未来电子文件管理发展的必然趋势。

11.1.4 元数据的类型

元数据，其本身起源于计算机领域，又在各个学科得到了发展。而对于元数据的类型，由于其所应用的领域不同，起到的作用不同，也存在着不同的分类方法，各个分类角度产生不一样的元数据类型。以下主要介绍两种划分角度下的元数据类型：

（1）按照功能划分

1998 年美国盖蒂信息研究所（Getty Research Institute）对元数据进行的专项研究中，根据功能将元数据划分为管理型元数据、描述型元数据、保存型元数据、技术型元数据和使用型元数据五种类型，其各自定义及相应示例见表 11-2[①]。

表 11-2　　　　　　　　　　　　　元数据类型

类　型	定　义	示　例
管理型元数据	以管理资源对象为目的的属性元素，包括资源对象的显示、注解、使用、长期管理等方面的内容	• 采购信息 • 权利和复制品追踪 • 法定检索所要求的文献 • 位置信息 • 用于数字化的挑选标准 • 版本控制
描述型元数据	用于描述一个文献资源的内容及与其他资源的关系的元数据	• 编目记录 • 查找帮助 • 特殊化的索引 • 资源之间超链接的关系 • 用户的注解
保存型元数据	以保存资源对象为信息系统的开发目的，特别注重资源对象长期保存有关的属性	• 资源实体条件方面的文献 • 保存资源的物理和数字版本中所采取行动，如数据更新和移植等方面的文献

---

① Tony Gill, Anne J. Gilliland, Maureen Whalen, Mary S. Woodley. Introduction to Metadata：Pathways to Digital Information[M]. Getty Publications，1998.

类 型	定 义	示 例
技术型元数据	与系统如何行使职责或元数据如何发挥作用相关的元数据	• 硬件和软件文献 • 数字化信息,如格式、压缩比例、缩放比例等 • 系统反应次数的追踪 • 真实性和安全性数据,如密码、口令
使用型元数据	与信息资源利用的等级和类型相关的元数据	• 展览记录 • 使用和用户追踪 • 内容再利用和多个版本的信息

（2）按照对象划分

刘炜将元数据分为描述性元数据、结构性元数据、存取控制性元数据和评价性元数据四种类型①:

① 描述性元数据,用来描述、发现和鉴别数字化信息对象,如 MARC、DC,它主要描述信息资源的主题和内容特征;

② 结构性元数据,用于定义一个复杂的资源对象的物理结构,以利于导航、信息检索和显示,如书目的目录、章节、段落的特征;

③ 存取控制性元数据,用来描述数字化信息资源能够被利用的基本条件和期限,以及这些资源的知识产权特征和使用权限;

④ 评价性元数据,描述和管理数据在信息评价体系中的位置。

除此之外,他认为还可以将元数据分为管理性、描述性、保存性、技术性和实用性元数据。这一观点也简明扼要的概括出了信息资源领域对元数据的普遍分类方法。

11.2 元数据的设计与标准

11.2.1 元数据设计

随着信息资源的不断丰富与发展,元数据的适用领域不断增多,与此同

---

① 刘炜. 关于元数据的十万个为什么[M]. 上图数字图书馆研究所,2004.

时出现的元数据标准也与日俱增。元数据作为描述信息资源的重要手段，其标准的设计关系到信息共享与协同操作。

（1）元数据标准

元数据标准（Metadata Standards）是描述某类资源的具体对象时所有规则的集合。不同类型的资源可能有不同的元数据标准，一般包括完整描述一个具体对象所需的数据项集合、各数据项语义定义、著录规则和计算机应用时的语法规定等。元数据标准是经过标准化组织认可的元数据方案①。

为了规范描述资源的语句，人们设计出了元数据标准，以便完整地描述数据项。通俗地讲，元数据标准就相当于参考词典，是对信息统一阐释的集合体，是规范的、统一的、具体的规定。

（2）元数据标准设计流程

元数据标准的设计是建立在组织的资源管理需要基础上的，不同的数据资源对应不同的元数据标准。对于元数据设计，学界存在着多种设计方法，如刘家真将元数据标准的设计分为三个阶段——资源分析阶段、标准制定阶段、标准验证阶段②。

元数据设计可以划分为以下六个阶段：

① 资源分析。

完成对资源对象各方面进行地详细调查分析，包括对资源本身的分析调查、对资源管理者使用者的需求调查等。需要强调的是，这里所说的资源对象是一个复合对象，即一个抽象的对象集合体，包括原始对象、对象复制品、数字复制品等，这些不同的载体形态，称为一个对象实例。

② 元数据标准的初步设计。

其内容应包括所有元数据项及相关定义。一般说来，需要慎重设计的主要是描述型元数据和个别与该类资源联系紧密的管理或其他类型元数据。一般通用的管理型元数据在第一次设计时即已完成。

③ 修改元数据标准草案。

在初步设计的基础上，根据实际工作需要修改元数据标准草案。

④ 应用规则建立。

---

① 刘家真 . 电子文件管理——电子文件与证据保留［M］. 北京：科学出版社，2004：140.

② 刘家真 . 电子文件管理——电子文件与证据保留［M］. 北京：科学出版社，2004：141.

应用规则的主要内容应该包括：

- 著录细则；
- 检索点、索引与查重定义；
- 规范档的使用说明；
- 元数据和数字对象的权限管理；
- 元数据标准的 XML 定义；
- 数据标准 DTD；
- 与《标准框架》中规定的元素集和其他元数据标准元素集之间的映射表。

⑤ 元数据标准正式定稿。

经过系统多次修改、实践后形成较为正式的定稿。

⑥ 标准验证。

在正式稿形成后，需进行实验验证。其方法是根据目标管理的当前状况，将元数据直接用于目标管理的工作中（如著录、元数据保存等），发现问题后进一步调整和修订，直到满足该领域的资源管理需求为止。

其中，步骤一为资源分析阶段，步骤二至步骤五为具体设计阶段，步骤六为验证阶段①。这里所罗列的步骤仅仅是元数据标准设计最主要、核心的部分，是从狭义上理解的元数据标准设计。从广义上讲，元数据标准设计还应该包括最初的目标情况调研，和设计完成后的标准维护与更新。

11.2.2 元数据方案

2008 年国家档案局发布了《电子文件元数据标准》的征求意见稿，公开在全国各个相关部门征集对于这一标准的意见。该标准涵盖了建设电子文件元数据所涉及的术语概念、元数据概念模型、元数据集合、元数据元素等，并对此进行了详细的说明和规范。不仅如此，该标准还涉及了"电子文件元数据标准应用指南""电子文件元数据相关编码体系""信息总体封装格式"以及"电子文件元数据与都柏林核心元数据的映射关系"的附录，对于具体的标准实施进行了进一步说明。这一标准还充分参考了国际范围内对元数据的定义，为元数据的应用实施提供了理论基础。

2009 年国家档案局发布了《文书类电子文件元数据方案》的行业标准，系统地规定了文书类电子文件整个生命周期中对元数据的涉及、捕获、著录

① 肖珑，陈凌，冯项云，冯英. 中文元数据标准框架及其应用[J]. 大学图书馆学报，2001，19(5)：33-35.

等一般要求。该项标准参考了我国 ISO 15489《信息与文献文件管理》、ISO 23081《信息与文献文件管理过程文件元数据》、《档案著录规则》以及国际档案理事会标准《国际标准档案著录规则(总则)》①，并且结合了我国文书类电子文件元数据管理的实际情况。

目前国内已经结题的元数据标准体系有《基于 XML 的电子文件管理元数据标准》提出的 127 项元数据和《电子文件元数据标准》提出的 130 余条可供电子文件归档捕获的元数据项。面对这些已经成型的或尚在讨论中的电子文件元数据标准、方案，刘家真等人认为，我国大多数电子公文管理系统是没有嵌入确保文件价值的元数据的。对此，政府部门的理由是国内电子公文归档元数据没有统一，档案行政管理部门提出需采集的元数据过多、不便于办公，弥补这一缺陷所要付出的代价太高。档案管理部门则认为，电子公文归档管理不是政府部门的主要任务，因此被边缘化；同时档案行政管理部门又只能在电子公文管理软件上提出参考意见，起不了主导作用。要解决这些问题则需要通过宏观管理策略来协调电子公文形成与归档管理的相关利益人，保证元数据在电子文件生成阶段就是真实、完整、可靠的，而不能仅局限于某一个行业、学科或部门内却不考虑其他相关影响因素②。

11.2.3 元数据结构

元数据的结构是指一个完整的元数据标准通常由哪几部分的数据项(元素)组成、各有什么特点。一个将被元数据描述的资源对象往往是一个较为复杂的复合对象，是一个抽象的对象集合体，包括原始对象、对象复制品、数字复制品③。

金更达等认为，一个科学的电子文件元数据设计框架是指导、规范电子文件元数据设计的关键。这样一个设计框架应当遵循元数据功能描述、相应的设计原则、以文件运动理论为核心的基础理论、元数据信息来源 UML 建模、元数据信息模型、元数据模块化元素定义、语义和语法定义以及元数据

①　国家档案局. DA/T 46-2009，文书类电子文件元数据方案[S].
②　刘家真，程万高. 我国电子公文文档一体化的障碍与对策[J]. 档案学研究，2008(1)：4-8.
③　肖珑，陈凌，冯项云，冯英. 中文元数据标准框架及其应用[J]. 大学图书馆学报，2001(5)：31.

应用等①。

电子文件管理元数据的基本结构可以分为宏观、中观和微观三个层次。电子文件管理元数据的宏观框架结构就是指电子文件管理元数据的顶层结构，主要解决的是一个电子文件管理元数据含有多少个元数据类组及这些元数据类组相互之间的关系；中观类结构就是指电子文件管理的中层结构，主要解决的是一个类组含有多少个元数据元素及这些元素相互之间的关系；微观元素结构就是指电子文件管理系统的底层结构，主要解决的是一个元素或元素值含有哪些语义类别和语义成分，以及这些语义类别和语义成分相互之间的关系。这样一个电子文件管理元数据系统结构可以作为电子文件管理元数据标准化的模型，作为设计电子文件管理系统中预设元数据的依据，以及作为分析电子文件管理元数据的功能方案②。

张弛提出电子文件管理元数据宏观结构多维分面化架构的概念，指出在架构电子文件管理元数据的宏观结构时，利用分面的方法，将电子文件划分成多个分面，各个分面内的元数据元素可互相进行组配，从而形成满足各种需求的电子文件管理元数据。相对于单一线型化的架构方式存在数据冗余、体系庞大、专指度低等缺陷，多维分面化架构有明显的优势③。他还提出电子文件管理元数据微观结构分面化的概念，就是将表征电子文件某一方面属性的一组元素或元数据值结构化，从而使其形成一组元数据元素或元数据值构成部分的分面，即形成电子文件管理元数据微观结构的分面的过程。同时，还对电子文件管理元数据元素的分面化、元数据元素亚面的分面化以及元数据值的分面化做了解释和评述，指出分面微观结构使得电子文件管理元数据在元素与元数据值两个方面都能灵活地运用，能更加多维全面地揭示电子文件的属性，能更加充分高效保证电子文件的真实性、可靠性、完整性和可利用性④。

学界还存在着一种元数据结构的划分方法，即总体结构定义方式。这种定义结构的方式是将一个元数据格式划分为内容结构（Content structure）、句

① 金更达，何嘉苏. 电子文件元数据标准设计框架研究［J］. 档案与建设，2005（9）：4-7.

② 张正强. 论电子文件管理元数据标准元数据的基本结构［J］. 浙江档案，2009（9）：38-41.

③ 张弛. 电子文件管理元数据宏观结构多维分面化研究［J］. 中国档案，2007（12）：50.

④ 张弛. 电子文件管理元数据微观结构分面化研究［J］. 档案与建设，2008（10）：9.

法结构(Syntax structure)、语义结构(Semantic structure)三层予以定义，内容结构对元数据的构成元素及其定义标准进行描述，句法结构定义元数据结构以及如何描述这种结构，而语义结构则定义元数据元素的具体描述方法。这种对元数据结构的描述方法是从计算机领域出发，对元数据的总体结构进行划分后的分类方法。

11.2.4　元数据标准

（1）国际元数据标准

元数据标准最早在非电子文件领域开始发展，例如艺术作品描述目录(Categories for the Description of Works of Art，CDWA)是适用于艺术品以及数字图像资源描述的元数据标准。本节主要介绍国际上与信息管理相关的几种常见元数据标准①②：

① 政府信息定位服务 GILS(Government Information Locator Service)。

由美国管理与预算办公室、国家档案与记录管理局及总务管理局联合制定，适用于政府的公用信息资源描述，包括描述性、管理性及记录维护或系统使用的 28 个核心元素。描述性元素包括：标题、创作者、投稿者、公布时间、公布地点、使用语种、文摘、规范主题索引、非控主题词、空间域、时间段、联系方式、附加信息、目的、处理程序、参照、来源日期、方法。管理性元素包括：有效性、获取条件、使用权限、进度号码、处理标识、来源控制标识、记录来源。记录维护或系统用的元素包括：使用语种、最后更新时间、记录检查时间。

② 文本编码协议 TEI(Text Encoding Initiative)。

由计算机和人文协会、计算语言学会、文字语言协会联合制定，适用于电子文本的描述方法、标记定义、记录结构，TEI 使用 SGML 作为数据记录的编码语言，对元数据和内容数据进行描述，包括 TEIHeader、front、body、back 4 个部分。其中，TEIHeader 规定了对电子文本内容的描述，front、body 和 back 分别用 TEI 标签格式来记载文本文前内容、文本正文、附录的实际内容。TEI Header 包括的元素有：题名、版本、长度、出版、丛书、附注、来源元素、项目过程描述、抽样、编辑、标签、参照、分类、特征体

① 冯项云，肖珑等．国外常用元数据标准比较研究[J]．大学图书馆学报，2001，19(4)：15-21.

② 徐彩红．国内外元数据标准宏观比较研究[J]．河北科技图苑，2011(1)：65-67.

系、变化声明元素、制作信息、语言使用、文本类别、文本参数、参加者、背景描述、日期、责任说明、变化项目元素。每个元素还包括相应的子元素。front 包含图像——封面、书脊、空白页、标题页、卷首插图等和文本——标题页、序言，也包括其中的目录、插图目录、导论、序言、铭文等；body 中是正文部分，根据文本类型不同，可以使用核心标记集+相应的附加标记集合(DTD)来标记文本；back 包含附录和索引的内容等。

③ 档案编码描述格式 EAD(Encoded Archival Description)。

由美国国会图书馆网络开发 &MARC 标准办公室、美国档案管理员协会联合开发维护，主要用于描述档案和手稿资源，包括文本文档、电子文档、可视材料和声音记录等，EAD 使用 SGML 作为数据记录的编码语言，EAD2002 共计包括 146 个元素，由 EAD 标目、前面事项、档案描述三个高层元素组成，每一个高层元素下可分若干子元素，子元素下还可再细分出若干元素，主要元素包括：取用限制、增加、采访信息、其他可取得的形式、鉴定、档案描述、编排、书目、传记/历史、收藏历史、描述规则、EAD 识别、语言资料、法律状态、附注、其他描述资料、原件位置、来源、其他检索工具、实体描述、实体技术、处理信息、相关资料、范围与内容、分别资料、单元日期、单元识别、单元题名、使用限制等。

④ 都柏林核心元数据 DC(Dublin Core)。

都柏林核心元数据 DC(Dublin Core)由美国在线计算机图书馆中心(OCLC)发起的国际合作项目"Dublin Core Metadata Intiative"设计而成，用于对网络资源的描述。DC 的最初目的是为了实现网络资源的著录和挖掘。DC 元数据的简单易用，加之在线计算机图书馆中心(OCLC)的大力推广，以及网络资源著录的巨大需求，使 DC 发展成为可用于任何媒体的元数据标准，目前使用的 DC1.1 元数据标准是 1999 年 7 月制定的。

⑤ NISO Z39.87 技术元数据标准。

NISO Z39.87 是目前国际档案领域出现的第一个适用于图像电子文件的技术元数据标准。该标准于 2006 年由美国国家标准化组织(简称 NISO)发起，美国国家文件和档案管理署等机构合作制定。它是技术元数据标准，被视为国际上最知名的《长久保存元数据数据字典》(PREMIS)在图像电子文件上的细化和扩展，可参见第 8 章相关内容。

(2)中国元数据标准及尝试

国外在元数据方面的研究开展较早，已有许多元数据标准被广泛采用，我国元数据的研究和应用也取得了不少成果。我国元数据研究与应用主要有两种方式，一是直接采用现行的元数据标准，对其中具有中国文化特色的信息资源制定详细的描述规则，扩展采用的元数据标准；二是借鉴其他元数据的成功经验，制定相应的新的元数据标准。

① 国家标准。

2001—2003 年，国家质检总局颁布了中国版的元数据标准——《信息技术数据元的规范与标准化》。该标准是国际标准化组织（ISO）和国际电工委员会（IEC）制定的 Information Technology Pacification and Standardization of Data Elements（ISO/IEC11179）国际标准的翻译版，由数据元的规范与标准化框架、数据元的分类、数据元的基本属性、数据定义的编写规则与指南、数据元的命名和标识原则、数据元的注册六部分组成。

② 数字图书馆元数据标准。

我国元数据的开发应用起源于图书馆工作。国内图书馆领域从 1997 年开始关注、跟踪和引进都柏林核心元数据（DC），并启动了我国第一个"中国国家试验型数字图书馆"项目。从 2000 年起，《图书馆杂志》《情报资料工作》等期刊刊登了一系列介绍 DC、应用 DC 的文章，在国内普及了有关 DC 元数据和 DC 的知识，为实现其本地化工作奠定了基础。2001 年，国内图书馆领域有关元数据的研究开始从单纯介绍都柏林核心元数据（DC）逐步走向实际应用，从应用 15 个元素的语义逐步走向对语义、结构及语法的元数据体系的全面探索。DC 在国内图书馆领域的本地化和客户化的研究方面也取得了一些进展，提出了对 DC 限定词和编码体系的扩展意见。从 2001 年开始，DC 在国内图书馆领域取得了不少研究成果，如北京大学图书馆的《中文元数据标准框架方案》及其在该框架指导下设计的古籍等元数据方案；国家图书馆的《中文元数据方案》；清华大学图书馆的建筑数字图书馆；上海数字图书馆元数据方案等。特别是由科技部立项、全国几十家单位参与的《我国数字图书馆标准与规范建设》项目（CDLS）的研究，产生了大批成果。

上述国际国内元数据标准为电子文件元数据的制定提供了参考。

11.3　电子文件元数据

11.3.1　电子文件元数据标准的发展历程

国际社会上关于电子文件元数据标准这一概念的引入与发展主要经历了三个历史阶段，其从诞生到成熟不仅反映了技术的进步，更反映了电子文件工作的发展。这三个阶段分别是诞生阶段、成长阶段和成熟阶段。

（1）诞生阶段——"关于数据的数据"

美国戴维·比尔曼在载于加拿大档案工作者协会会刊《档案》①的
"Documenting Documentation"一文中，首次将元数据引入档案领域。四年后，
他又在第十三届国家档案大会中提交了报告《虚拟档案》，提出利用元数据，
可以通过产生电子文件的业务系统长期管理电子文件，并满足其作为证据的
要求，而无须额外建立专门的电子文件保管系统②。

这个时期的元数据实际上与计算机领域中元数据的含义相一致，即"元
数据是关于数据的数据"，该定义的适用范围既可以是档案领域，又可以是
其他领域，定义本身显得抽象而泛指。这样定义的好处是，为档案领域引入
了全新的概念，但同样也不容易被档案工作人员所理解，所以后来国际档案
界又对元数据进行了新的探索。

（2）成长阶段——著录元数据

为了解决元数据含义抽象、泛指而不易被档案工作人员理解的问题，国
际档案界又提出了著录元数据的概念，即元数据是关于单一电子文件和文件
组合的背景及其相互关系的结构化著录数据。著录元数据主要指的是著录信
息。著录信息是档案人员所能理解的，而且是早已熟悉的，所以"元数据是
著录信息"的提法比"元数据是关于数据的数据"的提法大大前进了一步。因
为这样就把元数据这一新的术语与传统的档案工作的实践很好地结合起来，
并且也有助于实践中对元数据的操作与运用③。

有许多研究单位对此做出解释，其中具有代表性的就是英国公共档案馆
《电子文件管理指南1999》中所提出的定义：元数据指的是关于某份文件和
文件赖以存在的集合体的信息（如它们的背景联系及关系），泛指结构化的
描述和著录数据。

在这方面，美国电子文件专家沃尔思1993年在加拿大《档案》杂志上曾
撰文指出：元数据管理就是一个作为目前著录的替代策略而提出来的。原则
上，这种方法对档案工作人员不是什么新方法，因为档案工作者早已能获取

① 戴维·比尔曼著. 电子证据——当代机构文件管理战略[M]. 王健，等译. 中
国人民大学出版社，2000：179-193.

② 刘越男. 电子文件管理元数据从认识到应用[J]. 档案与建设，2003（1）：18.

③ 徐维，胡吉兵，管志宇. 元数据概念的产生、发展与成熟[J]. 中国档案，2003
（8）：43.

和利用元数据了。但是，他们以前并没有听说过"元数据"这个词。对于这个观点，澳大利亚《工业、研究与教育战略合作元数据项目》的主要负责人麦克密斯教授在 1998 年发表的文章中也指出：如果我们以其广义和灵活的方式来考虑元数据，那么档案工作者是元数据的专家，元数据实际就是久已存在于我们周围的一个简单的新词，只不过随着计算机的出现，被赋予了新名称而显得不同而已。传统的检索工具、目录卡片、案卷目录、案卷、纸张文件的文头与文尾都包括了元数据。

这样解释固然可以帮助档案工作人员理解元数据的概念，但却容易将元数据直接等同于著录数据，如《国际标准——档案著录规则（总则）》《档案机读目录格式》等。为此，应该从引入元数据的最初动机着眼，将元数据应用于解决数字化环境中的电子文件管理问题。

（3）成熟阶段——电子文件管理元数据

为了解决引入元数据的现实问题，国际档案界在前两个阶段的基础上，又提出了电子文件管理元数据，即"在对电子文件及其与文件创建和管理有关的人、过程和系统进行确认以及为其提供凭证和背景信息的过程中，有关文件的管理、利用和文件可理解性的元数据""电子文件管理元数据是专门设计用于满足电子文件管理需求，有关保证文件的真实性、可靠性、稳定性、安全性、完整性、可理解性与可利用性的数据"。这一定义目的在于将元数据应用于解决数字化环境中的电子文件管理问题，从而准确地将电子文件管理元数据与计算机、图书馆、博物馆领域的元数据在内涵和外延上区分开来。

我国对于电子文件元数据标准的研究，是在借鉴其他学科元数据研究的基础上展开的。最早在中国开始研究元数据的是以图书馆学领域为代表的学者。20 世纪 80 年代末期，图书馆领域开始通过互联网提供服务，传统的机读目录已不能满足其需求，为了适应数字图书馆的建设和数字文献的开发利用，图书馆领域开始转向研究元数据，并在元数据标准研究方面取得了一定成绩。紧跟其后的是以情报学领域和信息资源管理领域为代表的研究者。随着网络和信息技术的快速发展，网络信息资源迅猛增长，并呈现出与传统信息资源不同的特性，如数据类型的多样化、数据量大、信息用户群体分布广以及并发响应要求高等，图书馆领域对元数据标准的研究侧重在元数据的语义方面，并以描述型元数据标准作为主要研究对象，目的在于更好地著录、查询和检索数字文献。情报学领域和信息资源管理领域的研究者们则在关注元数据语义的同时，更侧重于元数据语法方面的研究，如置标语言比较和应用等，以便对网络信息资源进行组织加工，以实现不同网络平台、系统之间的信息交换和检索定位。应该说，图书馆领域、情报学领域关于电子文件的探讨视角虽然不同，但对电子文件元数据的讨论起到了重要的参考作用。

与国外相比，国内的电子文件元数据的研究起步较晚。2001年，以国家档案局邱晓威研究员主持的国家社会科学基金项目"电子文件和电子档案的真实性、完整性保证及其法律地位的认定"启动为标志，档案学界正式提出了电子文件元数据的概念，以解决电子文件管理中遇到的真实性、完整性等问题。从电子文件元数据研究开始，标准就是其关注的重要方面，相比其他领域侧重于信息资源描述、组织和检索等方面，档案领域的研究则侧重于电子文件的真实性、完整性、可靠性和长久可用性的保证问题①。

11.3.2 电子文件元数据的概念

（1）电子文件元数据的概念

元数据作为背景性的数据，不仅是对文件、资料的具体描述，同时也是记录资源形成时其自身内容、结构、背景信息和软、硬件环境的工具。

从电子文件元数据的发展历程来看，当元数据概念进入著录元数据阶段后，档案工作人员发现这种定义方法会很容易把元数据等同于传统的著录数据，从而形成概念混淆，所以国际档案界从将元数据引进档案界的最直接的动机出发——为解决数字化环境中的电子文件管理问题，又提出了电子文件（档案）管理元数据的概念，并分别从电子文件管理系统角度和电子文件管理元数据的功能角度出发来定义电子文件管理元数据。

从电子文件管理系统角度来定义电子文件元数据："是在对电子文件及其与文件创建和管理有关的人、过程和系统进行确认以及为其提供凭证和背景信息的过程中，有关文件的管理、利用和文件可理解性的元数据。"

从电子文件管理元数据的功能来定义电子文件元数据："是专门设计用于满足电子文件管理需求，有关保证文件的真实性、可靠性、稳定性、安全性、完整性、可理解性与可利用性的数据。"②

（2）电子文件元数据与元数据的关系

从电子文件元数据与元数据的大小关系来看，电子文件元数据与元数据可以是一种包含关系，即元数据包含着电子文件元数据。最初戴维·比尔曼

---

① 张文娟. 中国电子文件元数据标准研究综述[J]. 电子政务，2012（1）：50.
② 刘家真. 电子文件管理理论与实践[M]. 北京：科学出版社，2005：54.

引入元数据概念时，由于元数据定义的抽象和泛指，该定义的适用范围既可以是档案领域，又可以是其他领域，而后才在经历引入阶段和著录元数据阶段后，出现了电子文件元数据的概念。可以说电子文件元数据是在元数据基础之上衍生出来更加符合档案界的定义，是包含于元数据定义内的概念。

从电子文件元数据与元数据的复杂程度来看，虽然元数据早已为文件、档案工作者所用，但随着技术环境的变迁，导致电子文件元数据较之于最初元数据的定义更加复杂化，具体表现在以下几个方面：

① 文件的结构和背景信息更为丰富。比如，电子文件的结构包括逻辑结构和物理结构；背景除了行政背景，还包括技术背景，如文件产生的软硬件平台。物理结构、文件产生的软硬件平台等技术信息是在纸质环境中不曾出现过的，却是管理电子文件的重要信息。档案界需要一个概念来概括这些信息，而信息技术界中"元数据"概念正好满足了我们的要求。这是"元数据"概念被文件、档案管理领域所采用的重要原因。

② 文件内容、结构和背景信息集中于特定载体的状态发生了改变。对于一份电子文件而言，那些为了有效管理文件内容而形成的信息可能与文件内容分散存储、管理。比如，定义某类电子文件逻辑结构的模板与电子文件内容可以分别存储于不同的物理位置。这既增加了保存、管理元数据的灵活性，也增加了难度，需要设计、开发、利用一些特定的管理技术和管理措施。

③ 文件的管理过程更为动态化、复杂化。由于计算机软硬件平台的不断升级、变换，电子文件在形成之后，不可能一成不变，必然要随着系统环境的变化而变化，需要持续地施以迁移、转换载体、转存数据库等管理行为。因此元数据所描述的电子文件管理过程的复杂程度远远超过了纸质文件的管理过程①。

11.3.3　电子文件元数据的作用

电子文件元数据各项具体功能可以概括为四大宏观功能，即电子文件元数据在控制电子文件的背景、内容、结构、管理中所起到的描述功能、发现功能、管理功能以及长期保存功能②。

张正强列举了 7 个不同版本的电子文件管理元数据功能划分，提出电子

---

① 刘越男．对电子文件管理元数据的再认识[J]．档案学通讯，2005(2)：59.
② 程妍妍．电子文件管理元数据标准化研究[J]．中国档案，2005(12)：24.

文件管理元数据功能的划分是从不同维度即行为、能力和功效维度认识的结果。而这三个维度的功能又是密不可分的：从作用上看，行为功能、能力功能与功效功能是处在基础功能、核心功能与导向功能的关系链上，后一项都是前一项的概括与抽象；从层次上看，行为功能、能力功能与功效功能是处在微观功能、中观功能与宏观功能的关系链上，后一项是对前一项的控制①。

刘越男提出，如果在电子文件管理软件中以一种系统的、连续的、结构化的、标准化的方式设计、捕获、组织和管理元数据，那么元数据就可以产生以下的作用：全面描述电子文件、保障电子文件的长期真实性、保护电子文件的完整性、保证电子文件的可读性、支持电子文件信息的组织和查询、支持电子文件管理的全程控制以及支持电子文件管理流程的集成与优化②。

电子文件元数据的作用与功能可以概括为以下方面：

(1)元数据可以用来全面描述所呈现的电子文件

该功能是元数据最基本的功能，也是发挥其他功能的前提和基础。

(2)元数据可以确保并证明电子文件的真实性和凭证价值

保证电子文件的真实性和完整性从而使之具有凭证价值，是电子文件管理中面临的最大问题。它既是各个环节正常运转的基本前提，又是每一项工作的首要目标。因为如果这一点得不到保证，电子文件管理的其他工作将变得毫无意义。然而，由于电子文件具有易逝性、易变性、载体不确定性和对管理系统强烈的依赖性等特征，当需要电子文件用作证据时，人们却很难信赖其真实性和完整性。但是，在元数据中将电子文件的内容特征和文件形成、处理和利用的过程忠实地记录下来，就能够帮助知晓电子文件的内容是否与形成生效时完全一样，从而证明其真实性和完整性。把电子文件形成时的环境和背景信息记录在元数据中，更有助于烘托和证明电子文件的价值，尤其是证据价值，也使以后的文件利用者便于了解文件形成时的历史环境，从而正确理解其真实的意涵。因此忠实地描述电子文件的形成背景、内容、结构和整个管理过程，可以保护文件的真实性和完整性，确保文件的凭证价值，促使电子文件具有永久的法律效力。可以说，元数据是电子文件须臾不

---

① 张正强. 电子文件管理元数据的功能研究[J]. 浙江档案，2008(8)：41.

② 刘越男. 对电子文件管理元数据的再认识[J]. 档案学通讯，2005(2)：59.

可或离的"生命线"①。

（3）元数据可以用来确保电子文件的完整性

一是因为为了维护电子文件的完整性，我们必须确保元数据在结构和背景方面的相对独立性，通过保存这些相对独立的元数据，并在元数据与文件之间建立有效的联系，来维护电子文件的完整性。二是因为元数据记录了文件之间的有机联系，从而可以保证记录的完整。

（4）元数据有利于电子文件的长期保存，使其具有长久有效性

根据文件的特性——可以用作证据，我们必须确保并且能够证明文件的真实性、完整性、可靠性和长期有效性（可读性、可理解性等），使文件有可能用作证据和作为档案保存，即特别注意对电子文件进行档案化处理。档案化处理的好处是，使电子文件的长期保存成为可能。为此，应该在元数据模型中详尽描述电子文件的格式信息、制作信息、转换方式、技术环境等，以便于电子文件的转换与迁移，达到长期保护、保存的作用，使之长期可读、可理解，具有长久有效性。

（5）元数据有助于有效地管理电子文件

元数据模型必须包含整个文件管理和利用过程中所需的全部重要元素，既包括对文件本身的描述元素，又包括对文件的管理信息，它不但是文件著录标引的工具，也是文件鉴别认证（identification）、鉴定、保护等其他环节的工具。另外，元数据自身还必须标准化、组织规范化；用于表述元数据的语言，也必须具有很强的互操作功能，便于为计算机及其网络系统自动辨析、分解、提取和分析归纳。这样，它将成为有效管理在结构各异的技术平台上形成的所有电子文件的工具和重要前提，也是完善和发展电子文件管理的首要条件。

（6）使用元数据可以方便查询和利用

元数据模型也是文件著录的工具，而著录的主要任务之一就是对电子文件所有的具有检索意义的特征进行描述和记录。我们研制的元数据还必须从文件形成之初就能为利用者提供查询途径，使用户清楚了解文件与其形成背景之间的关系。如此，就能方便利用者发现和检索文件，满足利用者的需求，也就不必再另外编制目录等检索工具。

① 金更达，何嘉荪. 电子文件元数据标准设计框架研究[J]. 档案与建设，2005（9）：5.

11.3.4　电子文件元数据的分类

《文书类电子文件元数据方案》(DA/T 46-2009)参照了 ISO15489《信息与文献文件管理》、ISO 23081《信息与文献文件管理过程文件元数据》、中国档案行业标准《档案著录规则》、国际档案理事会标准《国际标准档案著录规则(总则)》(第 2 版),并结合中国电子文件管理实际,规定了文书类电子文件元数据集以及元数据元素关系间的逻辑架构。该标准规定了文书类电子文件在形成、交换、归档、移交、保管、利用等全过程中元数据设计、捕获、著录的一般要求,将文书类电子文件元数据从概念层次上区分为四个域:文件实体元数据(M1~M75)、机构人员实体元数据(M76~M79)、业务实体元数据(M80~M84)和实体关系元数据(M85~M88)。总计 88 个元素,其中,文件实体元数据域最大,元数据最多(75 个元素),见表 11-3、表 11-4、表11-5、表 11-6[1][2]。

表 11-3　　　　　　　　　　　　文件实体元数据

编　号	元　数　据	编　号	元　数　据
M1	聚合层次		
M2	来源	M3	档案馆名称
		M4	档案馆代码
		M5	全宗名称
		M6	立档单位名称
M7	电子文件号		
M8	档号	M9	全宗号
		M10	目录号
		M11	年度
		M12	保管期限

---

① 国家档案局. 文书类电子文件元数据方案(DA/T 46-2009)[S].
② 国家档案局. 文书类电子文件元数据方案(DA/T 46-2009)[S].

编　号	元　数　据	编　号	元　数　据
		M13	机构或问题
		M14	类别号
		M15	室编案卷号
		M16	馆编案卷号
		M17	室编件号
		M18	馆编件号
		M19	文档序号
		M20	页号
M21	内容描述	M22	题名
		M23	并列题名
		M24	副题名
		M25	说明题名文字
		M26	主题词
		M27	关键词
		M28	人名
		M29	摘要
		M30	分类号
		M31	文件编号
		M32	责任者
		M33	日期
		M34	文种
		M35	紧急程度
		M36	主送
		M37	抄送
		M38	密级
		M39	保密期限

编　号	元　数　据	编　号	元　数　据
M40	形式特征	M41	文件组合类型
		M42	件数
		M43	页数
		M44	语种
		M45	稿本
M46	电子属性	M47	格式信息
		M48	计算机文件名
		M49	计算机文件大小
		M50	文档创建程序
		M51	信息系统描述
M52	数字化属性	M53	数字化对象形态
		M54	扫描分辨率
		M55	扫描色彩模式
		M56	图像压缩方案
M57	电子签名	M58	签名规则
		M59	签名时间
		M60	签名人
		M61	签名结果
		M62	证书
		M63	证书引证
		M64	签名算法标识
M65	存储位置	M66	当前位置
		M67	脱机载体编号
		M68	脱机载体存址
		M69	缩微号
M70	权限管理	M71	知识产权说明

编 号	元 数 据	编 号	元 数 据
		M72	授权对象
		M73	授权行为
		M74	控制标识
M75	附注		

表 11-4　　　　　　　　　　**机构人员实体元数据**

编 号	元 数 据	编 号	元 数 据
M76	机构人员类型		
M77	机构人员名称		
M78	组织机构代码		
M79	个人职位		

表 11-5　　　　　　　　　　**业务实体元数据**

编 号	元 数 据	编 号	元 数 据
M80	业务状态		
M81	业务行为		
M82	行为时间		
M83	行为依据		
M84	行为描述		

表 11-6　　　　　　　　　　**实体关系元数据**

编 号	元 数 据	编 号	元 数 据
M85	实体标识符		
M86	关系类型		
M87	关系		
M88	关系描述		

从上述四个元数据域可以看出，电子文件元数据的设置不仅是为了检索的需要，更重要的是为了描述和记录电子文件的证据特性，便于对电子文件的理解、管理、交换和利用。表 11-3 所列举的文件实体元数据共有 75 个元素，其中，来源、档号、内容描述、形式特征这四个大的元数据项与《档案著录规则》中的绝大部分著录事项是相对应的。但是，电子属性、数字化属性、电子签名、存储位置、权限管理等元数据项则反映了电子文件不同于传统纸质文件的属性特征，也体现了除内容、形式特征需要描述之外，对电子文件全方位的著录需求。表 11-4、表 11-5 和表 11-6 所载的机构人员、业务、实体关系元数据域则体现了在电子文件管理、交换和利用等过程中的著录需求。因此，在这 88 个电子文件元素中，单纯从情报检索意义上看，大多集中在前 75 个元素中，即表 11-3 所列举的文件元数据域。

11.4　电子文件元数据标准应用及实践

11.4.1　电子文件元数据标准的编制方法

宏观上，电子文件管理元数据标准要达到标准化，需要保持三个一致：与国际通用标准相一致，与现有国家标准相一致和与专业领域标准相一致。微观上，每一个电子文件管理元数据的语义结构和语法结构的描述要达到标准化，即电子文件管理元数据标准化=语义结构标准化+语法结构标准化①。这是对电子文件元数据标准的一种简约的表达。

关于电子文件元数据标准，张正强做了深入的研究，形成了比较系统的成果。他通过《ISO 15489-1 信息与文件—文件管理第一部分：通则》等的分析，总结和归纳了电子文件管理元数据概念、需求、建立原则、体系框架等②。此外，通过对《ISO 14721：2003 空间数据和信息传输系统—开放档案信息系统—参考模型》的元数据框架、《ISO 23081-1：2006 信息与文件—文件管理过程—文件元数据第一部分：原则》和《ISO 23081-2：2007 信息与文件—文件管理过程—文件元数据第二部分：概念与实施问题》的比较研究，他得出了有益的结论：在选择电子文件管理元数据标准顶层框架的基础性标

---

① 程妍妍. 电子文件管理元数据标准化研究[J]. 中国档案，2005(12)：25.
② 张正强. 论电子文件管理元数据的国际标准化[J]. 档案学研究，2007(5)：38.

准时，应该首先选择 ISO 23081 第二部分元数据的顶层框架①。

科技电子文件管理元数据的标准化作为一个典型案例得到了研究。孙丰满认为，科技电子文件管理元数据标准化的实现，关键在于需求标准化、语义标准化和语法标准化。他从这三个方面对科技电子文件管理元数据标准化进行分析，提出科技电子文件管理元数据需求标准化的实质是顶层设计的标准化，而需求的标准化又要求元数据的语义标准化和语法标准化，即具体实施的标准化②。张正强在分析科技电子文件管理元数据需求的国际标准化、Schema 建立的国际标准化以及专门科技电子文件管理元数据 Schema 建立的国际标准化后，提出了科技电子文件管理元数据国际标准化的未来走向就是跨领域合作，跨组织机构合作，共同推进实现标准化③。

电子文件管理元数据模型是对电子文件管理元数据本质特征进行高度抽象后形成的概念(数据)模型，除具有概念模型的一般特征以外，还具有专业性、层次性和需求牵引性等特点。程妍妍以《ISO 23081 信息与文献—文件管理流程—文件元数据》标准中提出的电子文件管理元数据模型为例，具体分析了每一层模型应该如何指导元数据标准设计④。

在电子文件元数据标准项目组织过程中还有不少应当注意的问题，包括管理控制、开放合作、协调规划、流程规范、经过实验、共享沟通以及培训推广⑤。

11.4.2 国际著名电子文件元数据标准

在知识管理与信息发展愈加迅速的今天，全世界各国文件与档案工作者越来越重视电子文件元数据标准的制定和发展问题。经过共同努力和探讨，国际上成形的电子文件元数据标准层出不穷。本书主要介绍四种国际普遍认可的电子文件元数据标准及著录标准。

(1)ISO 国际电子文件元数据标准

①《ISO 15489-1 信息与文件—文件管理第一部分：通则》。

---

① 张正强. 论电子文件管理元数据顶层框架设计的基础性标准比较[J]. 档案学通讯，2008(5)：48.
② 孙丰满. 论科技电子文件管理元数据标准化研究[J]. 浙江档案，2007(9)：40.
③ 张正强. 论科技电子文件管理元数据的国际标准化[J]. 档案学通讯，2007(3)：46.
④ 程妍妍. 电子文件管理元数据模型研究[J]. 浙江档案，2008(6)：38-41.
⑤ 张淑霞. 论电子文件元数据标准项目组织过程中应注意的问题[J]. 档案与建设，2009(2)：7-9.

国际标准化组织(ISO)于2001年正式颁布了《ISO 15489-1 信息与文件——文件管理第一部分:通则》。在该国际标准中,对电子文件管理元数据提出了明确的需求标准,主要是从以下五个方面提出的:

第一,从电子文件管理所应具有的法规环境方面;

第二,从电子文件管理所应具有的政策与职责方面;

第三,从电子文件所应具有的本质属性,如真实性、可靠性、完整性和可用性方面;

第四,从电子文件管理系统所应具有的功能,如可靠性、完整性、全面性、系统性、与现有法律的相符性方面及其电子文件管理系统的利用与管理所应具有的各个环节,如利用、检索、使用、保管和处置等方面;

第五,从电子文件管理所应具有的过程与控侧,如电子文件捕获、登记、分类、标引、保管、存储、跟踪、监视、审计等方面。

《ISO 15489-1 信息与文件——文件管理第一部分:通则》从以上五个方面对电子文件管理元数据需求进行了国际标准化,如加以抽象可以发现,其采用的是在国际文件与档案领域所使用的电子文件管理的框架模型。

在该国际标准中将电子文件管理元数据的概念定义为"自始至终地描述文件背景信息、内容和结构及其管理的数据"。由于该国际标准在国际上产生了极大的影响,其被形象地描述为"如同攀风一样影响着全球文件管理与档案管理领域"。因此,目前国际上已有美国、加拿大、英国、澳大利亚、德国、法国、荷兰、新西兰等国家相继将该国际标准作为本国的国家标准,在亚洲,日本、韩国等国也相继将其作为本国文件管理领域的标准。可以说,该国际标准所提出的电子文件管理元数据的概念目前已被国际文件与档案领域普遍认可与采用。

国际标准《ISO 15489-1 信息与文件——文件管理第一部分:通则》是目前国际文件与档案领域中最具权威的标准之一,凡是有关电子文件管理需求的国际标准都是在其基础上加以起草的,如国际标准《ISO 18492:2005 电子文件信息的长久保存》和国际标准《ISO 15801:2004 电子成像——电子信息存储——可信性与可靠性建议》等就是以该标准为基础制定的,而国际标准《ISO 23081-1:2006 信息与文件——文件管理处置——文件元数据——第一部分:原则》更是直接在其内容框架内进行了标准的起草。该标准提出了"法规三元组"的文件管理元数据顶层框架,并将电子文件元数据具体划分为文件实体类元数据、责任人员实体类元数据和业务实体类元数据。

2007年,ISO进一步颁布了ISO 23081系列标准的第二部分——《ISO

23081-2：2007 信息与文献—文件管理元数据—第 2 部分：概念与实施问题》，ISO 23081-2 对文件管理元数据的"法规三元组框架"进行了扩展，提出了"法规四元组框架"，在细化文件实体类元数据、责任人员实体类元数据、业务实体类元数据的基础上，增加了关系实体类元数据，使电子文件元数据分类更加完善①。

②《ISO 14721：2003 空间数据和信息传输系统—开放档案信息系统—参考模型》。

《ISO 14721：2003 空间数据和信息传输系统—开放式档案信息系统—参考模型》(简称 OAIS 参考模型)，由美国空间数据系统咨询委员会提出，是关于网络信息资源保存的基本框架。该标准论述了与信息保存相关的各种关系和框架概念，以及信息资源管理过程的技术策略。OAIS 参考模型是一个广泛的模型，涉及并论述了从信息资源存档设计到开放式存储整个过程的相关问题。它由六个功能模块组成：

● 摄入：从信息生产者那里接收提交信息包，并且对内容进行准备，然后传递给长期存储模块；

● 长期存储：负责存储、维护信息包，并在获取功能模块提出请求时将提交信息包提供给该模块；

● 数据管理：植入、维护和存取那些标识并记录档案馆藏的描述信息以及对存储系统进行检索与管理；

● 系统管理：通过有关政策、规范、程序、工作流等来监测和控制整个长期保存系统的运行和各个模块的运行，对整体的档案系统提供操纵管理；

● 保存规划：监测 OAIS 的环境，提供相关建议以确保在 OAIS 中存储的信息在一段时间之后，仍然能够被相应的目标用户访问；

● 存取：提供用户检索元数据和索取信息资源单元的界面，提供检索机制，存取存储在 OAIS 中的信息，还可能承担身份认证和授权管理责任等。国外很多信息资源保存管理系统都是基于 OAIS 参考模型建设的，如欧洲的 NEDLIB(Networked European Deposit Library)的电子出版物保存管理系统，英国 Cedars(CURL Exemplars in Digital Archives)的分布式数字档案原型系统等。

③《ISO 23081-1：2006 信息与文件—文件管理过程—文件元数据第一

---

① 张正强．论电子文件管理元数据顶层框架设计的标准化[J]．中国图书馆学报，2009(3)：82-83．

部分：原则》。

国际标准化组织于 2006 年 1 月正式颁布的《ISO23081-1 信息与文件—文件管理流程—文件元数据第一部分：原则》（以下简称"国际标准《ISO23081-1 文件管理元数据：原则》"），是对电子文件管理元数据在需求层次上对如何实现电子文件元数据的控制所做出的详尽的规定，因此，探索该标准可以为我国电子文件管理提供有益的借鉴。

国际标准《ISO23081-1 文件管理元数据：原则》由引言、内容范围、标准引用、术语和定义、文件管理元数据，以及文件管理元数据类型、管理以及与国际标准《ISO15489-刊号 1 信息和文件—文件管理第一部分：通则》（以下简称"国际标准《ISO15489-1 文件管理：通则》"）关系的原则等部分构成。其中主要内容就是关于文件管理元数据的原则部分。

该标准在引言中说明了其目的：为创建、管理和利用文件管理元数据，解释元数据的控制原则提供框架，同时，又为在《ISO15489-1 文件管理：通则》的框架内理解、执行和利用文件元数据提供了指南。该标准也说明了文件管理元数据在业务处理中的重要性，介绍了支持业务处理和文件管理的元数据的不同功能和类型，并为管理这些元数据设定了框架。该标准作为系列标准的第一部分，只涉及"为创建、管理和利用文件管理元数据，解释元数据的控制原则提供框架"，其后国际标准化组织还将陆续制定第二和第三部分标准，以进一步说明标准第一部分执行中遇到的问题和如何利用文件元数据集提供实用性指南。

该标准在内容范围上对其所制定的原则适用范围进行了规定，即该标准的原则主要应用于以下这几个方面：文件及其元数据；所有影响文件及其元数据的处理过程；任何有文件和元数据存在的系统；任何负责管理文件和元数据的组织机构。

国际标准《ISO15489-1 文件管理：通则》作为一个引用标准，对于该标准的应用不可缺少，而且国际标准《ISO15489-1 文件管理：通则》中的许多术语和定义在该标准中有广泛的应用。

④《ISO 23081-2：2007 信息与文件—文件管理过程—文件元数据第二部分：概念与实施问题》。

近年来，国际文件管理领域一直致力于元数据模型的研究，继国际标准化组织（ISO）《ISO 23081-1：2005 文件元数据原则》标准提出著名的"法规三元组"元数据模型之后，2007 年 7 月 30 日，国际标准化组织（ISO）又颁布了 ISO 23081 标准的第二部分《ISO 23081-2：2007 文件元数据概念与实施问题》，该标准又进一步规定了"法规三元组"模型的具体应用和实施，这充分体现了国际文件管理领域对于元数据模型研究的重视程度。

目前，国际上比较著名的元数据模型有美国著名学者戴维·比尔曼元数据6层参考模型、美国国家航空航天局的开放档案信息系统（OA IS）信息模型和本文探讨的 ISO 23081"法规三元组"模型。在这些模型中，"法规三元组"模型因其适用于电子文件管理领域，反映了电子文件管理一体化的流程与阶段，也反映了建立具有真实性、可靠性、完整性和可利用性电子文件管理元数据所必须具有的法规、人员、文件和业务元数据类别，而成为目前文件/档案领域电子文件管理元数据标准制定的主要参考模型，被档案界简称为"法规三元组"模型。国际标准化组织（ISO）在《ISO 23081-1：2005 文件元数据原则》标准中首次提出将该模型作为国际文件管理领域的元数据模型。在 2007 年 7 月 30 日颁布的该标准的第二部分《ISO 23081-2：2007 文件元数据概念与实施问题》中，又进一步规定了该模型的具体内容及其应用。

2009 年，ISO 组织对 ISO 23081-2 修订后颁布第二版《ISO 23081-2：2009 信息与文献—文件管理元数据—第 2 部分：概念与实施问题》。2011 年颁布第三部分《ISO/TR 23081-3：2011 信息与文献—文件管理元数据—第 3 部分：自评估方法》（Information and documentation—Managing metadata for records—Part 3：Self—assessment method），进一步明确了评价现有文件管理元数据的方法。当前，ISO 组织正在制定 ISO 23081 系列标准的第四部分《ISO 23081-4 信息与文献—文件管理元数据—第 4 部分：实施指南》。ISO23081 系列标准的颁布，标志着国际对文件管理元数据的探索已从原则、概念逐步走向实施和应用，提出的多实体、多属性的元数据框架结构，则被很多国家、地区和单位制定文件管理元数据标准方案时所采纳①。

（2）《澳大利亚政府文件管理元数据标准》2.0 版

澳大利亚 1999 年 5 月出台的《联邦政府机关文件保管元数据标准》（1.0版）是世界上第一个专门为解决文件长期管理问题而颁布的国家级元数据标准，它规定了澳大利亚联邦政府机关文件保管系统中应该捕获的元数据集。作为澳大利亚国家档案馆推荐执行的标准，它为其他国家和地区制定、完善文件保管元数据标准提供了宝贵的经验，奠定了良好的基础。时隔 9 年之后，2008 年 7 月，澳大利亚国家档案馆又颁布了修订版的《政府文件管理元数据标准》2.0 版（以下简称 2.0 版）。2.0 版标准是 1.0 版的完全修订版，

---

① 刘越男 . ISO 23081 带来的启示与困惑[J]. 北京档案，2008(7)：26-27.

与前一版相同的是，该标准可被参与设计，选择和实施电子文件管理和业务系统的机构团体、文件管理者、IT 人士、软件商可用作参考工具。而与前标准不同的是，该标准基于多实体模型，分别著录文件、责任者、业务、法规和关系 5 个单独的实体。它规定了 26 个基本元数据项，另有可用于描述这些实体的 44 个子项。

总之，2.0 版标准运用最新的电子文件元数据研究成果，采用最新的国际标准，体现了电子文件管理元数据研究的新方向①。

该标准分为三个部分，第一部分是背景，介绍了标准及标准的发展、元数据标准化的目的及意义、标准的范围及用途、元数据集的特点。第二部分是元数据项及子项的具体描述。由于 2.0 版标准采用了与 1.0 版标准截然不同的元数据描述方式，内容区别很大。该元数据集采用多实体著录的方式描述五个不同实体。

文件管理元数据有 26 项，其中 8 项对采用多实体著录时是必选的；另有 12 项是条件选项，选择与否取决于著录实体及实体应用的背景；还有 6 项是可选项，需要更详细的著录时可以选择。元数据元素定义是标准的核心内容。与 1.0 版类似的是，2.0 版标准中的每项元数据元素与子元素都用定义、目的、容器型(是否包含子元素)与否、约束力、使用条件、适用性、可否重复、缺省值、方案及注释来描述，如果是容器型就增加子元素一项。

最后是附录部分。除了与 1.0 版标准、PREMIS 及 AGLS (AS 5044-2002) 对照，形成的 3 个对照表即三个附录外，附录 D—标准的编码方案中有元数据实施时所必须参考的具体方案 22 个。这也是该标准的一个特点，即正文内容十分简单，仅有 26 项元数据，44 项子元素；附录部分则包括了著录所需的全部详细信息。例如，类别方案分别列出了五个实体各自的具体类别。文件实体分：档案组合、档案、系列、卷宗、业务组件、件六类。机构实体分：机构、组织、工作组、个人、机制五类。业务实体分：业务环境、职能、活动、事务四类。法规实体分：立法、规则、政策、业务规定、业务要求、社团期望、标准、文书要求、执行标准、系统说明十类。关系实体分：来源关系、文件管理事件两类。

标准是随着实践的发展而不断地向前发展的。澳大利亚政府文件管理元数据 1999 年版标准，紧跟当时电子文件管理研究的步伐和实践，采用匹兹

---

① 赵芳.《澳大利亚政府文件管理元数据标准》2.0 版介绍[J]. 档案管理，2010 (3)：73.

堡大学的六个层次来描述文件管理元数据，成为后来很多国家和地区制定文件管理元数据标准的典范；该 2.0 版标准也体现了当前电子文件管理研究的最新成果和方向。其采用的多实体方法必将引起各国的关注，影响本国电子文件管理元数据标准的制定。如、我国的《电子文件元数据标准（征求意见稿）》和电子文件管理细则第一部分：文书电子文件元数据方案（征求意见稿）都采用了多实体著录的方法。当然，电子文件管理研究仍在以前研究成果的基础上不断地深入。随着电子文件管理研究及实践的发展，必将还有更新、更科学的文件管理元数据标准出现，以指导电子文件管理的实践。

（3）Dod 元数据标准

1993 年，美国国家档案和文件管理署（NARA）、美国陆军、美国空军和军事研究实验室等机构的工作人员共同组成了美国国防部文件管理项目组（Dod records management task force），该项目组致力于文件管理工作的重新组织。在研究过程中，项目组与加拿大英属哥伦比亚大学（UBC）的研究者负责维护和管理，软件的测试认证工作仍由美国国防部联合互操作测试司令部（JITC）负责。

标准正文之前有前言、参考文献、术语、缩略语、标准的目的和局限性等五个部分。参考文献和参见标准有 48 项，术语 96 个，常用的缩写词 49 个，这些内容能够帮助读者准确理解标准内容。标准正文包括强制功能需求、可选功能需求、涉密文件管理需求三个部分。

① 强制功能需求。

强制功能需求大约 160 项，内容涉及 10 个方面，每一方面又可以划分为若干更加具体的分需求，标准对每一个分需求给出详细说明。

② 可选功能需求。

可选功能需求 43 项，涉及的问题比较广泛。可粗略划分为：技术环境、性能、辅助功能等。技术环境需求包括对硬件、操作系统、协议等问题的建议；性能比如大负荷处理能力、与其他通用办公软件的接口等；辅助功能需求包括图像处理、传真、条形码、在线帮助和对多种格式文件的浏览等方面。

③ 涉密文件管理需求。

这是 2002 年 6 月版新增的部分，此部分更加突出了标准的军方背景。除了原有的 16 项元数据项目之外，标准增加了 18 项涉密文件的元数据；主要强调类别的划分、升级、降级等功能；并同样给出了授权用户的角色和权限的详细规定。

总体来说，该标准内容主要有以下的特点：

① 实用性较强。

② 为了易于测试，需求表述的结构化程度较高。

③ 该标准只规定了电子文件管理的最基本功能需求(底线需求)，所规定的内容尚不完整。

④ 该项目经费直接来自国防部，与防务安全有关的文件管理需求得到优先考虑，所以各项管理需求相对严格，适用对象主要是政府部门，尤其是军事机构。

⑤ 标准在信息自由法和隐私法等方面功能较单薄。虽然 1997 年标准将满足信息自由法和隐私权的某些需求作为下一步完善的方向，但 2002 年的版本无疑更强调对涉密文件的管理。

⑥ 标准不太适合私人机构或商业公司。有些专家认为，政府和公司的运作区别很大，标准中很多严格的规定和规范的做法对公司(尤其是中小规模的公司)来说几乎毫无意义。

⑦ 和 1997 年版相比，2002 年标准在审计方面的需求更加具体，用户可以定义更多的元数据域，新增了有关涉密文件管理、电子邮件管理的功能需求等。

(4)欧洲元数据标准

欧盟委员会(European Commission)一直致力于为各种组织提供信息和文件管理方面的指导，1996 年，由其组建的 DLM 论坛第一次提出制定电子文件管理功能需求的倡议。1999 年，英国的康维尔管理咨询集团(Cornwell Management Consultant)承担了电子文件管理功能需求报告的起草工作，由来自 10 个国家的 13 名专家具体负责。2001 年，MoReq 的第一个版本《电子文件管理通用需求》(Model Requirements for the Management of Electronic Records)正式发布。作为首个欧洲范围内的文件管理指导规范，MoReq 获得了巨大的成功，被翻译成覆盖欧盟所有成员国语言的版本，且被欧盟的很多成员国甚至欧洲之外的其他国家所采用。

随着信息技术的发展，那些影响电子文件创建、捕获和管理的相关技术相应地也都发生了很大的变化，新的技术环境也对文件管理提出了新的要求，而且 MoReq 中的某些需求过于概括和抽象，无法直接用于设计和评价电子文件管理系统。为此，欧盟于 2006 年启动 MoReq 的修订程序，2008 年发布了 MoReq 的新版本 MoReq2。MoReq2 的内容更加全面和系统，首次引入了测试和认证机制，软件供应商可以将文件管理软件交由 MoReq2 的测试中心进行测试，检测其产品是否符合 MoReq2 的要求。为了便于测试，MoReq2 规定了一个更为复杂的元数据模型，同时还规定了便于数据交换的 XML 文档结构作为导入和导出格式。MoReq2 相对于 MoReq 来说更像是一个"标准"了，MoReq 侧重于为文件管理人员提供一个指导性规范，MoReq2 则为软件供应商设计电子文件管理系统（ERMS）提供了一个标准模型。打造一个通用的电子文件管理系统一直是 MoReq 追求的目标，这种电子文件管理系统有自己的文件存储库，它需要从组织的业务系统或其他来源系统捕获文件，保存到文件存储库，再进行管理。但在组织的电子文件管理实践中，情况却更为复杂。欧洲 IT 咨询公司凯捷集团的高级顾问 Ed Fowler 发现大多数组织并没有将文件集中到一个文件存储库的传统，而是分散在不同的业务系统数据库中，对于文件管理人员来说，要求其他工作人员将自己产生的文件保存到电子文件管理系统中是不可能完成的任务，越来越多的组织放弃了将文件集中保存管理的希望①。

（5）电子文件著录标准

元数据是反映电子文件内容、结构及背景特征的数据信息。元数据的提取旨在对电子文件信息进行选择、识别、组织、管理、开发、利用和评价，进而追踪文件在管理和使用过程中的变化，实现电子文件信息资源的凭证价值、集合整合与长期保存。元数据的提取主要通过著录工作来完成，著录过程开始于文件形成之前，连续贯穿于文件的整个生命周期，从而确保文件的可靠性、可信性、可理解性和可持久性，因此，著录标准也是电子文件元数据标准的主要类型。当前，国际电子文件著录标准主要由国际档案专业组织——国际档案理事会制定颁布，国际档案理事会也是 ISO/TC46/SC11 的外联单位，该组织颁布的电子文件著录标准主要有 ISAD（G）、ISAAR（CPF）、ISDF 和 ISDIAH。

① ISAD（G）。

ISAD（G）即《国际档案著录标准（通则）》（General International Standard Archival Description），这是由国际档案理事会（ICA）著录标准特别委员会于 1993 年制定发布，该标准也是国际档案理事会颁布的第一个标准，并于 2000 年发布了第二版。ISAD（G）旨在通过建立准确、恰当的档案著录项目，将它们组织在一个具有一致性的预设模型中，达到对档案背景和内容的鉴定

---

① 谢海先，赵媛媛. 功能到服务的变迁——从 MoReq 到 MoReq 2010[J]. 档案学研究，2012（4）：87.

与解释，并使这些档案具有较强的可用性。ISAD(G)第二版为多级著录，档案多级著录的原则是以档案的尊重全宗理论为基础，该标准虽然说是档案著录标准，但对于电子文件的著录同样适用，是目前电子文件著录在著录方面被全世界广泛采用的标准①。

② ISAAR(CPF)。

ISAAR(CPF)即《机构、个人和家庭档案规范记录著录规则》(International Standard Archival Authority Record for Corporate Bodies, Persons and Families)，该标准由国际档案理事会档案著录标准特别委员会于1996年颁布，并于2003年修订颁布第二版。ISAAR(CPF)为形成档案的机构、个人和家庭提供著录规则，以支持档案的规范共享。ISAAR(CPF)标准将与ISAD(G)配套使用②。

③ ISDF和ISDIAH。

在上述两个标准的基础上，2008年，国际档案理事会先后发布了标准ISDF和ISDIAH。ISDF即《职能著录的国际标准》(International Standard for Describing Functions)，旨在ISAD(G)和ISAAR(CPF)的基础上开展补充著录，获取文件创建者与完成工作相关扩展信息，进而为法人团体履行职能提供一致性的认定标准。ISDIAH即《档案保存机构著录的国际标准》(International Standard for Describing Institutions with Archival Holdings)该标准的发布意在将其与ISAD(G)和ISAAR(CPF)联合使用，从而捕获有关档案保存机构的信息并使该信息标准化，以支持用户访问档案馆藏。

ISAD(G)、ISAAR(CPF)、ISDF和ISDIAH是国际档案理事会颁布的档案著录方面的配套系列标准。ISDF和ISDIAH是由ISAAR(CPF)分化而出，ISAD(G)同ISAAR(CPF)之间可以通过ISDF更加紧密地关联起来，ISDIAH则是ISAAR(CPF)的有力补充，可与ISAD(G)配套使用③。

11.4.3 中国电子文件元数据标准

电子文件元数据的理论研究及其标准化工作首先在发达国家展开，我国

---

① 《国际档案著录标准(通则)》[ISAD(G)]著录标准特别委员会通过[J].档案学研究，1995(2)：86.

② 张文友，徐维.《国际标准—团体、个人和家族档案规范记录著录规则》的制定及其结构特点[J].档案与建设，2001(2)：56.

③ 段荣婷.国际档案规范记录标准化研究[C].档案与文化建设：2012年全国档案工作者年会，中国四川成都，2012：10.

学术界开始电子文件元数据的研究开始于 21 世纪初期。中国学者选择通过介绍国外标准和对比研究的形式，来推进中国的研究进程并展开本土化研究。随着电子文件大量广泛地产生和应用，设立文书类电子文件通用元数据标准，用以记录电子文件的内容、形式、背景和管理信息，为电子政务、办公自动化、文件及档案管理系统的设计提供依据，成为必然。

国家档案局 2009 年发布的档案行业标准《文书类电子文件元数据方案》（DA/T 46-2009）是我国首个文书类电子文件元数据通用标准。此外，档案行业标准《档案著录规则》（DA/T18-1999）、档案国家标准《中国档案机读目录格式》（GB/T 20163-2006）可以作为电子文件著录的参考标准。《国际标准档案著录规则（总则）》（第 2 版）和编码档案描述（EAD）等相关的档案著录国际标准也应作为我国电子文件著录的参考标准。其《文书类电子文件元数据方案》是《电子文件管理细则》的一个重要组成部分，是安徽省电子文件中心通过分析国内电子文件管理现状、国外电子文件管理和元数据的研究和实践情况，重点对美国电子文件档案馆（ERA）和澳大利亚维多利亚电子文件策略（VERS）两大项目深入比较，最终借鉴 VERS 经验制定的①。《文书类电子文件元数据方案》引用了《ISO15489-1：2001 信息与文献文件管理第 1 部分通用原则》《ISO23081-1：2006 信息与文献文件管理流程文件元数据第 1 部分原则》《ISO/TS23082-2007 信息与文献文件管理流程文件元数据第 2 部分概念与执行事宜》的相关标准，其主要内容包括范围、规范性引用文件、术语与定义、元数据元素、结构及描述方法、文件实体元数据元素的描述。

此外，GB/T 26163.1-2010《信息与文献文件管理过程文件元数据第 1 部分：原则》也规定了文件管理元数据创建、管理及应用的原则。

---

① 黄燕芳.我国《文书电子文件元数据方案》与澳大利亚《联邦政府机关文件保管元数据标准》比较［J］.中国科技博览，2010(29)：214.

12 电子文件中心与数字档案馆

电子文件中心是建立在电子政务网上的一种集中式的电子文件管理平台，它能够避免政府各个部门对电子文件的分散、多头管理，对于电子文件的集中归档、长久保存和有效利用具有十分重要的意义。2004 年开始，江苏、安徽等省率先建立了我国首批电子文件中心，2007 年国家档案局明确提出了"以建立电子文件中心为突破口，全面建立具有中国特色的电子文件管理体系"的战略思想。当前，江阴市、安徽省、天津市、上海市、江苏省、山东省、广东省、四川省、陕西省等全国数十个省市都已经建立了电子文件中心。

数字档案馆是以实体档案馆为基础，基于现代信息技术和网络技术而建设的网络档案信息管理系统。建设数字档案馆的目的是通过数字化的方式保护重要的、珍贵的档案，此外，共享数字化的档案信息资源，使馆藏档案在网络环境下发挥其应有的作用，实现档案馆的社会功能，推动档案事业信息化的发展。根据国家档案局 2010 年出台的《数字档案馆建设指南》，数字档案馆一方面需要对传统载体馆藏进行数字化，另一方面，也需要承担接收归档电子文件进馆，并对其长久保存的任务。因此，从尊重电子文件的全生命周期，进行全程管理的角度，电子文件中心在功能上应视为数字档案馆的一个子系统，担负着电子文件集中接收和归档管理的"入口"功能。

12.1 电子文件中心

我国电子政务及政府信息公开政策的推行，催生了电子文件中心。电子文件中心产生的直接原因是满足电子政务对电子文件的集中管理、安全保护和实时利用的需求。在电子政务环境下，电子文件的集中管理、保存和利用问题日趋突出。早在 2006 年国家档案局组织的调查显示，在中央和国家机关层面，目前产生的电子文件种类复杂、格式多样，已经高达数十种；操作系统、自行开发的应用系统多种多样，也有几十种；电子文件管理的责任部门不统一，接近50%的电子文件由档案部门管理，其余的由信息技术部门、文件管理部门、业务部门或者几个部门共同管理。由此带来的电子文件运行管理中出现的安全保管、长久流传、共享利用等问题，直接影响到了国家数字记忆的保存和电子政务效能的发挥①。在此背景下，电子文件中心应运而生，它是一个能够实现在线接收、保管和存取的电子文件管理平台，是在政府电子文件数量急剧增加的推动下，顺应电子文件保管和利用的需要而建立起来的电子文件保管和利用中心。电子文件中心不是一个独立的实体机构，它挂靠于政府的电子政务网络平台，往往由横跨若干部门的成员合作开发，并由一个相对固定的团队来主持和维护，是各级国家档案馆的内部组织部分②。

我国各地、各级电子文件中心功能各异，但都在一定程度上、一定范围内，实现了对某一区域或某一行政级别的电子文件的集中管理和利用，服务于电子政务信息资源集中管理和政府信息公开的需要。

12.1.1 电子文件中心的含义

人们对于电子文件中心有不同的认识和理解。"电子文件中心"从逻辑上可以拆分为三个实体概念：电子文件、文件中心、中心。这三个概念组合起来有两种结构：一种是"电子文件+文件中心"，另一种是"电子文件+中心"。③ 第一种形式"电子文件+文件中心"，属概念是"文件中心"，具备"文件中心"中间性的基本属性。持这种观点的人认为，电子文件中心是档案室与档案馆之间的电子文件中转站，实现电子文件的收集、管理、利用和向档案馆中心数据库移交④；电子文件中心是电子政务办公自动化系统到档案管理系统的中间环节⑤；电子文件中心是数字档案馆的前端和入口，是连接数

———————

① 张建辉. 全国电子文件中心建设经验交流会纪实[J]. 电子政务，2007(6)：88-89.

② 冯惠玲. 综合档案馆电子文件管理项目的功能定位[J]. 档案学通讯，2007(6)：69.

③ 于英香，张其林. 莫使乱花迷人眼——我国电子文件中心研究与建设剖析[J]. 浙江档案，2009(1)：26-28.

④ 绍兴市档案局. 绍兴市电子文件中心建设的实践与思考[J]. 浙江档案，2007(11)：25-28.

⑤ 胡杰. 基于政务网的电子文件中心的构建与实现模式研究[D]. 苏州：苏州大学硕士论文，2007.

字档案馆与电子政务各系统连接的桥梁和纽带等①。第二种形式"电子文件+中心"，属概念是"中心"，因此应具备"中心"的基本属性。由于"中心"自身内涵的复杂性，使得这个概念的内涵难以统一。有人认为电子文件中心是一个网络现行电子文件的利用中心，这个中心更多地相当于一个计算机管理系统平台②；或者认为电子文件中心是一个电子文件交换平台③。

我国还存在与"电子文件中心"同义或近义的各种称谓，它们的内涵有所不同。如电子档案中心(江苏省)，电子文件与电子档案数据接收中心(福建省)，数字文件中心(青岛市)，电子文件档案资源管理中心(广州市)，电子文档数据中心(韶关市)，电子档案数据管理中心(珠海市)、电子档案馆(中山市)，电子文件备份中心(陕西省、常熟市)，区域性电子文件归档管理系统(上海市长宁区、静安区)等。这些电子文件管理项目(或机构)名称大同小异，其功能却有着不小的差别，甚至同为"电子文件中心"，也是一名多实，目标和功能定位各不相同。④ 但它们都属于电子文件管理领域所设置的项目或机构，容易使人忽视其内涵的区别，从而产生误解。

我国目前对"电子文件中心"概念内涵的理解存在多样性或出现一名多实的现象，是因为我国尚处于对电子文件集中管理机制的探索阶段，各个地区根据自己的实际需要设立了相应的电子文件集中性管理项目或机构，但它们在性质和功能上可能有所差异。我们认为，统一使用"电子文件中心"这一名称，能符合学术界对其的一般理解。电子文件中心的含义是依托于电子政务网而建设的，隶属于档案部门的电子文件集中接收、保管和利用中心。

12.1.2　电子文件中心的功能

我国各级各地电子文件管理条件和业务需求存在差异，各级各地电子文件中心的具体功能也有所不同。李明娟、刘劲松等对如下三种不同性质和功能定位的电子文件中心类型——苏南模式(以南京、常州、丹阳的电子文件中心项目为代表)、安徽模式(以安徽省电子文件中心项目、芜湖市电子文

---

① 杨冬权. 贯彻王刚同志重要批示精神以建设电子文件中心为突破口，全面建立有中国特色的电子文件管理体系——在全国电子文件中心建设经验交流会上的讲话[J]. 中国档案，2007(6)：6-9.

② 张照余. 电子文件中心引论[J]. 档案学研究，2005(4)：7-10.

③ 黄建忠. 电子政务环境下的电子文件中心建设[J]. 档案与建设，2008(1)：25-26.

④ 冯惠玲. 综合档案馆电子文件管理项目的功能定位[J]. 档案学通讯，2007(6)：69-73.

件中心项目为代表）和天津开发区模式（以天津开发区电子文件处理中心和数字档案馆项目为代表）作了调研。苏南模式为中间过渡型，侧重于现行、半现行公文的查询和利用；安徽模式为长久保存型，侧重于电子文件的长久存取；天津开发区模式为综合型，即同时承担电子文件归档保存和馆藏数字化工作。①② 由于性质和功能定位不同，这三种电子文件中心模式在应用系统模块设计、安全与灾备、建设周期等各方面都存在差异性，见表 12-1。调研结果表明，定位为中间过渡型的电子文件中心发展前景堪忧，长久存取型的电子文件中心发展空间很大，而综合型的电子文件中心虽然功能齐全但实现难度较大。

表 12-1 　　　　　　　　　　**三种类型电子文件中心比较分析表**

电子文件中心	功能定位	依据标准	功能模块	安全与灾备	建设周期
苏南模式	现行、半现行公文利用中心	无明确要求	文件的报送、审核、发布、检索（查阅）、统计、备份	技术保障	短（半年左右）
安徽模式	电子文件长久保存和利用	OAIS，MoReq 等	捕获、数据管理、档案存储、利用、保存规划、综合管理	技术保障；制度保障	长（3 年以上）
天津开发区模式	电子文件归档保存和利用、馆藏数字化、现行文件利用	无明确要求	信息采集；数据管理；档案数字化；数字信息的传输、存储和安全维护；提供文件阅览、网上查询等服务	技术保障、制度保障	长（2 年以上）

① 李明娟，肖秋会，张照军. 苏南模式与安徽模式电子文件中心的比较研究[J]. 档案管理，2010(6)：36-39.
② 刘劲松. 我国电子文件中心的功能及管理机制研究[D]. 武汉：武汉大学硕士学位论文，2011.6.

苏南模式电子文件中心是现行电子公文或半现行电子公文利用中心，主要以提供现行或半现行公文利用为基本业务，相当于网上的现行（半现行）文件利用中心，其应用系统以文件的报送、审核、发布、检索（查阅）、统计、备份为主要模块。这类电子文件中心不具备长久保存电子文件的功能，也不具备归档功能，投资少，见效快，建设周期短；安徽省电子文件中心以保证电子文件的完整性、真实性、有效性，实现电子文件的长久保存和利用为核心目标，其核心价值是保存数字遗产，基于 OAIS 功能模型构建其功能模块，具有归档功能。① 它在人力、物力上投资多，建设周期长，见效慢，必须严格遵守行业标准和管理规章。令人关注的是，《中华人民共和国政府信息公开条例》自 2008 年 5 月开始实施以来，政府门户网站开辟政务信息公开栏目，使得电子文件中心的现行或半现行公文的利用功能受到很大冲击，利用率很低甚至为零，苏南模式电子文件中心渐显衰微；而以电子文件集中归档和长久保存为目标的安徽模式电子文件中心受其影响甚微，它们参照 OAIS 等国际标准设计其功能模型和信息模型，实质上是电子文件档案馆或电子档案中心的雏形，将担当起长久保存和利用电子文件的历史重任，未来尚有很大的发展空间。② 天津开发区模式把电子文件的归档保存和馆藏数字化业务都揽入其中，技术难度较大，而且需要分散资源和力量以应对这两种性质不同的业务，管理难度也较大。

总体上，我国电子文件中心是适应电子政务对文件的集中管理、存放、备份、交换、利用等的需要而建立的，挂靠于电子政务网的一个应用系统和文件管理平台。普遍认为，电子文件中心的基本功能是为电子政务服务，强调其对现行电子文件的集中管理，但对于电子文件的长久保存即如何长久保存电子化的社会记忆在认识上还不充分，以"档案化"的思想指导电子文件中心建设在实践中尚没有推行。

我们可以从理论上寻找电子文件中心功能定位的依据。欧美理论研究和实践的经验证明，文件连续体理论是指导电子文件管理的基本理论，相对于文件生命周期理论，文件连续体理论更确切地揭示了电子文件生命运动的整体性和连续性特点，克服了文件生命周期理论对于文件生命运动阶段进行明确划分的不足，更适用于电子文件管理。而我国当前的电子文件中心建设基

---

① 黄玉明. 电子文件中心的定位与核心取向[J]. 档案学研究，2010(2)：55-58.

② 黄玉明，周建武，吴彬松. 安徽省电子文件中心设计与建设[J]. 中国档案，2009(8)：11-13.

本是以文件生命周期理论为依据的，大多是照搬了传统纸质文件的管理方式，将电子文件中心与传统纸质文件中心的功能等同，从而忽视了对电子文件的"档案化"管理，这种做法实质上违背了电子文件生命运动的连续性规律，使电子文件面临风险。有鉴于此，根据文件连续体理论和 OAIS 关于数字信息长期保存的功能模型设计，我国的电子文件中心建设应该以"档案化"思想为指导，按照数字档案馆的接收标准，对政府电子文件进行集中归档管理，实现对其的长期存取，这应是我国电子文件中心最基本的功能。

12.1.3 电子文件中心的管理流程及其规范

电子文件中心要在具体的业务流程中实现对电子文件的前端控制、全程管理，需要制定电子文件生成和办理的流程控制程序；建立电子文件真实性的认定方法和手续，明确判定电子文件真实性的检验要素；建立符合法律要求的电子文件真实性鉴定规则和程序。[①]

安徽省电子文件中心建设具有一定的借鉴意义，其做法是，将电子文件业务主要划分为文件接收/整理业务、文件管理业务、文件利用业务三个方面。移交单位负责将电子文件封装成 EEP 或者以 SEP（XML+原文）形式，以在线或离线的方式向电子文件中心移交。数据接收/整理业务由中心数据接收人员完成，负责电子文件的在线或离线接收（包括鉴定和封装），对接收的电子文件信息和载体进行检测，将经检测符合要求的电子文件移交数据管理和数据存储系统，具体的业务流程见图 12-1。[②]

12.1.4 电子文件中心技术分析

（1）电子文件中心的结构模型

我国电子文件中心较常采用的结构模型是 B/S 结构。B/S 结构的电子文件中心包括客户端、Web 服务器和数据库服务器三个部分。这种结构对硬件的要求：客户端配置要求不高。而 Web 服务器和数据库服务器，具体配置则视存储文件的数据量和并发用户数的多少而定。数据库管理系统的选择主要取决于电子文件中心的数据量，应考虑到文件数量的累积效应。对软件

---

① 邱晓威，郝晨辉等. 电子文件真实性、完整性保证及法律地位的认定[J]. 中国档案，2004(2)：47-49.

② 黄玉明，周建武，吴彬松. 安徽省电子文件中心设计与建设[J]. 中国档案，2009(8)：11-13.

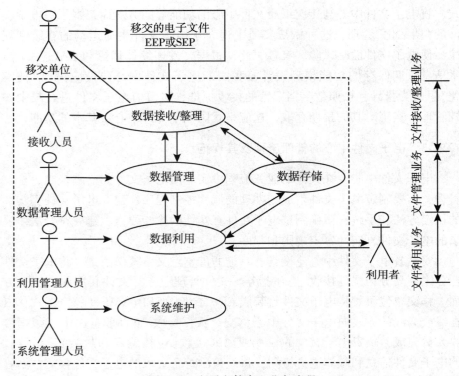

图 12-1　电子文件中心业务流程

环境的要求：与之相对应的电子文件中心软件的逻辑结构可划分为 Web 应用层—应用服务层—数据服务层三层结构。① 这种结构模型具有结构简洁，便于升级的特点。目前被国内大多数电子文件中心采纳。

陈勇提出了将网格(grid)技术应用于电子文件中心的构想。网格是一种不同于传统 Internet 的具有巨大存储和信息处理能力的新型网络系统，它的构建目标是实现互联网上所有资源的全面连通。网格技术能够为分布式异构环境中电子文件信息资源的利用提供支持，构建统一技术平台。在采用网格构建电子文件中心时，需要关注如下问题：建设有特色的底层资源，避免重复建设所带来的不必要的浪费；加强电子文件中心系统结构体系的互操作

---

①　胡杰. 基于政务网的电子文件中心的构建与实现模式研究[D]. 苏州：苏州大学硕士论文，2007.

性，以便利用网格技术实现资源共享；完善电子文件中心结构体系的协同，实现各类服务组件集成化；丰富电子文件中心结构体系中的交互模型，使电子文件中心的体系结构能适应发展变化的要求。① 网格技术对于电子文件中心建设具有潜在应用价值。

（2）电子文件中心遇到的主要技术问题

电子文件自身的非人工识读性、系统依赖性、易变性、高密度性等特点，对电子文件的长期存取提出了很高的技术要求。另外，越来越多的多媒体电子文件集文字、图像、影像、声音于一体，如何解决多媒体电子文件所具有的容量大、数据非结构化、文件格式多等难题将成为电子文件中心需要解决的技术难题。

电子文件中心管理系统面临技术安全问题。除了完善管理制度、制定相应安全策略、定期进行安全培训以及长期的安全服务等必要的措施外，采取相应的技术手段进行管理与维护也是极其重要的。② 有人认为，电子文件中心是依托政务内网建立的，安全性较高。这种设想的理论逻辑前提是政务网是牢不可破的。但是事实上不存在绝对安全的网络，电子文件中心如果要承担长久保存电子文件的职责，就必须考虑到在政务网瘫痪的情况下如何保障电子文件安全的问题。因此，高度重视电子文件中心的病毒防控，以及对防火墙技术、备份技术等安全保障技术的开发与应用是极为重要的。如安徽省电子文件中心采用病毒防治、电子签名、访问权限控制、身份认证、安全审计、备份与恢复等技术，建立永久保存和分级利用的安全体系；对各类业务系统和管理软件等电子文件生成环境、各类基础数据库和符合国家利益的网站进行历史性备份。

12.1.5 电子文件中心的法律地位

电子文件中心对电子文件管理的法律权限等问题值得关注。2008 年实施的《中华人民共和国政府信息公开条例》指出："各级人民政府应当在国家档案馆、公共图书馆设置政府信息查阅场所"。中办、国办《关于加强信息资源开发利用工作若干意见》要求"充分利用媒体以及档案馆、图书馆、文

---

① 陈勇. 基于网格技术的电子文件中心建设研究［J］. 档案学通讯，2008（5）：46-48.

② 卿旭，陈志华等. 电子文件中心软件模型及运行环境［J］. 广西科学院学报，2007（4）：295-296.

化馆等场所，为公众获取政府信息提供便利"。而档案馆(局长)与办公厅(室)的分工以文件归档为界，现行和半现行文件不是档案馆工作的对象。《中华人民共和国档案法》(1996)并没有赋予档案部门监督、控制文件处理的职权，而只是在《〈中华人民共和国档案法〉实施办法》第九条不甚详细的规定：机关、团体、企事业单位和其他组织的档案机构负有"指导本单位文件、资料的形成、积累和归档工作"的职责。① 因此，我国档案法在修订过程中有待与《政府信息公开条例》等法规的内容相呼应，明确规定电子文件中心集中管理政府现行文件、为公众提供政府信息查阅的作用和功能。

我国电子文件中心建设采用的是自下而上的方式，尚无直接针对电子文件中心建设的国家法律和标准。《全国档案信息化建设实施纲要》要求各级档案行政管理部门要"加强电子文件归档和电子档案的规范化管理"，但如何做到规范化管理，国家档案局没有指导性的意见，只是要求各档案部门"因地制宜地采用适合于本地区电子文件管理的最佳模式"②。

自2004年我国首批电子文件中心建立之后，一批针对电子文件中心建设的地方性政策和法规陆续出台。如《安徽省电子文件中心试点工作实施方案》拟制定和完善一系列的标准和规范，包括《电子文件管理细则》(档案行业标准)、《电子文件中心组织结构与建设要求》《归档电子文件真实性鉴定规程》《电子文件保管期限、密级划分原则》《电子数据交换安全标准》《安徽省电子文件中心操作人员守则》《安徽省电子文件中心机房管理制度》《安徽省电子文件中心灾难恢复计划》《电子文件阅览须知》等。③ 山东省档案局为解决电子文件管理与利用的难题，逐步制定了《山东省电子文件归档管理办法》《数字档案馆建设规程》《数字档案室建设规程》等一系列电子文件管理的规范性制度和技术标准，明确了电子文件的标准化问题。④ 但由于缺乏国

---

① 冯惠玲，赵国俊. 中国电子文件管理：问题与对策[M]. 北京：中国人民大学出版社，2009：38.

② 国家档案局，中央档案馆. 关于印发全国电子文件中心建设经验交流会议文件的通知(2007-04-30)[EB/OL]. [2012-08-15]. http://law.baidu.com/pages/chinalawinfo/9/16/1f5f8709ff54c83d087419fe2c9f0381_0.html.

③ 安徽省档案局. 关于印发《安徽省电子文件中心试点工作实施方案》的通知(2009-8-10)[EB/OL]. [2012-08-10]. http://www.ahda.gov.cn/DocHtml/1/2009/8/11/894431844571.html.

④ 山东省电子文件中心建设的探索与思考(2011-05-30)[EB/OL]. [2012-07-25]. http://www.sdetn.gov.cn/dzyxzc/dzzw/webinfo/2011/05/1311729752225583.htm.

家层面的电子文件中心建设规范，各地电子文件中心的建设标准和效果良莠不齐。

我国电子文件中心的法律和标准建设应着重解决如下几个问题：明确电子文件中心的法律地位；规定电子文件中心的行政隶属、人员组成和财务管理标准规范；电子文件中心的管理制度；电子文件中心的软硬件技术要求规范；电子文件中心的安全标准规范等。

12.1.6 电子文件中心的发展思路

为了有效发挥我国电子文件中心的基本功能和辅助性功能，保障电子文件中心管理机制的顺利实施，可从如下 7 个方面考虑相应的发展思路：

(1)政策、法规和标准保障

国家档案行政管理部门应会同政府信息部门及时出台相关政策、法规和标准，对我国各地、各级电子文件中心建设所面临的共性问题及时作出明确的要求和规范。为了稳步推进我国电子文件中心的建设，建议采取政策、标准先行，法规跟进的模式。

在政策层面，由国家档案行政管理部门会同政府信息化部门，对电子文件中心建设的前提条件、电子文件中心的行政隶属、功能定位、服务对象与范围、安全控制等问题予以明确的阐释和引导；在标准层面，应参照国际、国内的电子文件管理标准，及时出台电子文件管理系统的功能需求标准、电子文件中心的接收、归档标准、元数据标准、文件存储格式标准，等等；在法规层面，应对电子文件中心建设过程中各类主体之间的权利和义务关系进行规范和调节①。

(2)建设模式

将电子文件中心建设纳入国家电子政务建设工程，但在归属上应是国家档案馆系统的组成部分，由档案馆主导电子文件中心的建设。电子文件中心与数字档案馆共建，使电子文件中心成为数字档案馆的一个组成部分，承担对电子文件的长久保存、集中管理和提供利用功能。务必使电子文件中心建设与数字档案馆建设在建设流程、技术标准、技术应用、软件设计、硬件配置等方面相互衔接和匹配。这需要全盘考虑电子政务系统与数字档案馆系统之间的统筹规划，以及在具体建设环节上的衔接配套。

(3)人员构成及职责分配

---

① 章燕华. 电子文件管理规范体系框架研究[J]. 档案学通讯，2010(5)：39-43.

电子文件中心的人员在来源上具有跨部门性，来自政府多个部门和同级档案馆。他们负责进行电子文件的归档管理、长久保存、提供利用及电子政务数据交换，其职责应分明：档案人员按规定和标准进行电子文件的鉴定、归档管理、长久保存和提供利用，政府部门人员负责维护电子文件中心的运行，并与电子政务系统进行数据交流。

（4）经费与成本

电子文件中心建设由当地政府财政拨款，应定期向政府财政部门提交经费预算及开支报告，接收政府财政部门的监督。

（5）运行与管理方式

可借鉴美国电子文件档案馆（ERA）的做法，实行项目管理方式，以提高管理的效率。项目管理是第二次世界大战后期发展起来的新管理技术之一，最早起源于美国。所谓项目，是指一系列复杂并相互关联的活动，这些活动有一个明确的目标，必须在特定的时间、预算、资源限定内，依据规范完成。可由一个项目组（团队）承建电子文件中心项目，根据电子文件中心的功能定位和建设目标，从电子文件中心项目的投资决策开始，到项目结束的全过程进行系统的规划、组织、指挥、协调、控制和评价，以达到项目的目标。

（6）系统设计与技术开发

参照相关国际标准（如 ISO15489、OAIS）、国家标准和行业标准，设计电子文件中心的功能模型和信息模型，开发电子文件管理系统，对各个部门及电子文件流转的各个环节进行前端控制和全程管理。

（7）分阶段推进的建设思路

由于地区差异，我国电子文件中心建设应分阶段推进、稳步实施。我国电子文件中心建设大概应经历如下三个阶段：第一阶段为自下而上的探索阶段。其特点是各地、各级电子文件中心纷纷建立，各具特色。第二阶段是自上而下的统筹规划阶段。该阶段任务是总结和提炼各地、各级电子文件中心建设经验，制定和实施相关政策、技术标准和法规，发挥电子文件中心的双重功能，建立高效的管理机制。第三阶段是稳定发展阶段。在前两个阶段的基础上，建成覆盖全国的电子文件管理系统，并保持动态调整。

12.2　数字档案馆

根据国家档案局 2010 年发布的《数字档案馆建设指南》，数字档案馆是各级各类档案馆为适应信息社会日益增长的对档案信息资源管理、利用需求，应用现代信息技术对数字档案信息进行采集、加工、存储、管理，并通过各种网络平台提供公共档案信息服务和共享利用的档案信息集成管理系统。数字档案馆的建设目标是，依靠国家和当地信息化基础设施建设环境，充分利用各种政务网平台、公众网平台以及各类网络资源，以先进的信息技术为手段，集成建设适应本部门本单位一定时期内数字档案管理需要的网络平台，开发应用符合功能要求的管理系统，推动馆藏档案资源数字化、增量档案电子化，逐步实现对数字档案信息资源的网络化管理，以及分层次多渠道提供档案信息资源利用和社会共享服务。

数字档案管理系统应当具备"收集、管理、保存、利用"四项基本业务功能，以及用户权限管理、系统日志管理、数据备份与恢复、系统及其数据安全等功能。数字档案馆应当采取必要措施，保证馆藏数字档案信息，特别是电子文件归档形成的电子档案信息的可靠可用。数字档案管理系统的功能可以根据信息化的发展和档案管理的要求而有所侧重并不断拓展。数字档案馆建设一般应分为项目规划与立项、项目招投标、项目实施、运行维护等基本步骤。

12.2.1　数字档案馆的特点

我国数字档案馆建设具有如下特点：相对独立性、与电子政务关系密切、模式多样性、数字档案馆建设地区不平衡性和阶段性①。

（1）相对独立性

国外的档案工作与图书工作关系密切，很多图书馆藏有珍贵的历史档案，因此档案数字化往往是与图书馆数字化同时进行。在 OCLC 等国外很多大型检索系统内我们可以看到，数字化档案、手稿与图书、地图、期刊以及音像制品已经集成管理并统一提供利用。著名的美国电子文件档案馆项目（ERA）以 OAIS、InterPARES、DOCT 等 6 个大的合作项目为核心，是档案部门与科技界、政府部门、IT 界和图书馆界广泛合作的典型。

我国的数字档案馆都是在档案系统内独立开发的，与图书馆没有合作的传统，鲜有与图书馆界、科技界和 IT 界广泛合作的先例，需要自行设计和建设独立的数字档案馆。目前很多数字档案馆项目基本处于馆藏数字

————————
①　肖秋会.我国数字档案馆与电子文件中心建设述评[J].档案学通讯，2008(6)：11-15.

化和档案网站建设阶段，档案馆网站的信息内容有待充实，许多档案馆还在进行数据准备和录入工作，而对于电子文件的接收则由于法规标准的缺乏或电子文件管理系统本身的不完善没有真正开展。我国数字档案馆建设的独立性虽然有利于建设独具特色的数字档案馆系统，但与图书馆界、科技界和 IT 界的隔离不利于汲取先进的技术和方法，也不利于社会公共信息资源的集成和共享。

（2）与电子政务关系密切

我国电子政务的发展开始于 20 世纪 90 年代，逐步由政府上网公开政务信息阶段发展到网上办公阶段。电子政务为数字档案馆和电子文件中心的建设提供了十分难得的契机，在经费、技术和资源上成为数字档案馆和电子文件中心建设的最重要支持。随着电子政务工程的推进，电子政务环境中产生的电子文件管理问题日益受到关注，国家档案局高度重视电子政务活动中电子文件的归档和长期保存问题，于 2007 年开始研制电子文件管理的国家战略，并促成了全国省、市级综合性档案馆纷纷设立电子文件中心。电子文件中心的一项基本职能是接收和保管电子政务活动中形成的现行电子文件，为政府信息公开以及各项活动和决策提供信息支持，有望成为数字档案馆工程的一个组成部分。

（3）模式多样性

我国档案馆主要有三种类型：综合性档案馆、部门档案馆和企业档案馆。它们在数字档案馆的建设过程中不可能采取统一的模式，这是由它们各自不同的服务范围和社会性质所决定的①。综合性档案馆的馆藏最丰富，服务范围和对象是整个社会公众，承担着保护社会记忆，传承人类文明的历史重任，其社会性最强，因此，在数字档案馆模式选择中需要充分发挥其社会性和公共性。而部门档案馆主要服务于专业系统或部门内部，主要是科技档案等专门档案材料的存取和利用，其服务面相对狭小而且具有行业和专业特色。企业档案馆的馆藏来源于本单位，仅为本单位服务，服务范围最小，专业性也很突出，必须考虑为企业的经济效益服务。因此，不同类型的档案馆具有不同的规模、服务范围和社会性质，它们的数字档案馆建设在总体规划、功能设计、运行机制等方面存在明显差异。

（4）地区发展的不平衡性

---

① 傅荣校，陈荣红. 数字档案馆模式研究——现阶段不可能有统一模式[J]. 档案学通讯，2005（4）：44.

　　数字档案馆产生于发达的信息社会，它需要大量资金投入以及现代高新技术的支撑。我国东部沿海地区和中西部地区在经济、文化和技术等方面的实力相差悬殊，数字档案馆的建设必然存在地区不平衡性。从已经开始的数字档案馆项目来看，东部地区占了绝大多数，而中西部地区的很多档案馆由于各方面条件限制无法启动数字档案馆项目。

　　(5)建设过程的阶段性

　　数字档案馆建设必须以档案馆业务工作自动化为基础，认为在数字档案馆建设过程中可以实现跨越式超常规发展的想法是不切实际的。数字档案馆建设一般需要经历以下三个阶段：

　　第一个阶段：档案馆自动化阶段。实现档案实体管理和档案信息组织的自动化。

　　第二个阶段：单个数字档案馆建设阶段。主要包括馆藏数字化、档案数据库建设和档案网站建设，并能够实现对电子文件的远程存取。

　　第三个阶段：多个数字档案馆互联阶段。实现多个数字档案馆之间的互操作，以各个数字档案馆共同遵循的高层协议为基础，整合各个档案馆的资源并提供统一的检索入口。

　　我国大部分省级以上的综合档案馆，国家专业系统和大型企业的档案馆，以及有关高校的档案馆已经具有了档案自动化的基础，馆藏数字化工作正在持续进行，目录型和全文型数据库也在纷纷建立。全国 90% 以上的省市档案机构已经建立了档案网站，经国家档案局批准，中国档案报社主办的中国档案信息门户网站——中国档案网已经于 2007 年 7 月开通。

　　总体来看，我国东部发达地区的数字档案馆建设处于第二阶段即单个数字档案馆建设阶段，而中西部地区的数字档案馆建设还处于由第一阶段向第二阶段的过渡期。

12.2.2　数字档案馆管理系统的功能要求

　　数字档案馆管理系统应具备收集、管理、保存和利用四项基本业务功能。

　　(1)收集功能要求

　　系统应当具备接收立档单位产生的电子文件及其元数据、对传统载体档案进行数字化和采集重要数字信息资源等功能。

　　① 系统根据相关要求能够接收立档单位产生的各类电子文件及其元数据，并在建立一整套接收机制基础上，保证接收过程责权明确，杜绝安全隐患，从源头上保证数字档案的真实、完整、可用。

② 系统应当提供选择在线接收和脱线接收的方式。

③ 系统能批量导入或导出数据，保证数据的可靠和可用。

④ 系统能对在线或离线接收的档案数据进行真实性、完整性、可用性验证。

⑤ 系统应具备目录数据和内容数据等多种信息资源的采集功能。

（2）管理功能要求

系统能够对所接收的各类数字档案信息进行整理、比对、分类、著录、挂接、鉴定、检索、统计等操作，使无序信息有序化，并实施有效控制。

① 按照设定的分类方案，将数字档案信息存储到系统中，或根据管理要求进行适当调整。

② 过滤重份数据和重新分类、编号。

③ 对档案内容进行抽取和添加元数据等操作。目前档案管理都是基于目录数据库挂接方式来实现，将来不排除使用新的技术方法对数字档案进行有效管理。

④ 辅助人工完成档案的开放鉴定工作。

⑤ 对档案内容数据及其元数据等相关信息建立持久联系，形成长期保存档案数据包和利用数据包。

⑥ 对档案类型、数量大小等按照设定要求进行统计、显示或打印输出所需各类档案信息。

⑦ 辅助完成馆藏实体档案编目（著录、标引）、整理、出入库房整理等工作。

⑧ 定制档案业务流程或进行流程再造。

（3）保存功能要求

系统能够实现对数字档案长久的安全保存，包括两方面的要求，一是长久保存策略的确定；二是存储架构选择。

① 长久保存策略。

长久保存策略包括存储格式的选择，检测、备份和迁移等技术方法的采用等。应当选择符合国家标准的格式，暂时未制定标准的，选择开放格式或主流格式；定期对载体及其软硬件环境进行读取、测试，发现问题，及时解决；根据数据重要程度以及整理和利用的需要，选择在线、近线、离线、异地、异质和分级存储等技术和方式；计算机软硬件以及技术或标准规范发生重大变化或发生重大事件时，为了保证数字档案信息可读，应采取迁移等手段对所存储的数据进行技术处理。

② 存储架构选择。

根据档案数据量和管理目的不同而采用不同的存储技术及其相关设备。安全性和稳定性是选择存储设备的首要因素。在数字档案馆建设过程中，应根据数字档案馆的数据量和利用并发用户数的需求，以保证数字档案馆合理安全的存储容量和较快的网络传输速度，适当选择采用单一应用平台，配备数据库服务器、文件存储器、备份服务器、备份软件等构成的存储服务平台；以及采用 SAN、NAS、DAS、IP-SAN 或其他形式的存储技术方法。

（4）利用功能要求

数字档案管理系统应当根据档案信息的利用需求和网络条件，分别通过公众网、政务网、局域网等建立利用窗口。系统应能实现档案查询、资源发布、信息共享、开发利用、工作交流、统计分析等功能。

① 运用最新检索技术方法满足利用者在各种利用平台对档案数据进行快速、准确、全面的利用查询要求。

② 通过网络平台或特定载体发布档案信息和信息资源共享。

③ 辅助进行档案信息智能编研、深度挖掘。

④ 为档案管理者和利用者提供在线交流平台、远程指导、远程教育。

⑤ 辅助开展数字档案的增值服务。

⑥ 进行档案利用访问量统计、分布分析、舆情分析等相关工作。

⑦ 对用户、数据项、功能组件进行利用权限的角色授权处理，能够进行门类设置、结构设定、字典定义等系统代码维护工作。

12.2.3　数字档案馆与电子文件中心的关系

我国的数字档案馆和电子文件中心不是同时出现，而是先后出现的。数字档案馆建设开始于 2000 年，电子文件中心设立开始于 2004 年。数字档案馆建设内容包括两个方面：持续进行的大规模的馆藏数字化工作，以及档案网站的建设和信息发布工作。但对电子文件的接收和存取服务由于相关法规、标准和技术等方面条件的限制未能全面开展，而代之以同时移交和保存同一文件电子版和纸质版的"双套制"，"双套制"虽然能在一定程度上有助于对电子文件的长久可读，但这种方式对移交机关和档案部门造成了负担，不利于电子文件的实时利用和发布。我国数字档案馆从开始建设至今，一直未能妥善解决电子文件的接收和存取的问题，而电子文件中心的出现则使这一问题的解决出现了希望。电子文件中心应该纳入数字档案馆系统，它是数字档案馆的前端和入口，是连接数字档案馆与电子政务各系统的桥梁和纽带。因此，电子文件中心建设和数字档案馆建设一定要在流程、标准、技术、软件设计、硬件配置等方面相互衔接、相互匹配。① 同时，电子文件中心应拥有自身的相对独立性，它的主要功能是在线接收和保管电子政务活动中产生的现行文件，提供公共利用②。

① 邱晓威. 电子文件中心的建设及其发展问题的分析[J]. 中国档案, 2006(12): 9-10.
② 何嘉荪. 现行文件阅览中心、文件中心与数字档案馆[J]. 档案学研究, 2003(1): 32-35.

参 考 文 献

[1] 程妍妍. 图像电子文件管理元数据标准的理论与实践[M]. 北京：军事科学出版社, 2012.

[2] 丁海斌, 卞昭玲. 电子文件管理基础教程[M]. 辽宁：辽宁大学出版社, 2011.

[3] 丁海斌, 赵淑梅. 电子文件管理基础[M]. 北京：中国档案出版社, 2007.

[4] 段荣婷. 中国电子文件知识组织 XML 集成置标标准化研究[M]. 上海：上海交通大学出版社, 2012.

[5] 冯惠玲. 电子文件管理 100 问[M]. 北京：中国人民大学出版社, 2014.

[6] 冯惠玲. 政府电子文件管理[M]. 北京：中国人民大学出版社, 2004.

[7] 冯惠玲, 刘越男等. 电子文件管理国家战略[M]. 北京：中国人民大学出版社, 2011.

[8] 冯惠玲, 赵国俊等. 中国电子文件管理：问题与对策[M]. 北京：中国人民大学出版社, 2009.

[9] 冯惠玲等. 电子文件风险管理[M]. 北京：中国人民大学出版社, 2008.

[10] 傅荣校. 电子政务理论与实践[M]. 北京：中国社会科学出版社, 2004.

[11] 国际档案理事会电子环境中现行文件委员会. 电子文件：档案工作者实用手册[M]. 北京：中国档案出版社, 2008.

[12] 国家档案局外事办公室. 永久保护真实的电子文件：国际学术报告会报告集[M]. 北京：中国档案出版社, 2003.

[13] 黄如花. 信息检索[M]. 武汉：武汉大学出版社, 2010.

[14] 金波, 丁华东. 电子文件管理学[M]. 上海：上海大学出版社, 2015.

[15] 金波, 丁华东, 倪代川. 数字档案馆生态系统研究[M]. 北京：学习出版社, 2014.

[16] 金更达, 吴永志. 数字档案馆理论与技术研究[M]. 北京：机械工业出

版社，2007.

[17]李国庆．数字档案馆概论［M］．北京：中国档案出版社，2003.

[18]李泽锋．数字档案馆建设与管理［M］．北京：中国档案出版社，2005.

[19]刘家真．电子文件管理理论与实践［M］．北京：科学出版社，2003.

[20]刘家真等．电子文件管理：电子文件与证据保留［M］．北京：科学出版社，2009.

[21]刘越男．建立新秩序：电子文件管理流程研究［M］．北京：中国人民大学出版社，2005.

[22]麻新纯，徐辛酉．基于理性思维的电子文件管理［M］．北京：北京理工大学出版社，2013.

[23]潘连根．数字档案馆研究［M］．北京：中国档案出版社，2005.

[24]潘世萍，贺真．档案检索实验教程［M］．北京：北京师范大学出版社，2012.

[25]乔翔，郭山．档案管理基础与实务［M］．北京：中国传媒大学出版社，2012.

[26]邵纯．Web Service 技术在数字档案馆中的研究与应用［M］．上海：上海交通大学出版社，2004.

[27]孙济庆等．现代信息检索教程［M］．上海：华东理工大学出版社，2006.

[28]王芳．数字档案馆学［M］．北京：中国人民大学出版社，2010.

[29]王建行．现代信息检索技术与应用［M］．北京：人民日报出版社，2015.

[30]王萍．电子档案著录标准及其应用［M］．长春：吉林大学出版社，2010.

[31]王萍．电子档案管理基础［M］．北京：清华大学出版社，2006.

[32]吴营．数字档案馆（室）建设实务［M］．北京：中国档案出版社，2007.

[33]肖秋会．电子文件长期保存：理论与实践［M］．北京：社会科学文献出版社，2014.

[34]肖秋会．档案信息检索［M］．武汉：武汉大学出版社，2011.

[35]薛四新．云计算环境下电子文件管理的实现机理［M］．上海：上海世界图书出版公司，2013.

[36]姚乐野，蔡娜．走向知识管理与知识服务：数字档案馆建设研究［M］．成都：四川人民出版社，2010.

［37］张键．电子文件信息安全管理研究［M］．上海：上海世界图书出版公司，2012.

［38］张宁．电子文件的真实性管理［M］．辽宁：辽宁人民出版社，2009.

［39］张琪玉．情报检索语言［M］．北京：国家图书馆出版社，2013.

［40］张正强．现代计算机档案著录标准化精要［M］．上海：上海科学技术文献出版社，2000.

［41］周铭．档案检索：理论与方法［M］．北京：中国社会科学出版社，2015.

［42］朱静芳．现代信息检索实用教程［M］．北京：清华大学出版社，2008.

［43］周耀林，叶鹏，黄川川等．公文管理教程［M］．沈阳：辽宁大学出版社，2013.

［44］朱小怡．数字档案馆建设理论与实践［M］．上海：华东师范大学出版社，2007.

［45］［美］埃尔玛斯利，［美］纳丽特赫，李翔鹰．数据库系统基础［M］．清华大学出版社，2011.

［46］［美］戴维·比尔曼．电子证据——当代机构文件管理战略［M］．张建，等译．北京：中国人民大学出版社，2000.

［47］Croft W. B., Metzler D., Strohman T. Search Engines：Information Retrieval in Practice［M］．Addison-Wesley Reading，2010.

［48］Liu T. Y. Learning to Rank for Information Retrieval［M］．Now Publishers Inc.，2009.

［49］Silberschatz A., Korth H. F., Sudarshan S., et al. Database System Concepts［M］．McGraw-Hill New York，1997.

［50］Manning C. D., Raghavan P., Sch U. Tze H., et al. Introduction to Information Retrieval［M］．Cambridge University Press Cambridge，2008.